हिन्दी नवजागरण

इतिहास, गल्प और स्त्री-प्रश्न

हिन्दी नवजागरण

इतिहास, गल्प और स्त्री-प्रश्न

गरिमा श्रीवास्तव

वाणी प्रकाशन

प्रकाशन के उत्कृष्टतम 61 वर्ष

vaniprakashan.com

सजिल्द प्रथम संस्करण : 2024

वाणी प्रकाशन

4695, 21-ए, दरियागंज, नयी दिल्ली-110 002

फ़ोन : +91 11 23273167, 23275710

शाखाएँ

अशोक राजपथ, पटना-800 004, बिहार

कॉफ़ी हाउस कैम्पस, महात्मा गांधी मार्ग, प्रयागराज-211 001, उत्तर प्रदेश

महात्मा गांधी अन्तरराष्ट्रीय हिन्दी विश्वविद्यालय, वर्धा-442 001, महाराष्ट्र

36/ए, शेक्सपियर सरणी, रानी बिरला गर्ल्स कॉलेज के पास, कोलकाता-700 017, प. बंगाल

sales@vaniprakashan.in
vaniprakashan@gmail.com

Hindi Navjagran : Itihas, Galp Aur Stree-Prashn

by Garima Srivastava

ISBN : 978-93-5775-181-0
Criticism

मूल्य : ₹ 795

आर. टेक ऑफ़सेट प्रिंटर्स, दिल्ली-110 032 में मुद्रित

वाणी प्रकाशन का लोगो मक़बूल फ़िदा हुसेन की कूची से

अनुक्रम

भूमिका

उन्नीसवीं सदी के उत्तरार्द्ध और बीसवीं सदी के पूर्वार्द्ध के भारत का राजनीतिक परिदृश्य जटिल और परस्पर विरोधी तत्त्वों से मिलकर बना था। समकालीन रचनाकारों की वैचारिकता के निर्माण में भाषिक, साम्प्रदायिक विमर्श और पितृसत्ता की भूमिका थी। वे सुधारोन्मुख दीखने के साथ–साथ औपनिवेशिक प्रभुवर्ग के हित–विरोधी भी नहीं दिखना चाहते थे। उन्नीसवीं सदी के उत्तरार्द्ध में जिस गद्य का निर्माण हो रहा था, वह उनके इस 'एजेंडे' की पूर्ति में सहायक बना। उपन्यास–लेखन के प्रारम्भिक दौर में हिन्दी समेत कई भारतीय भाषाओं के लेखक अपने–अपने समुदाय के भीतर स्त्रियों की दशा में सुधार की चिन्ता करते दिखने लगे। ब्रिटिश उच्चाधिकारियों की संस्तुति–प्रशस्ति और पुरस्कारों ने ऐसे गद्य–लेखन को प्रश्रय दिया जो उपन्यास के कलेवर में आचरण–संहिताएँ थीं। 'देवरानी–जेठानी की कहानी', 'वामा शिक्षक', 'भाग्यवती' समेत हिन्दी में इस दौर में कई ऐसी पुस्तकों का निर्माण किया गया जिन्हें भारतीय सांस्कृतिक विधाओं के सम्मिलन और टकराहटों के प्रमाण के रूप में देखा जाना चाहिए। प्रारम्भिक उपन्यासों की अर्थच्छटाओं को समझने के लिए औपन्यासिक परिदृश्य को समग्रता में देखे जाने की ज़रूरत है साथ ही यूरोपीय पुनर्जागरण की तुलना में हिन्दी प्रदेश की स्त्री रचनात्मकता की गहरी पड़ताल की आवश्यकता भी है। यह पुस्तक हिन्दी पट्टी में नवजागरण के साहित्यिक रुझानों का पता देती है। पुस्तक में नवजागरण के दौर के गद्य लेखन से सम्बन्धित आठ आलेख संकलित हैं, जिनमें से अधिकांश का प्रकाशन हिन्दी की प्रमुख पत्र–पत्रिकाओं मसलन 'आलोचना', 'प्रतिमान', 'तद्भव' आदि में हो चुका है। नवजागरण के सन्दर्भ में लाला श्रीनिवासदास और श्री किशोरीलाल गोस्वामी की भूमिका का आकलन

करने के लिए मैंने वे दो आलेख लिए हैं जो साहित्य अकादेमी द्वारा प्रकाशित विनिबन्धों (मोनोग्राफ) में पहले प्रकाशित हो चुके हैं।

उन्नीसवीं सदी के इस दौर की राजनीति में 'स्त्री–प्रश्न' उभार पर था और राजनीति और जेंडर दोनों परस्पर असम्बद्ध नहीं, बल्कि कई स्तरों पर सम्बद्ध दीखते हैं। पश्चिमी रहन–सहन के साथ औपनिवेशिक जीवन–शैली के संघर्ष और स्त्री–प्रश्न पर वैचारिक अन्तराल ने रचनाकारों को टकराने–जूझने तथा इसे अपना राजनीतिक एजेंडा बनाने का अवसर दिया। मुझे लगता है कि हिन्दी नवजागरण के स्त्री–प्रश्नों पर नये सिरे से विचार करने की आवश्यकता है। वैसे सांस्कृतिक इतिहास की दरारों को भरने के लिए, उसकी असंगतियों को दूर करने के लिए स्त्री–लेखन पर पुनर्विचार और शोध करने की ज़रूरत ज़्यादा महसूस की गयी है। इसे हम स्त्रीवादी इतिहास–लेखन कह सकते हैं जो इतिहास का मूल्यांकन जेंडर के नज़रिये से करने का पक्षधर है। दरअसल स्त्रीवादी इतिहास लेखन समूचे इतिहास को समग्रता में देखने और विश्लेषित करने का प्रयास करता है, जिसमें मुख्यधारा के इतिहास से छूटे हुए, अनजाने में, या जानबूझकर उपेक्षित कर दिये गये वंचितों का इतिहास और उनका लेखन शामिल किया जाता है। यह स्त्री को किसी विशेष सन्दर्भ या किसी सीमा में न बाँधकर, एक रचनाकार और उसके दाय के रूप में देखने का प्रयास है। यह स्त्रियों की रचनाशीलता के सन्दर्भ में लैंगिक (जेंडर)–विभेद को देखने और साथ ही सामाजिक संरचनागत अपेक्षित बदलाव जो घटने चाहिए, उनका दिशा–निर्देश करने का भी उद्यम है। स्त्री साहित्येतिहास को उपेक्षित करके कभी भी इतिहास–लेखन को समग्रता में नहीं जाना जा सकता। कुछेक इतिहासकारों को छोड़ दें तो अधिकांश इतिहासकारों ने स्त्रियों के सांस्कृतिक–साहित्यिक दाय को या तो उपेक्षित किया या फुटकर खाते में डाल दिया। आज ज़रूरत इस बात की है कि सामाजिक अवधारणाओं, विचारधाराओं और औपनिवेशिक अर्थव्यवस्था, समाज–सुधार कार्यक्रमों के पारस्परिक सम्बन्ध को विश्लेषित–व्याख्यायित करने के लिए स्त्री–रचनाशीलता की अब तक उपेक्षित, अवसन्न अवस्था को प्राप्त कड़ियों को ढूँढ़ा और जोड़ा जाये, जिससे साहित्येतिहास अपनी समग्रता में सामने आ सके। स्त्रियाँ लिखकर अपने आपको बतौर अभिकर्ता (एजेंसी) कैसे स्थापित करती हैं, पूरी सामाजिक संरचना को कैसे चुनौती देती हैं और इस तरह साहित्य और विशिष्ट ज्ञानधारा में दख़लन्दाज़ी

करती हैं, यह जानने के लिए विभिन्न जीवन्त संरचनाओं के प्रतीकों से स्त्रियों को जोड़कर देखने की ज़रूरत पड़ती है। हिन्दी साहित्य के सन्दर्भ में विचार करें तो स्त्री की रचनाशीलता के अधिकतर ज्ञात प्रसंग मुख्यतः मध्यवर्गीय हिन्दू स्त्रियों के ही मिलते हैं, जो इतिहास की जानकारी को एकपक्षीय और एकरेखीय बनाते हैं। यहीं पर इतिहास के पुनर्पाठ और आलोचनात्मक प्रतिमानों के पुनर्नवीकरण की ज़रूरत महसूस होती है। डॉ. नामवर सिंह ने साहित्येतिहास की पुनर्व्याख्या के सन्दर्भ में सही ही कहा है, "नवीन व्याख्याओं का उपयोग भर इतिहास नहीं है, इतिहास स्वयं में एक नयी व्याख्या है।" इतिहास की समस्या से सम्बद्ध है रचना की आलोचना, उसके मूल्यांकन की समस्या, क्योंकि रचना के अभाव में इतिहास का लेखन असम्भव है। लेकिन ऐसी पूरी परम्परा जिसकी उपेक्षा कर दी गयी हो उसके बारे में नामवर सिंह या रामविलास शर्मा जैसे आलोचक मौन हैं। समूची साहित्य–परम्परा में स्त्री रचनाशीलता के दख़ल को कम करके आँकना, या उसे भावुक, अबौद्धिक साहित्य कहकर दरकिनार करने की रणनीतियों को स्त्री साहित्येतिहास लेखन ने समझा और अपने ढंग से इसे चुनौती भी दी है।

हिन्दी और अन्य भारतीय भाषाओं के गद्य में साहित्य–रूपों और कथ्य की भिन्नता के बावजूद एक ही जैसे कथानक का दोहराव यह बताता है कि राष्ट्रीय चेतना के निर्माण में सांस्कृतिक मूल्यों और राजनीतिक उद्देश्य की भूमिका प्रमुख थी। सन् 1868 में तत्कालीन पश्चिमोत्तर प्रान्त और अवध की सरकार ने विद्यालयों के लिए शिक्षोपयोगी पुस्तकों के लेखन अथवा संस्कृत, अंग्रेज़ी आदि भाषाओं से अनुवाद हेतु एक सौ रुपये से लेकर पाँच सौ रुपये तक के पुरस्कार की घोषणा की थी। इससे प्रेरित होकर हिन्दी तथा उर्दू में अनेक पुस्तकों की रचना हुई। पुस्तक का पहला शोध आलेख 'नवजागरण और स्त्री–प्रश्न : आचरण–पुस्तकें' हिन्दी के प्रारम्भिक उपन्यासों को उपन्यास नहीं बल्कि आचरण–पुस्तकों के रूप में पढ़ने का प्रस्ताव करता है। पश्चिम में भी, 'आचरण–साहित्य' का लेखन पुनर्जागरण काल में अपने पूरे उठान पर था। यह साहित्य नागरिकों को धार्मिक, नैतिक, सामाजिक व्यवहार के लिए दिशा–निर्देश देता था। उच्च एवं मध्यवर्ग में मुद्रण प्रौद्योगिकी ने ऐसी पुस्तकों को लोकप्रिय बनाया। सोलहवीं शताब्दी में यद्यपि कई पुस्तकों के छपने पर पाबन्दी लगी, लेकिन ऐसी आचरण–पुस्तकें सुरक्षित रहीं जो स्त्रियों और पुरुषों दोनों के लिए

लिखी गयीं। पुनर्जागरण के दौरान मानवतावादी विचारधारा ने व्यक्तिगत और सामाजिक आचार तथा शिक्षा के बीच सम्बन्ध क़ायम करने का प्रयास किया। सेंट क्लेयर ने कहा कि अच्छी शिक्षा व्यवहार सिखाती है तथा गम्भीर और उदात्त व्यक्तित्व के निर्माण में सहयोगी होती है।

धीरे–धीरे 'कंडक्ट' या आचरण–साहित्य का केन्द्रीय विषय स्त्रियाँ बनने लगीं। इनमें स्त्री के प्राथमिक कर्तव्यों, पतिव्रत–धर्म, धर्म–पालन की शिक्षा और परिवार, सगे–सम्बन्धियों से व्यवहार के दिशा–निर्देश दिये जाने लगे। 1523 में जुआन लुईस वाइव्स ने 'एजुकेशन ऑफ़ ए क्रिश्चियन वुमेन' शीर्षक पुस्तक में जीवन के तीन महत्त्वपूर्ण पड़ावों–अविवाहिता, विवाहिता और विधवा के अनन्तर स्त्री के व्यवहार के बारे में लिखा–"इन तीनों पड़ावों में स्त्री को अपनी पवित्रता और शुचिता का ध्यान सबसे ज़्यादा रखना चाहिए, इसे पुस्तक में, मैंने अच्छी तरह समझा दिया है। पवित्र स्त्रियों को इस पुस्तक में अत्यन्त विनम्र सुझाव दिये गये हैं।"

ऐसी पुस्तकों का उद्देश्य स्त्री के शरीर और मस्तिष्क पर पूर्ण नियन्त्रण स्थापित करना था, जिनके प्रकाशन में, पुनर्जागरण–काल में आश्चर्यजनक वृद्धि दिखाई दी, इसलिए पुनर्जागरणकालीन यूरोपीय स्त्री पर टिप्पणी करते हुए पीटर स्टैली ब्रास ने कहा–"उसका शरीर बन्दी है, उसका मुँह सिल दिया गया है और सिर्फ़ घर की चारदीवारी के भीतर चलती–फिरती है।" सभी आचरण–पुस्तकों का सुर एक ही है–उनमें वर्ग के आधार पर स्त्रियों में कोई भेदभाव नहीं है। लेखकों का मानना है कि वर्ग और जाति से परे स्त्री की शासना अनिवार्य है।

कुछ पुस्तकें कथानक के आवरण में स्त्रियों को आचरण सिखाने के लिए लिखी गयीं। मसलन 1740 में सैमुअल रिचर्डसन ने 'पामेला', 1788 में फ्रॉसिस बर्नी ने 'ऐवेनिला' और 1799 में मारिया एजवर्थ ने 'बेलिंडा' शीर्षक उपन्यास लिखे। इसके अतिरिक्त पत्र और डायरी–विधा के तहत इंग्लैंड में मिस हैटफील्ड रचित 'लेटर्स–ऑन द इम्पोंटेंस ऑफ़ दी फीमेल सेक्स : विद ऑब्ज़र्वेशन ऑफ़ देयर मैनर्स' (लन्दन, जे. एडलार्ड, 1803), 'एन अन्फॉरचुनेट मदर्स एडवाइज़ टू हर एब्सेंट डॉटर्स' (सारा पेनिगंटन, लन्दन, 1761), 'द लेडीज़ न्यू ईयर गिफ़्ट ऑर एडवाइज़ टू अ डॉटर (जॉर्ज सविले, मार्क्वेज़ ऑफ़ हैलिफ़ैक्स, 1688) जैसी पुस्तकें स्त्रियों को आचरण सिखाने के लिए इंग्लैंड में लिखी गयी।

प्राचीन चीनी शिक्षा के अन्तर्गत भी पितृसत्तात्मक क़बीलाई समाज को दृढ़ और शक्तिशाली बनाने के लिए हान वंश के शासन के दौरान स्त्री–आचरण–पुस्तकों की रचना की गयी। कन्फ्यूशियस ने स्त्रियों के लिए तीन समर्पण और चार प्रकार के आदर्श निर्धारित किये थे ताकि उनका अनुकरण करके वे पतिव्रता और अच्छी माताएँ बन सकें। हान वंश (206–220) से लेकर मिंग वंश (1368–1644) के बीच हमें स्त्री–आचरण सम्बन्धी चार पुस्तकों की शृंखला मिलती है। इनका सम्पादन और प्रकाशन स्त्रियों के लिए चार पुस्तकें शीर्षक से बारम्बार हुआ। इनमें 'स्त्री–प्रबोधिनी', 'स्त्री–सूक्ति संग्रह', 'गृह–शिक्षा' और 'आदर्श स्त्री' शामिल हैं।

इन आचरण–पुस्तकों का वैशिष्ट्य है स्त्रियों द्वारा लिखा जाना। 'स्त्री–प्रबोधिनी' में कुल सात अध्याय हैं जिनके शीर्षक ही अन्दर की बात का पता दे देते हैं। मसलन विनम्र आत्मसमर्पण, पति और पत्नी, स्त्री के कार्यकलाप, अधीनस्थता की स्वीकृति, सगे–सम्बन्धी और श्रद्धापूर्ण समर्पण। इसे पूर्वी चीन की हान इतिहासकार और शिक्षाविद् बान झाओ ने अपनी बेटियों को सद्‌गृहस्थिन बनाने के लिए लिखा था। प्रारम्भिक दौर में लिखी इस पुस्तक की प्रसिद्धि का अन्दाज़ा इसी से लगाया जा सकता है कि तत्कालीन विद्वान और शिक्षाविद् मा रोंग इसके प्रशंसक थे और उन्होंने अपने परिवार की स्त्रियों के पढ़ने के लिए इस पुस्तक का चुनाव किया था।

'स्त्री–सूक्ति संग्रह' की रचना तांगवंश (618–907) की विदुषी सांग रूओक्जिन ने अपनी बेटियों को शिक्षा देने के लिए की। आगे चलकर इसमें बहुत–सी सूक्तियाँ जुड़ गयीं। आज जो सूक्ति–संग्रह उपलब्ध होता है, उसके बारह भाग हैं–आत्म की प्रतिष्ठा, पढ़ाई और कार्य, सुबह उठना, माता–पिता की सेवा, रिश्तेदारों की सेवा, पति–सेवा, बच्चों को प्रशिक्षित करना, गृह–प्रबन्धन, मेहमानों की प्रतीक्षा, विनम्र समर्पण और मृतकों के प्रति सम्मान।

तीसरी पुस्तक 'गृह–शिक्षा' मिंग सम्राट चेंगजू (1403–1424) की पत्नी सम्राज्ञी क्जू द्वारा राजवंश की स्त्रियों को आचरण सिखाने के लिए लिखी गयी। बीस खण्डों की इस आचरण–संहिता में पूर्ववर्ती उपदेशों/ शिक्षाओं में थोड़े–बहुत फेरबदल के साथ सैद्धान्तिक दृष्टि से स्त्रियों को

पितृसत्ता का गुलाम बनाने के लिए कड़े आचार–विचारों का प्रावधान किया गया।

कंफ्यूशियस के उपदेशों को अमल में लाने के लिए मिंग वंश के सम्राट वांग जियांग की माँ नीलू ने 'आदर्श स्त्री' शीर्षक पुस्तक की रचना की जिसमें स्त्री को अपने ऊपर 'तीन नियन्त्रण' और 'पाँच अटल–सत्य' सिखाने हेतु सम्राज्ञी की विशेषताएँ, ममता के प्रतिमान, पुत्रियोचित कर्तव्य, मृत्युपर्यन्त सतीत्व जैसे ग्यारह अध्यायों का आयोजन है। पुस्तक में चीनी सामन्ती समाज के ऐतिहासिक मूल्यों, त्यागी, बलिदानी और पुरुष–दृष्टि में आदर्श एवं महान स्त्रियों की कहानियाँ भी हैं। हिन्दी पट्टी में 'मिरात–उल–उरूस', 'देवरानी–जेठानी की कहानी', 'वामा शिक्षक', 'भाग्यवती' जैसी आचरण–पुस्तकें उपन्यास के कलेवर में लिखी गयी थीं, लेकिन सरकारी सहायता एवं निजी/संस्थागत प्रयासों से ऐसी पाठ्यपुस्तकें भी तैयार हुईं जो लड़कियों और औरतों को धर्म और सांसारिक कर्तव्यों की शिक्षा देने, उनका आचरण सुधारने के लिए काम आयीं। 1857 के विद्रोह के बाद हिन्दू और मुसलमानों की बिगड़ती आर्थिक स्थिति और इसमें सुधार की आकांक्षा के प्रयास इन पुस्तकों में दिखाई देते हैं, जहाँ औरतों को ऐसी शिक्षा दिये जाने की वकालत की जा रही थी जो मुसीबत के समय उनके परिवार के काम आ सके। मसलन, रामलाल ने 'वनिताबुद्धि प्रकाशिनी' में आभिजात्य घरों की स्त्रियों को भी सिलाई, कढ़ाई, बुनाई का हुनर सीखने की सलाह दी ताकि वे दुर्दिनों का सामना भी कर सकें। 'सुताशिक्षावली' में सीना–पिरोना, कढ़ाई–बुनाई जैसे हुनर सीखने पर वंशीधर ने बल दिया, ताकि विधवा होने पर भी वे आत्मनिर्भर रह सकें। गोकुल कायस्थ ने 'वामाविनोद' में अच्छी और पतिव्रता स्त्री उसे कहा जो पति की सम्पदा को बढ़ाने में सहयोगी हो, कम–से–कम ख़र्च में घर को चलाये और कभी कोई गिला–शिकवा न करे। 'बहिश्ती ज़ेवर' में मौलाना अशरफ अली थानवी ने स्त्रियों के लिए पश्चिमी ढंग की शिक्षा का विरोध करते हुए लिखा कि हिन्दुस्तान के अज्ञानी लोग ही हाथ के काम को नीचा समझते हैं। वे मुहम्मद साहब का हवाला देते हुए लिखते हैं कि मुहम्मद साहब ने ख़ुद खेती की, अनाज पीसा, रोटियाँ बनायीं। वे ऐसे हल्के और आसान कामों की फ़ेहरिस्त गिनाते हैं जिनसे स्त्रियाँ सहज जीवनयापन कर सकें, जिनमें सीना–पिरोना, साबुन–स्याही, मंजन, दवाएँ बनाना, चित्रकारी, कपड़ा बुनना और लड़कियों को पढ़ाना

शामिल है। नवजागरण कालीन उपन्यास सांस्कृतिक परिवर्तन के एजेंट के रूप में सामने आया था। इसी दौर में स्त्रियों और पुरुषों द्वारा स्त्रियों पर लिखने की शुरुआत हुई और जेंडर पर विमर्श का प्रारम्भ भी। राजनीति में जिन मुद्दों पर बिल्कुल चर्चा नहीं होती थी, गद्य विधाओं ने उन मुद्दों, जैसे यौनिकता और सेक्स पर बात शुरू की। स्त्री–शिक्षा ने पहली बार स्त्री को अभिव्यक्ति का लिखित हथियार दिया। संवादों में लिखी आचरण–पुस्तकों में स्त्रियों की बोली–बानी को ज्यों का त्यों प्रस्तुत करने का दावा किया गया तो एक विशिष्ट लैंगिक भाषा सामने आयी। समाज, परिवार, परम्पराएँ, धर्म इन सबको देखने का स्त्री दृष्टिकोण अपने–आप विशिष्ट था, पुरुष दृष्टिकोण से अलग। स्त्रियों ने लिखकर लैंगिक विभेद और टकराव के अनुभवों को साझा किया, जो दीखने में सरल और सहज थे, लेकिन उनसे समाज के एक ऐसे वर्ग के बारे में पाठक को जानकारी मिली, जिससे वह अभी तक परिचित नहीं था साथ ही लेखन और प्रकाशन की राजनीति के छिपे–दबे पहलू भी सामने आये। स्त्री रचनाकारों पर स्त्री की शुचिता, पतिव्रता और सतीत्व की स्थापना सम्बन्धी मुद्दों पर ही लिखने के लिए दबाव डाला जाना इसी रणनीति का हिस्सा था। स्त्रियों से कहा गया कि उन्हें यथार्थ चित्रण से बचकर समाज के उच्चतर मूल्यों के लिए लिखना चाहिए। इसलिए मध्यवर्गीय स्त्रियों ने आलोचकों–साहित्यकारों के बने–बनाये चौखटों के विरुद्ध लिखने का साहस एक लम्बे समय तक नहीं किया और घरेलू परिवेश में रोमैंटिक प्रेम, त्याग, बलिदान तक ही सीमित रहीं और स्त्री की वही छवि प्रस्तुत की जैसा उन्हें राह दिखाने वाले पुरुषों ने किया था।

डिप्टी नज़ीर अहमद की 'मिरात–उल–उरूस' (1868) की तर्ज़ पर मुंशी ईश्वरी प्रसाद और मुंशी कल्याण राय ने मिलकर 'वामा शिक्षक' की रचना की जिसकी भूमिका में कहा गया कि आर्यों की लड़कियों को सामाजिक अन्धविश्वास, रूढ़िग्रस्तता और अशिक्षा से बचाने के लिए इसे लिखा जा रहा है। यह पुस्तक 2008 तक दुर्लभ थी क्योंकि इसका पुनःप्रकाशन हुआ ही नहीं था और प्रारम्भिक प्रतियाँ जराजीर्ण अवस्था में, टुकड़े–टुकड़ों में प्राचीन पुस्तकालयों में उद्धार की राह देख रही थी। सन् 2009 में नैशनल बुक ट्रस्ट से इसका पुनःप्रकाशन हुआ (भूमिका और सम्पादन–गरिमा श्रीवास्तव, एनबीटी, 2009) पुस्तक में भारतीय साहित्येतिहास के समाजशास्त्रीय अध्ययन के बीज हमें मिलते हैं।

तत्कालीन समाज की अनेक कुप्रथाओं जैसे बालविवाह, आडम्बर, अशिक्षा आदि के यथार्थ चित्रण इसे पठनीय बनाते हैं। भारतीय समाज में अशिक्षा को स्त्री की दुर्दशा के कारणों के मूल में पहचाना जाना 'वामा शिक्षक' की उपलब्धि है। पुस्तक का दूसरा आलेख 'वामा शिक्षक' के बहाने नवजागरण के दौर में पुरुष दृष्टि की पड़ताल करता है। उन्नीसवीं सदी के समाज–सुधारक स्त्री–पुरुष समानता की बात नहीं करते क्योंकि उन्हें मालूम था कि स्त्री–शिक्षा वस्तुतः स्त्री विकास की धुरी है, जिसके अभाव में स्त्री–पुरुष समानता की बात करना व्यर्थ है। 'वामा शिक्षक' उस दौर की पुस्तक है, जब साहित्यकार अपने अनगढ़ प्रयासों से, आज के भारतीय स्त्री विमर्श और समतामूलक समाज की स्थापना में अति आरम्भिक उपन्यासों ने पाठकीय रुचि के परिवर्तन के साथ–साथ स्त्री की स्वावलम्बनकारी चेतना के निर्माण में महत्त्वपूर्ण भूमिका निभायी। इस पुस्तक में उन्नीसवीं शताब्दी के उत्तरार्द्ध में हिन्दी भाषी समाज का यथार्थ चित्रण है, जिसमें नवजागरण और स्त्री चेतना के अक्स देखे जा सकते हैं।

नवजागरण के दौर में, जिन लेखकों ने नागरी को कामकाज की भाषा बनाने के लिए प्रयत्न किये उनमें लाला श्रीनिवासदास का योगदान अन्यतम है। उन्होंने देशोत्त्थान को निज भाषा की उन्नति से जोड़कर देखा। 1882 में 'परीक्षा गुरु' शीर्षक उपन्यास उनकी नवजागरणवादी चेतना को अभिव्यक्त करने वाला उपन्यास है, जिसने उन्हें अंग्रेज़ी ढंग से लिखे हुए पहले हिन्दी उपन्यास का रचनाकार बना दिया। यद्यपि उन्होंने राजनीतिक दृष्टि से रचनाएँ नहीं लिखीं फिर भी उनकी रचनात्मकता में स्वदेशी की एक निश्चित और सटीक अवधारणा विन्यस्त है। उनके समकालीनों ने अंग्रेज़ी शासन का मुखर विरोध उठाने के ख़तरे नहीं उठाये, चाहे वे श्रद्धाराम फुल्लौरी हों या गौरीदत्त। श्रीनिवासदास के लेखन में नवजागरण का प्रभाव देशोन्नति और समाज–सुधार जैसे मुद्दों के प्रति गहरे रुझान में मिलता है। तीसरे आलेख में नवजागरण के दौर में बतौर हिन्दी के पहले उपन्यासकार लाला श्रीनिवासदास के योगदान को परखने का प्रयास किया गया है। इसी तरह हम सब जानते हैं कि हिन्दी में ऐतिहासिक रोमांस लिखने की परम्परा किशोरीलाल गोस्वामी ने शुरू की। सन् 1890 ई. में प्रतापनारायण मिश्र की प्रेरणा से उन्होंने 'हृदयहारिणी वा आदर्श रमणी' शीर्षक ऐतिहासिक रोमांस की रचना की

जो मिश्र जी द्वारा सम्पादित 'हिन्दुस्तान' के कई अंकों में प्रकाशित हुआ। सन् 1890 ई. में ही उन्होंने 'लवंगलता वा आदर्शबाला' की रचना भी की। अपने समकालीन उपन्यासकारों की अपेक्षा किशोरीलाल गोस्वामी में समाज–सम्बद्धता को देखा जा सकता है। लाला श्रीनिवासदास ने 1882 में 'परीक्षा गुरु' को नयी चाल की पुस्तक कहा था, उसी विधा को अपनी समस्त प्रतिभा से सम्पन्न करने का कार्य किशोरीलाल गोस्वामी ने किया। उपन्यासों की भूमिका में उन्होंने उपन्यास–सम्बन्धी मान्यताओं को अक्सर स्पष्ट किया है। किशोरीलाल गोस्वामी रचना के प्रयोजन के सन्दर्भ में लिखते हैं–"आशा है कि ईश्वरानुग्रह से हम इसी प्रकार जीवन–पर्यन्त अपने उपन्यासों से लोगों (पाठकों) का मनोरंजन किया करेंगे।" 'लवंगलता' उपन्यास के 'निवेदन' से उद्धृत ये पंक्ति उनके लेखन प्रयोजन की ओर इशारा करती हैं। पाठकों को रस दशा की उपलब्धि कराना, उनका मनोरंजन करना ही उनका उद्देश्य है। 'तारा वा क्षात्र कुल कमलिनी' के निवेदन में वे लिखते हैं–"कतिपय सज्जनों ने 'तारा' पर कुछ वक्र दृष्टि भी की थी, पर उस तीखी चितवन की हम कुछ भी चर्चा नहीं करते और रसज्ञ एवं मर्मज्ञ पाठकों के सम्मुख 'तारा' का द्वितीय संस्करण उपस्थित करते हैं। आशा है कि हमारे रसीले पाठक इस संस्करण का भी यथेष्ट आदर करेंगे।" अपने पाठकों को देश के इतिहास से परिचित कराने का प्रयास भी वे करते हैं, मसलन मल्लिका देवी वा बंग सरोजिनी (प्रथम भाग) के समय की घटना का अवलम्बन करके यह उपन्यास लिखा है। आशा है कि इसके पढ़ने से पाठक उस पुराने ज़माने के आचार, व्यवहार, राजनीतिक और सामाजिक तत्त्व तथा देश–दशा के परिचय को भी भली–भाँति पा सकेंगे। स्कॉट जेम्स ने उपन्यास के प्रयोजनों में इसे मुख्य स्थान दिया है "The novel has been made a vehicle for the teaching of history..."(The making of literature, P-363) इसका यह अर्थ नहीं है कि मात्र सूचना देना ही साहित्य का उद्देश्य है। यदि कोई साहित्यिक रचना सूचनाएँ भी देती है, तो भी वह ज्ञान के साहित्य से अलग है। किशोरीलाल गोस्वामी बार–बार रचनाओं में दिये ज्ञान या यों कह लें ऐतिहासिक घटनाओं का ब्योरा देते हुए स्पष्टीकरण देते चलते हैं, मसलन, सुल्ताना रज़िया बेगम की भूमिका में वे लिखते हैं–"इसलिए लिख दिया है कि जिसमें इतिहास के सिलसिले में गड़बड़ न हो और

पढ़ने वाले उपन्यासों के साथ ही साथ कुछ–कुछ इतिहास का भी आनन्द लें।'' इससे स्पष्ट है कि वे उपन्यास का मुख्य प्रयोजन पाठकों को आनन्द देने के साथ ज्ञानप्रद साहित्य परोसना भी मानते हैं।

एक बात और महत्त्वपूर्ण है, वह यह कि किशोरीलाल गोस्वामी इस बात से पूर्णतः परिचित थे कि हिन्दी में ऐतिहासिक उपन्यासों का नितान्त अभाव है। इस सन्दर्भ में गोपाल राय की टिप्पणी द्रष्टव्य है–''गोस्वामी जी को ऐतिहासिक रोमांस लिखने की प्रेरणा कहाँ से मिली, यह ठीक–ठीक बता पाना कठिन है।'' ज्ञानचन्द जैन के अनुसार लगभग 1882 ई. में भारतेन्दु हरिश्चन्द्र ने राधाकृष्ण दास से कहा था–''भारतवर्ष में अब ऐसे नाटकों की आवश्यकता है जो आर्य सन्तानों को अपने पूर्व पुरुषों का गौरव स्मरण करावें।...कदर पिया की ठुमरी सुनते–सुनते आर्यों में क्लीवपन अब चरम सीमा पर पहुँच गया। अब आर्यों को इस बात की याद दिलानी चाहिए कि उनके पूर्व पुरुष कैसे उदार, कैसे वीर, कैसे ध ीर, दृढ़ अध्यवसायी थे और उनकी वीर पत्नी पतिव्रत धर्म और कुल मर्यादा की रक्षा हेतु अपने अमूल्य जीवन को कैसा तृण समान त्याग देती थीं। भारतेन्दु के इस आह्वान पर हिन्दी में अनेक नाटक लिखे गये पर उपन्यास के क्षेत्र में इसकी पहल किशोरीलाल गोस्वामी ने 'हृदयहारिणी' और 'लवंगलता' लिख कर की।'' (हिन्दी उपन्यास का इतिहास, पृ. 79)

किशोरीलाल गोस्वामी उपन्यास लिखकर एक ढंग से साहित्यिक अभावों की पूर्ति भी करना चाहते थे 'सुल्ताना रज़िया बेगम वा रंगमहल में हलाहल' के उपोद्‌घात में वे लिखते हैं–''जिससे हिन्दी भाषा में जो इतिहास का बिल्कुल अभाव है, वह मिटे।'' इसके साथ ही वे पाठकीय अभिरुचि को भी महत्त्व देते हैं इसलिए इतिहास को औपन्यासिक कथ्य का ताना–बाना बुनकर परोसते हैं, मसलन 'लालकुँवर वा शाही रंगमहल' की 'ऐतिहासिक भूमिका' में वे लिखते हैं–''इस उपन्यास में हमने कहीं–कहीं पर इतिहास के साथ विरोध किया है जैसे जहाँदारशाह को उस वक़्त, जब वह दिल्ली के तख्त पर बैठा था, लावल्द लिखा है। और ऐसी ही और भी कई बारीक–बारीक बातें हैं। पर ऐसा हमने क्यों किया इसका सबब वे मर्मज्ञ पाठक ज़रूर समझ जायेंगे, जो उपन्यास के जंजाल से वाक़िफ़ हैं। उन्हें हम क्यों कर इस बारीकी की बात को समझावें!'' ('लालकुँवर वा शाही रंगमहल', 'ऐतिहासिक भूमिका', पृ. 15–16) स्पष्ट है कि गोस्वामी जी हिन्दी के शुरुआती दौर के ऐतिहासिक उपन्यास लिखते

हुए भी इस तथ्य से अच्छी तरह परिचित थे कि इतिहास को उपन्यास की आधार–भूमि के तौर पर ही प्रयुक्त किया जा सकता है, ऐतिहासिक तथ्यों को औपन्यासिकता का जामा पहनाने के लिए रचनाकार कुछ अपेक्षित फेरबदल करता ही है, अक्सर अपनी कल्पना–प्रतिभा का सहारा लेकर। गोस्वामी इसे ही 'उपन्यास का जंजाल' कहते हैं।

वे उपन्यास में रोचक कथानक के आवरण में ही इतिहास परोसने के पक्षधर हैं, साथ ही वे ऐतिहासिक उपन्यासकार को कल्पना की भी छूट देते हैं, जिसके अभाव में उपन्यास मात्र ऐतिहासिक तथ्यों का संकलन रह जायेगा। वे 'तारा वा क्षात्र कुल कमलिनी' में इतिहास और ऐतिहासिक उपन्यास का अन्तर स्पष्ट करते हुए कहते हैं–"जैसे इतिहास की मूल भित्ति 'सत्य' है, वैसे ही उपन्यास की मूल भित्ति कल्पना है। सत्य घटना बिना जैसे इतिहास इतिहास नहीं, वैसे ही 'योग्य कल्पना' बिना उपन्यास भी उपन्यास नहीं कहला सकता। इतिहास में जैसे 'वास्तविक घटना' बिना काम नहीं चलता, वैसे ही उपन्यास में भी कल्पना का आश्रय लिए बिना प्रबन्ध नहीं लिखा जा सकता। ऐसी अवस्था में 'ऐतिहासिक' उपन्यास लिखने के लिए इतिहास के सत्यांश के साथ तो कल्पना की थोड़ी आवश्यकता भी पड़ती है, पर जहाँ इतिहास की घटना जटिल, सत्याभास मात्र और कपोल–कल्पित भासती है वहाँ लाचार हो इतिहास को बाधा कर कल्पना ही अपना पूरा अधिकार फैला लेती है।" गोस्वामी जी ऐतिहासिक उपन्यास लिखते हुए भी अनुभव करते हैं, कि ऐतिहासिक उपन्यास इतिहास को शुद्ध एवं अविकृत रूप में प्रस्तुत करने का माध्यम भी हो सकते हैं। लेकिन इतिहास के कुछ लेखकों ने इतिहास और ऐतिहासिक तथ्यों को कतिपय स्थानों पर विकृत कर दिया है। ऐसी स्थिति में 'कल्पना' द्वारा ही विकृत इतिहास में से तथ्य एवं सत्य का शोध किया जा सकता है। यहाँ गोस्वामी जी कल्पना को सामान्य कल्पना से अलगाते हुए लिखते हैं–"इसलिए (मुसलमान इतिहासकारों पर विश्वास न होने के कारण) हमने अपने बनाये उपन्यासों में ऐतिहासिक घटना को 'गौण' और कल्पना को 'मुख्य' रखा है और कहीं–कहीं तो कल्पना के आगे इतिहास को दूर से ही नमस्कार कर दिया है। इसलिए हमारे उपन्यास के प्रेमी पाठक हमारे अभिप्राय को भली–भाँति समझ लें कि यह उपन्यास है, इतिहास नहीं। यहाँ कल्पना का राज्य है, यथेष्ट लिखित इतिहास का नहीं और इसमें आर्यों के यथार्थ गौरव का गुण–कीर्तन है, कुछ मुसलमान

इतिहास लेखकों की भाँति स्वजातीय पक्षपात नहीं है।'' यहाँ यह प्रश्न उठता है कि किशोरीलाल गोस्वामी जब 'कल्पना' की भित्ति पर अपने उपन्यासों का साम्राज्य खड़ा कर ही रहे थे तो उन्हें 'इतिहास' के आधार की आवश्यकता क्यों पड़ी! यद्यपि गोस्वामी जी ने स्वयं कहीं भी इतिहास ज्ञान की आवश्यकता को स्पष्ट रूप से विवेचित नहीं किया है, यह उनके ज्ञान की सीमा भी हो सकती है लेकिन 'ऐतिहासिक' उपन्यास लिखने की ललक के पीछे निश्चित ही लेवी स्ट्रास की अवधारणा काम कर रही होगी। लेवी स्ट्रास को न जानने के बावजूद गोस्वामी जी यह जानते थे कि जो इतिहास को नज़रअन्दाज़ करते हैं, वे वर्तमान के प्रति अनभिज्ञ रहने के लिए अभिशप्त से हो जाते हैं क्योंकि वर्तमान के विभिन्न तत्त्वों को उनके विभिन्न सम्बन्धों के सन्दर्भ में तौलना और उनका मूल्यांकन करना केवल इतिहास के विकास क्रम से सम्बन्ध है। कोई भी समाज अपने इतिहास के माध्यम से ही अपने बारे में जान पाता है–स्मृति और आत्मज्ञान से विहीन व्यक्ति और समाज दिशाहारा हो जाते हैं। फ्रेडरिक हैरिसन ने कहा था कि हम एक ऐसी दौड़ की कल्पना करें जिसमें हिस्सा लेने वाले मनुष्यों का मस्तिष्क दुर्भाग्यपूर्ण आघात के कारण स्मृति खो बैठा हो और उनके लिए सारी दुनिया एकदम नयी हो। उन्होंने पूछा क्या हम ऐसी असहायता, अस्तव्यस्तता और दुर्दशा की स्थिति की कल्पना कर सकते हैं? इतिहास मनुष्य के भौतिक, सांसारिक और पारिवारिक परिवेश को समझने के संघर्ष का सहयात्री होता है। समाज को इतिहास की ज़रूरत होती है, इतिहासकार की नहीं। इतिहासकार कई बार कल्पना का सहारा लेता है, वह अतीत का अध्ययन समाज के लिए करता है, इस प्रक्रिया में वह कई चीज़ों को जोड़ता और घटाता है, इसके पीछे उसके सामाजिक उद्देश्य होते हैं, जिनका विश्लेषण उसकी परिस्थितियों के सन्दर्भ में करने पर ही उसकी उपयोगिता/अनुपयोगिता का पता लगता है। गोपाल राय ने उनके ऐतिहासिक उपन्यासों पर टिप्पणी करते हुए लिखा है–''इस काल का प्रबुद्ध हिन्दू मानस देशभक्ति और राजभक्ति के द्वन्द्व से ग्रस्त था। शताब्दियों तक मुस्लिम शासन का दंश झेलने के बाद हिन्दुओं ने मुसलमानों को अंग्रेज़ों के सामने घुटने टेकते देख एक प्रकार के नकारात्मक सुख का अनुभव किया था। यद्यपि सन् अट्ठारह सौ सत्तावन के स्वाधीनता संग्राम में हिन्दू–मुसलमान अंग्रेज़ों के विरुद्ध साथ–साथ लड़े थे, पर मुसलमानों से हिन्दुओं का एक बड़ा वर्ग असन्तुष्ट

था और अंग्रेज़ों ने इसका राजनीतिक लाभ उठाकर दोनों कौमों में बहुत अधिक फूट डाल दी थी। यही कारण है कि भारतेन्दुकालीन लेखकों ने सामान्यतः अंग्रेज़ी शासन का अभिनन्दन ही किया है, यदि उन्होंने अंग्रेज़ी शासन की आलोचना की है तो उसकी आर्थिक नीतियों तथा अंग्रेज़ और मुसलमान नागरिकों के प्रति पक्षपातपूर्ण व्यवहार के कारण। गोस्वामी जी के ऐतिहासिक उपन्यासों में इसी राष्ट्रीय चेतना की झलक मिलती है। इन उपन्यासों में मुस्लिम शासन की तुलना में ब्रिटिश शासन को बेहतर बताया है ...बीसवीं शताब्दी के आरम्भ में भारत का बहुलांश वर्ग उच्च वर्ग अंग्रेज़ी शासन के प्रति यही भाव रखता था। गोस्वामी जी इस वर्ग का प्रतिनिधित्व करते हैं, पर वे यत्र–तत्र अंग्रेज़ी शासन की आलोचना भी करते हैं जो तत्कालीन विभाजित निष्ठा का परिचायक है। 'लवंगलता' तथा 'रज़ियाबेगम' में उन्होंने सेठ अमीचन्द के प्रति अंग्रेज़ों की कृतघ्नता तथा अंग्रेज़ी शासन के न्याय विभाग की आलोचना की है।'' (हिन्दी उपन्यास का इतिहास, पृ. 87)

इसी पुस्तक में नवजागरण और प्रेमचन्द कृत 'सेवासदन' पर लेख संकलित है जो 'सेवासदन' के बहाने प्रेमचन्द की स्त्री दृष्टि पर एक टिप्पणी है। आज जबकि 'सेवासदन' के प्रकाशन को सौ साल से ऊपर हो चुके हैं और इन सौ वर्षों में इस उपन्यास की पड़ताल विभिन्न दृष्टिकोण से की जा चुकी है। यह विश्व के विभिन्न विश्वविद्यालयों के पाठ्यक्रम का अनिवार्य हिस्सा है और सभी प्रमुख देशी–विदेशी भाषाओं में अनूदित है। 19वीं शती के उत्तरार्द्ध और बीसवीं शती के पूर्वार्द्ध में स्त्री यौनिकता के प्रश्न पर भारतीय लेखकों के रवैये की पड़ताल करने के प्रयास के साथ ही उर्दू और बांग्ला में प्रेमचन्द के समकालीन रचनाकारों के स्त्री सम्बन्धी रुझान का विश्लेषण भी इस आलेख में अन्तर्गुम्फित है। इसमें 'सेवासदन' के उर्दू और हिन्दी संस्करणों की तुलना का भी प्रयास किया गया है।

यह तय है कि स्त्री की चेतना का निर्माण न केवल सिर्फ़ जैविकता और दैनन्दिन जीवन की स्थितियाँ करती हैं, बल्कि उसकी चेतना के निर्माण में 'सामुदायिकता' की भूमिका प्रमुख होती है। अपने समुदाय में उनके कुछ आदर्श होते हैं। ऐसे तमाम संरचनात्मक अवसर, जो स्त्री को स्त्री होने के कारण मिलते हैं–वे परिवार, समाज और समुदाय के अन्तर्गत ही उन्हें उपलब्ध होते हैं। इन्हीं से स्त्रियों की अन्तश्चेतना का निर्माण होता है, जिनके आधार पर वे अपनी जटिल पहचान को स्थापित

करती हैं और किसी आदर्श या कर्तव्य के निर्वहण के लिए तत्पर होती हैं। लेकिन यह चेतना भी उनमें तभी आती है जब उन्हें एक वर्ग विशेष, समुदाय अथवा राष्ट्र के सदस्य के नाते एक बृहत्तर संस्कृति का अंग होने का अहसास हो। 19वीं सदी के उत्तरार्द्ध और 20वीं सदी के पूर्वार्द्ध का साहित्य देखें तो हमें पता चलता है कि संस्कृति के सांस्थानीकरण की प्रवृत्ति समाज–सुधार की अनिवार्य चिन्ता बन कर आयी, जिसमें बाज़ार में स्त्री की कौन–सी छवि बिकनी है यह तय था। इसमें संस्कृति भी पण्य थी और स्त्री भी। आश्चर्य नहीं कि 1899 के दौर में 'उमराव जान अदा' जितनी लोकप्रिय हुई वह हिन्दी उपन्यासकारों के लिए चुनौती थी, क्योंकि छपते ही उसके दसियों संस्करण निकल गये। प्रेमचन्द ने 'बाज़ारे–हुस्न' लिखकर पाठकीय रुचि को समाज–सुधार की तरफ़ मोड़ना चाहा, पर उर्दू में उन्हें प्रकाशक नहीं मिला और इसका हिन्दी तर्जुमा 'सेवासदन' के नाम से आया जो बतौर लेखक प्रेमचन्द की आशंकाओं को धता बताते हुए आज की भाषा में कहें तो 'बेस्ट सेलर' साबित हुआ। 'सेवासदन' की सफलता से प्रेमचन्द कितने उत्साहित थे इसका पता दयानारायण निगम को 25 अक्टूबर 1919 को लिखे उनके पत्र से चलता है–"...क़िस्से शायद मैं लिखूँ या न लिखूँ, आजकल बाज़ारे–हुस्न की सफ़ाई और नये नाविल की तसनीफ में बेहद मसरूफ़ हूँ। 'बाज़ारे–हुस्न' का गुजराती तर्जुमा शाया हो रहा है...हिन्दी में लोग इसे बेहतरीन नाविल ख़याल करते हैं।" मिर्ज़ा हादी रुसवा और प्रेमचन्द दोनों ने तवायफ़ बन गयी स्त्रियों का चित्रण किया। मिर्ज़ा साहेब ग़दर के बाद 1858 के लखनऊ की पैदाइश थे और प्रेमचन्द 1880 के बनारस के पास के गाँव लमही की। मिर्ज़ा हादी रुसवा को शहराती स्वभाव विरासत में मिला था। इसके बरअक्स प्रेमचन्द को ग्राम्यता मिली थी। अपने जीवन का बड़ा हिस्सा शहर में बिताने के बावजूद प्रेमचन्द शहर के मनमाफ़िक मिज़ाज में ढल नहीं सके थे। दोनों रचनाकार फ़ारसी और उर्दू में निष्णात थे और आजीविका के तौर पर दोनों ने लेखन को ही अपनाया, प्रेमचन्द का अपना छापाख़ाना था वहीं मिर्ज़ा साहेब रासायनिक और खगोलीय प्रयोगों के साथ अपराध–कथा और जासूसी उपन्यास लिखने और पढ़ने का शौक़ रखते थे। प्रेमचन्द, लेखन को सामाजिक सरोकार और राष्ट्रीय उत्तरदायित्व से जोड़कर देखते थे। इन दोनों लेखकों को अपने पहले उपन्यास ने ही सफलता के शिखर पर पहुँचा दिया। हालाँकि हादी ने 'उमराव जान अदा' से पहले

'अफ़शाँ–ऐ राज़' शीर्षक उपन्यास लिखा पर वह अपूर्ण था और प्रेमचन्द तो 'बाज़ारे–हुस्न' को एक कहानी मानकर ही लिख रहे थे, जिसकी चर्चा उन्होंने जनवरी 1917 में मुंशी दयानारायण निगम को लिखे पत्र में की थी–"मैंने इसे कहानी के रूप में लिखना शुरू किया था, पर अब उसे उपन्यास के रूप में लिख रहा हूँ।" आदर्श स्त्री की अवधारणा प्रेमचन्द को अपने समाज से मिली थी। सेवासदन को समग्रता में विश्लेषित करने पर कई बिन्दु आपस में गुँथे दिखाई देते हैं जिनकी अर्थच्छटाओं को समझने के लिए औपन्यासिक परिदृश्य को समग्रता में देखे जाने की ज़रूरत है। हिन्दी और अन्य भारतीय भाषाओं के गद्य में साहित्य–रूपों और कथ्य की भिन्नता के बावजूद एक ही जैसे कथानक का दोहराव यह बताता है कि राष्ट्रीय चेतना के निर्माण में सांस्कृतिक मूल्यों और राजनीतिक उद्देश्य की भूमिका प्रमुख थी। प्रेमचन्द के समूचे कथा साहित्य में एक ख़ास क़िस्म की अन्तःसूत्रता है। स्त्री सम्बन्धी मुद्दों पर वे न तो संकीर्ण हैं न प्रतिगामी। ऐतिहासिक सन्दर्भ में प्रेमचन्द के स्त्री पात्र परम्परागत स्त्री की भूमिका से कहीं आगे नेतृत्वकारी भूमिका की आहट देते हैं। उदाहरण के लिए आने वाले दिनों में स्त्री चेतना के विभिन्न पड़ावों का पता 'सेवासदन' की सुमन से लेकर 'गोदान' की मालती जैसी पात्र देती हैं। यहाँ सवाल यह है कि स्त्री सम्बन्धी नैतिकता की अवधारणा वे कहाँ से ग्रहण करते हैं। साथ ही क्या वे अपने समय के एकमात्र ऐसे रचनाकार थे जो स्त्री की नैतिकता को समाज–सुधार से जोड़कर देखते थे। प्रेमचन्द का स्त्री सम्बन्धी नज़रिया और उनके द्वारा प्रस्तुत की गयीं जेंडर की छवियाँ समाज में स्त्रियों की स्टीरियोटाइप छवियों से कैसे प्रभावित हैं। साथ ही स्त्री यौनिकता के मुद्दे पर उनका ट्रीटमेंट क्या है यह देखने की बात है। प्रेमचन्द का समय बौद्धिक संक्रमण से प्रभावित है जिसमें औपनिवेशिक समाज बनाम परम्परागत भारतीय समाज, परम्परा बनाम आधुनिकता की टकराहटें और अन्तर्विरोध सामने आ रहे थे जो वस्तुतः ऐतिहासिक प्रक्रिया का ही हिस्सा है। इधर भारतीय राजनीतिक परिदृश्य पर गांधी आ और छा चुके हैं। भारतीय राजनीतिक परिदृश्य पर गांधी के आने के साथ ही स्त्री सम्बन्धी उनके विचारों को सांस्कृतिक उत्थान से जोड़ा जाना स्वाभाविक ही था, जिसकी साहित्यिक अभिव्यक्ति प्रेमचन्द में दिखाई देती है।

हाल के वर्षों में स्त्री कविता के इतिहास और स्त्रियों की रचनाओं को एक बड़ा पाठक और प्रकाशक वर्ग मिला है, लेकिन अब भी हिन्दी

नवजागरण के दौर के स्त्री साहित्य के प्रकाशन और मूल्यांकन का अभाव ही है। नवजागरण के दौर की जिन रचनाकारों ने काव्य रचनाएँ कीं, उनके योगदान को आलोचकों द्वारा कभी खुले मन से स्वीकारा भी नहीं गया। रामशंकर शुक्ल 'रसाल' जिन्होंने कवयित्रियों के संग्रह की भूमिका लिखी, वे साहित्येतिहास में स्त्री रचनात्मकता की अवहेलना की बात स्वीकार करते हुए भी, उन्हें दोयम दर्जे की रचनाकार मानते हैं, लिखते हैं–"बोध–वृत्ति साधारणतया स्त्रियों में उतने अच्छे रूप में नहीं मिलती जितनी वह पुरुषों में मिलती है...इसलिए स्त्रियाँ भक्ति रचनाओं में ज़्यादा रमती हैं अन्य विषयों की तरफ़ उतना आकर्षित नहीं होतीं...गार्हस्थ्य सम्बन्धी विषयों में दक्षता प्राप्त करना स्त्रियों का एक परमोच्च कर्तव्य है।" स्त्रियों को मर्यादा सम्बन्धी दिशा–निर्देश देने से आलोचक नहीं चूके, आज भी नहीं चूकते ऐसे में स्त्रियों की बोध–वृत्ति सीमित नहीं होगी तो क्या होगा? सहज–स्वाभाविक मानवीय संवेदनाओं की अभिव्यक्ति की छूट उन्हें थी नहीं, शिक्षा और बाहरी समाज से सम्पर्क के अवसर या तो रुद्ध थे या थे तो बहुत कम। सामाजिक, पारिवारिक, सांस्कृतिक और निजी, ये चार तरह की सेंसरशिप उन पर हावी थी। ऐसे में वे या तो पुरुषों के पैटर्न पर समस्या–पूर्ति कर रही थीं, जिनमें बूँदी की चन्द्रकला बाई, तोरन देवी सुकुल, रमा देवी, बुन्देला बाला की रचनाओं को देखा जा सकता है या श्रृंगार और नीतिपरक कविताओं की तर्ज़ पर लिखने वाली साईं, छत्रकुंवरी बाई जो कृष्णप्रेम की अभिव्यक्ति कर रही थीं।लेकिन ये किसी भी विषय पर लिखें, उनका लिखना अपने आप में ही, चली आ रही सामाजिक व्यवस्था में एक प्रकार का हस्तक्षेप है।

इस तरह प्रतिरोध के स्वर हमें पूरे नवजागरण के दौरान सुनाई देते हैं, लेकिन उनको सुनने और देखने में नज़रिये का भेद होने से कवयित्रियाँ, पुरुष रचनाकारों जैसी मेधावी नहीं जान पड़तीं। जिस तरह की अमूर्त भाषा का प्रयोग ये स्त्रियाँ करती हैं, उसका विश्लेषण विशिष्ट संवेदना की माँग करता है। इसे महादेवी की कविता के माध्यम से भली–भाँति समझा जा सकता है–

शलभ मैं शापमय वर हूँ!
किसी का दीप निष्ठुर हूँ!
ताज है जलती शिखा
चिनगारियाँ श्रृंगारमाला

ज्वाल अक्षय कोष सी
अंगार मेरी रंगशाला
नाश में जीवित किसी की साध सुन्दर हूँ!

नन्ददुलारे वाजपेयी ने इसकी व्याख्या कवयित्री के आध्यात्मिक उत्थान के लिए व्याकुल आत्मा के सन्दर्भ में की है, जबकि इसे निजी अनुभूतियों की अमूर्त अभिव्यक्ति के तौर पर समझा जाना ज़रूरी है। ऐसा समय और समाज जहाँ स्त्री को नितान्त निजी कोना उपलब्ध नहीं, वहाँ उसकी चुप्पी के भी मायने हैं और मितकथन के भी। स्त्रियों के लिखे हुए ये 'टेक्स्ट' हमें चेतावनी देते हैं कि मौन और मितकथन का अर्थ रिक्ति नहीं है, जो अपनी बात को कहने के लिए प्रकृति और आत्मा–परमात्मा के रूपक का सहारा ले रही है वह इसलिए नहीं कि ईश भक्ति में मुब्तिला उसका मन सांसारिक रह ही नहीं गया है या उसके पास कहने को और कुछ नहीं है, बल्कि इसकी ज़्यादा सम्भावना है कि उसके पास कहने को इतना ज़्यादा है कि योग्य श्रोता (लैंगिक विभेद से मुक्त मस्तिष्क वाला श्रोता) मिलना मुश्किल है। ये हमारे ज्ञान और संवेदना की सीमा है जो हमें उसकी चुप्पी के पीछे छिपे अर्थ–सन्दर्भों को खोलने नहीं देती। कुछेक चुने हुए विषयों पर ही लिखना, लौकिक प्रेम की प्रच्छन्न अभिव्यक्ति के लिए भक्ति, अध्यात्म और राष्ट्रप्रेम का सहारा लेना, ऐसे ही सीमाबद्ध आलोचकों को ध्यान में रखकर की गयी 'सेल्फ सेंसरशिप' है। अमृत राय ने महादेवी पर टिप्पणी करते हुए लिखा है : "महादेवी के काव्य को मूलतः आत्मकेन्द्रिक, आत्मलीन कहना ठीक है। अपनी ही पीड़ा के वृत्त में उसकी परिसमाप्ति है। संसार की पीड़ा का स्वतः उसके लिए अधिक मूल्य नहीं है, मूल्य यदि है तो कवि की पीड़ा के रंग को गहराई देने वाले उपादान के रूप में।"

प्राक्–आधुनिक और आधुनिक स्त्री रचनाकारों के विषय में जानकारी एकत्र करना, उनके लिखे हुए को सम्पादित करके प्रकाशित करना इतिहास में स्त्री–रचनात्मकता की अप्राप्य और उपेक्षित धारा की विलुप्त कड़ियों को जोड़ना है। (हिन्दी नवजागरण और स्त्री शृंखला में ऐसी आठ पुस्तकों की पुनःप्रस्तुति हो चुकी है–गरिमा श्रीवास्तव, अनन्य प्रकाशन, 2017) इस शोध और सम्पादन के दौरान यह पता चला भारत और पश्चिम में स्त्री के लिखे हुए की उपेक्षा के सन्दर्भ में आश्चर्यजनक समानता है। पुस्तक में संकलित छठा लेख 'नवजागरण और स्त्री कविता' है जिसमें

यूरोप के पुनर्जागरण और भारत के नवजागरण में स्त्री के मुद्दों पर ढेर सारी समानताओं के बिन्दुओं पर विचार किया गया है। स्त्रियों के लिखे के विषय में जानकारी हो या उनकी रचनाओं के संकलन हों, इनकी खोज और विश्लेषण इतिहास और शोध की दिशा में नयी सम्भावनाओं के द्वार खोलने में मददगार हो सकता है। यद्यपि पिछले बीस वर्षों में स्त्री–अध्ययन और लैंगिक अध्ययन केन्द्रों द्वारा ऐसी बहुत–सी पुस्तकों और पाण्डुलिपियों की खोज की गयी है जिससे इतिहास की दरारों को भरने में मदद मिली है और विशेषकर स्त्री रचनात्मकता का मुकम्मल इतिहास लिखने की दिशा में प्रयास हुए हैं, फिर भी स्त्री रचनात्मकता के बहुत से पहलू अभी भी उपेक्षित और अनछुए ही रह गये हैं।

उधर रेनेसाँ ने बहुत–सी गीतकारों, कवयित्रियों और संवेदनशील कलाप्रेमियों को रचनात्मकता की अनुकूल मनोभूमि और प्रेरणा प्रदान की। यह समय स्पेंसर और शेक्सपियर जैसे प्रतिभाशालियों का था, लेकिन इन्हीं के समानान्तर स्त्रियाँ छन्दबद्ध काव्य भी रच रही थीं, ठीक भारत की तरह जहाँ ब्रजभाषा समेत कई लोकभाषाओं में स्त्रियाँ पुरुषों की तर्ज़ पर छन्दबद्ध रचनाएँ लिख रही थीं। 'नवजागरण और स्त्री कविता' शीर्षक आलेख में नवजागरण और पुनर्जागरण के दौर की कवयित्रियों का तुलनात्मक विवेचन करने का प्रयास किया गया है।

'नवजागरण और स्त्री पत्रकारिता' के अन्तर्गत नवजागरण के दौरान स्त्री पत्रकारिता की भूमिका विशेषकर 'स्त्री दर्पण' पर विचार किया गया है। इतिहास अभिलेखागारों, शोधपत्रों और इधर–उधर बिखरे आख्यानों के टुकड़े जोड़–जोड़ कर हमारे सामने आता है। औपनिवेशिक भारत में स्त्री चेतना और जागरण के लिए निरन्तर श्रमरत रही पत्रिकाओं की वैचारिक निष्ठाओं का मूल्यांकन स्त्री–लेखन के विश्रृंखलित इतिहास को मुकम्मल रूप प्रदान कर सकता है। यह कार्य चुनौती पूर्ण है क्योंकि पुस्तकालयों और अभिलेखागारों में संकलित सामग्री बिखरी हुई है। पुराने पत्र और पत्रिकाएँ उद्धारक की राह तकते–तकते दम तोड़ रहे हैं। पुराने–फटे धूमिल पन्ने धूल की तहों में खोते चले जा रहे हैं। पुराने साहित्य को संकलित और विश्लेषित–पुनर्व्याख्यायित करना साहित्येतिहास को समृद्ध करने का काम है, जो लैंगिक शोध अध्ययन करने के लिए अनिवार्य है। इस दृष्टि से हिन्दी में स्त्री पत्रकारिता के क्षेत्र में 'स्त्री दर्पण' पत्रिका

की भूमिका ऐतिहासिक और महत्त्वपूर्ण है, जो भारत में स्त्री पत्रकारिता के इतिहास के तीन चरणों में मुकम्मल फ़र्क़ को दिखाने और स्त्री साहित्येतिहास की भूली कड़ियों को जोड़ने के लिए पढ़ी जानी ज़रूरी है। वीर भारत तलवार ने प्रथम विश्व युद्ध के आसपास भारत में स्त्री संगठनों के उद्‌भव और विकास को संज्ञान में लिया है। यह वही समय है जब बहुत–सी स्त्रियाँ सामाजिक–राजनीतिक और व्यक्तिगत सरोकारों के साथ सम्पादन के क्षेत्र में आयीं। औपनिवेशिक भारत में स्त्री पत्रकारिता के तीन चरण दिखाई पड़ते हैं–

1. उन्नीसवीं सदी का समाज सुधार चरण–जिसमें गोपाल देवी के सम्पादन में 'गृहलक्ष्मी' जैसी पत्रिकाएँ छपती थीं, जो आचरण या 'कंडक्ट' पत्रिकाएँ भी कही जा सकती हैं, जिनकी मूल चिन्ता थी स्त्रियों का आचरण–सुधार, और उन्हें आदर्श गृहिणी बनाना।

2. बीसवीं सदी का पूर्वार्द्ध–जब अधिकांश पत्र–पत्रिकाएँ राजनैतिक एजेंडे और भारतीय समाज के पुनर्निर्माण और आदर्श से परिचालित थीं–जिसमें रामेश्वरी देवी नेहरू के सम्पादन में छपने वाली 'स्त्री दर्पण' जैसी पत्रिकाएँ थीं जिनका उद्देश्य था स्त्रियों के राजनैतिक–सामाजिक हितों की चिन्ता, उनके बौद्धिक क्षितिज का विस्तार, लैंगिक समानता और विश्व के अन्य देशों में चल रहे स्त्री आन्दोलनों की परख।

3. तीसरे चरण में 'चाँद' जैसी पत्रिकाएँ देखी जा सकती हैं जो सामाजिक जीवन में स्त्रियों की भागीदारी सुनिश्चित करने का प्रयास कर रही थीं।

स्वतन्त्रतापूर्व प्रकाशित होने वाली ये पत्रिकाएँ स्त्रियों के आधुनिकीकरण का प्रयास कर रही थीं, वे पढ़ी–लिखी स्त्रियों को उन्मुक्त वैचारिक और रचनात्मक अभिव्यक्ति का व्यापक फलक प्रदान कर रही थीं लेकिन इनमें उच्च और मध्यवर्ग की स्त्रियों की भागीदारी ही थी। कहीं भी ये पत्रिकाएँ हाशिये की स्त्रियों के अधिकारों और उनकी अन्तश्चेतना के विस्तार की चर्चा करती नहीं दीखतीं। पहले दौर की पत्रिकाओं में स्त्रियों के आचरण, घर–गृहस्थी की साज–सँभाल, यौन शुचिता और स्त्री–शिक्षा सम्बन्धित लेख छपते थे, तो दूसरे दौर यानी 'स्त्री दर्पण' सरीखी पत्रिकाओं के लेखों और सम्पादकीयों में स्त्रियों को स्त्रियोचित भूमिकाओं तक ही सीमित रखने का विरोध किया गया। तीसरे दौर में 'स्त्री धर्म' और 'चाँद' सरीखी

पत्रिकाओं में स्वाधीनता आन्दोलन में स्त्रियों को भागीदारी के लिए प्रेरित किया गया और 'चाँद' में तो स्त्री को बौद्धिक चेतनासम्पन्न व्यक्ति मानकर पुरुषों के समकक्ष रखकर देखने की वकालत भी की गयी। इस वजह से इन पत्रिकाओं को व्यापक आलोचना का शिकार भी होना पड़ा। इनमें से 'स्त्री दर्पण' को नवजागरण के अध्येताओं ने सबसे महत्त्वपूर्ण पत्रिका माना। प्रयाग महिला समिति' के प्रारम्भ के साथ ही 1909 में यह पत्रिका अस्तित्व में आयी। रूपकुमारी नेहरू ने इसी की तर्ज़ पर 'कुमारी दर्पण' भी निकाली लेकिन 'स्त्री दर्पण' ही हिन्दी पट्टी में स्त्री आन्दोलन का सबसे सशक्त माध्यम बनी। इसके अलावा हिन्दी में ऐसी कोई पत्रिका नहीं थी जो इतनी गम्भीरता से स्त्री–मुद्दों पर विचार–विमर्श कर सकती।

हरदेवी ने लन्दन यात्रा' और 'लन्दन जुबली' की रचना की जिनका प्रकाशन सन् 1888 में हुआ। पुस्तक का अन्तिम आलेख 'नवजागरण और यात्रा–वृत्तान्त : श्रीमती हरदेवी' इन्हीं दो वृत्तान्तों के व्याज से नवजागरण के दौर में स्त्रियों द्वारा लिखे जा रहे यात्रा–संस्मरणों का मूल्यांकन करने का प्रयास है। 1888 में छपे उनके ये यात्रा–वृत्तान्त दुर्भाग्यवश भारत के धूल–धूसरित पुस्तकालयों के घटाटोप में कहीं विस्मृत हो गये। इसका सन्धान ब्रिटिश लाइब्रेरी, लन्दन में मिला जहाँ से इन वृत्तान्तों का छवि–चित्र मैंने ख़रीदा। यद्यपि बांग्ला में उन्नीसवीं सदी के दौरान स्त्रियों के लिखे कई यात्रा–वृत्तान्तों का पता मिलता है परन्तु हिन्दी प्रदेश में श्रीमती हरदेवी का यात्रा–वृत्तान्त पहला उल्लेखनीय और प्रकाशित कार्य है।

स्त्रियों के यात्रा करने को घरेलू दायरे से हटकर सार्वजनिक दायरे में प्रवेश करने के रूप में देखा जाना चाहिए। ब्रिटेन में उन्नीसवीं शताब्दी के दूसरे दशक में कई स्त्रियों द्वारा यात्रा–वृत्तान्त मिलते हैं। ब्रिटेन द्वारा उपनिवेश बनाये गये देशों के पर्यटन में स्त्रियों ने बड़े पैमाने पर दिलचस्पी ली, इनमें मैरी किंग्सले, इजाबेला बर्ड, इलेम एम रोजर्स के यात्रा संस्मरण प्रमुख हैं। लेकिन इस विक्टोरियन युग में स्त्रियों द्वारा अन्य कई विधाओं में लिखे हुए साहित्य की तर्ज़ पर इन यात्रा–संस्मरणों की भी उपेक्षा की गयी, उन्हें पुरुष पाठक न के बराबर मिले। लेकिन इस दौर के यात्रा–वृत्तान्तों को पढ़कर कुछ बिन्दु हमारे ध्यान में आते हैं, जिनमें साम्राज्यवादी नीतियों और विचारों के पक्ष–प्रतिपक्ष पर चर्चा मिलती है। दूसरी बात यह कि जेंडर के मुद्दे भी इन वृत्तान्तों में अनुस्यूत हैं।

मसलन यदि हरदेवी के यात्रा–वृत्तान्त को ही देखें तो यह वृत्तान्त महज़ एक यात्रा–संस्मरण नहीं है, बल्कि एक औपनिवेशिक व्यवस्था के यथास्थितिवाद से निकलकर अनजाने प्रदेश की यात्रा की चुनौती स्वीकार करना, साथ ही अपने खान–पान, रहन–सहन के साथ बग़ैर किसी विशेष समझौते के लम्बी समुद्र यात्रा करना, स्वास्थ्य सम्बन्धी चुनौतियों, निरामिष भोजन और भाषा तथा सम्प्रेषण की चुनौतियों से रू–ब–रू होना दरअसल इतना सहज नहीं रहा होगा जितना दीखता है। श्रीमती हरदेवी विदेश यात्रा पर जाने से पहले स्त्रियों के समूहों में अपनी सम्भावित यात्रा के बारे में बताती हैं। पर्दानशीन औरतों के समूह के लिए किसी स्त्री का विदेश गमन एक आश्चर्य की घटना थी। वे स्त्रियों से की गयी बातचीत को भी ज्यों का त्यों वृत्तान्त में लिख देती हैं। 'लन्दन यात्रा' में उन्हीं स्त्रियों के हवाले से लिखती हैं–"दूसरे दिन बहुत–सी बिरादरी की स्त्रियाँ मिलने आयीं। हमारा विलायत जाना तो इन लोगों पर आगे से विदित था। इसलिए यह एक बड़े अचरज से हम को देखतीं और बहुत असभ्य विचारहीन प्रश्न भी करती थीं...यह विचारी जिन को कठिन परदे के कारण सिवाये मौत के कोई घर से बाहर निकाल नहि बिचार सकती कि एक हमारी जैसी परदे में रहने वाली स्त्री इतनी दूर विदेश में जाने का साहस कर सकती है जो कभी किसी अंग्रेज़ की आवाज़ सुनकर रेल में गाड़ी के अन्दर ही घबरा जाती हैं और सूरत देख रंग फक हो जाता है उनके निकट जहाज़ में अंग्रेज़ों के साथ बैठ कर जाना एक स्त्री का असम्भव बात थी वे यह कहती थीं।

प्रश्न–क्या तुमने विलायत जाने के लिए और रास्ते की तकलीफ़ें समुन्दर से डर पानी में जाने को अपना दिल मज़बूत बना लिया है। अंग्रेज़ों में मुँह खोल कर तुम से कैसे बैठा जायेगा। उन से बातचीत करते हुए तुमहे डर नहीं लगेगा।''

हरदेवी सार्वजनिक क्षेत्र में स्त्री की सीमित भूमिका को वह भ्रमण करके चुनौती ही नहीं देतीं बल्कि कई अन्य के लिए सीमित संसार के बाहर बृहत्तर संसार के दरवाज़े भी खोलती हैं। वह सार्वजनिक क्षेत्र में स्त्री को शामिल किये जाने के पक्ष में आवाज़ भी उठाती हैं। यात्रा के दौरान अपने कष्टों का भी वर्णन खुल कर करती है। हरदेवी अपने यात्रा–संस्मरण में सिर्फ़ अपने यात्रा अनुभवों को ही नहीं बतातीं बल्कि एक तरह का विमर्श भी तैयार करती हैं। वह दरअसल एक तरह का

प्रतिरोधी विमर्श है जो स्त्री की भूमिका 'घरेलू देवदूती' से हटकर सत्ता और बौद्धिक व्यक्तित्व की भूमिका में देखने की कोशिश है। वह स्त्रियों के अपेक्षाकृत 'कमज़ोर' होने की सैद्धान्तिक बहस से टकराती हैं और अपने को ज्ञान के दरवाज़े खटखटाती हुए देखती हैं--ये क्षमता उन्होंने जीवन को अपनी आँख से देखने के फलस्वरूप अर्जित की है, यात्रा के अनुभव से ग्रहण की है। इसके साथ ही वह पूर्व और पश्चिम की स्त्रियों, उनके ज्ञान, चरित्र, स्वभाव की तुलना भी करती चलती हैं। शिक्षा को लेकर भारतीयों और औपनिवेशिक शासन के उद्देश्यों में परस्पर भिन्नता होने के बावजूद संचार–साधनों और आवागमन के साधनों, अख़बारों ने शिक्षा के विस्तार–विकास में तेज़ी लाने में बहुत बड़ी भूमिका निभायी। के.एन. पन्निकर ने भारतीय मध्य वर्ग के सांस्कृतिक संसार की रचना में भारत में उपनिवेशवाद द्वारा दाख़िल की गयी नयी शिक्षा की भूमिका को रेखांकित करते हुए लिखा कि "नयी शिक्षा ने राज्य तथा उसके अभिकरणों के सांस्कृतिक हस्तक्षेप के लिए बड़े–बड़े क्षेत्रों के द्वार खोल दिये...सांस्कृतिक अभियन्तन तथा संस्थागत आचार–व्यवहारों के सहारे औपनिवेशिक शासन द्वारा किये गये इस नीति के परिष्कार तथा पल्लवन के फलस्वरूप समाज में शिक्षा की एक ऐसी अवधारणा घर कर गयी जिसमें अंग्रेज़ी में पढ़ाई को ख़ास महत्त्व दिया जाने लगा...औपनिवेशिक काल में छपाई के विकास ने नयी शिक्षा की सांस्कृतिक अन्तर्वस्तु के प्रचार में महत्त्वपूर्ण भूमिका निभायी। नयी शिक्षा की सम्भावनाओं को छपे हुए शब्दों द्वारा, 'संचार के नये ताने–बाने स्थापित करके, लोगों के लिए नये विकल्पों के द्वार खोलकर और साथ ही जनता पर नियन्त्रण स्थापित करने के नये साधन सुलभ कराकर भी साकार किया गया।'" हरदेवी विदेश की धरती से अपने देश, समाज विशेषकर स्त्रियों की पतनशील दशा को देखने की दृष्टि पाती हैं। लन्दन यात्रा में वे लिखती हैं–"...कहाँ तक कहें इस सौभाग्य देश की स्त्रियाँ पूरी स्वाधीनता के साथ जीवन सुख का लाभ लै रही हैं, जिन्हें देख आजन्म पराधीना दुरभाग्य भार्त वासनी भगनीयों का चित्र नेत्रों के आगे आये मन में अनेक कष्टों को उपजाता है, और धियान आता है कि हे जगदीश यदि प्रथ्वी पर तुमने समान वस्तुएँ रची हैं और मनुष तो उनकी प्रारब्ध समान क्यूँ नहीं बनायी। हम अभागनी भार्त अबलायों ने क्या तुम्हारा अपराध किया है जिन की स्वाधीनता को तुम ने उन के भाग्य से एक दम जुदा कर दिया, हाय वह पराधीन पशु

जीवन कब तक भोगेंगी, कब और किस युग के अन्त में उन का उद्धार होगा वह कब मनुष्य योनि में आयें जीवन को सफल जानेगी।" स्पष्ट है विदेशी धरती जहाँ पढ़ी–लिखी कामकाजी स्त्रियाँ हैं, जो आत्मनिर्भर स्वाभिमानी हैं, कहें तो 'एनलाइटेंड' हैं, उनका सम्पर्क हरदेवी को अपने देश की स्त्रियों की दशा से तुलना करने का अवसर देता है और अवसर ही नहीं वह दृष्टि भी देता है जिसके सहारे वे अपने देश की स्त्रियों की दुर्दशा के कारणों की पड़ताल कर पाती हैं। यद्यपि पिछले बीस वर्षों में स्त्री–अध्ययन और लैंगिक अध्ययन केन्द्रों द्वारा ऐसी बहुत–सी पुस्तकों और पाण्डुलिपियों की खोज की गयी है जिससे इतिहास की दरारों को भरने में मदद मिली है और विशेषकर स्त्री रचनात्मकता का मुकम्मल इतिहास लिखने की दिशा में प्रयास हुए हैं, फिर भी स्त्री रचनात्मकता के बहुत से पहलू अभी भी उपेक्षित और अनछुए ही रह गये हैं। हरदेवी सत्ता में स्त्री की भागीदारी की ज़रूरत महसूस करती हैं, वे दर्ज करती हैं कि अधिकांश स्त्रियों को उनके जीवन का उद्देश्य ही मालूम नहीं है, अक्सर परिवारों में वे मूलभूत अधिकारों से वंचित रहती हैं। नवजागरण के दौर में कई आन्दोलनों के सामने आने से मौलिकता एक आलोचनात्मक पद के रूप में विकसित हुई। इतिहास को देखने और इतिहास में शामिल होने योग्य विषयों की सारवस्तु बदली। हमने मौलिकता की सामाजिक भूमिका को देखना शुरू किया, साथ ही समाज को एक आलोचनात्मक दलील (क्रिटिकल आर्गुमेंट) के रूप में देखने की कोशिश भी। इस दौर के रचनाकारों में लोक चिन्ता अपनी पूरी अकादमिक ईमानदारी के साथ दिखाई पड़ती है। इस लोक–चिन्ता के स्वरूप को दलील के रूप में देखे जाने की ज़रूरत है। आज की आलोचना इतिहास का सन्दर्भ (रेफरेंस) तो देती है लेकिन आज के लिए उसे 'प्रसंग' के रूप में इस्तेमाल नहीं करती। इतिहास आज कितने स्तरों पर संघर्ष करता है, उससे प्रसंग का निर्माण होता है। स्त्रियों के लिखे हुए को इतिहास से, अपने मूल्यांकन के लिए किन–किन स्तरों पर जूझना–टकराना पड़ता है, कैसे वे लिखकर प्रतिरोध की संस्कृति का निर्माण करती हैं, इससे ही 'प्रसंग' पैदा होता है। आज के युग का इतिहास जो एजेंडा देता है, रचनाकार उससे टकरा कर ही 'प्रसंग' का निर्माण कर सकता है। इतिहास ही नहीं, इतिहास लेखन की पूरी परम्परा से टकराती ये उपेक्षित स्त्रियाँ क्या अपने लिखे हुए के पुनर्विश्लेषण की माँग नहीं करती हैं? हरदेवी के यात्रा–वृत्तान्तों

को इतिहास की धारा में अपने हिस्से की किश्ती तलाशती स्त्री के प्रयास के रूप में देखा जाना चाहिए और नये सिरे उनकी समस्त रचनाओं पर शोध और अध्ययन किया जाना चाहिए।

नवजागरण के अध्येताओं और स्त्री प्रश्नों पर विचार करने में यदि यह पुस्तक कोई दृष्टि दे सके तो मेरे लिए इसकी यही सार्थकता होगी। इस पुस्तक को किसी तय परिकल्पना के आधार पर मैंने नहीं लिखा है, नवजागरण सम्बन्धी विचार और इतिहास के विस्मृत होते जा रहे पन्नों को फिर से प्रकाश में लाने के उद्देश्य से 'वामा शिक्षक', 'महिला मृदुवाणी', 'स्त्री दर्पण', 'लन्दन यात्रा', 'लन्दन जुबली' आदि का सम्पादन मैंने किया और इस प्रक्रिया में हिन्दी नवजागरण और स्त्री प्रश्नों पर विचार करने की आवश्यकता भी महसूस हुई। इसलिए पुस्तक के सभी आलेखों में आन्तरिक स्तर पर संगति मौजूद है। जवाहरलाल नेहरू, तीनमूर्ति भवन, ब्रिटिश लाइब्रेरी और हैदराबाद विश्वविद्यालय के पुस्तकालयों और मेरे शोधार्थियों तथा मित्रों के सुझाव तथा सहयोग के बिना यह पुस्तक सम्भव नहीं हो पाती। अदिति माहेश्वरी (वाणी प्रकाशन) ने इस पुस्तक के प्रकाशन में निजी रुचि ली, अतः उनका बहुत आभार।

मकर संक्रान्ति, 2024

गरिमा श्रीवास्तव
प्रोफ़ेसर, भारतीय भाषा केन्द्र
जवाहरलाल नेहरू विश्वविद्यालय, दिल्ली
ई–मेल–drsgarima@gmail.com

1

नवजागरण और स्त्री-प्रश्न : आचरण-पुस्तकें

उन्नीसवीं सदी के उत्तरार्द्ध और बीसवीं सदी के पूर्वार्द्ध के भारत का राजनीतिक परिदृश्य जटिल और परस्पर विरोधी तत्त्वों से मिल कर बना था। समकालीन रचनाकारों की वैचारिकता के निर्माण में भाषिक, साम्प्रदायिक विमर्श और पितृसत्ता की भूमिका थी। वे सुधारोन्मुख दीखने के साथ–साथ औपनिवेशिक प्रभुवर्ग के हित–विरोधी भी नहीं दिखना चाहते थे। उन्नीसवीं सदी के उत्तरार्द्ध में जिस गद्य का निर्माण हो रहा था, वह उनके इस 'एजेंडे' की पूर्ति में सहायक बना। उपन्यास लेखन के प्रारम्भिक दौर में हिन्दी समेत कई भारतीय भाषाओं के लेखक अपने–अपने समुदाय के भीतर स्त्रियों की दशा में सुधार की चिन्ता करते दिखने लगे। ब्रिटिश उच्चाधिकारियों की संस्तुति–प्रशस्ति और पुरस्कारों ने ऐसे गद्य–लेखन को प्रश्रय दिया जो उपन्यास के कलेवर में आचरण–संहिताएँ थीं। इस सन्दर्भ में तीन बिन्दुओं को देखा जा सकता है–

1. उपन्यास लेखन के प्रारम्भिक दौर में लिखी रचनाओं को न तो पूरी तरह पश्चिम से प्रभावित माना जाना चाहिए, न ही भारतीय आख्यान परम्परा से पूरी तरह विच्छिन्न। इन पाठों को भारतीय सांस्कृतिक विधाओं के सम्मिलन और टकराहटों के प्रमाण के रूप में देखा जाना चाहिए। इनका विश्लेषण मनुष्य, विशेषकर स्त्री आचरण–संहिताओं की दृष्टि से किया जाना चाहिए।
2. इन आचरण–पुस्तकों के समानान्तर स्त्रियों के गद्य–लेखन की अन्तर्वस्तु का विश्लेषण ज़रूरी है ताकि यह पता चल सके कि अब तक विलुप्त और उपेक्षित 'स्त्री–गद्य' से सम्बन्धित परम्परा की विस्मृत कड़ियाँ भारतीय भाषाओं के साहित्य को एक सूत्र

में कैसे पिरोती हैं। साथ ही इसका अन्दाज़ा भी लग सके कि तत्कालीन स्त्री–रचनाकार स्त्री, समाज, जेंडर के विषय में क्या और कैसे सोचती थीं और वे गद्य में कैसे, आचरण–संहिताओं का प्रतिरोधी विमर्श प्रस्तुत करती हैं।

3. प्रारम्भिक उपन्यासों की अर्थच्छटाओं को समझने के लिए औपन्यासिक परिदृश्य को समग्रता में देखे जाने की ज़रूरत है। हिन्दी और अन्य भारतीय भाषाओं के गद्य में साहित्य–रूपों और कथ्य की भिन्नता के बावजूद एक ही जैसे कथानक का दोहराव यह बताता है कि राष्ट्रीय चेतना के निर्माण में सांस्कृतिक मूल्यों और राजनीतिक उद्देश्य की भूमिका प्रमुख थी।

नवजागरण के दौर के लेखक भूमिका या प्रस्तावना में पुस्तक–लेखन का उद्देश्य स्पष्ट कर दिया करते थे। मसलन 1869 में डिप्टी नज़ीर अहमद ने अपने समुदाय की स्त्रियों को शिक्षित करने के लिए लिखे 'मिरात–उल–उरूस' की भूमिका में उल्लेख किया था :

"हम्द–ओ नात के बाद वाज़ह हो कि हर चन्द इस मुल्क में मस्तूरात के पढ़ाने–लिखाने का रिवाज़ नहीं, मगर फिर भी बड़े शहरों में ख़ास–ख़ास शरीफ़ ख़ानदानों की बाज़ औरतें कुरान मज़ीद का तर्जुमा, मज़हबी मसायल और नसायह के उर्दू रिसाले पढ़–पढ़ा लिया करती हैं. ..मैं देखता था कि हम मर्दों की देखा–देखी लड़कियों को भी इल्म की तरफ़ एक ख़ास रगबत है। लेकिन इसके साथ ही मुझको यह भी मालूम होता था कि निरे मज़हबी ख़यालात बच्चों की हालत के मुनासिब नहीं! और जो मज़ामीन उनके पेशे–नज़र रहते हैं उनसे उनके दिल अफ़सुर्दा, उनकी तबीयतें मुन्क़बिज और उनके ज़हन कुन्द होते हैं। तब मुझको ऐसी किताब की जुस्तजू हुई जो इख़लाक और नसायह से भरी हुई हो और उन मामलात में जो औरतों की ज़िन्दगी में पेश आते हैं और औरतें अपने तोहमात और जहालत और कजराई की वजह से हमेशा इनमें मुब्तिला–रंज–ओ–मुसीबत रहा करती हैं, उनके ख़यालात की इस्लाह और उनकी आदात की तहज़ीब करे और कि दिलचस्प पैराये में हो जिससे उनका दिल न उकताये, तबीयत न घबराये। मगर तमाम किताब ख़ाना छान मारा, ऐसी किताब का पता न मिला, पर न मिला। तब मैंने इस क़िस्से का मंसूबा बाँधा।"[1]

इस पुस्तक को अंग्रेज़ शिक्षाधिकारी द्वारा एक हज़ार रुपये का पुरस्कार भी मिला था। "इत्तेफ़ाक़ से इसका मसौदा अंग्रेज़ डायरेक्टर तालीमात की नज़र से गुज़रा। वह इसे पढ़कर फड़क उठा। उसी की तवज्जो से यह किताब छपी और इस पर मुसन्निफ़ को हुकूमत की तरफ़ से एक हज़ार रुपया इनाम मिला।"[2]

हिन्दी के प्रथम उपन्यास 'देवरानी–जेठानी की कहानी' (1870) की भूमिका में भी पुस्तक–लेखन का उद्देश्य स्पष्ट करते हुए गौरीदत्त शर्मा ने लिखा था–

"स्त्रियों को पढ़ने–पढ़ाने के लिए जितनी पुस्तकें लिखी गयी हैं, सब अपने–अपने ढंग और रीति से अच्छी हैं, परन्तु मैंने इस कहानी को नये रंग–ढंग से लिखा है। मुझको निश्चय है कि दोनों स्त्री–पुरुष इसको पढ़कर अति प्रसन्न होंगे और बहुत लाभ उठायेंगे...स्त्रियों का समय किस–किस काम में व्यतीत होता है। और क्यों कर होना उचित है। बेपढ़ी स्त्री जब एक काम को करती है, उसमें क्या–क्या हानि होती है। पढ़ी हुई जब उसी काम को करती है तो उससे क्या–क्या लाभ होता है। स्त्रियों की वह बातें जो आज तक नहीं लिखी गयीं मैंने खोज कर सब लिख दी हैं..." प्रकट हो कि यह रोचक और मनोहर कहानी श्रीयुत एम. केमसन साहिब, डायरेक्टर ऑफ़ पब्लिक इंस्ट्रक्शंस बहादुर को ऐसी पसन्द आयी, मन को भायी और चित्त को लुभाई कि शुद्ध करके इसके छपने की आज्ञा दी और दो सौ पुस्तक मोल लीं और श्रीमन् महाराजाधिराज पश्चिम देशाधिकारी श्रीयुत लेफ्टिनेंट गवर्नर बहादुर के यहाँ से चिट्ठी नम्बर 2672 लिखी हुई 24 जून, 1870 के अनुसार, इस पुस्तक के कर्ता पण्डित गौरीदत्त को 100 रुपये इनाम मिले।

यह वह समय था जब गद्य–साहित्य के ज़रिये एक नये ढंग का सामाजिक और राजनीतिक सुधार आगे बढ़ाया जा रहा था। विभिन्न भारतीय भाषाओं में पश्चिम के प्रभाव और देशज आख्यान परम्परा के प्रभाव का सम्मिलित रूप गद्य में दिखाई दे रहा था। 'उपन्यास' पद का प्रयोग अपने–अपने राजनीतिक–सामाजिक एजेंडों की पूर्ति के लिए किया जा रहा था। हिन्दी और कई भारतीय भाषाओं में अलग–अलग साहित्य–रूपों में गद्य लिखा जा रहा था। लेकिन सांस्कृतिक और प्रान्तीय साहित्य–रूपों और कथ्य की भिन्नता के बावजूद हमें एक ही जैसे

कथानक का दोहराव दिखाई देता है। इससे पता चलता है कि राष्ट्रीय चेतना के निर्माण में सांस्कृतिक मूल्यों और राजनीतिक उद्देश्य की भूमिका महत्त्वपूर्ण थी। पुनर्जागरण के दौर में लिखे प्रारम्भिक गद्य को इस नये साहित्यिक जन के लिखित दस्तावेज़ के रूप में देखा जा सकता है।

उपन्यासकारों ने पश्चिमी शिक्षा तथा पारम्परिक संस्कृति और भारतीय धार्मिक–सामाजिक मूल्यों के तनाव और द्वन्द्व की समस्या का सामना भी किया और ऐसी रचनाएँ औपनिवेशिक अनुभव के प्रतिरोध को दर्ज कराने और उनके वैचारिक अन्तर्विरोधों का प्रमाण बनकर सामने आयीं। औपनिवेशिक सत्ता द्वारा दिये जाने वाले पुरस्कारों और प्रशस्तियों ने भी लेखकों को प्रेरणा दी। मुंशी कल्याण राय और मुंशी ईश्वरी प्रसाद के सह–लेखन में प्रकाशित 'वामा शिक्षक' की भूमिका में कहा गया–

"इन दिनों मुसलमानों की लड़कियों के पढ़ने के लिए तो एक–दो पुस्तकें जैसे 'मिरात–उल–उरूस' आदि बन गयी हैं, परन्तु हिन्दुओं व आर्यों की लड़कियों के लिए अब तक कोई ऐसी पुस्तक देखने में नहीं आयी, जिससे उनको जैसा चाहिए वैसा लाभ पहुँचे और पश्चिम देशाधिकारी श्रीमन्महाराजाधिराज लेफ्टिनेंट गवर्नर बहादुर की यह इच्छा है कि कोई पुस्तक ऐसी बनायी जाये कि उससे हिन्दुओं व आर्यों की लड़कियों को भी लाभ पहुँचे और उनकी शासना भी भली–भाँति हो। सो हम ईश्वरी प्रसाद मुदर्रिस रियाज़ी और कल्याण राय मुदर्रिस अव्वल उर्दू मदरसह दस्तूर तालीम मेरठ ने बड़े सोच–विचार और ज्ञान–ध्यान के पीछे दो वर्ष में इस पुस्तक को उसी ध्यान से बनायी। निश्चय है कि इस पुस्तक से हिन्दुओं की लड़कियों को हिन्दुओं की रीति–भाँति के अनुसार लाभ पहुँचे और सुशील हों और जितनी (बुरी) चालें और पाखण्ड जिनका आजकल मूर्खता के कारण प्रचार हो रहा है उनके जी से दूर हो जायेंगे और बुरी प्रवृत्तियों को छोड़कर अच्छी प्रवृत्तियाँ सीखेंगी और पढ़ने–लिखने और गुण सीखने की रुचि होगी..."[3]

हिन्दी के आरम्भिक दौर के सभी उपन्यासों के केन्द्र में स्त्री–प्रश्न रहा है। 'देवरानी–जेठानी' की कहानी, 'भाग्यवती', 'वामा शिक्षक' और एक सीमा तक 'परीक्षा गुरु' में स्त्रियाँ ऐसे चरित्र के रूप में सामने लायी गयीं जिनके माध्यम से तत्कालीन समाज–व्यवस्था में सुधार की सम्भावना दिखाई पड़ती थी। इसी क्रम में 'जेंडर' को ध्यान में रखकर उपन्यास लिखे गये।

बावजूद इसके कि 'जेंडर' एक सामाजिक निर्मिति है जो किसी विशिष्ट व्यवहार का बारम्बार दोहराव होती है, इन उपन्यासों में 'जेंडर' को लेकर एक बँधी–बँधाई सोच दिखाई देती है...भाषा कोई भी हो, अच्छी स्त्री के बरअक्स बुरी स्त्री का विलोम खड़ा कर दिया जाता है। उदाहरण के तौर पर 'मिरात–उल–उरूस', 'देवरानी–जेठानी की कहानी' और 'वामा शिक्षक' जैसी पुस्तकें एक ही एजेंडे के तहत रची गयीं। नज़ीर अहमद का उपन्यास दिल्ली के एक खाते–पीते मुसलमान परिवार की कथा कहता है, वहीं 'देवरानी–जेठानी की कहानी' मेरठ के रूढ़िवादी बनिया परिवार की कहानी है–दोनों की समानताएँ आश्चर्यचकित कर देने वाली हैं। दोनों में दो बहनें हैं जिनका एक ही परिवार के दो भाइयों से विवाह हुआ है। बड़ी बहू स्त्री की 'स्टीरियोटाइप' अनपढ़ छवि का प्रतिनिधित्व करती है। वह अपने पति और श्वसुर की अवहेलना करती है, उनके सुझाव नहीं मानती और गहनों–कपड़ों की फ़रमाइश करती है जिसकी परिणति परिवार के विखण्डन में होती है। जबकि उसी की छोटी बहन योग्य, साक्षर, समझदार है, चतुराई से कम ख़र्च में घर–गृहस्थी चलाती है। दोनों जगह छोटी बहुएँ महान और सहनशील हैं। पतियों को सत्पथ पर लौटा ले आती हैं। ये सुधारकों की कल्पना की आदर्श स्त्रियाँ हैं जिनके चरित्र की चमक, अनपढ़, कुटिल और फूहड़ स्त्रियों के बरअक्स और अधिक चौंधियाती है। लेखक समाज के लिए अपेक्षित और काम्य स्त्री का प्रतीक रचते हैं। ध्यान देने की बात यह है कि उन्हें यह तो मालूम था कि राष्ट्र और समाज को कैसी स्त्री चाहिए, लेकिन यह नहीं पता था कि स्त्री को क्या चाहिए। डिप्टी नज़ीर अहमद का मानना था कि यदि एक स्त्री अपने पति की सेवा ठीक से करे, अपनी सन्तान और परिवार की योग्य देखभाल करे तो वह अपने समुदाय और राष्ट्र की सेवा कर सकती है। साथ ही, यह भी कि अपनी दुर्दशा के लिए स्त्रियाँ स्वयं उत्तरदायी हैं–गुणों और सद्आचरण द्वारा ही वे अपनी स्थिति में परिवर्तन और सुधार ला सकती हैं।

उन्नीसवीं सदी के इस दौर की राजनीति में 'स्त्री–प्रश्न' उभार पर था और राजनीति और जेंडर दोनों परस्पर असम्बद्ध नहीं, बल्कि कई स्तरों पर सम्बद्ध दीखते हैं। पश्चिमी रहन–सहन के साथ औपनिवेशिक जीवन–शैली के संघर्ष और स्त्री–प्रश्न पर वैचारिक अन्तराल ने रचनाकारों को टकराने–जूझने तथा इसे अपना राजनीतिक एजेंडा बनाने

का अवसर दिया। उदाहरण के लिए कन्नड़ के पहले कहे जाने वाले उपन्यास इन्दिराबाई (1899) की चिन्ता के केन्द्र में बाल–विवाह जैसी अहितकर सामाजिक प्रथाएँ हैं। गुलवाडी वेंकटराव उपन्यास में पाठकों को चरित्र–सुधार सम्बन्धी उपदेश देते हुए लिखते हैं–"पाठक इस पुस्तक को लिखने का उद्देश्य पूछ सकते हैं। सच्चाई और हृदय की पवित्रता ही इहलोक और परलोक में सार्थकता दे सकती है। यह पुस्तक इसी बात को प्रमाणित करने के लिए लिखी गयी है।"[4]

इसमें इन्दिराबाई अंग्रेज़ी पढ़ी–लिखी युवती है जो अपनी माँ अम्बाबाई द्वारा प्रस्तावित राधाविलास जैसी भक्ति–शृंगार की पुस्तकें पढ़ने से मना करने पर अंग्रेज़ी की आचरण–पुस्तकें पढ़ती है। गुलवाडी वेंकटराव इन्दिराबाई के रूप में आदर्श भारतीय स्त्री का चरित्र रचते हैं जो विवाह और परिवार–संस्था में स्त्री की दोयम स्थिति पर कोई प्रश्नचिह्न खड़ा नहीं करती बल्कि किताबें पढ़कर एक आदर्श आधुनिक घरेलू स्त्री बनने की दिशा में अग्रसर होती है। स्त्री की यह छवि पूरी तरह पुरुष–दृष्टि से निर्मित है। इस छवि का निर्माण करने में आचरण–पुस्तकों की भूमिका बहुत बड़ी थी। भारत में नीति–उपदेश की आख्यान परम्परा तो चली आ ही रही थी, पश्चिम में भी, 'आचरण–साहित्य' का लेखन पुनर्जागरण काल में अपने पूरे उठान पर था। यह साहित्य नागरिकों को धार्मिक, नैतिक, सामाजिक व्यवहार के लिए दिशा–निर्देश देता था। उच्च एवं मध्यवर्ग में मुद्रण प्रौद्योगिकी ने ऐसी पुस्तकों को लोकप्रिय बनाया। सोलहवीं शताब्दी में यद्यपि कई पुस्तकों के छपने पर पाबन्दी लगी, लेकिन ऐसी आचरण–पुस्तकें सुरक्षित रहीं जो स्त्रियों और पुरुषों दोनों के लिए लिखी गयीं। पुनर्जागरण के दौरान मानवतावादी विचारधारा ने व्यक्तिगत और सामाजिक आचार तथा शिक्षा के बीच सम्बन्ध कायम करने का प्रयास किया। सेंट क्लेयर ने कहा कि अच्छी शिक्षा व्यवहार सिखाती है तथा गम्भीर और उदात्त व्यक्तित्व के निर्माण में सहयोगी होती है।[5]

धीरे–धीरे 'कंडक्ट' या आचरण–साहित्य का केन्द्रीय विषय स्त्रियाँ बनने लगीं। इनमें स्त्री के प्राथमिक कर्तव्यों, पतिव्रत–धर्म, धर्म–पालन की शिक्षा और परिवार, सगे–सम्बन्धियों से व्यवहार के दिशा–निर्देश दिये जाने लगे। 1523 में जुआन लुईस वाइव्स ने 'एजुकेशन ऑफ़ ए क्रिश्चियन वुमेन' शीर्षक पुस्तक में जीवन के तीन महत्त्वपूर्ण पड़ावों...अविवाहिता,

विवाहिता और विधवा के अनन्तर स्त्री के व्यवहार के बारे में लिखा–"इन तीनों पड़ावों में स्त्री को अपनी पवित्रता और शुचिता का ध्यान सबसे ज़्यादा रखना चाहिए, इसे पुस्तक में मैंने अच्छी तरह समझा दिया है। पवित्र स्त्रियों को इस पुस्तक में अत्यन्त विनम्र सुझाव दिये गये हैं।"[6]

ऐसी पुस्तकों का उद्देश्य स्त्री के शरीर और मस्तिष्क पर पूर्ण नियन्त्रण स्थापित करना था, जिनके प्रकाशन में, पुनर्जागरण काल में आश्चर्यजनक वृद्धि दिखाई दी, इसलिए पुनर्जागरणकालीन यूरोपीय स्त्री पर टिप्पणी करते हुए पीटर स्टैली ब्रास ने कहा..."उसका शरीर बन्दी है, उसका मुँह सिल दिया गया है और सिर्फ़ घर की चारदीवारी के भीतर चलती–फिरती है।"[7] सभी आचरण–पुस्तकों का सुर एक ही है...उनमें वर्ग के आधार पर स्त्रियों में कोई भेदभाव नहीं है। लेखकों का मानना है कि वर्ग और जाति से परे स्त्री की शासना अनिवार्य है।[8]

कुछ पुस्तकें कथानक के आवरण में स्त्रियों को आचरण सिखाने के लिए लिखी गयीं। मसलन 1740 में सैमुअल रिचर्डसन ने 'पामेला', 1788 में फ्रांसिस बर्नी ने 'ऐवेनिला' और 1799 में मारिया एजवर्थ ने 'बेलिंडा' शीर्षक उपन्यास लिखे। इसके अतिरिक्त पत्र और डायरी–विधा के तहत इंग्लैंड में मिस हैटफील्ड रचित 'लेटर्स–ऑन द इंर्पोटेंस ऑफ़ दी फीमेल सेक्स : विद ऑब्ज़र्वेशन ऑफ़ देयर मैनर्स' (लन्दन, जे. एडलार्ड, 1883), 'एन अन्फॉरचुनेट मदर्स एडवाइज़ टू हर एब्सेंट डॉटर्स' (सारा पेनिगंटन, लन्दन, 1761), 'द लेडीज़ न्यू ईयर गिफ़्ट ऑर एडवाइज़ टू अ डॉटर' (जॉर्ज सविले, मार्क्वेज़ ऑफ़ हैलिफैक्स, 1688) जैसी पुस्तकें स्त्रियों को आचरण सिखाने के लिए इंग्लैंड में लिखी गयीं।

प्राचीन चीनी शिक्षा के अन्तर्गत भी पितृसत्तात्मक क़बीलाई समाज को दृढ़ और शक्तिशाली बनाने के लिए हान वंश के शासन के दौरान स्त्री–आचरण–पुस्तकों की रचना की गयी। कन्फ़्यूशियस ने स्त्रियों के लिए तीन समर्पण और चार प्रकार के आदर्श निर्धारित किये थे ताकि उनका अनुकरण करके वे पतिव्रता और अच्छी माताएँ बन सकें। ह्रान वंश (206–220) से लेकर मिंग वंश (1368–1644) के बीच हमें स्त्री–आचरण सम्बन्धी 'चार पुस्तकों' की श्रृंखला मिलती है। इनका सम्पादन और प्रकाशन स्त्रियों के लिए 'चार पुस्तकें'[9] शीर्षक से बारम्बार हुआ। इनमें 'स्त्री–प्रबोधिनी', 'स्त्री–सूक्ति संग्रह', 'गृह–शिक्षा' और 'आदर्श स्त्री' शामिल हैं।

इन आचरण–पुस्तकों का वैशिष्टय है स्त्रियों द्वारा लिखा जाना। 'स्त्री–प्रबोधिनी' में कुल सात अध्याय हैं...जिनके शीर्षक ही अन्दर की बात का पता दे देते हैं। मसलन विनम्र आत्मसमर्पण, पति और पत्नी, स्त्री के कार्यकलाप, अधीनस्थता की स्वीकृति, सगे–सम्बन्धी और श्रद्धापूर्ण समर्पण। इसे पूर्वी चीन की हान इतिहासकार और शिक्षाविद् बान झाओ ने अपनी बेटियों को सद्गृहस्थिन बनाने के लिए लिखा था। प्रारम्भिक दौर में लिखी इस पुस्तक की प्रसिद्धि का अन्दाज़ा इसी से लगाया जा सकता है कि तत्कालीन विद्वान और शिक्षाविद् मा रोंग इसके प्रशंसक थे और उन्होंने अपने परिवार की स्त्रियों के पढ़ने के लिए इस पुस्तक का चुनाव किया था।[10]

'स्त्री–सूक्ति संग्रह' की रचना तांग वंश (618–907) की विदुषी सांग रूओक्जिन ने अपनी बेटियों को शिक्षा देने के लिए की। आगे चलकर इसमें बहुत–सी सूक्तियाँ जुड़ गयीं। आज जो सूक्ति–संग्रह उपलब्ध होता है, उसके बारह भाग हैं... आत्म की प्रतिष्ठा, पढ़ाई और कार्य, सुबह उठना, माता–पिता की सेवा, रिश्तेदारों की सेवा, पति–सेवा, बच्चों को प्रशिक्षित करना, गृह–प्रबन्धन, मेहमानों की प्रतीक्षा, विनम्र समर्पण और मृतकों के प्रति सम्मान।

तीसरी पुस्तक 'गृह–शिक्षा' मिंग सम्राट चेंगजू (1403–1424) की पत्नी सम्राज्ञी क्जू द्वारा राजवंश की स्त्रियों को आचरण सिखाने के लिए लिखी गयी। बीस खण्डों की इस आचरण–संहिता में पूर्ववर्ती उपदेशों/शिक्षाओं में थोड़े–बहुत फेरबदल के साथ सैद्धान्तिक दृष्टि से स्त्रियों को पितृसत्ता का ग़ुलाम बनाने के लिए कड़े आचार–विचारों का प्रावधान किया गया।

कन्फ्यूशियस के उपदेशों को अमल में लाने के लिए मिंग वंश के सम्राट वांग जियांग की माँ नीलू ने 'आदर्श स्त्री' शीर्षक पुस्तक की रचना की जिसमें स्त्री को अपने ऊपर 'तीन नियन्त्रण' और 'पाँच अटल–सत्य' सिखाने हेतु सम्राज्ञी की विशेषताएँ, ममता के प्रतिमान, पुत्रियोचित कर्तव्य, मृत्युपर्यन्त सतीत्व जैसे ग्यारह अध्यायों का आयोजन है। पुस्तक में चीनी सामन्ती समाज के ऐतिहासिक मूल्यों, त्यागी, बलिदानी और पुरुष–दृष्टि में आदर्श एवं महान् स्त्रियों की कहानियाँ भी हैं।[11]

इन चारों पुस्तकों को मिंग सम्राट शेनजांग के कार्यकाल में बहुत प्रसिद्धि मिली। इनके मुफ़्त वितरण की व्यवस्था भी की गयी। यहाँ तक कि शेनजांग ने गृह–शिक्षा के अध्यायों को शिलालेखों पर उत्कीर्ण कराने की आज्ञा दी

थी ताकि सामान्य व्यक्ति को वह आचरण–संहिता उपलब्ध हो सके जिसमें कन्फ्यूशियस के उपदेशानुसार आज्ञाकारिणी, आदर्श स्त्रियाँ तैयार करने की प्रविधियाँ बताई गयी हों। इन पुस्तकों को पढ़कर चीन के समृद्ध सामन्तशाली अतीत को जाना जा सकता है और उसकी जगह आधुनिक विचारों को रख कर पढ़ने से आधुनिक चीन की आध्यात्मिक और भौतिक संस्कृति के निर्माण की प्रक्रिया के प्रामाणिक साक्ष्य मिल सकते हैं।

भारत में ब्रिटिश औपनिवेशिक शासन–व्यवस्था ने एक नव्य–पितृसत्तात्मक व्यवस्था को जन्म दिया। इस व्यवस्था ने शिक्षा द्वारा नयी स्त्री–छवि का आदर्श सामने रखा। पार्थ चटर्जी[12] ने इस 'नयी स्त्री' को बदलती जीवन–पद्धति के अनुरूप कहा, क्योंकि बंगाली भद्रलोक की भूमिका सार्वजनिक जीवन में नगण्य हो जाने के कारण, ऊँचे पद और सत्ता उनके हाथ से चली गयी थी। ऐसे में घर के भीतरी 'स्पेस' पर आधिपत्य को बनाये रखने का प्रयास ही उसकी भरपाई कर सकता था। बंगाल में धीरेन्द्रनाथ पाल, ताराकान्त विश्वास, नागेन्द्रबाला दासी, नवीन काली दासी, जयकृष्ण मित्र, सत्यचरण मित्र, गिरिजाप्रसन्न रायचौधरी जैसे लेखक आचरण–पुस्तकों के कारण विख्यात हुए। इसके अतिरिक्त 'बामाबोधिनी' और 'अन्तःपुर' जैसी पत्रिकाएँ स्त्री–आचरण–उपदेश सम्बन्धी लेख छापती थीं। उन्नीसवीं सदी के उत्तरार्द्ध से बीसवीं सदी के पूर्वार्द्ध में स्त्री–शिक्षा को मद्देनज़र रखकर जो आचरण–पुस्तकें लिखी गयीं उन्हें तीन वर्गों में बाँटकर देखा जा सकता है पहली वे, जो अतिरिक्त रूप से सचेतन 'बाबूवर्ग' के हितों के अनुरूप पितृसत्तात्मक व्यवस्था के पुराने ढाँचे में थोड़ी तब्दीली के साथ स्त्री की 'नयी छवि' गढ़ने का प्रयास कर रही थीं। इनमें धीरेन्द्रनाथ पॉल की 'रमणीर कर्तव्य', 'बंगाली बहू', गिरिजाप्रसन्न रायचौधरी की 'गृहलक्ष्मी', तारकनाथ विश्वास की 'बंगीय महिला', जयकृष्ण मित्र की 'रमणीर कर्तव्य' और भूदेव मुखोपाध्याय की पुस्तक 'पारिवारिक प्रबन्ध' को रखा जा सकता है। दूसरे वर्ग में वे आचरण–पुस्तकें आती हैं जो परम्परागत पितृसत्तात्मक ढाँचे को ही और अधिक बलशाली और सशक्त बनाने के लिए स्त्री–शिक्षा की वकालत कर रही थीं। इनमें नागेन्द्रबाला दासी की 'नारी धर्म' और नवीन काली दासी की 'कुमारी शिक्षा' को देखा जा सकता है।

तीसरी श्रेणी में उन्हें रखा जा सकता है जो बतौर पाठ्य पुस्तक लिखी गयीं जिनकी प्रेरणा के तौर पर सरकारी/ग़ैर–सरकारी प्रयासों की भूमिका रही–इनमें 'स्त्रीधर्मसंग्रह',[13] 'सुताप्रबोध'[14] 'वामाविनोद',[15] 'बहिश्ती ज़ेवर',[16] 'हिन्दी महिला पुस्तक',[17] 'स्त्री–शिक्षा : स्त्रियों के उपदेश के लिए',[18]

'पुत्री शिक्षोपकारी ग्रन्थ',[19] 'स्त्रीधर्म सार',[20] 'मजलिस–उन–निस्सां',[21] 'रत्नमाला',[22] 'रीतिरत्नाकर',[23] 'कुमारीतत्व परीक्षा',[24] 'सुताशिक्षावली'[25] और स्त्री–विचार[26] को विशेष तौर पर देखा जाना चाहिए क्योंकि 'स्त्री–प्रश्न' पर हिन्दू और मुसलमानों की हित–चिन्ता में अद्‌भुत समानता थी। वे स्त्री को शिक्षित भी करना चाहते थे, साथ ही अधीनस्थ भी बनाये रखना चाहते थे। पर्दे में भी रखना चाहते थे और आर्थिक स्वावलम्बन के उपदेश भी दे रहे थे। इस दौर की स्त्री को चाहे वह उत्तर भारत में हो या बंगाल या ओडिशा में, 'आदर्श स्त्री' की चुनौती का सामना करना था। इस मानसिक अनुकूलन का प्रारम्भ स्कूली और घरेलू शिक्षा से होना था, जिसकी प्रस्तावना 'आचरण–टेक्स्ट' करते थे। ये टेक्स्ट जिस स्त्री–छवि का आदर्श सामने रख रहे थे उसे 'अपने ही समाज के पुरुषों और पश्चिमी स्त्री से भिन्न होना था।'[27]

हिन्दी पट्टी में 'मिरात–उल–उरूस', 'देवरानी–जेठानी की कहानी', 'वामा शिक्षक', 'भाग्यवती' जैसी आचरण–पुस्तकें उपन्यास के कलेवर में लिखी गयीं थीं, लेकिन सरकारी सहायता एवं निजी/संस्थागत प्रयासों से ऐसी पाठ्‌यपुस्तकें भी तैयार हुईं जो लड़कियों और औरतों को धर्म और सांसारिक कर्तव्यों की शिक्षा देने, उनका आचरण–सुधारने के लिए काम आयीं। 1857 के विद्रोह के बाद हिन्दू और मुसलमानों की बिगड़ती आर्थिक स्थिति और इसमें सुधार की आकांक्षा के प्रयास इन पुस्तकों में दिखाई देते हैं जहाँ औरतों को ऐसी शिक्षा दिये जाने की वकालत की जा रही थी जो मुसीबत के समय उनके परिवार के काम आ सके। मसलन, रामलाल ने 'वनिताबुद्धिप्रकाशिनी'[28] में आभिजात्य घरों की स्त्रियों को भी सिलाई, कढ़ाई, बुनाई का हुनर सीखने की सलाह दी ताकि वे दुर्दिनों का सामना भी कर सकें। 'सुताशिक्षावली'[29] में सीना–पिरोना, कढ़ाई–बुनाई जैसे हुनर सीखने पर वंशीधर ने बल दिया, ताकि विधवा होने पर भी वे आत्मनिर्भर रह सकें (पृ. 87)। गोकुल कायस्थ ने 'वामाविनोद' में अच्छी और पतिव्रता स्त्री उसे कहा जो पति की सम्पदा को बढ़ाने में सहयोगी हो, कम–से–कम ख़र्च में घर को चलाये और कभी कोई गिला–शिकवा न करे। 'बहिश्ती ज़ेवर' में मौलाना अशरफ़ अली थानवी ने स्त्रियों के लिए पश्चिमी ढंग की शिक्षा का विरोध करते हुए लिखा कि हिन्दुस्तान के अज्ञानी लोग ही हाथ के काम को नीचा समझते हैं। वे मुहम्मद

साहब का हवाला देते हुए लिखते हैं कि मुहम्मद साहब ने ख़ुद खेती की, अनाज पीसा, रोटियाँ बनायीं। वे ऐसे हल्के और आसान कामों की फ़ेहरिस्त गिनाते हैं जिनसे स्त्रियाँ सहज जीवन–यापन कर सकें, जिनमें सीना–पिरोना, साबुन–स्याही, मंजन, दवाएँ बनाना, चित्रकारी, कपड़ा बुनना और लड़कियों को पढ़ाना शामिल है।

इसी तरह हाली की मजलिस–उन–निस्साँ,[30] जो पंजाब और संयुक्त प्रान्त के पाठ्यक्रम में लगायी गयी, में पुत्री की प्रशंसा में कहा गया कि "वह आटा गूँधती, रोटी पकाती, मसाले पीसती, आग जलाती, सूत कातती, अपने भाई–बहनों की देख–भाल करती, माता–पिता की सेवा करती।" मजलिस को चार सौ रुपये का सरकारी पुरस्कार मिला था क्योंकि इसमें घर के कामकाज के साथ लड़कियों की शिक्षा की वकालत की गयी थी। स्त्री–शिक्षा के मुद्दे पर मुसलमान विचारकों का वैचारिक अन्तर्विरोध इस पुस्तक में पढ़ा जा सकता है। जहाँ हाली लिखते हैं कि "घर में काम–धाम करने वाली बेटी के प्रति माँ–बाप अपना कोई दायित्व नहीं समझते। उन्होंने इसे खाना–पकाना सिखाया ताकि नौकरानी न रखनी पड़े, सीना–पिरोना सिखाया ताकि दर्जी का ख़र्च बचे और सोचा कि पढ़ाना–लिखाना बेकार है। लड़की यदि पढ़ेगी तो घर के काम कौन करेगा।"[31] यहाँ लेखक ने स्त्री–शिक्षा की वकालत की है लेकिन साथ ही यह भी कहा है कि आठ वर्ष की उम्र में ही लड़कियों को खाना पकाने और रसोई सँभालने का पूरा काम सीख लेना चाहिए।

शिक्षा को अनपढ़ लड़कियों के अपेक्षित गुण के रूप में पहचाना जाना और 'स्त्री–धर्म संग्रह'[32] जैसी पुस्तक में विवाह का साधन समझना भी इस आचरण–पुस्तक का वैशिष्ट्य था। इनमें कहीं भी स्त्रियों के व्यक्तित्व के सर्वांगीण विकास की बात नहीं की गयी, वरन् उनके शिक्षित बनने और हुनर सीखने से होने वाले लाभ ही साध्यरूप में अभिव्यक्त हुए। हाली ने मजलिस में बताया कि स्त्री को सिर्फ़ पति की कमाई पर निर्भर नहीं रहना चाहिए, क्योंकि सीखा हुआ हुनर आड़े वक़्त ज़रूर काम आता है। अपने मन्तव्य के समर्थन में हाली ने लिखा कि महारानी विक्टोरिया को भी तस्वीरें बनाने का काम आता है।[33] (पृ. 68) 'स्त्री–उपदेश : दो लड़कियों की कहानी' (1873) में मुंशी अहमद हुसैन ने दुर्दिन में परिवार का पालन–पोषण करने में समर्थ होने के लिए लड़कियों की शिक्षा की वकालत की। आचरण–संहिताओं के लेखक बड़े ही तरतीबवार ढंग

से पौराणिक, देशी–विदेशी क़िस्सों–उदाहरणों से अपना मन्तव्य पुष्ट करते दिखाई देते हैं। मसलन फ़ारसी मदरसे के हेड क्लर्क पण्डित गोकुलचन्द के निर्देशानुसार अहमद हुसैन ने आदर्श स्त्री–छवि को स्त्री उपदेश में दो सहेलियों देवा और सुखवन्ती के वार्तालाप के माध्यम से सामने रखा।[34]

'आदर्श स्त्री–छवि' के मामले में हिन्दू और मुसलमान लेखकों में आश्चर्यजनक वैचारिक समानता देखना दिलचस्प है। हिन्दू और मुसलमान दोनों का यह मानना था कि स्त्रियों की स्थिति में पतन का कारण अशिक्षा है। स्त्री उपदेश में देवा स्कूल जाती है और सुखवन्ती को स्कूल जाने का उपदेश देती है। देवा का कहना है हिन्दू देवियों गौरी, पार्वती और रामचरितमानस के सीता और मन्दोदरी सरीखे चरित्रों, राजा भोज की पत्नी और लीलावती के आदर्श की कहानियाँ बताते हुए समरकन्द की आयशा (जो कवयित्री थी और कई स्त्रियों को उसने पढ़ना–लिखना सिखाया) और किरमान मुल्क की राजकुमारी लाला ख़ातून तक पहुँचती है और तर्क सिद्ध करती है कि शिक्षा के मामले में भारत की औरतों को अंग्रेज़ औरतों के पदचिह्नों पर चलना चाहिए जो 'पति' की अनुपस्थिति में भी तमाम काम कर पाने में सक्षम हैं। पुस्तक में दो बातें विशिष्ट हैं...एक तो विधवा–विवाह का समर्थन और हिन्दू और मुसलमान–दोनों सम्प्रदायों की औरतों के प्रति समान नज़रिया। लेखक हिन्दू और मुसलमान स्त्रियों को सुबह उठकर पूजा–नमाज करने का उपदेश देने के साथ घर की सार–सँभाल, नम्र व्यवहार, स्वच्छता, मेहमानों की आवभगत, क्रोध और आवेश के दुष्परिणाम, सद्व्यवहार के लाभ, स्त्रियोचित गुणों–कोमलता, लज्जा आदि का बखान करता है। आचरण–लेखक की दृष्टि में लड़कियों को खेलने–कूदने में समय नहीं नष्ट करना चाहिए। देवा सुखवन्ती को बताती है कि 'औरत को कभी ज़िद्दी और अड़ियल नहीं रहना चाहिए, ऐसियों को कोई पसन्द नहीं करता। लड़कियों को दिन में सो कर समय नहीं नष्ट करना चाहिए। इससे आलस्य आता है और आगे चलकर ससुराल के लोगों की बातें सुननी पड़ती हैं। भोजन करते समय बोलना नहीं चाहिए। कम बोलना, मेहमानों को पहले भोजन परोसना, हँसने की जगह मुस्कुराना अच्छी स्त्रियों के लक्षण हैं।"[35] (पृ. 64–68) डिप्टी नज़ीर अहमद ने भी 'मिरात–उल–उरूस' में कम ख़र्च में घर चलाने वाली,

सन्तोषी, और हर हाल में पति को प्रसन्न रखने वाली स्त्री को आदर्श माना जबकि अपनी इच्छाओं को अभिव्यक्त करने वाली, पति से बहस लड़ाने, पति के धन को व्यर्थ उड़ाने, धोखेबाज़ और पति की मुश्किलों में उसका साथ न देने वाली को 'बुरी स्त्री' के खाते में डाल दिया। मुंशी अहमद हुसैन ने अन्य आचरण–लेखकों की तर्ज़ पर शिक्षा को सम्पत्ति माना और कई ऐसे प्रसंगों का ज़िक्र किया है, जहाँ हिन्दू और मुसलमान औरतें शिक्षा के अभाव में धन–सम्पत्ति से हाथ धो बैठती हैं, या विधवा होने पर धनहीन रह जाती हैं।

'स्त्री–धर्म सार' (1892) में जीवराम कपूर खत्री ने भारत के उत्तरोतर पतन के मूल कारण के तौर पर लिखा कि "यहाँ की नारी घरेलू कार्यों और बच्चों की देखभाल पर ध्यान नहीं दे रही है, इसलिए भारत पतन के कगार पर है" (पृ. 34)। भार्याहित में घर के काम–धाम को स्त्रियों के स्वास्थ्य से जोड़ा गया। घरेलू कामकाज में तन–मन लगाने वाली स्त्री को आदर्श कहा गया और साथ ही इसे स्त्री के सुख–स्वास्थ्य की 'गारंटी' भी माना गया। अन्य आचरण–पुस्तकों में स्त्रियों को प्रदत्त उपदेशों से आगे जाकर भार्याहित,[36] जो हेनरी शेवास पाई की अंग्रेज़ी पुस्तक 'एडवाइज़ टू अ वाइफ' का हिन्दी अनुवाद थी, में रघुनाथ दास ने स्त्रियों को बीमारी से बचने के कई तरीक़े सुझाये मसलन जो स्त्री मुँह अँधेरे उठ जाती है, वह नौकरों की आदर्श मालकिन होती है, आलसी स्त्री के नौकर भी आलसी होते हैं। भार्याहित में स्त्रियों के लिए ऐसे व्यायाम बताये गये, जिससे घर का कामकाज ठीक–ठाक चलता रहे मसलन पर्दे में रहने वाली औरतों को नसीहत दी गयी कि वे दिन में बीस बार सीढ़ियों पर चढ़ें–उतरें। घरेलू कामकाज, बूढ़े–बच्चों की देखभाल, कपड़े धोना, झाड़ू–पोंछा लगाना, नौकरों के ऊपर चौबीसों घण्टे नज़र रखने को स्वास्थ्यकर गतिविधियाँ बताया गया। कामकाज करते रहने से अपच, अनिद्रा, कमज़ोरी जैसे रोग नहीं होते। ये सलाहें ज़्यादातर मध्यवर्गीय वणिक परिवारों की औरतों को दी गयी थीं, जो नयी अर्थव्यवस्था में अनाज, मसाला इत्यादि के कूटने–पीसने का काम छोड़ रही थीं। इसलिए भार्याहित में कहा गया कि ग़रीब स्त्रियाँ ख़ूब श्रम करती हैं, इसलिए उनके बच्चे नीरोग रहते हैं जबकि अमीर स्त्रियाँ आलसी होती हैं और बीमार बच्चे पैदा करती हैं... "कंगालों के निरोग छोटे–मोटे, गुलाब के फूल जैसे हँसमुख बालकों के

सामने धनवानों के रोगी, सूखे–पीले डरावने बच्चों को देखो जो बहुधा वैद्यों के ही अधीन रहते हैं"[37] (पृ. 245)।

इस तरह के आचरण–टेक्स्ट लड़कियों के पाठ्यक्रम में लगाये जा रहे थे। इन रचनाओं से लेखकों का 'परोपकारिता' का बोध साफ़ तौर पर उजागर होता था। वे वर्ग–चरित्र की अवधारणा को और अधिक मज़बूत करने तथा प्रकारान्तर से पितृसत्तात्मक मूल्यों का नये समय में पुनर्स्थापन का प्रयास भी कर रहे थे। डिप्टी नज़ीर अहमद जैसे सरकारी मुलाज़िम एक विशिष्ट समुदाय की समस्याओं के बारे में जो चित्रण कर रहे थे और उनकी देखा–देखी वामा शिक्षक जैसी पुस्तकें औपनिवेशिक प्रशासन की विभाजनकारी नीतियों का परिणाम थीं, लेकिन इनमें चित्रित 'सुधार' की हुई जिस स्त्री–छवि का प्रस्तुतीकरण हुआ वह एक विशिष्ट पितृसत्तात्मक दृष्टि का परिणाम थी जो हिन्दू और मुसलमानों में ही नहीं 'नेटिव' ईसाइयों में भी एक जैसी थी। इसके उदाहरण के तौर पर डोमेस्टिक मैनर्स एंड कस्टम्स ऑफ़ द हिन्दूज़[38] (1860) को देखा जा सकता है जिसके लेखक बाबू ईशुरी दास फ़तेहगढ़ के धर्मान्तरित देशी ईसाई थे। पुस्तक में बताया गया कि "घरेलू काम, बच्चों की देखभाल यीशू की सेवा जितना ही महत्त्वपूर्ण है। पति के अधीनस्थ रहकर ही स्त्री ईश्वर की प्रिय बन सकती है" (पृ. 173–74)। 'रत्नमाला'[39] (1869), जो 'रीडिंग बुक फॉर वुमेन : एडवाइज़ ऑन डोमेस्टिक मैनेजमेंट एंड ट्रेनिंग फॉर चिल्ड्रेन' का अनुवाद थी, में बाइबिल और हिन्दू धर्म–ग्रन्थों के हवाले से आर्य स्त्रियों के लिए 'पातिव्रत्य' को महान आदर्श बताते हुए कहा गया कि आदर्श स्त्री को बाइबिल और पूजा–पाठ के अतिरिक्त सिर्फ़ पति का आज्ञा पालन करते हुए अत्यन्त पवित्र भाव से घर–गृहस्थी के कामों को अंजाम देना चाहिए (पृ. 145, 204)।

कई समाज–सुधारक संस्थाएँ भी स्त्रियों को आचरण–सिखाने की दिशा में प्रयासरत थीं। मसलन रुहेलखण्ड साहित्य समाज जिसके सदस्य हिन्दू और मुसलमान दोनों थे ने पण्डित ताराचन्द शास्त्री से स्त्री–धर्म संग्रह शीर्षक पुस्तक तैयार करायी। इस आचरण–संहिता का उद्देश्य था धर्म–शास्त्रों के हवाले से स्त्रियों को घरेलू दासी बनाना। इसमें पति–सेवा को ईश्वर सेवा के समतुल्य कहा गया। स्त्रियों को संन्यास लेने की मनाही की गयी। सुबह की प्रार्थना से भी बरजा गया क्योंकि ऐसा करने पर "पति की सेदा, उसके लिए नाश्ते–भोजन की तैयारी में

बाधा पहुँचेगी। पत्नी को वेद–पुराणों को पढ़कर औषधियों, भोजन और रीति–रिवाज़ों का ज्ञान प्राप्त करना चाहिए" (पृ. 11–12)। इसी श्रेणी में खत्री हितकारी सभा, आगरा की ओर से लिखवायी गयी मुंशी जीवराम कपूर की 'स्त्री–धर्म सार'[40] में भी शास्त्रों के हवाले से कहा गया कि 'स्त्रियाँ कमअकल होती हैं, अतः उन्हें कोई भी निर्णय, पति की आज्ञा के बिना, स्वतन्त्र रूप से नहीं लेना चाहिए" (पृ. 28)। ये आचरण–'टेक्स्ट' धर्म और शास्त्र के हवाले से स्त्री को परिवार और घरेलू श्रम के दायरे में रहते हुए शिक्षित होने एवं आत्मनियन्त्रण द्वारा पितृसत्ता के अनुकूल बनने की सलाह दे रहे थे। कमख़र्ची, हुनरमन्दी और हस्तकलाओं को इस तरह की पुस्तकों में बहुत महत्त्व दिया गया। स्त्रियों के बेकार और आलसी हो जाने का डर तथाकथित समाज–सुधारकों की चिन्ता का गहन विषय था और उससे भी बड़ी चिन्ता थी वर्ग–विभेद के पूरे समीकरण के गड़बड़ाने की, एक अच्छा घर–जिसमें नौकरों पर कड़ा अनुशासन रहे, बच्चे समुचित सामाजिक व्यवहार सीखें और अधीनस्थ वर्ग हमेशा अधीन रहे, इसका सारा जिम्मा 'घरनी' पर था। आचरण–पुस्तकों के आदर्श एक नयी मध्यवर्गीय स्त्री–छवि का निर्माण करते थे, जिसे श्रम से पुरुष की आर्थिक मदद भी करनी थी और 'अधीन' भी रहना था। 'स्त्री–धर्म सार' और 'बहिश्ती ज़ेवर' सरीखी पुस्तकें स्त्रियों को समझदारी से ख़रीदारी करना, कम ख़र्च में घर चलाने के गुर सिखाती थीं, कि कैसे वस्तु की गुणवत्ता परखी जाये (स्त्री–धर्म सार)। स्त्रियों को सिखाया गया कि वे कैसे आमद–ख़र्च का, तनख़्वाहों और सुविधाओं के लिए रुपयों का हिसाब–किताब रखें। 'बहिश्ती ज़ेवर' में कहा गया कि "पति को समाज में अपने विशिष्ट गुणों के कारण सम्मान मिलता है, जबकि औरत को पति के आज्ञा–पालन और बच्चों की देखभाल के कारण सम्मान मिलता है" (पृ. 31)।

हाली ने 'मजलिस–उन–निस्सां' में पर्दे के भीतर रहकर भी घर–ख़र्च और नौकरों पर नियन्त्रण के गुर सिखाते हुए उसे परिवार में सम्मान की हक़दार बताया। हाली ने विस्तार से पुस्तक में बताया है कि नौकर प्रत्येक रुपये में से चार आने अपने पास रख लेना जन्मसिद्ध अधिकार समझते हैं इसलिए, माँ अपनी बेटी से कहती है–"अब मैं तुम्हें बताने जा रही हूँ कि पर्दे में रहकर भी रोज़मर्रा की ज़िन्दगी में बाज़ार का

काम कैसे किया जाये। तुम्हें घर में काम करने आने वालों (पानी वाला, ज़मादारनी, सब्ज़ीवाला, दूधवाली, चूड़िहारिन) से हमेशा बाज़ार भावों के बारे में पूछताछ करते रहनी चाहिए। पन्द्रह–पन्द्रह दिनों पर तुम्हें अनाज, तेल, मसाले का भाव उनसे जानना चाहिए ताकि जान सको कि जो नौकर तुम्हें बाहर से सामान लाकर दे रहा है उसकी क़ीमत सही है कि नहीं। ताज़ा सब्ज़ी, मांस, दही–दूध जैसी रोज़ की चीज़ों की ख़रीदारी के लिए हर दिन एक ही आदमी को बार–बार बाज़ार भेजना ठीक नहीं है। इस काम के लिए नौकर बदलते रहने से नौकर अपनी औक़ात में रहते हैं" (पृ. 71–72)।

ये आचरण–संहिताएँ स्त्रियों को आत्मनियन्त्रण द्वारा 'आदर्श' बनने का उपदेश भी दे रही थीं। मौलाना थानवी ने 'बहिश्ती ज़ेवर' में औरतों को सादे भोजन की सलाह देते हुए लिखा..."कभी भी बढ़िया भोजन को अपनी आदत मत बनाओ, क्योंकि वक़्त कभी एक–सा नहीं रहता।" 'वनिताबुद्धि प्रकाशिनी'[41] में रामलाल ने मनमानी वस्तु ख़रीद कर खा लेने वाली स्त्रियों के 'चटोरे स्वभाव' की निन्दा की (पृ. 44) और 'मिरात–उल–उरूस' में नज़ीर अहमद ने अकबरी के नकारात्मक चरित्र को निन्दनीय बताते हुए कहा कि वह बाज़ार से मेवे–मिठाइयाँ मँगवाती है–घर का भोजन पसन्द नहीं करती। इसी तर्ज़ पर मेरठ कचहरी के एक छोटे से मुलाज़िम हरिहर हीरालाल ने 'स्त्रीविचार'[42] शीर्षक पुस्तक में औरतों के 'चटोरेपन' को वेश्याओं का चारित्रिक गुण कहा (पृ. 55)। स्त्री–धर्म सार में कहा गया कि "जिस स्त्री की जीभ चटोरी होती है, उसके घर से दरिद्रता कभी नहीं जाती" (पृ. 12)। इन उपदेशकों का मानना है कि स्त्रियों को धन बचाकर आभूषण ख़रीदने चाहिए ताकि आड़े वक़्त में काम आ सकें।

सम्भावित विद्यार्थियों के मद्देनज़र लिखे गये ये सभी 'टेक्स्ट' आदर्श स्त्री की छवि को अत्यन्त तर्कसम्मत ढंग से लड़कियों के मस्तिष्क और कार्य–व्यापार को नियन्त्रित करने का संजाल रचते हैं। अक्सर ये संवाद शैली में लिखे गये हैं और कथानक में अच्छी औरत–बुरी औरत का विलोम प्रस्तुत करते हैं। पढ़ी–लिखी स्त्री को महीन और हल्का काम और अनपढ़ बहू को मोटा–झोटा, कुटाई–पिसाई का काम दिया जाता है। पण्डित गौरीदत्त की 'देवरानी–जेठानी की कहानी' में घर का सारा भारी काम सास अनपढ़ बहू यानी जेठानी को देती है और पढ़ी–लिखी छोटी

बहू के ज़िम्मे भोजन पकाना, कढ़ाई–बुनाई के काम आते हैं। ये पुस्तकें अशिक्षित स्त्री को अनिवार्यतः फूहड़, आलसी, नकारा, झगड़ालू के रूप में चित्रित करती हैं...जिसके ठीक विपरीत पढ़ी–लिखी स्त्री है जो शिक्षा के कारण सुघड़ और विनम्र है। 'सास–बहू का किस्सा : ज्ञान उपदेश'[43] (1895) में पण्डित लक्ष्मण प्रसाद ने सास की आज्ञा में रहने वाली बहू को 'अच्छी' बताते हुए बुरी बहू को सास से हाथापाई करते हुए चित्रित किया। उनके अनुसार अच्छी स्त्री वह है जो सास के कहे अनुसार घर का सारा काम करती रहे, बहस न करे और अच्छी सास वह है जो बहू को विनम्रता से सदुपदेश देती रहे। आचरण–लेखकों ने घरेलू श्रम के मसले पर अच्छी–बुरी, शिक्षित–अशिक्षित, विनम्र–ढीठ स्त्रियों में विभाजक रेखा खींच इस प्रक्रिया में एक स्त्री यानी सास को पितृसत्ता के एजेंट की भूमिका प्रदान की। इनमें अशिक्षित स्त्री को हेय, असामान्य, मूर्ख बताते हुए उसे कठिन श्रम के काम मसलन कुटाई–पिसाई, पानी भरना, झाड़ू लगाना, सफ़ाई करते हुए चित्रित किया गया। उनके श्रम के शोषण की यह सोची–समझी रणनीति थी...जिसकी व्यंजना यह थी कि जो अशिक्षित है वह भारी और कठोर श्रमिक बनने की पात्र है। इनमें अशिक्षित स्त्रियों को घरेलू दासी या प्रकारान्तर से असंगठित क्षेत्र में अत्यधिक श्रमसाध्य कार्यों को करते हुए दिखाया गया जिसे बहुत ही कलात्मक ढंग से नयी पढ़ी–लिखी स्त्री–छवि से अलगाया गया। यह अशिक्षित स्त्री थी जो बुरी थी और अच्छी स्त्री के ठीक विपरीत थी...त्याज्य और उपेक्षा की पात्र लेकिन इसके बिना समाज और परिवार का काम चलने वाला भी नहीं था। आचरण–लेखक हिन्दू हों या मुसलिम वे सब स्त्री के ख़ाली बैठने से भयभीत थे। आचरण–'टेक्स्ट' में से अधिकांश को सरकारी मान्यता एवं प्रेरणा मिली थी जिन्होंने स्कूली लड़कियों को बदलते समय और समाज की पितृसत्तात्मक व्यवस्था के अनुरूप ढालने का काम किया। चाहे डिप्टी नज़ीर अहमद हों या पण्डित रामप्रसाद तिवारी (रीतिरत्नाकर, 1872) दोनों की चिन्ता अपने–अपने समुदायों की स्त्रियों के लिए समान थी। स्त्री की अपमानजनक और कुत्सित छवि प्रस्तुत करना रणनीति का हिस्सा था, जिसके भय से वह स्वतन्त्र चेता हो ही नहीं सकती थी। मसलन 'रीतिरत्नाकर' में कहा गया कि "मूर्खता रूपी पिशाचिनी औरतों को खा रही है' (पृ. 2) जो 'मिरात–उल–उरूस' की तरह ही उस समय

प्रचलित–स्त्री छवि के प्रति घृणा और अविश्वास के नुस्खे को ही प्रस्तावित करती है। अशिक्षित स्त्रियों की छवि के चित्रण में जिन रूढ़ चरित्रों का अनुकरण किया गया उनके अनुसार वे लड़ाकू, पति, सास–ससुर का अपमान करने वाली, कमअक्ल, ज़िद्दी हैं, उन्हें घर सँभालना नहीं आता, स्वतन्त्र होकर बिगड़ जाती हैं और धन का नुक़सान कर डालती हैं, ठगों–चोरों के चंगुल में फँस कर सबकुछ गँवा बैठती हैं, आभूषण के प्रति उनका प्रेम निन्दनीय है–उसके लिए वे कुछ भी करने को प्रस्तुत हैं। 'रीतिरत्नाकर' में तो एक दुष्ट बहू अपनी सास के केशों को आग में जला डालती है।

1857 के तुरन्त बाद के दौर में लिखे गये ये आचरण–टेक्स्ट स्त्रियों को प्रत्येक परिस्थिति में घर–बच्चों–पति की देखभाल करने की हुनर सीखकर परिवार को आर्थिक सम्बल प्रदान करने और आत्मनियन्त्रण के नुस्खे सिखाते हैं।

इन पुस्तकों में स्त्री के भीतर सामन्ती मूल्यों को पैबस्त करने के लिए आज्ञाकारिता, सच्चरित्रता, पातिव्रत्य और नैतिक शिक्षा पर बल दिया गया। पार्थ चटर्जी के मुताबिक "इस नयी स्त्री को अपने ही समाज के पुरुषों और पश्चिमी स्त्री से भिन्न होना था।" आचरण–पुस्तकों के लेखकों को यह चिन्ता भी थी कि स्त्रियों को जैसी दरकार है वैसी शिक्षा मिल नहीं पा रही है। इस मुद्दे पर परस्पर असहमति भी थी। मसलन बंगीय महिला की भूमिका में तारकनाथ विश्वास ने लिखा, "ऐसी बहुत कम पुस्तकें आयी हैं, जो स्त्रियों के पढ़ने लायक हैं, या जिन्हें पति अपनी पत्नी को पढ़ने के लिए दे सकें।"[44] इसी तरह बंगाली बहू की भूमिका में पूर्णचन्द्र गुप्ता ने अब तक प्रकाशित पुस्तकों की विषय–वस्तु के प्रति असन्तोष व्यक्त करते हुए लिखा, "अब तक प्रकाशित पुस्तकें केवल पति–पत्नी सम्बन्धी की शिक्षा देने के लिए लिखी गयी हैं, इनमें से एक भी, स्त्री को गृह–प्रबन्धन नहीं सिखाती।"[45]

कोरी उपदेशात्मकता से पाठिकाओं को आकृष्ट नहीं किया जा सकेगा, यह अन्दाज़ा आचरण–लेखकों को ही हो चुका था। गिरिजाप्रसन्न रायचौधरी की टिप्पणी थी कि "ऐसी किताबें गुरुदास बाबू की पुस्तक दुकान में यूँ ही धूल खा रही हैं–हमें ऐसा नहीं लगता कि इनसे स्त्रियों का कुछ भला होने वाला है।"[46] पाठकों के लिए रुचिकर बनाने के

लिए ये ज़रूरी था कि ऐसा टेक्स्ट लिखा जाये, जिसमें संवाद हों, और पति–पत्नी के पारस्परिक संवाद से अधिक रुचिकर और क्या हो सकता था। नव्य–पितृसत्तात्मक व्यवस्था में पति की कल्पना पत्नी के शिक्षक/गुरु के रूप में की गयी। शिष्या के माध्यम से गुरु 'घर के भीतर के संसार' की पुनर्रचना कर सकता था। घर के भीतर के 'स्पेस' की पुनर्रचना दो स्थितियों में सम्भव थी–पहली, कि स्त्रियाँ पढ़ें–लिखें और दूसरी स्थिति में घर के भीतर पति को सर्वशक्तिमान होना था। इन पुस्तकों में पहली स्थिति की वकालत बड़े पुरज़ोर ढंग से, अपनी–अपनी सीमाओं में की गयी, स्त्री–शिक्षा के पक्ष में बहुत से तर्क भी दिये गये। मसलन नागेन्द्रबाला दासी ने नारी धर्म में लिखा–"अशिक्षित व्यक्ति अपने जीवन का सही ढंग से निर्माण नहीं कर सकता, न ही शिक्षा के अभाव में उसकी प्रतिभा निखर सकती है। अज्ञानी और अशिक्षित व्यक्ति भीषण मनोवेदना से गुज़रता है और अक्सर समाज के लिए हानिकर होता है।"[47]

दूसरी स्थिति जिसमें स्त्री और गृहस्थी दोनों को पति के अधीनस्थ होना था–पर आम सहमति थी। 'स्त्रीर प्रति स्वामीर उपदेश' में धीरेन्द्रनाथ पाल ने बताया कि "जन्म से विवाह तक लड़की को माँ शिक्षित करती है, विवाह के बाद पति ही उसका गुरु होता है। यदि स्त्री अपने पति के साथ सम्बन्ध की इस प्रकृति को समझ ले तो वह आजीवन पति की आज्ञा में रहेगी।" पुस्तक में पति–पत्नी संवाद द्रष्टव्य हैं :

पति...मैं तुमसे बार–बार एक ही बात कहता हूँ, पर तुम पढ़ती–लिखती नहीं हो।

पत्नी...क्या मुझे बाहर काम पर जाना है?

पति...हा...हा...। तो पढ़ने–लिखने की ज़रूरत सिर्फ़ काम पर जाने के लिए होती है? इसी को कहते हैं–स्त्री–बुद्धि! इसीलिए तुम ऐसी बातें करती हो।[48]

धीरेन्द्रनाथ पाल ने हिन्दू स्त्री पर पाँच पुस्तकें लिखी थीं जिनमें उन्हें सही आचरण की शिक्षा दी गयी थी, 'स्त्रीर सहित कथोपकथन' (1884), 'संगिनी' (1884), 'द हिन्दू वाइफ' (1888), 'द हिन्दू साइंस ऑफ़ मैरिज़' (1909) और 'स्वामी स्त्री' जो 1926 में उनकी मृत्युपरान्त छपी। इनमें से 'स्त्रीर सहित कथोपकथन' की लोकप्रियता का अन्दाज़ा इसी से लगाया जा सकता है कि 1884 से लेकर 1909 तक इसका आठ बार पुनःप्रकाशन हुआ।

पुस्तक का विषय घरेलू जीवन है जिसमें सरल उपदेशों को पति–पत्नी के संवादों में समेटा गया है। भूमिका में धीरेन्द्रनाथ पाल का कहना है..."इस पुस्तक का उद्देश्य है पत्नियों को सलाह देना, लेकिन हम उनके पतियों से भी एक–दो बातें कहना चाहते हैं, इसलिए हम चाहते हैं इस छोटी–सी पुस्तक को वे भी ध्यान से पढ़ें तभी वे समझ पायेंगे कि जीवन में कैसे चलना है।"[49]

आचरण–पुस्तकों में शिक्षित स्त्री के भावी व्यवहार के प्रति भी दुश्चिन्ता व्यक्त की गयी है। मसलन पूर्णचन्द्र गुप्ता ने बंगाली बहू में लिखा–"पढ़ी–लिखी स्त्रियाँ चूल्हे की आँच के पास नहीं बैठना चाहतीं। इसे वे अस्वास्थ्यकर बताती हुई कुर्सी पर बैठकर अख़बार पढ़ना पसन्द करती हैं।"[50] ऐसी स्त्रियों को सही आचरण की ओर प्रेरित करने के लिए 'पश्चिमी स्त्री' का आदर्श सामने रखते हुए 'बंगीय महिला' में तारकनाथ विश्वास ने लिखा–"पुराणों की बातें भले ही हमारी औरतें हँसी में उड़ा दें, लेकिन ये सच है कि हमारी सम्राज्ञी विक्टोरिया की बेटियाँ भी कभी–कभी अपने हाथों से खाना पकाने और परोसने का काम करती हैं, और इसके लिए वे शर्मिन्दगी महसूस करने की बजाय गर्व करती हैं।"[51]

इसी तरह नागेन्द्रबाला दासी ने भोजन पकाने को हिन्दू स्त्री के धर्म से जोड़ा और स्त्रियों को उपदेश देते हुए नारी धर्म में लिखा–"रानी होते हुए भी द्रौपदी और राजा रामचन्द्र की भार्या होते हुए भी सीता अपने हाथों से भोजन पकाती थीं और पति, सन्तान और अभ्यागतों को परोसती थीं।"[52] नागेन्द्रबाला दासी ने दो आचरण–पुस्तकें लिखकर इस क्षेत्र में स्त्री–लेखन का प्रतिनिधित्व किया। 'नारी धर्म' (1900) और 'गार्हस्थ्य धर्म' (1904) अब तक की आचरण–पुस्तकों से अलग थीं, क्योंकि नागेन्द्रबाला दासी ने इनमें पति को पत्नी का परमेश्वर बताया और प्राचीन पितृसत्तात्मक मान्यता को पुनर्स्थापित करने का प्रयास किया। अब तक की आचरण–पुस्तकों में स्त्रियों की अशिक्षा को गृहकलह का कारण बताया जाता था, वहीं दासी ने सासों के दुर्व्यवहार की ओर इंगित किया। 'स्त्रीकर्तव्य', 'पतिव्रता', 'सामान्य शिक्षा', 'प्रगति या अवनति' और 'निष्कर्ष' जैसे पाँच शीर्षकों में व्यवस्थित नारी धर्म सख़्त हिदायतें देने वाली पुस्तक है। यह पितृसत्तात्मक व्यवस्था में मानसिक रूप से अनुकूलित स्त्री का मन–संसार हमारे सामने रख देती है। नागेन्द्रबाला स्त्री के धर्म की

व्याख्या करती हुई लिखती हैं–"कई स्त्रियाँ यह शिकायत करती दीख पड़ती हैं कि उनका पति उनके प्रेम और पूजा का प्रत्युत्तर नहीं देता, तो उसे कैसे प्रेम किया जाये! इस तरह की बातचीत अपरिपक्वता का नमूना है...। पति ही स्त्री का परमेश्वर है...। तुम्हें तो यह सोचना ही नहीं चाहिए कि वह तुम्हें प्यार करता है या नहीं...। तुम्हें सिर्फ़ अपना कर्तव्य करना चाहिए और कोई अपेक्षा नहीं रखनी चाहिए।"[53]

नागेन्द्रबाला घरेलू जीवन में स्त्री की प्रबन्ध–कुशलता और निपुणता की प्रशंसा करते हुए लिखती हैं कि पत्नी को पति की गृहस्थी की हरेक वस्तु को ध्यान से सँभालकर रखना चाहिए। इस तरह वह आधुनिक सुशिक्षित स्त्री के लिए गृहस्थी के कामों की अनिवार्य फ़ेहरिस्त भी प्रस्तुत कर देती हैं। नागेन्द्रबाला दासी के विचारों की तुलना सत्रहवीं शताब्दी की कन्नड़ रचनाकार होनम्मा की पुस्तक 'हदिबदेय धर्म' (पतिव्रता के कर्तव्य) से की जा सकती है, जिसमें होनम्मा ने पतिव्रताओं की प्रशंसा करते हुए उन्हें स्वर्ग में विशिष्ट पद पाने की अधिकारिणी बताया। नागेन्द्रबाला भी उसी तर्ज़ पर लिखती हैं–"पति ही पत्नी का परमेश्वर है, उसकी सेवा करना ही स्त्री का सबसे बड़ा धर्म है।"[54]

बाँग्ला के आचरण–साहित्य के प्रभाव से ओड़िया में जगबन्धु सिंह ने तीन खण्डों में 'गृहलक्ष्मी' उपन्यास लिखा। 1930 से 1940 के बीच प्रकाशित इस पुस्तक में पति–पत्नी के संवाद रोचक ढंग से लिखे गये। यह बताया गया कि शिक्षित पति घरेलू स्त्री को कैसे देवी लक्ष्मी में रूपान्तरित कर सकता है। गृहलक्ष्मी को बहुत सफलता मिली और केवल 1946 में इसका पाँच बार पुनःप्रकाशन हुआ। आवरण पृष्ठ पर समृद्धि और धन की प्रतीक देवी लक्ष्मी का चित्र छापा गया तथा भूमिका में कहा गया–"भारतीय स्त्रियाँ अक्सर घर के बाहर की दुनिया से अपरिचित ही रह जाती हैं। पाठ्यपुस्तकों की जानकारी बहुत सीमित है। हमारे देश में लड़कियों को चौदह वर्ष की अवस्था के बाद स्कूल नहीं जाने दिया जाता। इसलिए उनके लिए सामान्य ज्ञान को बढ़ाने वाली पुस्तकों की ज़रूरत है। अच्छी गृहिणी बनने के लिए उन्हें बहुत–सी बातों की जानकारी होना ज़रूरी है। इस अभाव की पूर्ति के लिए ही गृहलक्ष्मी की रचना की गयी है।"[55] तारकनाथ विश्वास की तरह जगबन्धु सिंह को भी पढ़ी–लिखी स्त्री से भय है। इसलिए जो घर न सँभाले उसे 'अलक्ष्मी' की संज्ञा देते हुए

कहते हैं–"बिस्तर पर लेट कर उपन्यास पढ़ना, पत्नी का कर्तव्य नहीं है। आह! आधुनिक शिक्षित स्त्री भोजन पकाने से घृणा करती है, जबकि यह सबसे महत्त्वपूर्ण कार्य है। इसके अभाव में हम खायेंगे क्या? खाये बिना हमारा अस्तित्व बचेगा कैसे?"[56] आगे, वे उस स्त्री के उपयुक्त आचरण की फ़ेहरिस्त बताते हैं, जिसका पति परदेश चला गया हो–"पति के परदेश जाने पर पत्नी को बिल्कुल सजना–सँवरना नहीं चाहिए। अच्छा भोजन–वस्त्र त्याग देना चाहिए। पति के बिना ऐशो–आराम की चीज़ों का उपयोग करके वह करेगी भी क्या। पतिव्रता का यही धर्म है–पति ही आनन्द और सन्तुष्टि का एकमात्र स्रोत है, उसके सुख–दुख पत्नी के सुख–दुख भी होते हैं।"[57]

ये आचरण–पुस्तकें पितृसत्तात्मक समाज के ऐजेंडे को नयी और बदली परिस्थितियों में और ज़्यादा पुरज़ोर ढंग से आगे बढ़ाती हैं। बढ़ते पश्चिमीकरण के प्रतिकार के रूप में उन पर नज़र डालना दिलचस्प हो सकता है। स्त्री–शिक्षा के प्रति उनका नज़रिया बहुत–से पूर्वाग्रहों से भरा हुआ था। स्त्री का शिक्षित रूप भयकारक था। इनमें अक्सर सुशिक्षित उम्रदराज़ पति द्वारा उम्र में छोटी पत्नी को शिक्षित करता चित्रित किया गया और इस तरह पति–पत्नी की उम्र में बड़े अन्तराल को संस्तुत और प्रशंसित किया गया। ऊपर से यह भले सुशिक्षित भारतीय स्त्री के निर्माण की प्रक्रिया का महत्त्वपूर्ण चरण दिखाई पड़े लेकिन अन्तर्वस्तु के केन्द्र में स्त्री को और भी अधिक पुरुषोपयोगी और अधीनस्थ बनाने की तैयारी है। स्त्री को उसके दोयम दर्जे का अहसास सबसे पहले घर के भीतर ही कराया जाता है और घर में ही उसके बौद्धिक और मानसिक व्यक्तित्व का निर्माण होता हैं। आचरण–पुस्तकों के लिए इसी घरेलू परिवेश का चुनाव किया गया जो स्त्रियों के लिए सुपरिचित, यथार्थ और प्रामाणिक परिवेश था। इनमें इक्का–दुक्का स्त्री रचनाकारों के नाम भी दीख पड़ते हैं–जिन्हें पितृसत्तात्मकता के मानसिक अनुकूलन और शिक्षित हो रही स्त्री के प्रारम्भिक साक्ष्यों के तौर पर पढ़ा जाना चाहिए। ये स्त्रियाँ अपनी ही अधीनता की पक्षधर दिखाई देती हैं क्योंकि परिवार और समाज की 'सेंसरशिप' से टकराने का साहस उनमें नहीं है। वे लिखकर अपने होने की तस्दीक करती हैं और जहाँ भी व्यवस्था के विपक्ष में लिखती हैं, वहाँ वे अपनी सही पहचान को छुपा ले जाती हैं।

1882 में छपी 'सीमन्तनी उपदेश'[58] को देखा जाना चाहिए, जिसकी लेखिका श्रीमती हरदेवी हैं, लेकिन लेखिका के नाम की जगह एक 'अज्ञात हिन्दू औरत' लिखा गया है। व्यवस्था के विरोध में बोलने का ख़तरा सीधे–सीधे ये स्त्रियाँ नहीं उठातीं और जो बोलती हैं वे पण्डिता रमाबाई सरीखी स्त्रियाँ हैं, जो हिन्दू धर्म को त्याग चुकी हैं और भारतीय स्त्रियों की स्थिति में सुधार के लिए अन्तर्राष्ट्रीय मंचों पर अपनी बात रखती हैं। रमाबाई ने हिन्दू स्त्री का जीवन में अमेरिकी पाठकों का आह्वान करते हुए लिखा–"आप सभी जो इस पुस्तक को पढ़ रहे हैं, मेरे देश की स्त्रियों के बारे में सोचिये और जागिये, एक सामान्य भाव से उन्हें आजीवन दासता एवं नारकीय दुखों से मुक्त करने के लिए आगे बढ़िए। क्या आप नहीं आयेंगे? मित्रो और हितैषी लोगो, शिक्षित जनो एवं मानवतावादियो, मैं आपसे प्रार्थना करती हूँ कि आप सभी जो इसमें रुचि रखते हों या अपने साथी के प्रति दया रखते हों, भारतीय पुत्रियों के रुदन से चीख़ें चाहे वह क्षीण ही क्यों न हो।"[59]

रमाबाई ने मनुसंहिता का अनुवाद प्रस्तुत कर हिन्दू आचार–संहिताओं का आलोचनात्मक विश्लेषण किया। 1886 में वे इंग्लैंड से फिलाडेल्फ़िया जाकर रैचेल एल. बॉडले से मिलीं। बॉडले ने पुस्तक की भूमिका में दर्जे किया :

"ऊँची जाति की हिन्दू स्त्रियों की वर्तमान स्थितियों को आचार–संहिताओं के नियमों की कसौटी पर लाने का प्रयोग पहले कभी नहीं किया गया। पाठक इस बात का ध्यान रखें कि रमाबाई ने मनु–संहिता के चुने हुए सूत्र सावधानीपूर्वक उद्धृत किये हैं–ये सूत्र पूरी किताब में फैले हैं। उन्हें पवित्र मानकर स्त्रियों को निरन्तर उच्चारित करने का आदेश मिलता है, भारत में कुछ ही ऐसी स्त्रियाँ होंगी जिन्होंने शायद ही कभी उन्हें सुना हो (किसी पण्डित द्वारा) और उससे भी कम स्त्रियाँ होंगी जिन्होंने उन्हें (इन सूत्रों को) अपनी आँखों से देखा हो। यहाँ तक कि स्त्रियों की शिक्षा के मुद्दे पर काफ़ी उदारवादी माने जाने वाले अनन्तशास्त्री ने भी पवित्र पुस्तकों को अपनी पत्नी व पुत्रियों से दूर रखा। संस्कृत साहित्य कविताओं के रूप में स्त्रियों तक पहुँचता था। उन्हें पवित्र–कर्मकाण्डों व अनुष्ठान से नहीं जोड़ा जाता था। कलकत्ते में अपनी विद्वत्ता की सार्वजनिक पहचान बना लेने के बाद ही रमाबाई मनु–संहिता देख पायी थीं। रमाबाई ने उद्धरणों में शुद्धता बनाये रखने के लिए अनुवाद करने

में काफ़ी कड़ी मेहनत की। पूरी किताब में कही गयी बातें सटीकता से हैं। जब यह किताब भारत पहुँचेगी तो इन कथनों को निसन्देह झूठे और अधार्मिक बताकर इन पर आक्रमण किया जायेगा और यह भी सम्भव है कि यूनाइटेड स्टेट्स में भी कुछ व्यक्ति इस तरह के प्रभाव को पैदा करने का प्रयास करें लेकिन रमाबाई की सत्य बोलने की इच्छा उनके इस दृढ़ निश्चय के साथ जुड़ी है कि जीर्ण–शीर्ण प्रथाओं और ख़तरनाक रिवाज़ों को प्रकाश में लाया जाये। भारत के अपने व्यापक अनुभव से जो कुछ उनके सामने प्रकट हुआ, रमाबाई ने कुछ भी छिपाया नहीं। उन्होंने ये सारी सूचनाएँ इसलिए प्रकाशित नहीं करवाईं कि उन्हें सम्मान या लाभ मिले बल्कि इसलिए कि इसके पीछे ईश्वरीय प्रेरणा है। उनका विश्वास था कि स्त्रियों की इस त्रासदी का उद्घाटन लोगों में करुणा का भाव जगायेगा और वे उनके उत्थान के लिए प्रेरित होंगे।"[60]

पण्डिता रमाबाई उच्चशिक्षा प्राप्त थीं और उनका लेखन अपने समय से कहीं आगे के रैडिकल स्त्री–लेखन और स्त्री–सुधार के कार्यक्रमों के व्यावहारिक सिद्धान्त प्रस्तुत करता है। लेकिन भारत के सन्दर्भ में उन स्त्रियों के लेखन को आचरण–पुस्तकों के बरअक्स देखने की आवश्यकता महसूस होती है, जो बमुश्किल साक्षर हो पायी थीं और पितृसत्तात्मक समाज की शृंखलाओं में जकड़ी हुई रचनारत थीं। उन्होंने आचरण–पुस्तकें/संहिताएँ नहीं लिखीं बल्कि वे स्त्री के लिए निर्धारित आचरणों का रचनात्मक प्रतिरोध करती दीख पड़ती हैं। मसलन, बाँग्ला की पहली स्त्री आत्मकथा 'आमार जीवन' की रचनाकार राससुन्दरी देवी जो छुप–छुप कर पढ़ना–लिखना सीखती हैं। प्रतिदिन प्रातः चार बजे से रात के बारह बजे तक निरन्तर श्रम करती हैं। श्रम में, सेवा में, कर्तव्य में कोई व्यतिक्रम नहीं। 'अच्छी बहू', 'कुलीन नारी' के विशेषणों से सुसज्जित स्त्री, अपने गृहस्थी के दिनों का स्मरण 'यातनाप्रद' दिनों के रूप में करती हैं। उसे बचपन में 'अच्छी लड़की' की उपाधि मिली क्योंकि उसने खेल–कूद छोड़कर एक लाचार रिश्तेदार की सहायता के क्रम में घर–गृहस्थी का काम सीख लिया बग़ैर जाने कि 'अच्छी लड़की' का तमग़ा उसके पैरों की बेड़ी बन जायेगा–"इसके बाद मैं कभी खेल नहीं सकी, दिन–रात काम और बस काम।" विवाह के बाद ही वह समझ जाती है कि अच्छी स्त्री और सद्गृहिणी का ख़िताब–कृत्रिम है। सुयोग्य गृहिणी बनने के बाद भी अपना स्थान परिवार में सुरक्षित रख पायेगी, इसमें सन्देह है, क्योंकि

वह समझ गयी है कि स्त्री परिवार के लिए एक देह है, मर्यादा है, वंशबेल बढ़ाने का साधन, वह 'माँ' है पत्नी है–जिसका अपना कुछ भी नहीं, "जब मैं अपने पिता के घर थी, तब तक मेरा एक नाम था, जो बहुत पहले कहीं खो गया। अब मैं विपिन बिहारी सरकार, द्वारकानाथ सरकार, किशोरीलाल और श्यामसुन्दरी की माँ हूँ। अब मैं सबकी माँ हूँ।"

'आमार जीवन' में राससुन्दरी उसी गृहस्थ जीवन को पिंजरे की संज्ञा देती है...जिसे सँवारने, सुधारने के लिए आचरण–पुस्तकें लिखी जा रही थीं–"ससुराल का जीवन मेरे लिए किसी पिंजरे से कम न था–जीवनपर्यन्त अब मुझे इसी पिंजरे में रहना था। मुझे अपने परिवार से छीन लिया गया था...। धीरे–धीरे मैं एक पालतू पक्षी बन गयी।" इस सबके बदले में उन्हें सिर्फ़ अपना जीवन देना पड़ा, सिर्फ़ उनकी स्वतन्त्रता छीन ली गयी यहाँ तक कि माँ के मरने पर भी उन्हें मायके जाने की इजाज़त नहीं मिलती।[61] जिस स्त्री के आचरण को सुधारने और पतिव्रता बनाने के लिए सारी क़वायद की जा रही थी, वही कहती है–"जब भी पीछे देखती हूँ, घृणा से मन भर जाता है, टशर की साड़ी, भारी जड़ाऊ ज़ेवर, शंख, चूड़ियाँ, सिन्दूर...सब परतन्त्रता की बेड़ियाँ।" राससुन्दरी हिन्दू–स्त्री की परतन्त्रता के कारणों की पड़ताल करती दिखाई देती हैं। स्त्री को पुरुष सम्बन्धियों से बातचीत करने की आज्ञा नहीं–उसे अपना जीवन सुधारने का समय नहीं। अकारण नहीं कि उसकी आत्मकथा का प्रकाशन पति की मृत्यु के साल भर बाद होता है। आचरण–पुस्तकें स्त्री को जिस शयनकक्ष, भण्डार घर और रसोईघर के कर्तव्य सिखा रही थीं, उन्हें राससुन्दरी उन कार्यों में गिनती हैं जो संवेदनात्मक और बौद्धिक तृप्ति नहीं देते और ऐसे कार्यों को 'मज़दूरी' की संज्ञा देती हैं।[62]

ओड़िया में गृहलक्ष्मी के रचनाकार जगबन्धुसिंह के बरअक्स सरला देवी 'नारीरा दाबी' (स्त्री अधिकार) (हिन्दुस्तान ग्रन्थमाला, कटक, 1934), रेबा राय 'नीरबे' (उत्कल साहित्य, चैत्र, 13.4, पृ. 51–53), कुन्तला कुमारी सबत 'आधुनिक धर्म समस्या' (उत्कल साहित्य 1391, 31/9, 1. पौष, माघ 1313 वर्ष, पृ. 391–94), शैलबाला दास 'जनसाधारणे स्त्री शिक्खा बिस्ताररा उपाय' (स्त्री शिक्षा के प्रसार के उपाय) (उत्कल साहित्य, 2, ज्येष्ठ 1323 वर्ष, पृ. 73–8), कोकिला देवी 'बिलासिनी' (उत्कल साहित्य, 2./5 भाद्र 1323, हिन्दुस्तान ग्रन्थमाला, कटक, 1934) आदि को देखा जा

सकता है। ये लेखिकाएँ स्त्री के आधुनिकीकरण और सार्वजनिक जीवन में स्त्री की सशक्त भागीदारी के पक्ष में निरन्तर लिख रही थीं। इनकी चिन्ता का क्षेत्र घर–गृहस्थी से कहीं आगे स्वतन्त्रता–आन्दोलन में हिस्सेदारी से लेकर ट्रेड–यूनियन आन्दोलनों तक विस्तृत था। इनके लेखन में ओड़िया समाज में नवजागरण की चेतना, ब्राह्म समाज का प्रभाव, विधवाओं के पुनर्विवाह के लिए किये जाने वाले सामूहिक प्रयास, अस्पृश्यता विरोध जैसे मुद्दों ने प्रमुखता पायी।

सरला देवी ने 'नारीरा दाबी' में 'स्त्री समानता' पर टिप्पणी करते हुए लिखा–

"हमारे हिन्दू समाज में, पुरुषों ने स्त्रियों को बाहरी दुनिया से अलग करके रखा हुआ है। जिस राष्ट्र की आधी आबादी लकड़ी के कुन्दे की तरह बेजान पड़ी हुई हो, वह कोई भी लड़ाई नहीं जीत सकता। यह बड़ी ही असुविधाजनक स्थिति है। जब तक स्त्री और पुरुष में समानता और सौमनस्यता नहीं आ जाती, हिन्दू–समाज के विकास की कल्पना भी कठिन है। यह कहने की आवश्यकता नहीं कि पुरुषों को जो कुछ भी मिला हुआ है–उस पर स्त्रियों का भी समानाधिकार होना चाहिए। यदि स्त्रियों को अधिकार मिल गये और वे उनका सदुपयोग नहीं कर पायीं, तो इसका उत्तरदायित्व भी हम सबको ही लेना होगा। जिसे ग़लती करने का अधिकार है, उसमें सत्य का सामना करने की भी क्षमता होनी चाहिए। स्त्री और पुरुष दोनों को समान दण्ड दिया जाना चाहिए, सिर्फ़ स्त्रियाँ ही दण्ड की भागी क्यों हों? पुरुष जब सदाशय हो जायेंगे तो उन्हें अपनी ग़लती का अहसास अपने आप हो जायेगा।[63]

'नारीरा दाबी' की तुलना 'अ विंडिकेशन ऑफ़ द राइट्स ऑफ़ अ वुमेन' (मेरी वोल्सनक्रॉफ़्ट, 1792) से की जा सकती है। सिर्फ़ कक्षा सात तक पढ़ी और दकियानूसी कायस्थ परिवार में जन्मी सरला देवी लिखती हैं–"लोगों का मानना है कि नारी नरक का द्वार है, ईश्वर का तो जैसे स्त्री से कोई सम्बन्ध है ही नहीं। वह तो मानो सिर्फ़ पुरुष की सम्पत्ति है, वे समझते हैं कि सारे पाप स्त्री ही करती है...पुरुष तो सर्वदा पापमुक्त है...ऐसी परम्परा और ऐसे धर्म को मैं दमनकारी और मृत समझती हूँ।"[64]

सरला देवी उन स्त्रियों की श्रेणी में आती हैं, जिन्हें 'घरेलू' कहा जाता है। लेकिन इस काल की अन्य स्त्री रचनाकारों के अब तक उपेक्षित गद्य, पत्रों, डायरियों, कविताओं यात्रा–वृत्तान्तों को देखकर पता चलता है कि वे अपने समय और समाज के घटनाचक्रों के साथ–साथ निजी अनुभवों को भी अभिव्यक्त कर रही थीं। सरला देवी के गद्य में इतिहास, राजनीति, लिंग और संस्कृति के पारस्परिक सम्बन्ध और अन्तर्विरोधों को पढ़ा जा सकता है। उनकी चिन्ता 'स्त्री' तक सीमित नहीं है। लेखन सन्दर्भ घरेलू और परिवेश पारिवारिक होते हुए भी वैचारिक सौन्दर्य–चेतना से समन्वित हैं जो आचरण–पुस्तकों के बरअक्स स्त्री बौद्धिकता की जटिलता और बहुआयामिता को बताते हैं। इसकी बानगी 1930 में 'जेल से लिखे पत्र' में देखी जा सकती है। सरला देवी अपने पति को 'प्रिय भागु बाबू' कहकर सम्बोधित करती हैं।

23–6–30 वेल्लोर
द प्रेसीडेंसी जेल फ़ॉर वुमेन
राज वेल्लोर (मद्रास प्रेसीडेंसी)

प्रिय भागु बाबू!
मुझे यह बताते हुए प्रसन्नता हो रही है कि दूसरी राजनीतिक क़ैदियों के साथ मेरा समय अच्छी तरह व्यतीत हो रहा है। तीन या चार के अलावा हममें से अधिकांश 'बी' श्रेणी की क़ैदी हैं। फिर भी, ए और बी श्रेणी के राजनीतिक क़ैदियों में कोई अन्तर नहीं है। हमारा भोजन समान है और जेल–अधीक्षक की कृपा से हमने टीन के शेड में एक कामचलाऊ–सा रसोईघर भी बना लिया है। अधीक्षक मेजर ख़ान ख़ुशमिज़ाज और तहज़ीबदार है जो सुबह के राउंड में यह देखने आता है कि हम सब को कोई असुविधा तो नहीं तथा हमारी आवश्यकताएँ पूरी की जा रही हैं या नहीं। हमारे बीच अधिकतर स्त्रियाँ आन्ध्र की हैं, जिनमें दो उम्रदराज विधवाएँ हैं, जिन्हें छह–छह महीने की सज़ा हुई है।

आप शायद सोचते होंगे कि मैं, यहाँ यूँ ही वक़्त बर्बाद करती होऊँगी। मैं यहाँ अंग्रेज़ी की पढ़ाई में व्यस्त हूँ। दूसरी स्त्रियाँ भी मेरी ही तरह कुछ न कुछ सीखने में व्यस्त हैं–कुछ चरखा कातती हैं और कुछ संगीत

का अभ्यास करती हैं। अंग्रेज़ी और हिन्दी की कक्षाएँ नियमित लगती हैं जिनमें अंग्रेज़ी, मेरी मित्र श्रीमती लक्ष्मीपति बी.ए. और हिन्दी, दुर्गाबाई पढ़ाती हैं, जो मेरी सर्वाधिक आत्मीय हैं। दुर्गाबाई बहुत ही चतुर, मेधावी और सुन्दर युवा आन्ध्र महिला हैं जो मद्रास के सत्याग्रह आन्दोलन का नेतृत्व कर चुकी हैं।

सुबह जेल–कोठरी से बाहर आने और शाम को भीतर जाने के पहले तक हम सब लगातार काम करती रहती हैं और ऐसा लगता है, प्रत्येक कार्य घड़ी की सूई की तरह ठीक समय पर हो रहा है। सुबह, छोटी हाज़िरी के तुरन्त बाद हममें से कुछ सामूहिक तौर पर भगवद्गीता का पाठ करती हैं। मन होने पर कभी–कभी मैं भी शामिल हो जाती हूँ। मेरी एक मित्र और भी है, जिसका नाम कमला है, जो है तो आन्ध्र से लेकिन बाँग्ला बहुत सुन्दर बोलती है।

मैं चाहती हूँ कि आप दुर्गापूजा की छुट्टियों में टिकुन को लेकर यहाँ आयें। आपको और टिकुन को देखने के लिए मैं तरस रही हूँ। मुझे विश्वास है आपने टिकुन को स्कूल में भर्ती करवा दिया होगा, और आप उसकी सुविधा का ख़याल रखते होंगे। यदि आप उस पर विशेष ध्यान दें, तो मुझे बहुत अच्छा लगेगा, ताकि वह जीवन के इन प्रारम्भिक वर्षों में जहाँ तक सम्भव हो सके, अच्छा प्रशिक्षण पाये। शिशु का भविष्य इस पर निर्भर करता है कि उसे किस तरह की तहज़ीब और परिवेश वर्तमान में मिला है। जबकि मैं घर से दूर हूँ और अगले छह महीनों तक लौट भी नहीं पाऊँगी, ऐसे में हमारी एकमात्र सन्तान को सँभालने का दायित्व सिर्फ़ आपके कन्धों पर है। यहाँ आने के पहले आपने मुझे समझाया था कि आप नन्हे टिकुन को अलकाश्रम भेज देंगे। यदि अभी तक उसे वहाँ नहीं भेजा गया है तो कृपया यथाशीघ्र उसे वहाँ भेज दीजिए। मेरा सुझाव है कि अच्छा रहेगा यदि आप भी वहीं चले जायें, जिससे टिकुन को अकेलापन महसूस न हो।

आपका पत्र मुझे जगतसिंहपुर में मिला था, जहाँ मैं चैन के विवाह समारोह में शामिल होने गयी थी। उसके बाद आपका कोई पत्र मुझे नहीं मिला। आश्चर्य है कि आपके पत्र गये कहाँ! कृपया वहाँ के पोस्टमास्टर से पता कर लीजिए कि क्या उन्हें वह मिले। मुझे बापा और माँ का पूरा समाचार दीजिए और मेरे बंकू भाई, जोती, नानी मीरा, टीमा, रीनी, शान्ति,

हरि, बापा बोउ व मामा–मामियों का समाचार दीजिए। और गोप बाबू के परिवार का क्या हाल है? अलकाश्रम? सबके विषय में मुझे शीघ्रातिशीघ्र लिखिए क्योंकि मैं अपने घर और उत्कल के बारे में सब कुछ जानने को उत्सुक हूँ।

वैसे तो मैं बिल्कुल ताज़ादम और स्वस्थ दीखती हूँ लेकिन यहाँ अधिक मिर्च वाला तीखा भोजन ही मिलता है, जो मुझे पसन्द नहीं है। मेरी रुचि के भोजन के अभाव को भरने के लिए जेल अधीक्षक ने प्रतिदिन एक अण्डे की व्यवस्था करवा दी है।

आपको याद होगा कि कुछ वर्ष पहले मैंने बी. नायक को सौ रुपये उधार दिये थे जिसे लौटाने का वायदा उसने किया था। इस आशय का उसका पत्र आपके पास रखा होना चाहिए। मैं चाहती हूँ कि आप कोर्ट में नालिश करके रुपये वापस ले लें। कृपया बी. दास (एडवोकेट) को मेरे उधार लिए हुए पन्द्रह रुपये वापस दे दें।

मुझे आधा दर्जन जवाकुसुम तेल की शीशियों और तीन मोटी कापियों की ज़रूरत है, यदि सम्भव हो तो भिजवा दीजिए और निरंजन के भाई राधामोहन को रवीन्द्रनाथ की वो पुस्तकें भेजने को कह दें, जो मैं उनके घर छोड़ आयी थी। उत्कल खादी विभाग के प्रबन्धक बांशु रत्न को खादी का एक मोटा, रंगीन और सुन्दर कम्बल मेरे लिये भेजने के लिए कह दीजिए। मेरी सभी साड़ियाँ फट गयी हैं, बक्से में से कुछ खद्दर निकाल कर भिजवा दीजिए। दुर्गा आपसे मिलने को उत्सुक है। टिकुन को मेरा स्नेह। कृपया पत्र में टिकुन की दिनचर्या के बारे में लिखिए। नमस्कार सहित...

–आपकी

सरला देवी

सरलादेवी का यह पत्र आचरण–साहित्य का प्रतिरोधी विमर्श प्रस्तुत करता है जहाँ स्त्री एक राजनीतिक बन्दी के रूप बन्धन में भी मुक्ति का अहसास करती है–वह खान–पान, वस्त्र पहनने की इच्छा–अनिच्छा को उन्मुक्तता के साथ अभिव्यक्त कर रही है। साथ ही व्यावहारिक और सांसारिक सामान्य बोध का प्रयोग करते हुए पति को सलाह भी दे रही है–यह वह नयी स्त्री है जिसकी कल्पना भी आचरण–लेखकों के लिए भयकारक थी।

इसके अतिरिक्त बाँग्ला की आचरण–पुस्तकों के बरअक्स 1876 में प्रकाशित नवाब फ़ैजुन्निसा बेगम के 'रूपजलाल' को भी देखा जाना चाहिए जो किसी भी बंगाली मुस्लिम स्त्री द्वारा लिखा पहला उपन्यास है। इसमें औपनिवेशिक बंगाली मुसलमान स्त्री के जीवन के यथार्थ चित्र हैं। जहाँ आमार जीवन को स्त्री के दैहिक और आध्यात्मिक समर्पण के दस्तावेज़ के रूप में पढ़ा जा सकता है, वहीं 'रूपजलाल' जैसी रचना मुसलमान समाज में प्रचलित और इस्लाम से मान्यता प्राप्त बहुपत्नीत्व के ख़िलाफ़ आलोचनात्मक तर्क विकसित करती है। उपन्यास की नायिका रूपबानो अपने पति के बहुविवाह के प्रति कड़ा प्रतिरोध दर्ज कराती है, लेकिन अन्ततः उसे परम्परा के आगे समर्पण करना पड़ता है। रूपबानो भले ही 'बहुपत्नीत्व' के सामने घुटने टेक देती है लेकिन नवाब फ़ैजुन्निसा ने निजी जीवन में पति के बहु–विवाह पर आपत्ति करते हुए अलग रहने का निर्णय लिया था। उपन्यास की भूमिका में इसका उल्लेख करते हुए विफल वैवाहिक जीवन की यन्त्रणा को रचना की प्रेरणा बताया गया है। 'रूपजलाल' का कथ्य प्रेम, युद्ध, बहुपत्नीत्व के दायरे में ही घूमता है लेकिन उसकी रचना–दृष्टि अपने समकालीन लेखकों मीर मुशर्रफ़ हुसैन, काज़म अल कुरैशी, रतननाथ सरशार आदि से कहीं आगे है।[65]

फ़ैजुन्निसा लेखन में तथाकथित स्त्रीत्व का अतिक्रमण करते हुए स्त्री–यौनिकता के प्रश्नों पर विचार करती हैं। वह उस समाज का आन्तरिक परिवेश चित्रित करती हैं जहाँ धर्म और पितृसत्ता का दबाव स्त्री को 'आत्म' से संवाद करने की छूट नहीं देता। अपने समय से कहीं आगे की इस रचना पर पाठकों और आलोचकों ने विशेष ध्यान नहीं दिया। फ़ैजुन्निसा बाँग्ला में लिखती थीं लेकिन उन्हें अरबी, फ़ारसी और संस्कृत का अच्छा ज्ञान था। उन्होंने फैजुन लाइब्रेरी बनायी थी और रवीन्द्रनाथ ठाकुर की बहन स्वर्णकुमारी देवी (बाँग्ला की पहली स्त्री–उपन्यासकार, दीपनिर्वाण, 1868) के स्त्री–संगठन शक्ति समिति की प्रखर सदस्य थीं। उन्हें औपनिवेशिक बंगाल और अन्य प्रान्तों में हो रही राजनीतिक, सामाजिक, आर्थिक हलचलों की पूरी जानकारी थी। अब्दुल कुदस ने आलोर दिशारी[66] में लिखा है कि 'फ़ैजुन्निसा प्रतिदिन कुछ घण्टे लाइब्रेरी में बिताती थीं और 'इस्लाम प्रचारक' और 'सुधारक' जैसी पत्रिकाएँ नियमित तौर पर ख़रीदती थीं। ऐसे वक़्त में, जब स्त्री से सिर्फ़ यह अपेक्षा की जाती थी कि वह घर को आरामदायक

शरणस्थली बनाये, कुशल गृहिणी बने, ऐसे में एक मुसलमान स्त्री का उपन्यास लिखना परम्परागत मूल्यों को चुनौती था और साहसिक अभियान की शुरुआत भी। भूमिका में वे बहुपत्नीत्व की कड़ी आलोचना करते हुए अपने परिवार के बारे में बहुत बोल्ड ढंग से लिखती हैं।'[67]

लेकिन उपन्यास की नायिका का बहुपत्नीत्व प्रथा के आगे घुटने टेक देना बताता है कि वह जिस समाज–व्यवस्था का अंग है, उसकी समस्याओं को देखने का नज़रिया क्या है। निजी तौर पर फ़ैज़ुन्निसा द्वारा बहुपत्नीत्व को चुनौती देना और पारिवारिक सुरक्षा के दायरे से बाहर निकलकर एक आत्मनिर्भर एजेंट के रूप में सामने आना नयी स्त्री की छवि का दिशा–निर्देश करता है। अपनी स्वतन्त्रता के लिए स्त्री का संघर्ष वस्तुतः राष्ट्रवादी क्रान्ति के लिए किये जाने वाले संघर्ष से बहुत भिन्न नहीं है। इस संघर्ष में उसे अनेक स्थापित सामाजिक संस्थाओं, वर्चस्वशील विचार–सरणियों से टकराना होता है क्योंकि पितृसत्तात्मक समाज की स्त्री–विरोधी परम्पराओं के आयाम अपने–आप में विशिष्ट होते हैं जो स्त्री को घर, पति, सन्तान की पूरी ज़िम्मेदारियाँ सौंपते हैं। यहाँ तक कि स्त्री के लिखे को पाठक और प्रकाशक भी उपेक्षित करते हैं। मसलन सरला देवी के 'नारीरा दाबी' का प्रकाशन एक बार भी बमुश्किल हो पाता है और जगबन्धु सिंह की गृहलक्ष्मी पाठकों द्व ारा इतनी पसन्द की जाती है कि उसके कई संस्करण प्रकाशित होते हैं। ऐसी ही स्थिति में पर्दे के भीतर घुटती स्त्री की यातना और स्वातन्त्र्य–कामना का चित्रण सुल्ताना का सपना में हुआ है जिसमें (रुकैया सख़ावत हुसैन, 1905) स्त्री स्वप्न में ही अपनी स्वाधीनता का स्वाद चख पाती है।

नवाब फ़ैज़ुन्निसा द्वारा लिखी एक और पुस्तक 'संगीत लहरी' का उल्लेख मिलता है, जिसे आख्यान या उपाख्यान कहा गया। इस अप्राप्य पुस्तक में फ़ैज़ुन ने मिश्रभाषा का प्रयोग किया था जिसमें शैली के स्तर पर 1860 में शम्सुद्दीन के उचित श्रवण का अनुकरण था। गद्य और पद्य मिश्रित इस पुस्तक में स्त्रियों को उचित आचरण की शिक्षा दी गयी। यह देखना दिलचस्प हो सकता है कि जहाँ एक ओर फ़ैज़ुन्निसा स्त्रियों को आचरण की शिक्षा दे रही थी वहीं 'रूपजलाल' में रूपबानो के माध्यम से स्त्री की यौनेच्छा की अभिव्यक्ति इन शब्दों में कर रही थी :

1. *तुम कैसे प्यासे प्रेमी हो*
जो नयी कुमारिका का अमृतपान नहीं करते
वह जो दग्ध है अप्राप्य प्रेम की ज्वाला में
जो है तुम्हारी बिल्कुल अपनी
क्या बुरा है उसका मधुपान करना
2. *तथा, पति–पत्नी का क्रीड़ा*
पति–पत्नी का क्रीड़ा–कौतुक से रहित प्रेम
प्रेम–रहित रात्रि में होती है दग्ध राजकुमारी

मुसलमान स्त्रियों के लिए आचरण–पुस्तकों की रचना कभी लेख और कभी पुस्तक के रूप में स्त्रियों ने भी की और पुरुषों ने भी। जिन बीवी तहरुन्निसा को पहली भारतीय मुसलमान गद्य–लेखिका के रूप में जाना जाता है, उनका निबन्ध 1865 में 'बामाबोधिनी' पत्रिका में एक लम्बे पत्र के रूप में छपा था। तहरुन्निसा स्वयं बोड़ा गर्ल्स स्कूल, कलकत्ता की छात्रा थीं और पर्दे के भीतर स्त्री–शिक्षा की वकालत करती थीं। 'बामाबोधिनी' पत्रिका के जून 1897 अंक में बीवी लतीफुन्निसा की लम्बी कविता 'बंगीय मुस्लिम महिलादेर प्रति' छपी थी जिसमें स्त्री–जागृति का भाव व्यक्त किया गया था। इसी दौरान मुहम्मदी बेगम ने भी डिप्टी नज़ीर अहमद की तर्ज़ पर उर्दू उपन्यास–लेखन किया। मुहम्मदी बेगम के लिखे आठ–दस उपन्यास मिलते हैं जो कमोबेश आचरण–पुस्तकें ही हैं जिनमें 'शरीफ़ बेटी', 'सिफ़ाया बेगम', 'आजकल', 'चन्दनहार' को देखा जा सकता है। इनमें से शरीफ बेटी पूरी तरह मिरात–उल–उरूस की तर्ज़ पर लिखी गयी।

1900 के आसपास मौलाना मुहम्मद अशरफ़ अली थानवी ने 'बहिश्ती ज़ेवर' की रचना की जिसमें आध्यात्मिकता की आड़ में मुसलमान औरतों को पति की आज्ञा में रहने और उपयुक्त आचरण की शिक्षा दी गयी। 'बहिश्ती ज़ेवर' तो इतनी लोकप्रिय हुई कि लड़कियों को विवाह के समय इस पुस्तक की एक प्रति दहेज़ में देने की परम्परा चल पड़ी। उन्नीसवीं शती के उत्तरार्द्ध में अज़ीजुन्निसा और ख़ैरुन्निसा जैसी स्त्रियाँ भी लिख रही थीं जिनका लेखन राह दिखाने वाले लेखकों का अनुकरण मात्र था। इसके पीछे प्रकाशन की महत्त्वाकांक्षा और पारिवारिक, सामाजिक सेंसरशिप के दबावों को देखा जा सकता है। इस्लाम प्रचारक जैसी

पत्रिका में छपने वाली पहली मुसलमान रचनाकार अज़ीजुन्निसा ने 1902 में 'हम्द : ईश्वर प्रशस्ति' लिखी। हो सकता है कि वह ईश्वर प्रशस्ति के अलावा कुछ और लिखती तो इस्लाम प्रचारक में छपती ही नहीं। इसी तरह ख़ैरुन्निसा (1870–1912) ने 1904 में 'बाबून' नामक पत्रिका में 'आमादेर शिक्षार अन्तराय' और 'स्वदेश अनुराग' (1905) शीर्षक निबन्ध लिखे, जो उनके सुशिक्षित होने का पता देते हैं। उसी ख़ैरुन्निसा ने पितृसत्तात्मक अनुकूलन के कारण 'सतीर पति भक्ति' जैसी आचरण–संहिता भी लिखी जो अच्छी पत्नी के कर्तव्यों का विस्तृत विवेचन प्रस्तुत करती है।"[68] पृष्ठों की पुस्तक में वह लिखती हैं–"मैं एक साधारण मुसलमान महिला हूँ, जिसने इससे पहले कोई किताब नहीं लिखी। जब मैं स्थानीय गर्ल्स स्कूल की प्राध्यापिका थी, तब मैंने अख़बार के लिए कुछ टुकड़े लिखे थे।"[68] 'सतीर पति भक्ति' इतनी लोकप्रिय हुई कि इसके चार संस्करण निकले थे। 1926 में अब्दुल हकीम विक्रमपुर ने लिखा था–"स्वर्गीय ख़ैरुन्निसा ख़ातून साहिबा ने औरतों की एक किताब 'सतीर पति भक्ति' लिखी थी। वे सिराजगंज के हुसैनपुर बालिका विद्यालय की प्रधानाध्यापिका थीं। उनकी पुस्तक की लोकप्रियता का अन्दाज़ा इसी बात से लगाया जा सकता है कि इसका चौथा संस्करण छप रहा है।"[69] इसके अतिरिक्त एस.के. ख़ातून की आचरण–पुस्तक स्वामी सोहागिनी को भी देखा जा सकता है, जिसका प्रकाशन नोआखाली से 1914 में हुआ।

नवजागरण कालीन उपन्यास सांस्कृतिक परिवर्तन के एजेंट के रूप में सामने आया था। इसी दौर में स्त्रियों और पुरुषों द्वारा स्त्रियों पर लिखने की शुरुआत हुई और जेंडर पर विमर्श का प्रारम्भ भी। राजनीति में जिन मुद्दों पर बिल्कुल चर्चा नहीं होती थी, गद्य विधाओं ने उन मुद्दों, जैसे यौनिकता और सेक्स पर बात शुरू की। स्त्री–शिक्षा ने पहली बार स्त्री को अभिव्यक्ति का लिखित हथियार दिया। संवादों में लिखी आचरण–पुस्तकों में स्त्रियों की बोली–बानी को ज्यों–का–त्यों प्रस्तुत करने का दावा किया गया तो एक विशिष्ट लैंगिक भाषा सामने आयी। समाज, परिवार, परम्पराएँ, धर्म इन सबको देखने का स्त्री दृष्टिकोण अपने–आप में विशिष्ट था, पुरुष दृष्टिकोण से अलग। स्त्रियों ने लिखकर लैंगिक विभेद और टकराव के अनुभवों को साझा किया, जो दीखने में सरल और सहज थे, लेकिन उनसे समाज के एक ऐसे वर्ग के बारे में

पाठक को जानकारी मिली, जिससे वह अभी तक परिचित नहीं था, साथ ही लेखन और प्रकाशन की राजनीति के छिपे–दबे पहलू भी सामने आये। स्त्री रचनाकारों पर स्त्री की शुचिता, पतिव्रता और सतीत्व की स्थापना सम्बन्धी मुद्दों पर ही लिखने के लिए दबाव डाला जाना इसी रणनीति का हिस्सा था। स्त्रियों से कहा गया कि उन्हें यथार्थ चित्रण से बचकर समाज के उच्चतर मूल्यों के लिए लिखना चाहिए। इसलिए मध्यवर्गीय मुसलमान स्त्रियों ने आलोचकों–साहित्यकारों के बने–बनाये चौखटों के विरुद्ध लिखने का साहस एक लम्बे समय तक नहीं किया और घरेलू परिवेश में रोमांटिक प्रेम, त्याग, बलिदान तक ही सीमित रहीं और स्त्री की वही छवि प्रस्तुत की जैसा उन्हें राह दिखाने वाले पुरुषों ने किया था।

सन्दर्भ

1. नज़ीर अहमद (1982), मिरात–उल–उरूस, टिप्पणियाँ तथा हिन्दी लिप्यन्तर मदनलाल जैन, साहित्य अकादेमी, नयी दिल्ली, द्वितीय सं. पृ. 9–10
2. वही, तआर्रुफ़ : 6
3. गरिमा श्रीवास्तव (2009), वामा शिक्षक, भूमिका, सम्पादन एवं प्रस्तुति, नैशनल बुक ट्रस्ट, नयी दिल्ली।
4. गुलवाडी वेंकटराव (1889), इन्दिराबाई, पीठिके, मंगलूर, (इस अंश का अनुवाद गरिमा श्रीवास्तव द्वारा)।
5. सेंट क्लेयर (2000), कंडक्ट लिटरेचर फॉर वुमेन, 15–161, खण्ड–1, पिकेरिंग एंड चौट्टो : सं. डब्ल्यू, मॉसेन 1, लन्दन।
6. जुआन लुइस वाइव्ज (2000), द इंस्ट्रक्शन ऑफ़ अ क्रिश्चियन वुमेन : ए सिकस्टींथ सेंचुरी मैन्युअल 1524, अनुवाद चार्ल्स फैंटेज्ज़ी, यूनिवर्सिटी ऑफ़ शिकागो प्रेस, शिकागो।
7. पीटर स्टैली ब्रास और एनरोज़ालिंड जोंस (2000), रिनेसाँ क्लोदिंग एंड द मैटेरियल्स ऑफ़ मेमोरी, कैम्ब्रिज यूनिवर्सिटी प्रेस, कैम्ब्रिज।
8. रूथ केल्सो (1956), डॉक्ट्रन फॉर द लेडी ऑफ़ द रिनेसाँ, यूनिवर्सिटी ऑफ़ इलिनॉय प्रेस।
9. झांग मिंगी (1987), द फोर बुक्स फ़ॉर वुमेन, अंग्रेज़ी अनुवाद, बी.सी. एशियन रिव्यू, खण्ड 1
10. वही
11. झाँग मिंगी (1987), वही।
12. पार्थ चटर्जी (1989), 'कॉलेनाइजेशन, नैशनलिज़्म एंड कॉलोनाइज़्ड वुमेन : द कंटेस्ट इन इंडिया', अमेरिकन एथनोलॉजिस्ट, खण्ड 16, 4 नवम्बर 1989 : 40

13. पण्डित ताराचन्द शास्त्री (1868), स्त्रीधर्म संग्रह, बरेली।
14. रामप्रसाद तिवारी (1871), सुताप्रबोध, इलाहाबाद गवर्नमेंट प्रेस, इलाहाबाद (लेफ्टिनेंट गवर्नर के आदेश से बालिका विद्यालयों के लिए प्रकाशित)।
15. गोकुल कायस्थ (1875), वामाविनोद, मनोरंजन भादुड़ी यन्त्रालय, बलरामपुर।
16. हकीमुल उम्मत हज़रत मौलाना और अशरफ़ अली थानवी (2012), बहिश्ती ज़ेवर, हिन्दी (अनु.) इस्लामिक बुक सर्विस प्राइवेट लिमिटेड, नयी दिल्ली।
17. शंभूराम कालूराम शुक्ला (1876), हिन्दी महिला पुस्तक, होल्कर सेंट्रल बुक डिपो, इन्दौर, (सुपरिंटेंडेंट स्टेट एजुकेशन, इन्दौर के आदेश से प्रकाशित)।
18. रामकृष्ण (1871), स्त्री–शिक्षा : स्त्रियों के उपदेश के लिए, इलाहाबाद सरकारी छापाख़ाना, इलाहाबाद, (लेफ़्टिनेंट गवर्नर के आदेशानुसार)।
19. रामलाल (1872), पुत्री शिक्षोपकारी ग्रन्थ, गवर्नमेंट प्रेस, इलाहाबाद।
20. जीवराम कपूर खत्री (1892), स्त्री–धर्मसार, गुर्जर यन्त्रालय, आगरा।
21. ख़्वाज़ा अल्ताफ़ हुसैन 'हाली' (1986), मजलिस–उन–निस्सां या चुप की दाद, अंग्रेज़ी अनु. गेल मिनॉल्ट, चाणक्य, नयी दिल्ली।
22. रत्नमाला (1869), स्त्रियों के पढ़ने के लिए किताब : एडवाइज़ ऑन डोमेस्टिक मैनेजमेंट एंड ट्रेनिंग फॉर चिल्ड्रन, इलाहाबाद मिशन प्रेस, क्रिश्चियन एजुकेशन वर्नाक्यूलर सोसाइटी, इलाहाबाद।
23. पण्डित रामप्रसाद तिवारी (1872), रीतिरत्नाकर, (इलाहाबाद गवर्नमेंट प्रेस से लेफ़्टिनेंट गवर्नर के आदेशानुसार प्रकाशित)।
24. गंगाप्रसाद (1871), कुमारीतत्त्वपरीक्षा, अनाथ विद्यालय छापाख़ाना, मिर्ज़ापुर (काशी महाराज की आज्ञा से प्रकाशित)।
25. वंशीधर–सुताशिक्षावली--1865, दूसरा संस्करण (1867), नुरुल इलम प्रेस (लेफ़्टिनेंट गवर्नर के आदेशानुसार प्रकाशित)।कमल किशोर गोयनका, सम्पादन;
26. हरिहर हीरालाल (1876), स्त्रीविचार, चश्मे–फ़ैज़ छापाख़ाना, मेरठ।
27. पार्थ चटर्जी (1989), 'कॉलोनाइजेशन, नैशनलिजम एंड कॉलोनाइज्ड वुमेन : द कंटेस्ट इन इंडिया', अमेरिकन एथनोलॉजिस्ट, खण्ड 16, अंक 4 : 7। पार्थ का कथन है, 'द न्यू वुमेन डिफाइंड इन दिस वे वॉज सब्जेक्टेड टू अ न्यू पैट्रियार्की। इन फ़ैक्ट द सोशल ऑर्डर कनेक्टिंग द होम एंड द वर्ल्ड इन विच नैशनलिस्ट प्लेस्ड द न्यू वुमेन वॉज कांट्रास्टेड नॉट ओनली विद दैट ऑफ़ मॉडर्न वेस्टर्न सोसायटी, इट वॉज एक्सप्लिसिटली डिस्टिंगुइश फ्रॉम द पैट्रियार्की ऑफ़ इंडिजिनस ट्रेडिशन, द सेम ट्रेडिशन दैट हैज़ बीन पुट ऑन द डॉक बाय कोलोनियल इंटेरोगेर्स'।
28. रामलाल (1871), वनिताबुद्धि प्रकाशिनी, इलाहाबाद गवर्नमेंट प्रेस (डायरेक्टर ऑफ़ पब्लिक इंस्ट्रक्शंस के आदेश से प्रकाशित)।

29. वंशीधर (1865), सुताशिक्षावली, दूसरा सं. (1867), नुरुल इलम प्रेस (लेफ़्टिनेंट गवर्नर के आदेशानुसार प्रकाशित)।
30. ख़्वाजा अल्ताफ़ हुसैन हाली, वही।
31. वही।
32. पण्डित ताराचन्द शास्त्री, वही।
33. ख़्वाजा अल्ताफ़ हुसैन हाली, वही।
34. अहमद हुसैन (1873), स्त्री उपदेश दो लड़कियों की कहानी, आगरा प्रेस, आगरा।
35. जीवराम कपूर खत्री, वही।
36. हेनरी शवासे पाई द्वारा अंग्रेज़ी में लिखित एडवाइज़ टू अ वाइफ़ हिन्दी अनु. भार्याहित (1883)। दीवान बहादुर चौबे रघुनाथ दास द्वारा, बारहवाँ संस्करण, राजपूताना, नॉर्थ प्राविंस, 1929।
37. वही : 245
38. बाबू ईशुरी प्रसाद (186), डोमैस्टिक मैनर्स, बनारस मेडिकल हॉल प्रेस, बनारस।
39. रत्नमाला, वही।
40. जीवराम कपूर खत्री, वही।
41. रामलाल, वही।
42. हरिहर हीरालाल, वही।
43. लक्ष्मणप्रसाद (1865), सास बहू का क़िस्सा : ज्ञान उपदेश, मदनमोहन प्रेस, आगरा।
44. तारकनाथ विश्वास (1887), बंगीय महिला, द्वितीय सं., प्रकाशक राजेन्द्रलाल विश्वास, कलकत्ता।
45. पूर्णचन्द्र गुप्ता (1885), बंगाली बहू, प्रकाशक ए.के. बनर्जी, कलकत्ता।
46. गिरिजाप्रसन्न रायचौधरी (1888), गृहलक्ष्मी, द्वितीय संस्करण, प्रकाशक गुरुदास चटर्जी, कलकत्ता।
47. नागेन्द्रबाला दासी, नारी धर्म, प्रकाशक नागेन्द्रबाला स्वयं, कलकत्ता : 17
48. धीरेन्द्रनाथ पाल (1884), स्त्रीर सहित कथोपकथन, प्रकाशक वैष्णव चरण बसाक, कलकत्ता।
49. वही, भूमिका : 2
50. पूर्णचन्द्र गुप्ता (1885), बंगाली बहू : 7–8
51. तारकनाथ विश्वास (1887), बंगीय महिला : 19
52. नागेन्द्रबाला दासी, नारी धर्म : 17, इस अंश का (अनु.) गरिमा श्रीवास्तव।
53. वही : 3
54. वही : 2
55. जगबन्धु सिंह (194), गृहलक्ष्मी, भाग–1, प्र. सं. कटक ट्रेडिंग कम्पनी : 2

56. जगबन्धु सिंह (1946), गृहलक्ष्मी, भाग–1, पाँचवाँ संस्करण, कटक ट्रेडिंग कम्पनी : 3
57. वही : 18
58. डॉ. धर्मवीर (सम्पा.) (2008), सीमन्तनी उपदेश, वाणी प्रकाशन, नयी दिल्ली।
59. पण्डिता रमाबाई (2006), हिन्दू स्त्री का जीवन, हिन्दी अनुवाद, सम्पा. शम्भू जोशी, संवाद प्रकाशन, मेरठ : 100
60. वही : 17
61. दीपेश चक्रवर्ती (1994), 'द डिफ़रेंस / डेफ़रल ऑफ़ ए कॉलोनियल मॉडर्निटी : पब्लिक डिबेट्स ऑन डोमेस्टिसिटी इन ब्रिटिश बंगाल', सबाल्टर्न स्टडीज़, खण्ड–8, ऑक्सफ़ोर्ड यूनिवर्सिटी प्रेस, नयी दिल्ली।
62. गरिमा श्रीवास्तव (2012), सवर्ण स्त्री, प्रति आख्यान, लेख परिचय पत्रिका, अप्रैल–सितम्बर, वाराणसी : 26–50
63. सच्चिदानन्द मोहन्ती (2011), 'सरला देवी' मेकर्स ऑफ़ इंडियन लिटरेचर, साहित्य अकादेमी, प्रथम संस्करण (हिन्दी अनुवाद : गरिमा श्रीवास्तव) नयी दिल्ली : 48–50
64. राजेन्द्र राजू (1995), मेरे विद्रोही जीवन की कहानी, महीयसी महिला : सरला (ओड़िया), विजय बुक स्टोर, बहरमपुर : 14
65. सच्चिदानन्द मोहन्ती (2011), वही
66. अब्दुल कुदस (1979), द एनलाइटेंड गाइड, बंगला साहित्य अकादेमी, ढाका।
67. फएजा एस. हसनत (2009), 'नवाब फ़ैजुन्निसाज़ रूपजलाल', वुमेन एंड जेंडर : द मिडल ईस्ट एंड द इस्लामिक वर्ल्ड, खण्ड 07, प्रकाशक कोनिक्टलजिकी ब्रिल, एन.वी।
68. मुहम्मद मसरुद्दीन (1981), बाँग्ला साहित्ये मुस्लिम साधना, तृतीय संस्करण, रतन प्रकाशन, ढाका : 197–198
69. मुहम्मद अब्दुल हकीम विक्रमपुरी, बंग साहित्य मुसलमान महिला, सौगात, भाद्र 1333, 4 : 3, 173

सन्दर्भ ग्रन्थ

अंग्रेज़ी आचरण–पुस्तकों की सूची

1. जॉर्ज सविले, मार्केव्ज़ ऑफ़ हैलिफैक्स (1688), द लेडीज़ न्यू इयर्स गिफ़्ट : ऑर एडवाइज़ टू अ डॉटर।
2. जॉर्ज एडमॉन हावर्ड, ए फ़ोरिस्म्स एंड मैक़िस्मज़ ऑन वेरियस सब्जेक्ट्स फॉर द गुड कंडक्ट ऑफ़ वाइफ़।

3. जॉन ग्रेगोरी (1774), ए फ़ादर्स लीगेसी टू हिज डॉटर्स।
4. जेम्स फॉरडाइस (1767), सरमंस टू यंग वुमेन, चौथा संस्करण, खण्ड 2, ए. मिलर एंड टी. कॉडेल, लन्दन।
5. जोसेफ डोरमैन (1736), 'द फीमेल' राके ऑर मॉडर्न फ़ाइन लेडी।
6. थॉमस गिसबॉर्न (1799), एन इन्क्वायरी इन टू द ड्यूटीज ऑफ़ द फ़ीमेल सेक्स, चौथा संस्करण, टी. कॉडेल जूनियर और डब्ल्यू डेविस।
7. द पोलाइट लेडी (1769), ऑर अ कोर्स ऑफ़ फीमेल एजुकेशन, इन द सीरिज़ ऑफ़ लैटर्स, फ्रॉम ए मदर टू हर डॉटर, दूसरा संस्करण, लन्दन, न्यूबेरी एंड कॉरमेन।
8. मैरी एस्टेल (1970), अ सीरियस प्रपोजल टू द लेडीज़ फॉर द एडवांसमेंट ऑफ़ देयर इंटरेस्ट, चौथा संस्करण (1701), सोर्स बुक्स प्रेस, न्यूयॉर्क।
9. मिस हैटफील्ड (1803), लेटर्स ऑन द इम्पोर्टेंस ऑफ़ द फ़ीमेल सेक्स : विद ऑब्ज़र्वेशन ऑफ़ देयर मैनर्स, एडलार्ड।
10. लाइटिटिया मटिल्डा हॉकिंस (1793), लैटर्स ऑन द फ़ीमेल माइंड–इट्स पॉवर्स एंड परस्यूट्स–वॉल्यूम–2 लन्दन, हूखम एंड कारपेंटर।
11. सारा पेनिंगटन (1761), एन अनफॉरच्यूनेट मदर्स एडवाइज़ टू हर एब्सेंट डॉटर्स, एस. सैंडलर, लन्दन।
12. हन्ना मोरे (1799), स्ट्रक्टरर्स ऑन द मॉडर्न सिस्टम ऑफ़ फीमेल एजुकेशन, वॉल्यूम–2, दूसरा संस्करण, टी. कॉडेल जूनियर और डब्लू डेविस, लन्दन।

चीनी आचरण–पुस्तकों की सूची

तांग डाइनेस्टी–इन्क्लूडिंग ए वुमेंस कैनन ऑफ़ फिलिअल पिटी.

बॉन झाओ, द वुमेंस एडमोनीशंस।

नी लीऊ, द स्केच ऑफ़ ए मॉडेल फॉर वुमेन।

लैन डाइन्यूआन, वुमेंस स्कॉलरशिप, किंग डाइनेस्टी, 6 जुआन।

साम्राजी क्जू (14.3–1424) द डोमेस्टिक लैसंस।

सांग रूओक्विज़न, द वुमेंस एनालेक्ट्स।

टिप्पणी–*चीनी में आचरण–सिखाने की महत्त्वपूर्ण पुस्तकें चार ही मानी गयीं, जिन्हें नव्य कन्फ़्यूशियन विचारकों द्वारा शास्त्रीय टेक्स्ट के रूप में सराहा गया : ये चार पुस्तकें थीं--द एनालेक्ट्स, दमेनशियस, द ग्रेट लर्निंग और द डॉक्टराइन ऑफ़ द मीन (झोंग–योंग) जिसे कन्फ़्यूशियस के एकमात्र पौत्र कोंग जी (जिसी) को समर्पित किया गया।*

2

नवजागरण और स्त्री प्रश्न : वामा शिक्षक

'वामा शिक्षक' शीर्षक पुस्तक की रचना 1872 ई. में मुंशी ईश्वरी प्रसाद और कल्याण राय ने मिलकर की। इसका प्रकाशन 1883 ई. में विद्यादर्पण छापाख़ाना, मेरठ से हुआ। इस पुस्तक के मुखपृष्ठ पर लिखा है–"वामा शिक्षक–अर्थात् दो भाई और चार बहनों की कहानी। मुंशी ईश्वरी प्रसाद मुदर्रिस रियाजी और मुंशी कल्याण राय मुदर्रिस अव्वल उर्दू मदरसेदस्तूर तालीम मेरठ जाति काईस्तक्षत्रिवर्ण ने सन् 1872 ई. में बनायी और खाक पाय कल्याण राय ने छापेख़ाने विद्यादर्पण मेरठ में छपवायी, सन् 1883 ई. में पहली बार 500 पुस्तक और नौछावर प्रति पुस्तक दस आने।''

सन् 1868 ई. में तत्कालीन पश्चिमोत्तर प्रदेश और अवध की सरकार ने विद्यालयों के लिए शिक्षोपयोगी पुस्तकों के लेखन अथवा संस्कृत, अंग्रेज़ी आदि भाषाओं से अनुवाद हेतु एक सौ रुपये से लेकर पाँच सौ रुपये तक के पुरस्कार की घोषणा की थी। इससे प्रेरित होकर हिन्दी तथा उर्दू में नीति शिक्षापरक अनेक कहानी–पुस्तकों की रचना हुई। सन् 1869 में डिप्टी नज़ीर अहमद ने 'मिरात–उल उरूस' शीर्षक उर्दू पुस्तक रची, जिसकी भूमिका में उन्होंने लिखा–"गरज़ ये कि कुल ख़ानदारी की दुरुस्ती अक़्ल पर है और अक़्ल की दुरुस्ती इल्म पर मौक़ूफ़ है।" इस पुस्तक को मुस्लिम लड़कियों को शिक्षित करने के उद्देश्य से लिखा गया, जिस पर सरकार की ओर से एक हज़ार रुपये का पुरस्कार भी उन्हें प्राप्त हुआ। मुंशी ईश्वरी प्रसाद और मुंशी कल्याण राय ने 224 पृष्ठों का (लीथो मुद्रण) वामा शिक्षक 'मिरात–उल–उरूस' की प्रेरणा से लिखा। भूमिका में ईश्वरी प्रसाद और कल्याण राय ने लिखा कि "इन दिनों मुसलमानों की लड़कियों के पढ़ने के लिए तो एक–दो पुस्तकें जैसे 'मिरात–उल–उरूस'

आदि बन गयी हैं परन्तु हिन्दुओं व आर्यों की लड़कियों के लिए अब तक कोई ऐसी पुस्तक देखने में नहीं आयी जिससे उनको जैसा चाहिए वैसा लाभ पहुँचे और पश्चिम देशाधिकारी श्रीमन्महाराजाधिराज लेफ़्टिनेंट गवर्नर बहादुर की यह इच्छा है कि कोई पुस्तक ऐसी बनायी जाये कि उससे हिन्दुओं व आर्यों की लड़कियों को भी लाभ पहुँचे और उनकी शासन भी भली–भाँति हो। सो हम ईश्वरी प्रसाद मुदर्रिस रियाजी और कल्याण राय मुदर्रिस अव्वल उर्दू मदरसह दस्तूर तालीम मेरठ ने बड़े सोच–विचार और ज्ञान–ध्यान के पीछे दो वर्ष में इस पुस्तक को उसी ध्यान से बनायी–निश्चय है कि इस पुस्तक से हिन्दुओं की लड़कियों को हिन्दुओं की रीति–भाँति के अनुसार लाभ पहुँचे और सुशील हों और जितनी (बुरी) चालें और पाखण्ड जिनका आजकल मूर्खता के कारण प्रचार हो रहा है उनके जी से दूर हो जायेंगे और बुरी प्रवृत्तियों को छोड़कर अच्छी प्रवृत्तियाँ सीखेंगी और लिखने–पढ़ने और गुण सीखने की रुचि होगी, क्योंकि प्रत्येक बुराई का दृष्टान्त ऐसी रीति से लिखा गया है कि उसके पढ़ने और सुनने से उनके स्वभावों और उनकी मूर्खताओं के स्वभावों में साहस उत्पन्न होगा और जब साहस उत्पन्न हुआ तो छोड़ देना और छुड़ा देना उस बुराई का कुछ बात नहीं है और यों ही प्रत्येक भलाई के बहुत से दृष्टान्त लिखे गये हैं कि वह भलाई की ओर रुचि दिलाते हैं...।"[1]

भूमिका में ही उपन्यास लेखन का उद्देश्य स्पष्ट कर दिया गया है। इसका प्रेरणास्रोत डिप्टी नज़ीर अहमद की पुस्तक 'मिरात–उल–उरूस' है, जिसे एक हज़ार रुपये का सरकारी पुरस्कार मिला था। 'वामा शिक्षक' को कोई पुरस्कार मिला या नहीं, यह ज्ञात नहीं है, साथ ही 'वामा शिक्षक' को डॉयरेक्टर ऑफ़ पब्लिक इंस्ट्रक्शन ने 'नोटिस' में लिया या नहीं–इसका पता भी नहीं चलता। लेकिन इतना तय है कि पूर्ववर्ती उपन्यास 'देवरानी–जेठानी की कहानी' और 'मिरात–उल–उरूस' ने लेखकद्वय को 'वामा शिक्षक' की रचना–प्रेरणा दी। पं. गौरीदत्त ने 'देवरानी–जेठानी की कहानी' में आम बोलचाल की भाषा का प्रयोग किया था और वह पुस्तक बड़ी लोकप्रिय हुई थी। 'वामा शिक्षक' में भी लेखकद्वय ने इससे प्रेरणा ग्रहण कर लिखा–"निदान उसको ऐसी सीधी बोली में लिखा है कि जिसको हिन्दुओं की लड़कियाँ बेरोक समझ सकती हैं और उनकी प्रतिदिन की बोलचाल ऐसी होती है, जैसी इस पुस्तक में है...।"

'वामा शिक्षक' की रचना आर्यों की लड़कियों को सामाजिक अन्धविश्वासों, रूढ़िग्रस्तता और अशिक्षा से बचाने के लिए की गयी थी। इसके कथानक में स्वाभाविकता और विश्वसनीयता है। भारतीय साहित्येतिहास के समाजशास्त्रीय अध्ययन के बीज हमें इस पुस्तक में मिलते हैं। तत्कालीन समाज की अनेक कुप्रथाओं जैसे बालविवाह, आडम्बर, अशिक्षा आदि के यथार्थ चित्रण इसे पठनीय बनाते हैं। भारतीय समाज में अशिक्षा को स्त्री की दुर्दशा के कारणों के मूल में पहचाना जाना 'वामा शिक्षक' की उपलब्धि है। हालाँकि पुस्तक में स्त्री–पुरुष समानता की बात कहीं नहीं कही गयी है लेकिन स्त्रियों का शिक्षित होना और अज्ञान से ज्ञान तक बढ़ना 'पितृसत्तात्मक' समाज व्यवस्था में पुरुषवादी वर्चस्व को कमज़ोर करने के लिए उठाये गये क़दम के रूप में देखा जाना चाहिए। उन्नीसवीं सदी के समाज–सुधारकों ने 'स्त्री समानता' का प्रश्न भी नहीं उठाया था। वे इस बात से परिचित थे कि स्त्री शिक्षा के बिना 'स्त्री समानता' की बात कहना व्यर्थ है। 'स्त्री शिक्षा' वस्तुतः स्त्री के विकास की धुरी है, स्त्री की 'पहचान' एवं 'आत्मनिर्भर छवि' भी स्त्री शिक्षा के बिना सम्भव नहीं थी। तत्कालीन साहित्यकारों के प्रयास भले ही आज के परिप्रेक्ष्य में अनगढ़ दिखाई पड़ें, किन्तु, आज के भारतीय स्त्री–विमर्श और समतामूलक समाज की स्थापना में, अतिआरम्भिक उपन्यासों ने पाठकीय रुचि के परिवर्तन के साथ–साथ स्त्री की स्वावलम्बनकारी चेतना के निर्माण में महत्त्वपूर्ण भूमिका निभाई। भारत में 1920 तक स्त्री शिक्षा की दशा शोचनीय थी। सन् 1885 में उत्तर–पश्चिमी राज्यों और अवध की 92 प्रतिशत आबादी अशिक्षित थी। मात्र 350 लड़कियाँ शिक्षित थीं। रामनारायण मिश्र ने लिखा है कि 1911 में 3023 प्राइमरी स्कूल, लड़कों के मिडिल स्कूल 373 थे, जबकि लड़कियों के लिए केवल 8 मिडिल स्कूल थे। इन आँकड़ों से औपनिवेशिक शासन के प्रारम्भिक दौर में स्त्री शिक्षा का अन्दाज़ा हमें हो जाता है।

'वामा शिक्षक' में उन्नीसवीं शताब्दी के उत्तरार्द्ध में हिन्दी भाषी समाज का यथार्थ चित्रण है जिसमें नवजागरण और स्त्री चेतना के अक्स देखे जा सकते हैं। इसकी कथा में एक विशेष प्रकार की आन्तरिक सूत्रबद्धता, स्वाभाविकता और विश्वसनीयता है और कथा का आयाम विस्तृत भी है। प्राक्–प्रेमचन्दयुगीन उपन्यासों में इसका शुमार किया जाता है। इस

सन्दर्भ में कुछ प्रारम्भिक रचनाओं पर दृष्टि डालना समीचीन होगा जिन्हें उपन्यास की संज्ञा दी गयी।

हिन्दी का पहला उपन्यास कही जाने वाली पुस्तक 'देवरानी–जेठानी की कहानी' (पं. गौरीदत्त) का प्रकाशन सन् 1870 ई. में हुआ। पं. गौरीदत्त ने इसे उपन्यास की संज्ञा न देकर लिखा–"मैंने इस कहानी को नये रंग–ढंग से लिखा है।''

हिन्दी के पहले मौलिक उपन्यास 'परीक्षा गुरु' का प्रकाशन सन् 1882 ई. में हुआ। लाला श्रीनिवासदास ने इसे 'संसारी वार्ता' कहा। अंग्रेज़ी नॉवेल शैली का समावेश पहली बार 'परीक्षा गुरु' में किया गया। इसीलिए आचार्य रामचन्द्र शुक्ल ने इसे 'हिन्दी का पहला मौलिक उपन्यास' माना। पं. गौरीदत्त और लाला श्रीनिवासदास के लेखन में लगभग बारह वर्ष का अन्तराल है। हिन्दी नवजागरण के प्रसंग में 'परीक्षा गुरु' पर विचार करते हुए वीर भारत तलवार ने लिखा–''इससे (परीक्षा गुरु) पहले प्रकाशित दो और उपन्यास मिलते हैं–पहला गौरीदत्त का 'देवरानी–जेठानी की कहानी' और दूसरा श्रद्धाराम फिल्लौरी का 'भाग्यवती'। इन तीनों में कथा का तत्त्व–क़िस्सागोई सबसे ज़्यादा 'भाग्यवती' में है, इसलिए वह पढ़ने में सबसे रोचक है। वीर भारत तलवार ने हिन्दी के अतिआरम्भिक उपन्यास तीन ही माने। हिन्दी उपन्यास कोश खण्ड–एक में डॉ. गोपाल राय ने हिन्दी गद्य साहित्य के इतिहास में 1870 का वर्ष अत्यन्त महत्त्वपूर्ण मानते हुए 'मौलिक कथा साहित्य' शीर्षक के अन्तर्गत 'देवरानी–जेठानी की कहानी' को पहली मौलिक गद्य कथा माना और लिखा–'' 'देवरानी–जेठानी की कहानी' की रचना उपन्यास के रूप में नहीं, बल्कि बालिकाओं के लिए उपयोगी पाठ्य पुस्तक के रूप में हुई थी। अब तक हिन्दी क्षेत्र का मध्यवर्गीय पाठक इतना सक्षम नहीं हो पाया था, न ही हिन्दी का लेखक इतना सक्षम और सजग था कि अंग्रेज़ी और बाँग्ला से प्रेरणा ग्रहण कर उपन्यास की रचना करता। सरकारी सहायता से 'देवरानी–जेठानी की कहानी' का लेखन और मुद्रण हुआ। बाद में इसी तरह की दो और पुस्तकें 'वामा शिक्षक' (1872) और 'भाग्यवती' (1877) लिखी गयीं। इनका मक़सद था स्त्री शिक्षा का विकास और आदर्श स्त्री–चरित्र की प्रस्तुति।''[2]

भारतेन्दु युगीन गद्य साहित्य के शोधकर्ता डॉ.रामनिरंजन परिमलेंदु ने 'देवरानी–जेठानी की कहानी' को हिन्दी का सर्वप्रथम मौलिक यथार्थवादी

उपन्यास मानते हुए लिखा–''उर्दू में नज़ीर अहमद ने बालिकाओं के शिक्षार्थ 'मिरात–उल–उरूस' नामक कहानी पुस्तक की रचना की थी, जिस पर उन्हें सरकार की ओर से एक हज़ार रुपये का आकर्षक पुरस्कार भी प्राप्त हुआ था। इस शासनादेश से आकृष्ट होकर मेरठ के उर्दू मदरसे दस्तूर तालीम के अध्यापकद्वय मुंशी ईश्वरी प्रसाद और मुंशी कल्याण राय ने 'वामा शिक्षक' अर्थात् दो भाई और चार बहनों की कहानी की रचना की। इसके लेखन में दो वर्षों का समय व्यतीत हुआ।'' ध्यान देने की बात है कि 1872 ई. तक हिन्दी में 'उपन्यास' शब्द का प्रयोग नहीं किया जाता था, हिन्दी में उपन्यास और नॉवेल शब्दों का सबसे पहला प्रयोग भारतेन्दु हरिश्चन्द्र ने ही किया। 'हरिश्चन्द्र मैगज़ीन' के प्रथम अंक, अक्टूबर 1873 ई. के आवरण पृष्ठ पर अंग्रेज़ी का नॉवेल शब्द रोमन लिपि में प्रयुक्त हुआ था–"अक्टूबर, 1873 नवम्बर 1 वॉल्यूम 1, हरिश्चन्द्र मैगज़ीन ए मंथली जर्नल पब्लिश्ड इन कनेक्शन विथ द कविवचनसुधा कंटेनिंग आर्टिकल्स ऑन लिटरेरी, साइंटिफ़िक, पोलिटिकल एंड रिलीजियस सब्जेक्ट्स ऐन्टिक्विटिज़, रिव्यूज़, ड्रामाज़, हिस्ट्री, नॉवेल्स, पोएटिकल सेलेक्शंस, गौसिप, ह्यूमर एंड विट एडिटेड बाई हरिश्चन्द्र।" इससे पहले किसी भी हिन्दी पत्रिका अथवा हिन्दी पुस्तक में उपन्यास के अर्थ में नॉवेल शब्द का प्रयोग नहीं किया गया। इसके बाद सन् 1875 ई. में मासिक पत्र 'हरिश्चन्द्र चन्द्रिका' फ़रवरी, 1875 ई. (खण्ड 2, संख्या 5), पृष्ठ संख्या 152 पर 'उपन्यास' शब्द का प्रयोग सर्वप्रथम किया गया। 'हरिश्चन्द्र चन्द्रिका' के इसी अंक में 'मालती' शीर्षक अपूर्ण उपन्यास का प्रकाशन आरम्भ हुआ था। 'मालती' शीर्षक के बाद, दूसरी पंक्ति में कोष्ठक में 'उपन्यास' शब्द छोटे टाइप में अभिलेखबद्ध किया गया था।

हिन्दी उपन्यास का भारतीय नवजागरण से गहरा सम्बन्ध रहा। भारतीय नवजागरण में स्त्री–मुक्ति के प्रश्नों को केन्द्रीय महत्त्व मिला। औपनिवेशिक शासन के विरोध की चिन्तन–प्रक्रिया में स्वतन्त्रता की आकांक्षा और नये समाज की परिकल्पना का प्रमुख स्थान था। नये जनमाध्यम के रूप में प्रेस के उदय और विस्तार ने तीन प्रमुख मुद्दों को वरीयता दी–राष्ट्र, राष्ट्रीयता और स्त्री से सम्बन्धित प्रश्न। नये राष्ट्र एवं राष्ट्रीयता का विकास स्त्री के विकास के बिना सम्पूर्ण नहीं होगा, यह बात साहित्यिक एवं समाजसुधारकों के सामने स्पष्ट थी। औपनिवेशिक

भारत में प्रेस और प्रौद्योगिकी की सुलभता ने 'देशी साहित्य' को पाठकों को सुलभ कराने का मार्ग प्रशस्त किया। जहाँ पहले लोग समूहों में पढ़ते थे, अब पुस्तकें उनकी व्यक्तिगत सम्पत्ति बनने लगीं। उपन्यास जैसी विधाएँ इस प्रतिक्रिया की उपज थीं। शीघ्र ही यह अत्यन्त लोकप्रिय विधा बन गयी और सन् 1857 से 1890 ई. के बीच लगभग सभी प्रमुख भारतीय भाषाओं में उपन्यास की रचना की गयी। प्यारेचन्द कृत प्रथम बाँग्ला उपन्यास 'अलालेर घरेर दुलाल, 1858 ई. में, बंकिमचन्द्र चटर्जी का 'दुर्गेशनन्दिनी' और मराठी में बाबा पद्मनजी का उपन्यास 'यमुना पर्यटन', 1857 में गुजराती में नन्दशंकर तिलिया शंकर मेहता के उपन्यास 'करण घेलो' 1866 में प्रकाशित हुए। दक्षिण भारतीय भाषाओं में उपन्यास काफ़ी बाद में लिखे गये। मलयालम का पहला उपन्यास अप्पु नेढुंगादि कृत 'कुंदलता' 1887 में, तमिल में सैम्युअल वेदनायकम् पिल्लै का उपन्यास 'पिरातप मतलियार चरित्रम' 1879 में प्रकाशित हुआ और तेलुगू में कंदुकूरि वीरेशलिंगम पंतुलु की रचना 'राजशेखर चरित्रमु' 1880 ई. में प्रकाशित हुई।

उन्नीसवीं सदी के दौरान औपनिवेशिक शासन में मुद्रण कला के प्रचार–प्रसार ने शिक्षा और मुद्रित शब्द को जनता तक पहले की अपेक्षा कई गुना तेजी से पहुँचाया। अब साहित्यिक कृतियाँ जनता के लिए सहज सुलभ होने लगीं, इससे न सिर्फ़ सांस्कृतिक रुचियाँ बदलीं बल्कि एक नये सांस्कृतिक व्यक्तित्व का भी निर्माण होने लगा। मुद्रण की सुविध ा से अंग्रेज़ी के साथ–साथ देशी भाषाओं के साहित्य के प्रचार–प्रसार में भी तीव्रता आयी। इसी दौर में बहुत–सी भारतीय भाषाओं में पाठ्यपुस्तकें भी लिखी गयीं। अब देशी भाषाओं का साहित्य ख़रीद–बिक्री के माल के रूप में सामने आने लगा। छपी हुई सामग्री पाठकों के नये संसार में प्रविष्ट हुई और जहाँ पहले लोग समूहों में बैठकर पढ़ते थे वहीं अब घर बैठे व्यक्तिगत रूप से पढ़ने लगे। शिक्षित मध्यवर्ग अवकाश के समय घर बैठे पढ़ने लगा और उपन्यास जैसी साहित्यिक विधाएँ अस्तित्व में आयीं। शीघ्र ही उपन्यास एक लोकप्रिय साहित्यिक विधा के रूप में केन्द्र में आ गया। उपन्यास के जन्म के पीछे सिर्फ़ पूर्वी–पश्चिमी विदेशी प्रेरणा ही नहीं थी, बल्कि भारत के नये उभरते मध्यवर्ग की बौद्धिक आवश्यकताओं का दबाव भी था। भारतीय जनता के सामने एक ओर वर्चस्ववादी औपनिवेशिक संस्कृति थी तो दूसरी ओर भारत की पारम्परिक संस्कृति।

जो बुद्धिजीवी समाज सुधार आन्दोलनों से जुड़े हुए थे उनके सामने एक ओर तो अपनी पारम्परिकता को सुरक्षित रखने की चिन्ता थी, दूसरी ओर पश्चिमी ज्ञान–विज्ञान की नयी आहटों को सुनने की इच्छा। पंजाब और बंगाल तथा महाराष्ट्र में नवजागरण की चेतना हिन्दी पट्टी से पहले फैलनी शुरू हो गयी थी। बेथून, ईश्वरचन्द्र विद्यासागर और ज्योतिबा फुले और आगे चलकर दयानन्द सरस्वती के प्रयत्नों से पूरे देश में प्राइमरी और मिडिल स्कूलों की स्थापना हो रही थी। कहीं–कहीं पर स्कूलों का विरोध भी हो रहा था, लेकिन पंजाब में दयानन्द सरस्वती के प्रभाव एवं महाराष्ट्र में ज्योतिबा फुले के प्रयत्नों से सर्वजन शिक्षा की दिशा में युगान्तकारी क़दम बढ़ाये जा रहे थे। उन्नीसवीं शताब्दी के नवजागरण का केन्द्र पश्चिमोत्तर प्रांत था जिसका क्षेत्र आगरा, मेरठ, रुहेलखण्ड, कानपुर, इलाहाबाद, बलिया, गोरखपुर आदि तक फैला हुआ था, जिसमें 1857 के बाद अवध को मिलाकर 'युक्तप्रान्त' कहा गया–इस प्रदेश में शिक्षा की, विशेषकर स्त्री शिक्षा की स्थिति दयनीय थी। हंटर कमीशन की रिपोर्ट (पृ. 527) के हवाले से पता चलता है कि 1870–71 में युक्त प्रान्त में लड़कियों के कुल 640 स्कूल थे, जिनमें 13,853 लड़कियाँ पढ़ती थीं। 1875–76 तक आते–आते इनमें 240 स्कूल बन्द हो गये और 400 स्कूल रह गये जिनमें छात्राओं की संख्या घटकर 9000 रह गयी। 1880–81 तक आते–आते लड़कियों के लिए सिर्फ़ 160 स्कूल रह गये जिनमें 3,757 लड़कियाँ पढ़ती थीं। ये आँकड़े हिन्दी प्रदेश नवजागरण पर प्रश्नचिन्ह खड़ा करते हैं, इसलिए पश्चिमोत्तर प्रान्त में स्त्री शिक्षा के प्रति उपेक्षा के कारणों की पड़ताल करने के लिए समाजवैज्ञानिक दृष्टि को अपनाना ज़रूरी है। हिन्दी प्रदेश में भी बंगाल, पंजाब के समाज सुधारकों में इस बात पर पूर्ण सहमति थी कि स्त्री शिक्षा के बिना एक स्वस्थ समाज का निर्माण सम्भव नहीं है। दूसरी ओर ब्रिटिश औपनिवेशिक शासन स्त्री शिक्षा को लागू करने के लिए सख़्त तौर–तरीक़े अपनाने से परहेज़ करता था। स्त्री शिक्षा एक बड़ा ही संवेदनशील मामला था, हिन्दू और मुसलमान दोनों ही अपनी धार्मिक आस्थाओं और अस्मिताओं में स्त्रियों को पवित्र मानते थे। औपनिवेशिक शासन से ठीक पहले तक स्त्रियों के संस्कृत तथा लोकभाषाओं में शिक्षा ग्रहण किये जाने पर पाबन्दी थी। 1857 के ग़दर के बाद वैसे भी औपनिवेशिक सरकार पहले से ज़्यादा संवेदनशील

और स्वार्थी हो गयी थी। हिन्दू–मुसलमानों के संवेदनशील मामलों में तटस्थता का रुख़ अपनाना उसकी राजनीति का हिस्सा था। स्त्री शिक्षा पर बल देने में यह आशंका थी कि हिन्दू–मुसलमान दोनों उसके विरोधी बन जायें। पश्चिमोत्तर प्रान्त में बाल विवाह भी शिक्षा के मार्ग में बाधक था। हिन्दू धर्म शास्त्रों में लड़कियों के विवाह की न्यूनतम उम्र 12 वर्ष कही गयी थी, लेकिन व्यवहार में स्थिति बहुत शोचनीय थी। दूसरी ओर समाज का एक बड़ा भाग अपनी स्त्रियों को पश्चिमी ज्ञान–विज्ञान से बाहर रखना चाहता था। सदियों से चली आ रही पितृसत्तात्मक वर्चस्ववादी मानसिकता का दबाव उन्हें स्त्रियों को शिक्षा के लिए घर से बाहर जाने की अनुमति नहीं देता था। भारतेन्दु हरिश्चन्द्र ने हंटर आयोग के प्रश्नों के उत्तर में कहा था–"हमारे यहाँ गृहशिक्षा का चलन है। शरीफ़ घरों के लोग अपनी लड़कियों को पब्लिक–चाहे वे जिस उम्र की हों, स्कूल नहीं भेजना चाहते–चाहे वह स्कूल सरकारी हो या निजी। लड़कियों को पढ़ाने के लिए वे (शरीफ़ लोग) आमतौर पर घर में कोई ट्यूटर रख लेते हैं। यह गृहशिक्षा अक्सर धार्मिक क़िस्म की होती है और पश्चिमी ज्ञान–विज्ञान से इनका कोई सम्बन्ध नहीं होता। धार्मिक किताबों से उन्हें चरित्र सम्बन्धी सिद्धान्तों और घरेलू कर्तव्यों के पाठ पढ़ाये जाते हैं। मुसलमान अपनी लड़कियों को कुरआन पढ़ाते हैं।" (रस्साकशी, वीर भारत तलवार) हिन्दी प्रदेश के बौद्धिक परिवार संस्था को बनाये रखने एवं स्त्रियों को अपनी अस्मिता से जोड़कर देखने के पक्षधर थे। स्त्री की दशा में सुधार की चिन्ता बंगाल, पंजाब, महाराष्ट्र और हिन्दी प्रदेशों के बौद्धिकों और समाजसुधारकों की साझी चिन्ता थी। भारतीय मध्यवर्ग में राष्ट्रीय चेतना के प्रचार–प्रसार के साथ ही उसमें अपनी संस्कृति और परम्परा के प्रति अतिरिक्त सचेतनता आ गयी। अब उसने भौतिक और आध्यात्मिक जगत् का बँटवारा कर दिया और भौतिक संसार को बाहरी दुनिया के अनुकूल बदलने की कोशिश की जबकि आध्यात्मिक गुणों को परिवार के भीतर सुरक्षित बनाये रखने के प्रयास किये गये। परिवार की धुरी स्त्रियाँ थीं। भारतेन्दु सरीखे बौद्धिक स्त्री को शिक्षित करना चाहते थे। भारतेन्दु ने 'नीलदेवी' (1881) की भूमिका में लिखा था–"जिस भाँति अंग्रेज़ स्त्रियाँ सावधान होती हैं, पढ़ी–लिखी होती हैं, घर के काम–काज सँभालती हैं, अपने सन्तानगण को शिक्षा देती हैं, अपना सत्व पहचानती हैं, अपनी जाति

और अपने देश की सम्पत्ति–विपत्ति को समझती हैं, उसमें सहायता देती हैं और इतने समुन्नत मनुष्य जीवन को गृह–दास्य और कलह ही में नहीं खोतीं उसी भाँति हमारे गृह–देवता भी वर्तमान हीनावस्था का उल्लंघन करके कुछ उन्नति प्राप्त करें, यही लालसा है।"

लेकिन, इससे आगे की पंक्तियाँ भारतेन्दु जैसे नवजागरण के दौर के अनेक बौद्धिकों की मानसिकता को प्रतिबिम्बित करती हैं–"इससे यह शंका किसी को न हो कि मैं स्वप्न में भी यह इच्छा करता हूँ कि इन गौरांगी युवती समूह की भाँति हमारी कुललक्ष्मीगण भी लज्जा को तिलांजलि देकर अपने पति के साथ घूमें।" बौद्धिक वर्ग को भारत की ग़ुलामी के भौतिक कारण दिखाई देते थे। यह वर्ग यथासम्भव भारतीय आध्यात्मिकता और नैतिकता को पश्चिमी संस्कृति के प्रभाव से अछूता रखना चाहता था। इसी प्रकार उन्नीसवीं सदी में स्त्री शिक्षा और उसकी आधुनिकता को भी राष्ट्रीयता और पितृसत्ता के रूप–रंग में ढाल लिया गया। पार्थो चटर्जी के मुताबिक, "उन्होंने तीन मक़सद एक साथ प्राप्त कर लिये। शिक्षित भारतीय नारी ने अपने को भारतीय मेमसाहबों की तुलना में श्रेष्ठ समझा क्योंकि पश्चिमी मेमसाहब शिक्षा प्राप्त करने के बाद पुरुषों से विभिन्न क्षेत्रों में प्रतियोगिता करती थीं और अपने स्त्रियोचित गुणों को गँवा देती थीं, जबकि भारतीय स्त्रियाँ इन गुणों पर क़ायम रहकर भारत की सांस्कृतिक–आध्यात्मिक विशेषता को बनाये रखने में योगदान देती थीं। दूसरे, शिक्षित स्त्रियाँ अतीत की स्त्रियों से बेहतर थीं जिन्हें अमानवीय सामाजिक परम्पराओं के कारण अज्ञानता के अन्धकार में नहीं रहना पड़ा। तीसरे, शिक्षा के बल पर उच्च भद्रवर्गीय स्त्रियों को निम्न वर्ग की असंस्कृत स्त्रियों से भी अलगाने की चेष्टा की गयी जो भारत के सांस्कृतिक मूल्यों को समझने और अपने व्यक्तित्व के माध्यम से उन्हें व्यक्त करने में लगभग असमर्थ थीं।"[3] शिक्षा की माँग बंगाल के नवजागरण का सर्वप्रमुख मुद्दा था, जबकि हिन्दी पट्टी में इस मुद्दे पर बौद्धिकों में परस्पर मतभेद था। लड़कियों को लड़कों के समान शिक्षित किया जाये या नहीं अथवा घरेलू और धार्मिक शिक्षा ही उनके लिए पर्याप्त है, इस पर हिन्दी–उर्दू प्रदेश में लम्बे समय तक बहस चली। वीर भारत तलवार ने लिखा है–"लड़कियों को सिर्फ़ धार्मिक और घरेलू प्रबन्ध की शिक्षा दी जाये या लड़कों की तरह आधुनिक ज्ञान–विज्ञान की भी–यह

प्रश्न पूरे भारतीय नवजागरण में मौजूद था, जो हिन्दी–उर्दू प्रदेश में लम्बे समय तक चलता रहा। बंगाल में इसे हल करने के क्रान्तिकारी प्रयत्न 1860 के दशक में शुरू हो चुके थे और 1870 के दशक में स्त्रियों की आधुनिक शिक्षा का आन्दोलन भी शुरू हो गया था। बंगाल से द्वारिकानाथ गांगुली ने लड़कियों के लिए आधुनिक ज्ञान–विज्ञान की पुस्तकें भी बनायीं। इसी के समानान्तर महाराष्ट्र में ज्योतिबा फुले ने स्त्री शिक्षा का प्रवर्तन किया। उन्होंने ब्राह्मणों के गढ़ पुणे में पहली कन्या पाठशाला खोली जिसमें माँग और महार जाति की लड़कियों को भी शिक्षित किया गया... उधर पंजाब और हरियाणा में आर्य समाज के संस्थापक दयानन्द सरस्वती स्त्री शिक्षा के घोर समर्थक थे। वे लड़कियों को सामान्य और विशेष दोनों तरह की शिक्षा देना चाहते थे।...ऐसी उथल–पुथल हिन्दी प्रदेश में दिखाई नहीं दी।" हिन्दी प्रदेश में स्त्री शिक्षा के विषय में द्वन्द्व की स्थिति थी जिसे 'वामा शिक्षक' के इन दो उद्धरणों में देखा जा सकता है–

1. जो लड़कियाँ पढ़–लिख जायेंगी और बड़ी होकर अपने सासरे जायेंगी तो वहाँ जाकर किसी के बस में नहीं रहेंगी। (पृ. 20, 'वामा शिक्षक', मूल)
2. पढ़ने–लिखने से जी की बुराइयाँ सब निकल जाती हैं। अच्छे–अच्छे विचार जी में आते हैं, बुरे और निकम्मे विचार दूर हो जाते हैं, फिर क्योंकर लड़कियाँ पढ़–लिखकर अपने सासरे वाले के बस में नहीं रहेंगी, निश्चय ही वह तन–मन से अपने पुरुष की टहल करेंगी और आज्ञा में रहेंगी और उनको सब रीति से प्रसन्न और मग्न रखेंगी और जो शिक्षा उनके पुरुष बालकों को पालने और चाल–चलन के सँवारने में करेंगी उनको जी से सुनेंगी और पल्ले गाँठ बाँधेंगी...अब तो स्त्रियाँ डर भय से आधीन हैं और पढ़–लिखकर जी से आधीन रहेंगी। (पृ. 20, 'वामा शिक्षक', मूल)

स्त्री–सुधार सम्बन्धी चिन्ताएँ हिन्दी के प्रारम्भिक रचनाकारों में प्रायः एक–सी नज़र आती हैं। ये रचनाकार एक ओर परम्परा से टकराते दिखाई दिये तो दूसरी ओर नवजागरण की चेतना का उन पर जो प्रभाव पड़ा था, उससे वे समाज को अपने अनुरूप निर्मित करने की इच्छा से भी

परिचालित हो रहे थे। हालाँकि जीवन के प्रति जिस परिपक्व यथार्थवादी दृष्टि का परिचय आगे चलकर प्रेमचन्द ने दिया उसका नितान्त अभाव इस दौर के उपन्यासों में है। सामाजिक सुधारवाद के उद्देश्य से परिचालित होकर, एक विशेष 'मिशन' के तहत हिन्दी की सभी प्रारम्भिक 'उपन्यास' कही जाने वाली रचनाएँ लिखी गयीं। ग़ौरतलब है कि इनमें एक भी रचनाकार स्त्री नहीं है लेकिन ये चारों ही–पं. गौरीदत्त, ईश्वरी प्रसाद, और कल्याण राय, श्रद्धाराम फिल्लौरी स्त्री की समस्याओं, या स्त्री द्वारा उपजायी समस्याओं को अपनी रचनाओं का केन्द्र बनाते हैं। ये उपन्यासकार परिवार की समस्याओं से सामाजिक समस्याओं को जोड़कर देखते हैं–घर ख़र्च में बचत, चाकरी से अच्छा निजी व्यवसाय, मर्यादित जीवन, स्त्री की पुरुष निर्भरता, संयुक्त परिवार, अंग्रेज़ी चिकित्सा पद्धति जैसे 'फंडों' पर विश्वास करते हैं और सामाजिक उन्नति के साथ मनुष्य की चारित्रिक उन्नति की आकांक्षा से परिचालित होते हैं। इन पुस्तकों में भी भारतीय स्त्री की सकारात्मक भूमिका का चित्रण किया गया है। स्त्री यदि पढ़ी–लिखी है, कम ख़र्च है, समझदारी से गृहस्थी का बन्दोबस्त करती है तो पूरे परिवार और समाज की उन्नति हो सकती है–स्त्री यदि पढ़ी–लिखी है तो वक़्त बेवक़्त (पति के मर जाने पर) आत्मनिर्भर रूप से सम्मान का जीवन जी सकती है। हस्तकौशल, कुटीर एवं घरेलू उद्योग व्यक्ति को ही नहीं समाज को भी परमुखापेक्षी होने से बचाते हैं। यह भी ध्यान देने की बात है। इन सभी पुस्तकों तथा 'मिरात–उल–उरूस' (उर्दू) में भी समाज के उच्च मध्यवर्गीय ख़ानदानों की कथा ही कही गयी है। कहीं अग्रवाल बनियों का ख़ानदान है ('देवरानी–जेठानी की कहानी') कहीं ढाई गाँव के ज़मींदार लाला भगवानदास (वामा शिक्षक), कहीं उच्च कुलीन ब्राह्मण परिवार है (भाग्यवती), स्पष्ट है कि बौद्धिक वर्ग की चिन्ता का केन्द्रीय बिन्दू उच्चकुलीन स्त्रियाँ थीं। उमा चक्रवर्ती ने अपने लेख 'व्हाटएवर हैप्पंड टू वैदिक दासी' में लिखा है–"स्त्रियों से जुड़े सवालों के सन्दर्भ में उन्नीसवीं सदी का पूरा ध्यान उच्च जाति की हिन्दू स्त्रियों पर केन्द्रित था, चाहे वह अतीत में उनकी उन्नत दशा को प्रकट करता हो या वर्तमान में उनकी निम्न दशा में सुधार करने की चेतना को।"

ये रचनाकार उस नवशिक्षित वर्ग से आते थे जो समाज को बेहतर बनाने के लिए स्त्रियों की नयी भूमिका प्रस्तावित कर रहा था। लेकिन,

उनमें वैचारिक अन्तर्विरोध भी था, जो इनकी रचनाओं में अभिव्यक्त हुआ। वे स्त्री शिक्षा के तो पक्षधर थे लेकिन स्त्रियों को खुले में घूमने–फिरने की स्वतन्त्रता के हिमायती नहीं। 'मिरात–उल–उरूस' की नायिका असग़री घर पर ही लड़कियों को पढ़ाती है लेकिन बाहर जाकर (ट्यूशन) पढ़ाने के लिए राजी नहीं होती। शिक्षा स्त्रियों को समझदार बनाये ताकि वे परिवार के पुरुषों को समय आने पर उचित सलाह दे सकें, 'वामा शिक्षक' में गंगा जो पढ़ी–लिखी समझदार स्त्री है–पति को नौकरी छोड़ व्यवसाय करने की उचित सलाह देती है, जो बाद में परिवार की सम्पन्नता का कारण बनती है। पढ़ी–लिखी स्त्री विधवा हो जाने पर भी आत्मनिर्भर रह सकेगी, साथ ही नैतिक मूल्यों की रक्षा भी कर सकेगी, 'वामा शिक्षक' में गंगा की छोटी बहन किशोरी असमय ही विधवा हो जाती है, लेकिन पढ़ी–लिखी और हस्तकला में पारंगत होने के कारण कलाबत्तू की टोपियाँ बना–बनाकर बेचती है और अपने परिवार का बेड़ा पार कर लेती है। स्त्री शिक्षा पर परिवार की उन्नति–अवनति निर्भर करती है। इसे दिखाने के लिए अक्सर दो विपरीत स्वभाव वाले स्त्री चरित्रों की योजना की गयी। देवरानी–जेठानी, अकबरी–असग़री, गंगा–राधा, किशोरी–पार्वती–ऐसे ही विपरीत युग्म हैं, जिनके माध्यम से शिक्षित और अशिक्षित स्त्री के पारस्परिक विभेद को दर्शाया गया। विभिन्न पात्रों के संवादों से स्त्री–पुरुष के विभेद को भी दर्शाया गया और कहा गया कि पुरुष स्त्री से श्रेष्ठ है और उसकी श्रेष्ठता को अगली पीढ़ी तक पहुँचाने का काम स्त्री को करना चाहिए। स्त्रियों के लिए क्या–क्या करणीय है–इस पर लम्बे–लम्बे उद्धरण इन पुस्तकों में मिलते हैं–

1. ''बड़ी नादानी है अगर बीवी मियाँ को बराबर के दर्जे में समझे। बल्कि इस ज़माने में औरतों ने ऐसा ख़राब दस्तूर इख़्तियार किया है कि अदब के बिल्कुल ख़िलाफ है...'' (पृ. 77, 'मिरात–उल–उरूस', लिप्यन्तरण, मदनगोपाल, साहित्य अकादेमी)
2. "सोचना चाहिए कि मियाँ–बीवी में ख़ुदा ने कितना फ़र्क रखा है। मज़हब की किताबों में लिखा है कि हज़रत आदम बहिश्त में अकेले घबराया करते थे। उनके बहलाने को ख़ुदा ने हज़रत हव्वा को, जो सबसे पहली औरत दुनिया में हो गुज़री है, पैदा किया।

पर औरत का पैदा करना सिर्फ़ मर्द की ख़ुशदिली के वास्ते था। और औरत का फर्ज़ है मर्द को ख़ुश रखना। अफ़सोस है कि दुनिया में किस कदर कम औरतें इस फ़र्ज़ को अदा करती हैं। मर्दों का दर्जा ख़ुदा ने औरतों पर ज़्यादा किया न सिर्फ़ हुक्म देने से बल्कि मर्दों के जिस्म में ज़्यादा कुव्वत और अक्लों में ज़्यादा रोशनी दी है। दुनिया का बन्दोबस्त मर्दों की जात से होता है। मर्द कमाने वाले और औरतें उनकी कमाई को मौक़ा मानसिब पर ख़र्च करने वालियों और उसकी निगहबान है।" (पृ. 79, 'मिरात–उल–उरूस')

3. "बेटी तुमको सोचना चाहिए कि पुरुषों और नारी में क्या सम्बन्ध है–पुरुषों का पद भगवान ने स्त्रियों से बड़ा रखा है–शास्त्र में लिखा है कि जहाँ तक हो सके स्त्रियाँ अपने पुरुषों की टहल करें और उनके अधीन रहें, उनकी सम्मति के विरुद्ध काम करना अपना जन्म भ्रष्ट करना है। देखो धर्मशास्त्र के 175वें श्लोक का यह तात्पर्य है कि (मदिरा पान करना–खोटों की संगति–पति से वियोग–इधर–उधर फिरना–कुसमय सोना–दूसरे के घर रहना) यह छह बातें स्त्रियों के लिए बुरी हैं। स्त्रियों का बड़ा धर्म वही है कि अपने पुरुष के कहने में चलें, किसी बात में उनसे हठ न करें–यह भी लिखा है कि जहाँ तक हो सके अपने पुरुष की टहल करें, यही स्त्रियों का पूजन और पाठ नित्य नियम है और धर्म है, इससे स्त्रियों को बैकुण्ठ प्राप्त होता है।...मेल, मिलाप रखने के लिए कुछ बातें बहुत आवश्यक हैं–पहले अपने पुरुष का आदर–सम्मान रखना–दूसरे, उसको सदा बड़ा समझना, यह बड़ी अज्ञानता की बात है कि स्त्री अपने पुरुष को अपने समान जाने–तीसरे, अपने पीहर की कोई ऐसी बात जिस्से अपना बड़प्पन जाना जाय, पुरुष के सामने न कहे कि वह उसको सुनकर अप्रसन्न हो, बहुत–सी मूर्ख स्त्रियों का यही चलन है कि अपने पीहर का बड़प्पन कह कर अपने पुरुषों को उलाहना देती हैं और उनको तुच्छ जान्ती हैं।" ('वामा शिक्षक', पृ. 98 मूल)

इन पुस्तकों को आचरण पुस्तकों की श्रेणी में रखा जा सकता है। इनमें सिर्फ़ स्त्रियों के आचरण सुधारने की बात कही गयी है। उन्नीसवीं

सदी के समाज में पुरुष वर्चस्व एवं लैंगिक विभाजन के कठोर नियमों को देखा जा सकता है। यह विभाजन सिर्फ़ औपनिवेशिक भारत में ही था, ऐसी बात नहीं है। फ्रेवर्ट ने यूरोप के सन्दर्भ में लिखा था–''बुर्जुआ माहौल होने के बावजूद वहाँ स्त्री पर ही ज़िम्मेदारी थी कि वह मध्यवर्गीय मूल्यों की रक्षा करे और सौन्दर्य, प्रेम व वफ़ादारी जैसे समस्त प्राकृतिक गुणों से पुरुषों को आनन्द पहुँचाये।''[4]

''इसके अलावा इंग्लैंड में भी 'अनवूमेनली' व्यवहार करने वाली स्त्रियों की कड़ी आलोचना होती थी। वहाँ भी लड़कों को रोज़गार के लिए पढ़ाया जाता था जबकि उनकी बहनों को अच्छी गृहिणी, माँ और पत्नी बनने के लिए यानी जिन अंग्रेज़ औरतों की कथित उच्छृंखलता व जाति स्वतन्त्रता के विपरीत हिन्दुस्तानी औरत का मॉडल निर्मित किया जा रहा था, उसकी स्थिति भी अपने पुरुष समाज में वैसी ही थी जैसी भारत की औरतों की। लेकिन चूँकि उपनिवेशवाद के सामने अपनी संस्कृति के लिए भव्य आत्ममुग्धता खड़ी करनी थी, इसलिए अपने समाज की स्त्रियों को ही नहीं बल्कि अंग्रेज़ औरतों को भी पितृसत्ता की कसौटी पर कसने की कोशिश की गयी। पितृसत्ता का यह अन्तर्राष्ट्रीय संस्करण था जिसमें अंग्रेज़ और भारतीय स्त्री, दोनों की मुक्ति को मुश्किल बनाने के हर सम्भव प्रयास होते थे। इसमें उपनिवेशक और उपनिवेशित, दोनों ही एक–दूसरे की संस्कृति के बारे में भ्रामक दृष्टिकोण का प्रचार करते थे जिससे उनके बीच का शक्ति सम्बन्ध बदल सके। स्त्रियों के चरित्र व सामाजिक स्थिति के बारे में व्याख्याएँ उपनिवेशक–उपनिवेशित के इन्हीं रिश्तों का शिकार होती रहीं।" (सुधारवाद और उपन्यास, लेखक वैभव सिंह, आलोचना, अप्रैल–जून, 2007, पृ. 99)

यह उद्धरण भारत और यूरोप की परिस्थितियों में स्त्री की तत्कालीन स्थिति को बताने के लिए पर्याप्त है। स्त्रियों को शिक्षित किये जाने की ज़रूरत तो है लेकिन उतना ही जितने में वे स्वच्छन्द और उच्छृंखल न हों, घर और परिवार की ज़िम्मेदारी को भली–भाँति निबाहें, पुरुषों से कभी वाद–विवाद न करें। 'वामा शिक्षक' में दो भाइयों की पत्नियों का स्वभाव अलग–अलग है। बड़ी बहू कामचोर और अनपढ़ है, छोटी बहू पढ़ी–लिखी। स्त्रियों के लिए आदर्श के रूप में लेखकद्वय ने छोटी बहू को प्रस्तुत किया है "पर छोटी बहू सब काम हँसी–खुशी करती न कभी

मिव भरती और न कभी नाक–भौं सिकोड़ती, छोटी बहू सब तरह का सीना–पिरोती और टोपियाँ और दुपट्टे काढ़ा करती और गोटा किनारी टाँकना और गोखरु मोड़ना जानती थी। चारों लड़कियों के सुत्थन सदा अपने हाथ से सीकर पहनाया करती और तरह–तरह की टोपियाँ इनको पहनाया करती, अपने और अपनी सास और जेठानी के सब कपड़े बैठी–बैठी सिया करती। जब कोई काम न हो तो लड़कियों के लिए गुड़ियाँ बनाया करती, वह स्त्री निदान कभी ख़ाली नहीं बैठती, कुछ न कुछ करती...।'' ('वामा शिक्षक', पृ. 8 मूल)

ये आदर्श स्त्रियाँ हैं जो अपने पुरुषों से कभी बहस नहीं करतीं। सदैव अपने–आपको घर के कार्यों में व्यस्त रखती हैं, बाहरी दुनिया से उनका साबका सिर्फ़ नौकर–नौकरानियों और मामाओं के माध्यम से होता है और बहसें भी सिर्फ़ उन्हीं से। सारा दिन समाज के कमज़ोर वर्ग से आदान–प्रदान होता है और वो भी रोज़मर्रा के छोटे–छोटे मुद्दों पर। 'वामा शिक्षक' में गंगा कहारिन से बहस करती है। देश–दुनिया, राजनीति इत्यादि से दूर–दूर तक का उन्हें साबिक़ा नहीं है। बाल विवाह का विरोध ज़रूर किया गया है, लेकिन विधवा समस्या से ये उपन्यास नहीं टकराते दिखाई देते जो उस युग की ज्वलन्त समस्या थी। 'देवरानी–जेठानी की कहानी' तथा 'वामा शिक्षक' में विधवाओं के पुनर्विवाह की चर्चा कहीं नहीं दिखाई देती, सिर्फ़ श्रद्धाराम फिल्लौरी, जो आर्य समाजी विचारधारा से प्रभावित थे, द्वारा रचित 'भाग्यवती' (1877) में विधवा विवाह की पक्षधरता मिलती है। एक दिलचस्प बात यह है कि इन उपन्यासों में कहीं भी स्त्री–पुरुष का वैचारिक संघर्ष चित्रित नहीं हुआ है। स्त्री–स्त्री के आपसी संघर्ष, बहस–मुबाहिसे तो चित्रित हुए हैं जैसे देवरानी–जेठानी, छोटी बहन–बड़ी बहन, सास–बहू की आपसी टकराहटों को कथानक में स्थान दिया गया है जिससे ऐसा लगता है कि समाज और परिवार में सारे कलह की जड़ स्त्रियाँ ही हैं, विशेषकर अनपढ़ और अशिक्षित स्त्रियाँ, जिनके भड़काने की वजह से ही पुरुष ग़लत निर्णय ले लेते हैं, इन्हीं की दुर्भावना एवं क़लहकारी स्वभाव के चलते संयुक्त परिवार टूटकर एकल परिवारों में बदल जाते हैं, पुत्र अपने माता–पिता से दूर हो जाते हैं। बाल विधवा होने पर इन स्त्रियों से अपेक्षा की जाती है कि वे चुपचाप सारी घर–गृहस्थी सँभालें। भोजन, वस्त्र के अतिरिक्त भी उनकी कोई

आवश्यकता हो सकती है–इसके बारे में कहीं कोई नहीं सोचता। 'वामा शिक्षक' में गंगा की बहन किशोरी बाल विधवा हो जाती है, उसके चरित्र की बड़ी प्रशंसा की गयी है, क्योंकि वह आत्मनिर्भर बनती है। घर में चुपचाप कलाबत्तू की टोपियाँ बनाती है, पुत्र और विधवा सास का लालन–पालन करती है। सम्पन्नता आने पर दान–पुण्य करती है, कुएँ और अस्पताल बनवाती है। विधवा ज्ञानो का चरित्र भी अनुकरणीय बताया गया है, क्योंकि वह लिखने–पढ़ने, पूजा–पाठ में अपना जीवन व्यतीत कर रही है। ये स्त्रियाँ परदे में क़ैद स्त्रियाँ हैं, पास–पड़ोस के आने–जाने के लिए भी इन्हें परदे वाली डोली की आवश्यकता पड़ती है। पति के घर से मायके जाने की इच्छा व्यक्त करने पर आलोचना होती है। घर के अनुचर और नौकरानियाँ हमेशा उनके साथ जाती हैं। उन्नीसवीं सदी के बौद्धिक जनों ने बुर्जुआ व्यवस्था की हिमायत तथा सामन्ती समाज के प्रभुत्वपूर्ण मूल्यों का विरोध तो किया लेकिन प्रचलित आचार–व्यवहारों को बदलने के लिए जो प्रयास किये जा रहे थे, वे अभी प्रारम्भिक चरण में ही थे। परदा–प्रथा और उत्तर भारत में विधवा–विवाह जैसे मुद्दे इसी श्रेणी में आते थे। यह भी ग़ौरतलब है कि निम्न जाति की स्त्रियाँ इन बन्धनों को स्वीकार करने के लिए बाध्य नहीं थीं। 'वामा शिक्षक' में नौकरानी बाज़ार से सौदा लाती है। 'मिरात–उल–उरूस' में मामा अजमत मौलवी मुहम्मद फ़ाजिल के यहाँ काम करती है और बाज़ार–हाट, लोहार–सुनार से सारी ख़रीदारी का माध्यम पूरे परिवार के लिए वही है। 'मिरात–उल–उरूस' में हज्जन बी एक धोखेबाज़ चरित्र है जो अकबरी के अज्ञान और मूर्खता का फ़ायदा उठाती है। 'वामा शिक्षक' में मुग़लानी एक ठगिनी है जो बाल–विधवा पार्वती के हिस्से में आये ससुराल के धन को सूद पर चलाने का बहाना बनाकर ठग लेती है। पार्वती संयुक्त परिवार में नहीं रहना चाहती लेकिन रुपये ठगे जाने के बाद उसे मन मार कर देवर–जेठ के अधीनस्थ रहने के लिए विवश होना पड़ता है, "अब पार्वती बहुत पछताती थी कि आज मुझको किशोरी की तरह कुछ हुनर आता तो देवर–जेठों के हाथ की तरफ़ क्यों देखती।'' (पृ. 221, 'वामा शिक्षक', मूल) लेखकद्वय उपन्यास के अन्त में 'शिक्षा' शीर्षक अध्याय में लिखते हैं–''...ऐ लड़कियो, तुमको चाहिए कि तुम गंगा और किशोरी का सा चाल–चलन और विद्या गुण सीखो क्योंकि तुमने इस पुस्तक में पढ़ा होगा कि गंगा ने अपनी

विद्या और गुण से घर का कैसा अच्छा प्रबन्ध किया और सासु–सुसरे और अपने पति और नातेदारों को प्रसन्न रखा और अपनी बुद्धिमानी से कंगाल से अमीर बन गयी–सबने उसकी बड़ाई और प्रशंसा की–अपनी सन्तान को उचित रीति से पाला और पढ़ाया और किशोरी उसकी बहन ने विध वा और कंगाल होने पर भी केवल अपने गुण और चतुराई से घर को ऐसा चलाया कि जीते जी अपने नातेदारों किन्तु अपने बाप की भी एक कौड़ी की कनौड़ी नहीं हुई और किसी ने उससे इतनी बात तक भी नहीं कही कि तेरे मुँह में कै दाँत हैं और हज़ार रुपये लगाकर अपने लड़के का विवाह किया और दो हज़ार रुपये से उसे दुकान करा दी जिससे उसकी गिनती रईसों और अमीरों में होने लगी और बड़े–बड़े हाकिम उसकी बड़ी प्रतिष्ठा करने लगे, इसलिये जो तुम भी गंगा और किशोरी का सा चाल–चलन सीखोगी तो वैसे ही तुम्हारा जीवन भी सुख से बीतेगा, दुःख तुम्हारे पास को भी नहीं फटकेगा और जो कोई लड़की राधा और पार्वती का चाल–चलन और हठ सीखेगी, वह सदा दुःख और विपत्त में फँसी रहेगी जैसे राधा अपनी मूर्खता से सन्तान के दुःख में फँसी रही सदा उसका पति उससे क्रुद्ध रहा और सन्तान के दुःख में अन्धा हो गया और पार्वती ने भी कि जिस्का चाल चलन राधा का सा था सारी उमर दुःख में काटी–यद्यपि वह बचपन में विधवा हो गयी थी पर सुसरे की जायदाद से हज़ार रुपये का माल उसको मिला पर उसने उसको अपनी मूर्खता से थोड़े ही दिनों में खो खिड़ा दिया और सारी उमर दुःख भुगता और अपने खोटे वचन से किसी की भली नहीं रही...'' (पृ. 224, 'वामा शिक्षक', मूल)

स्पष्ट है कि स्त्रियों के कर्तव्य नये दौर की शिक्षा के अनुरूप निर्धारित किये गये लेकिन स्त्री–पुरुष समानता की बात कहीं नहीं की गयी। स्त्री यदि पढ़ी–लिखी है तो वह परिवार को अच्छे ढंग से, कम ख़र्च में चला सकती है। उसके ज़िम्मे इतने काम कर दिये गये ताकि वह क्षण भर भी ख़ाली न बैठे। सभी प्रारम्भिक उपन्यासों में स्त्रियों के कर्तव्य तो बार–बार दोहराये गये लेकिन उनके अधिकारों की बात दबी ही रही। 'देवरानी–जेठानी की कहानी' में कामकाजी सुघड़ देवरानी की दिनचर्या बताते हुए कहा गया–"सबेरे उठकर बुहारी देती। चौका बासन कर दूध बिलोती। फिर नहा–धो कर भगवान का नाम लेती। रोटी चढ़ाती।...सबसे पीछे आप रोटी खाती। फिर सीना–पिरोना, मोजे बुनना, फुलकारी काढ़ना,

टोपियों पै कलाबत्तू की बेल लगाना आदि में जिस काम को जी चाहता ले बैठती।''

इसी तरह डिप्टी नज़ीर अहमद के 'मिरात–उल–उरूस' में कम ख़र्च में अच्छी गृहस्थी चलाने वाली असग़री ने बीस रुपये की आमदनी में घर की ऐसी व्यवस्था की–''हर चीज़ में किफ़ायत और इन्तजाम को दख़ल दिया। घर में जो कुछ असबाब था अजब बदसलीक़गी से साग–मूली की तरह पड़ा रहता था। अब हर एक चीज़ ठिकाने लगी। कपड़ों की गठरियाँ हैं तो कपड़े अच्छी तरह तह किये हुए तरतीब से बँधे हैं। अनाज पानी की कोठरी में हर एक शै एहतियात से ढकी हुई है। गोया घर एक कल थी जिसके कल–पुर्ज़े सब दुरुस्त और उस कल की कुंजी असग़री के हाथ में थी। जब कूक दिया कल अपने मामूल से चलने लगी। असग़री ने घर का एहतिमाम अपने हाथ में ले लिया क़र्ज़ लेना कम हो गया। भूलकर भी दमड़ी–छदाम तक की चीज़ बाज़ार से उधार न आयी। असग़री घर का सब हिसाब एक किताब में लिखा करती थी। जब कोई चीज़ हो चुकने पर आयी तब वह मँगा ली।''

उपन्यास में यही असग़री जो घर का बेहतर इन्तज़ाम करती है, अपने पति मुहम्मद कामिल को चौसर, शतरंज, गंजीफ़ा जैसे खेलों से हटाकर पढ़ाई–लिखाई की ओर उन्मुख करती है, लेकिन इस ढंग से कि उसका पौरुषीय अहं आहत न हो। उपन्यास में एक प्रसंग में मुहम्मद कामिल कहता है कि उसका देर रात तक इन्तज़ार न करके घर की औरतें खाना खा लिया करें–

'मुहम्मद कामिल – अँये, तुम लोग मेरे मुन्तज़िर रहते हो। मैं तो जानता था तुम खाना खा लिया करती होगी।''

असग़री – ख़ुदा रखे, मरदों के होते औरतों का खाना ठूँस बैठना क्या मुनासिब है?[5]

ये उद्धरण यह बताते हैं कि इस दौर के बौद्धिक स्त्री को इस बात के लिए नये सिरे से तैयार कर रहे थे, कि वह पुरुष की अपेक्षा समझदार होकर भी कभी पति–पिता के अहं को चोट न पहुँचाये, बल्कि पुरुषों को श्रेष्ठ समझे और उनके अधिकारों को बरकरार रखने में उनका सहयोग करे। ये स्थिति हिन्दू और मुस्लिम दोनों समुदायों की थी। 'वामा शिक्षक' और 'मिरात–उल–उरूस' पुरुष की उच्च स्थिति के पक्षधर हैं,

पितृसत्तात्मक व्यवस्था बिना अपने अधिकारों में कमी लाये हुए स्त्रियों की स्थिति में सुधार लाना चाहती थी। नवजागरण के दौर की सुधार–चेतना का सबसे बड़ा अन्तर्विरोध यही था। सामाजिक जीवन में स्त्री के प्रति उपेक्षा का रवैया पितृसत्तात्मक व्यवस्था का ही परिणाम था। सामन्तशाही ने स्त्रियों को पुरुषों के समान अधिकार, अवसर और सुविधाओं से वंचित ही रखा। स्त्रियाँ असमानता का शिकार होती चली गयीं। बुर्जुआ विचारधारा के अस्तित्व में आने और पश्चिमी ज्ञान–विज्ञान ने स्त्री शिक्षा की वकालत तो की, लेकिन स्त्री को पुरुषों के समान राजनीतिक, क़ानूनी एवं सामाजिक अधिकारों से व्यावहारिक तौर पर वंचित ही रखा गया। उल्टे, साहित्य के माध्यम से उस पर नैतिक दबाव डाला गया, उसे परिवार और गृहस्थी के भीतर कर्तव्य पालन करके सुख प्राप्ति की कुंजी थमा दी गयी। उन्नीसवीं सदी के उत्तरार्द्ध तक स्त्री को सामन्ती दृष्टि से ही देखा जाता रहा, सौन्दर्य उच्चता, प्रकृति, पवित्रता, अच्छाई और आज्ञापालिका के रूप में उसका महिमामण्डन किया गया। इन प्रारम्भिक कृतियों में दो तरह की स्त्रियाँ हैं, एक जो अच्छी हैं, दूसरी जो बुरी हैं। बुरी स्त्री कौन है? वह जो अनपढ़ है, परिवार में मेल–मिलाप नहीं रखती, पति की बात नहीं सुनती, कम ख़र्च में घर नहीं चलाती। उसकी तुलना में कौन–सी स्त्री अच्छी है–वह जो पढ़ी–लिखी है, पर्दे में रहती है, अपनी निजी इच्छाओं को अभिव्यक्त नहीं करती, कम से कम धन में गृहस्थी की अच्छी व्यवस्था कर लेती है, कभी बहस नहीं करती विशेषकर पुरुषों से। जिस 'अच्छी स्त्री' ने प्रशंसा के लिए पुरुषसत्ता के आगे सिर झुका लिया, सबसे सामंजस्य बिठा लिया वह तमीज़दार बहू है, पुरुष के दृष्टिकोण से जिसने स्वयं को पारिभाषित किया। पुरुष संरक्षण की आवश्यकता को बार–बार अभिव्यक्त करके पुरुष के अहं को तुष्ट किया। परिणाम यह हुआ कि उसे पुरुष सन्दर्भ के साथ जीने की आदत पड़ गयी। पुरुष के ऊपर उसकी निर्भरता ने उसे आश्रित बना दिया। स्त्री का पराश्रित होना पितृसत्तात्मक व्यवस्था के हक़ में था। स्त्री को शिक्षित और समझदार बनाकर उसे 'सुशिक्षित दासी' बनाने में उन्नीसवीं सदी के नीतिपरक साहित्य ने महत्त्वपूर्ण भूमिका निभाई। आगे चलकर राष्ट्रीय आन्दोलन में स्त्री ने न सिर्फ़ राष्ट्र अस्मिता के लिए संघर्ष किया बल्कि इसे अपनी अस्मिता और स्वतन्त्र चेतना से जोड़कर देखा।

गोपाल राय ने 'हिन्दी उपन्यास का इतिहास' में लिखा है– ''(वामा शिक्षक) यह कहानी उस समय के अपेक्षाकृत सम्पन्न कायस्थ परिवार का प्रतिनिधित्व करती है। मध्यवर्गीय बनिया समाज जहाँ व्यापार और दुकानदारी से जीविकोपार्जन करता था वहाँ कायस्थ समाज अधिकतर अदालतों और सरकारी दफ़्तरों से जुड़ा हुआ था। कायस्थ समाज में छोटे–मोटे ज़मींदार भी पर्याप्त संख्या में थे, यद्यपि वे खेती प्रायः नहीं करते थे। इस समाज में शिक्षा का काफ़ी प्रचार था और उर्दू–फ़ारसी तो उनकी सांस्कृतिक भाषा ही थी। ब्रिटिश शासन की स्थापना के बाद उनमें अंग्रेज़ी शिक्षा का विशेष प्रचार हुआ। अंग्रेज़ों के प्रति उनकी राजभक्ति भी स्वाभाविक थी। इससे उनके बाल–बच्चों को सरकारी नौकरियाँ आसानी से मिल जाती थीं। ब्रिटिश शासन की स्थापना के बाद सरकारी नौकरियों के लिए अंग्रेज़ी का महत्त्व बढ़ गया था और कायस्थ समाज ने इस वास्तविकता को समय रहते पहचान लिया था। अब लड़कों को उर्दू–फ़ारसी के स्थान पर अंग्रेज़ी शिक्षा दिलाने की तत्परता बढ़ गयी थी। पर स्त्रियों की शिक्षा के प्रति कायस्थ समाज भी उदास ही था। जहाँ तक परम्परागत सामाजिक मूल्यों और मान्यताओं का प्रश्न है, कायस्थ समाज भी उनसे मुक्त नहीं था। भूत–प्रेतों और पीरों की पूजा कायस्थ परिवारों में भी प्रचलित थी। कोई रोग होने पर झाड़–फूँक में ज़्यादा विश्वास किया जाता था। लोग चेचक का टीका लगवाने से भय खाते थे। शादी–ब्याह में अपव्यय तो कायस्थ समाज का स्वाभाविक रोग था, जिससे अनेक परिवार बर्बाद हो जाते थे। मिथ्या आडम्बर और प्रदर्शन का रोग भी अपनी चरम सीमा पर था। बाल विवाह का प्रचलन भी कायस्थ समाज में कम नहीं था, जिसके परिणामस्वरूप अनेक लड़कियाँ असमय ही विधवा हो जाती थीं और उनका पुनर्विवाह नहीं होता था। जन्म, विवाह, मृत्यु आदि के समय प्रचलित परम्परागत हिन्दू संस्कार कायस्थ समाज में भी उसी प्रकार प्रचलित थे जैसे बनिया समाज में।'' 'वामा शिक्षक' में ढाई गाँव के मालिक लाला भगवानदास के परिवार की कथा है –"लाला भगवानदास मेरठ में रहते थे, ढाई गाँव उनके पास थे। उन्होंने अपनी चतुराई से उनका काम अपने हाथ में कर रखा था, इसलिए उन गाँवों से उनको दो–ढाई सौ रुपये महीना मिल रहता था...।'' औपनिवेशिक भारत में निजी व्यवसाय और व्यापार में बनिया और कायस्थ जाति बड़े पैमाने

पर संलग्न थी। सदियों से कायस्थ जाति पढ़ने–लिखने, हिसाब–किताब करने में कुशल मानी जाती थी। अधिकतर कायस्थ उर्दू, फ़ारसी जानते थे और राज्य कर्मचारियों की नौकरी करते थे। अंग्रेज़ों के आने के बाद जिस वर्ग ने सबसे पहले अंग्रेज़ी शिक्षा ग्रहण करने में दिलचस्पी दिखाई, वह कायस्थ वर्ग था। क़ानूनी दाँव–पेंच समझने की क्षमता, तीक्ष्ण मेधा वाला यह नवोदित मध्यम वर्ग लम्बे समय से शासनाध्यक्षों का सलाहकार रहा चला आया था। शिक्षा को जीवन–यापन के सर्वोत्कृष्ट माध्यम के रूप में पहचानने वाला वर्ग अपने–आपको 'क्षत्रिय वर्ण' के अन्तर्गत मानता था। 'वामा शिक्षक' के प्रथम संस्करण (मूल) के मुखपृष्ठ पर लिखा गया–"वामा शिक्षक अर्थात् दो भाई और चार बहनों की कहानी जिसको मुंशी ईश्वरी प्रसाद मुदर्रिस और मुंशी कल्याणराम मुदर्रिस अव्वल उर्दू मदरसे तालीम मेरठ जाति कायस्थ क्षत्रिय वर्ण ने सन् 1872 में बनायी।"

'वामा शिक्षक' वह एकमात्र पुस्तक है जो मुंशी ईश्वरी प्रसाद और कल्याण राय के नाम से मिलती है।

'वामा शिक्षक' के लेखकद्वय के समक्ष प्रेरणा के तौर पर 'मिरात–उल–उरूस' (स्त्री दर्पण या Mirror of a Bride) थी जिसकी तर्ज़ पर उन्होंने अपनी रचना को 'वामा शिक्षक' (पत्नी शिक्षक) कहा। गोपाल राय ने इसे 'देवरानी–जेठानी की कहानी' की अनुकृति माना, या अधिक से अधिक उसका पल्लवन। लेकिन 'वामा शिक्षक' पर 'मिरात–उल–उरूस' का प्रभाव ज़्यादा दिखाई देता है। 'देवरानी–जेठानी की कहानी' और 'वामा शिक्षक' के कथ्य में एक हद तक समानता है, लेकिन जहाँ 'देवरानी–जेठानी की कहानी' में कथा का स्तर इकहरा है वहीं 'वामा शिक्षक' की कथा बहुस्तरीय है, इसमें कई कथाएँ एक–दूसरे से सम्बद्ध हैं और लेखकद्वय ने चरित्रों के विविध रंग उभारने का प्रयास किया है। इसका कलेवर भी 'देवरानी–जेठानी की कहानी' की अपेक्षा बहुत बड़ा है। हिन्दी उपन्यास के इस अति आरम्भिक काल में मनोविश्लेषणात्मक पद्धति से पात्रों के चरित्र–चित्रण का प्रयास इसे 'देवरानी–जेठानी की कहानी' से कहीं आगे की रचना बनाता है। कई कथाओं के संगुफन और चौबीस–पच्चीस पात्रों के साथ कथा के ढाँचे को खड़ा करना, जबकि आदर्श के तौर पर इसके सामने एक–दो उपन्यास ही थे, इसे विशिष्ट बनाता है। पात्रों की आपसी बातचीत, स्त्री पात्रों का मनोविज्ञान–विशेषकर

अनपढ़ स्त्री का विश्लेषण इस उपन्यास में बख़ूबी किया गया है। कथा शिल्प में नूतन पद्धति का प्रारम्भ हमें 'वामा शिक्षक' से ही मिलता है। एक ही परिवार–लाला भगवानदास, उनके दो पुत्रों–मथुरादास और जमुनादास, उनकी दो बहुओं तथा आगे चलकर दोनों बेटों की दो–दो पुत्रियों और उनके वैवाहिक जीवन का वर्णन कथा को त्रिस्तरीय तो बनाता है। लेकिन कथा को परिच्छेदों में न बाँटने का अभाव खटकता है, जैसाकि आगे चलकर 1882 ई. में 'परीक्षा गुरु' में किया गया। 'वामा शिक्षक' में किसी एक पात्र की पूरी कथा एक–एक अध्याय जैसे 'गंगा का हाल', 'राधा का हाल', 'किशोरी का हाल', 'पार्वती का हाल' तथा 'शिक्षा' के अन्तर्गत विभक्त है। एक पात्र की जीवन कथा, चारित्रिक विशेषताएँ एक बार शुरू करने पर लेखक उसे समाप्त करके ही दूसरी कथा शुरू करता है। चरित्रों का सजीव रूप में प्रस्तुतीकरण 'वामा शिक्षक' का वैशिष्ट्य है। बाल विधवा राधा तथा ठगिनी मुग़लानी के चरित्र में लेखकद्वय की सूक्ष्म निरीक्षण तथा विश्लेषण शक्ति का परिचय मिलता है। प्रेमचन्द पूर्व के हिन्दी उपन्यासों पर विचार करते हुए ज्ञानचन्द जैन ने इसकी क़िस्सागोई की प्रशंसा की है–"वामा शिक्षक में लेखकद्वय ने अपने ज़माने की क़िस्सागोई के फन में अपनी महारत का अच्छा परिचय दिया है। 'मिरात–उल–उरूस' की भाँति उन्होंने भी अपनी पुस्तक में क़िस्से को नया लिबास, नया रंग–रूप प्रदान किया है। उसको ज़िन्दगी के बिल्कुल क़रीब ला दिया है, उसमें प्रतिदिन के जीवन के हू–ब–हू चित्र अंकित किये हैं। प्रतिदिन के जीवन में घटनेवाली घटनाओं से कथावस्तु का गठन किया है। क़िस्से की शैली में उन्होंने पहले लाला भगवानदास, फिर उनके दो बेटों और फिर उन बेटों की चार बेटियों का क़िस्सा एक ही लड़ी में गूँथ दिया है। सारी कथा एक परिवार से सम्बद्ध होने के कारण उसमें आन्तरिक सूत्रबद्धता बनी रहती है और पहले पृष्ठ से ही पाठक का मन बाँध लेती है। उसका फलक बड़ा होने से उसमें तत्कालीन समाज का चित्र प्रतिबिम्बित होने लगता है।"

'वामा शिक्षक' की भाषा दैनन्दिन की बोलचाल की भाषा है। मुंशी ईश्वरी प्रसाद और कल्याणराय मुदर्रिस थे और उनके सामने 'मिरात–उल–उरूस' और 'देवरानी–जेठानी की कहानी' जैसे उपन्यास था, इसलिए कथा कहने के ढंग में प्रवाहमयता, कहावतों, मुहावरों का प्रयोग

इसे परिपक्व गद्य की ओर अग्रसर उपन्यास के रूप में प्रस्तुत करते हैं। 'देवरानी–जेठानी की कहानी' की अपेक्षा 'वामा शिक्षक' की भाषा अधिक विकसित है। इसका कारण यह हो सकता है कि लेखकद्वय का उर्दू और नागरी पर समानाधिकार था। उन्नीसवीं सदी में सरकारी कामकाज की भाषा उर्दू और लिपि फ़ारसी थी। अदालतों और कार्यालयों में नौकरी चाहने वाले सभी हिन्दू और मुसलमान इसे सीखते थे। कायस्थ और पंजाब के आर्यसमाजी धार्मिक लेखन में इसी लिपि का प्रयोग करते थे। युक्तप्रान्त में सिर्फ़ कायस्थ और कश्मीरी ब्राह्मण ही उर्दू को बचपन से सीखते थे, क्योंकि ये पुश्त–दर–पुश्त सरकारी नौकरियाँ ही करते चले आ रहे थे। वीर भारत तलवार के अनुसार शिवप्रसाद सितारे हिन्द ने सार्वजनिक शिक्षा में हिन्दी और नागरी लिपि को जगह दिलाई थी। 1868 ई. में राजा शिवप्रसाद ने युक्तप्रान्त की सरकार को एक मेमोरेंडम दिया 'मेमोरेंडम : कोर्ट कैरेक्टर इन द अपर प्राविंसेस ऑफ़ इंडिया'। इसमें पहली बार अदालतों में फ़ारसी की जगह नागरी लिपि लागू करने की माँग की गयी। इसके फ़ायदे गिनाते हुए उन्होंने कहा–"जनता को अदालती कार्यवाही समझ में आ सकेगी, शिक्षा पूरी करने में कम समय लगेगा, देशी भाषाओं का विकास होगा और हिन्दू जातीयता की भावना फिर से कायम हो जायेगी।" यह नागरी लिपि को सार्वजनिक तौर पर अपनाये जाने की दिशा में एक बड़ा क़दम था। हिन्दी उपन्यास का आरम्भ करने वाले पं. गौरीदत्त ने नागरी का प्रचार करने के लिए बोलचाल की भाषा में 'देवरानी–जेठानी की कहानी' लिखी, जिनके नागरी प्रेम की चर्चा आचार्य रामचन्द्र शुक्ल ने 'हिन्दी साहित्य के इतिहास' में की। 'वामा शिक्षक' में नागरी की व्यावहारिक शैली खड़ीबोली जिसमें तद्भव शब्दों की प्रधानता के साथ–साथ संस्कृत–अरबी के शब्द भी मिलते हैं–का प्रयोग किया गया। इसकी खड़ी बोली में तद्भव शब्दों के साथ क्षेत्रीय बोलियों के शब्द भी मिलते हैं। बोलचाल की खड़ीबोली की उच्चारण प्रकृति के अनुरूप लिखित शब्द मिलते हैं जैसे इस्से, कर्ते, उन्ने, सक्ता आदि शब्द। विराम चिन्हों का अभाव यह बताता है कि इसके रचनाकार अंग्रेज़ी ढंग की 'नॉवेल' लेखन पद्धति से अपरिचित थे। खड़ी पाई की जगह (–) का प्रयोग किया गया है। शब्द के दोहराव के लिए (2) का प्रयोग और अनुस्वार की जगह चन्द्रबिन्दु का प्रयोग किया गया है। 'वामा

शिक्षक' की भाषा को उन्नीसवीं सदी की हिन्दी भाषा का स्वरूप बताने के लिए देखा जाना चाहिए।

सीधी–सादी भाषा में अभिव्यक्ति के कुछ उद्धरण द्रष्टव्य हैं–

1. "आजकल के समय ही पर पत्थर पड़े हैं, अब किस्का भरोसा किया जाये और सच है कि पैसे के सब बैरी होते हैं और एक यह भी बात है कि सदा आदमी की नीति एक सी नहीं रहती–पल भर में आदमी की नीति बिगड़ जाती है।'' (पृ. 171)
2. जो चीज़ बाज़ार से कोई नौकर लावे उसको मकान पर तुलवा लिया, जो–2 नाज़ बाज़ार से उस दिन आया था सब फटकवा कर मटकों में रख दिया और पिसनहारी को बुलवाकर अपने सामने दाल दलवाई और फटकवा कर मटके में भरवा रखी सब तरह के मसाले की जुदी–2 थैलियाँ गंगा ने अपने हाथ से सी लीं, किसी थैली में हल्दी और किसी में मिर्च और किसी में धनियाँ भर दिया और उन थैलियों पर ऐसी निशानियाँ कर दीं जिससे जल्दी पहचानी जाये कि इसमें कौनसी चीज़ है, जैसे हल्दी की थैली को पीला रंग दिया और मिर्चों की थैली को लाल और नौकरों से कह दिया कि इन थैलियों को पहचान लो जो चीज़ चाहिए उसी वक़्त ले लो, ढूँढ़ते न रहो।
3. नौकरी की क्या जड़ है, आज है और कल नहीं और कहावत है कि नौकरी की जड़ सवा हाथ ऊँची होती है, जो रुपया अपने पास होगा वही काम आवेगा। तुमने यह कहावत नहीं सुनी कि बेटा और खोटा पैसा समय पर काम आता है।
4. नौकरी का यह हाल है कि उसका रहना और न रहना हाकिम की जीभ पर है, जब हाकिम ने कह दिया नौकर हो गये जब उसने दूर कर दिया दूर हो गये। जब तक नौकरी रही तब तक वह थोड़े से लोग जिनका कुछ काम पड़ता है या वह लोग जो यह समझते हैं कि कभी हमारा काम न पड़ जाये, इज़्ज़त करते रहे आप अच्छा खाते–पीते रहे, एक–दो सवारी भी रही, दस आदमी भी आकर चापलूसी करने लगे, जब नौकरी जाती रही सब इज़्ज़त ख़ाक में मिल गयी। कोई यह भी नहीं पूछता कि तुम कौन हो...

जन सम्पृक्ति और प्रवाहमयता के लिए 'वामा शिक्षक' के उपर्युक्त उद्धरण पर्याप्त हैं। मुहावरे और लोकोक्तियों का प्रचुर प्रयोग भाषा की व्यंजनात्मकता में वृद्धि करता है। क़िस्सागोई का मसाला उपन्यास की पठनीयता में वृद्धि करता है, पाठक एक बार पढ़ना शुरू करने पर उपन्यास को बीच में छोड़ता नहीं। रोटियाँ मारी–मारी फिरती हैं, नौकरों के पौ बारह जाते रहे, नौकरियाँ कहीं मोल तो बिकती नहीं, कायथ का लड़का पढ़ा अच्छा व मरा अच्छा, उत्तम खेती मध्यम बनज, निकृष्ट चाकरी, भीक निदान, सच का बेड़ा पार है, अब पछताये होत क्या जब चिड़िया चुग गयी खेत, आदमी मोम से जियादह नर्म और पत्थर से जियादह सख़्त है–जैसे प्रयोग लोक–जीवन की बोली–बानी की झलक प्रस्तुत करते हैं। कायस्थों में प्रचलित जन्म–विवाह, मरण आदि लोकाचार विस्तृत रूप में उपन्यास में चित्रित किये गये हैं। लड़की के विवाह के लिए ज़ेवरों का आयोजन देखिए–पाँव के गहनों में पायज़ेब,–अंजीर–अंगूठड़े–और हाथों और बाँहों के गहनों में नौगरी, कंकनी, छन, पछेली, बाजूबन्द, जौशन, नौनगे, आर्सी, छल्ले, पोरवे और गले के गहनों में पचलड़ा–सतलड़ा–चम्पाकली–चन्दनह ार–मोहनमाला–और कानों और सिर और नाक के गहनों में–बालियाँ–वाले–पत्ते–झुमके–करनफूल–नथ–भोगली, झूमर–वन्दी वेन।''

भाषा की दृष्टि से 'वामा शिक्षक' उन्नीसवीं सदी की हिन्दी भाषा के जनस्वरूप का बोध कराता है–वनड़ा (पति), भनेली (अन्तरंग सहेली), टहलवी, टका पिसनहारी, तंबोलन, मिश्रानी (भोजन बनानेवाली), पचगिटड़े, सासरे, कलाबत्तू, वफारा, दशूठन, पहुँची (हाथ में पहना जानेवाला एक आभूषण), चर्खा–पूनी, बगड़–पड़ोसन गौनिहाई (गौने के बाद आयी बहू) जैसे शब्द वर्तमान हिन्दी से लुप्त–से हो गये हैं। इन्हें यदि आज भी मानक हिन्दी में प्रयुक्त किया जाये तो हिन्दी का शब्द–भण्डार समृद्ध ही होगा।

'वामा शिक्षक' लीथो मुद्रण में छपा हुआ है। इसमें विराम–अर्धविराम आदि चिन्हों का प्रयोग नहीं मिलता। हस्तलिखित पोथियों की शैली में पूर्ण विराम की जगह 'डैश' का चिन्ह लगाकर काम चलाया गया है। यह वह समय था जब छपे शब्द का प्रचार–प्रसार गति पकड़ रहा था, जनता को हस्तलिखित पोथियाँ पढ़ने का ही अभ्यास था। मुद्रणयन्त्र आने के बाद भी पुस्तकें हस्तलिखित पोथियों की शैली में ही छपती रहीं।

'देवरानी–जेठानी की कहानी', भाग्यवती भी इसी तर्ज़ पर छपी थीं।

'वामा शिक्षक' में हमें संयुक्त वर्गों की भी विशिष्ट स्थिति दिखाई देती है जैसे स्वरों के संयुक्त रूपों में 'ए' और 'ऐ' वर्ण के वैकल्पिक रूप 'अ' वर्ण में 'ए' और 'ऐ' के मात्रिक चिन्ह (े) और (ो) लगाकर बनाये गये हैं उदाहरणार्थ 'अ'। उन्नीसवीं सदी के उत्तरार्द्ध तक 'ए' और 'ऐ' के द्विविध रूप प्रचलित थे, अर्थात् एक स्थान पर 'ए' और 'ऐ' हैं तो दूसरे स्थान पर 'अे'। इस काल की मुद्रित रचनाओं में यह प्रवृत्ति दिखाई देती है। 'अे' का प्रयोग केवल तद्भव शब्दों में शब्द के अन्त में तथा 'अै' तद्भव शब्दों के शब्द के आदि भाग में प्रयुक्त किया गया है उदाहरणार्थ–

अे–हुअे–अै, अै सा

पूरे उपन्यास में आनुनासिकता के लिए (ं) की जगह (ँ) चन्द्रबिन्दु का प्रयोग मिलता है। जिन वर्णों पर (ै) जैसी मात्राएँ हैं वहाँ भी चन्द्रबिन्दु का व्यापक प्रयोग मिलता है। देवनागरी लिपि के वर्णों का स्वरूप तब तक सुस्थिर नहीं हुआ था, अतः 'वामा शिक्षक' में भी आधुनिक देवनागरी लिपि की तुलना में प्रचलित नागरी वर्ण कुछ भिन्न प्रकार से लिखे हुए मिलते हैं। दूसरी बात है कि लेखकद्वय की हस्तलिपि एवं मुद्रण में यह भिन्नता समान रूप से व्याप्त है। कुछ वर्ण देवनागरी लिपि के प्राचीन स्वरूप के अवशेष हैं तो कुछ बंगला आदि लिपियों से प्रभावित हैं। ये वर्ण स्वर और व्यंजन दोनों प्रकार के हैं। अनुनासिक ध्वनियों के चिन्ह तथा स्वरों की मात्राएँ भी इसमें सम्मिलित हैं। संख्याओं तथा रोमन लिपि से प्रभावित विराम चिन्हों का अंकन भी वैविध्यपूर्ण है। अ की जगह 'अ' जैसे अब, अच्छी, तबीअत, अच्छा, व के स्थान पर व जैसे–वोही, वोलावते। ये वर्ण रूपान्तर मध्यकालीन देवनागरी लिपि के अवशेष हैं जो किसी न किसी प्रकार उन्नीसवीं सदी के उत्तरार्द्ध तक प्रचलित रहे। वर्तमान देवनागरी से ये रूपान्तर समाप्त हो चुके हैं केवल फ का प्रयोग उच्चारण की शुद्धता बनाये रखने की दृष्टि से अरबी, फ़ारसी जैसे विदेशी शब्दों तक सीमित है। मैं, बहनों और मात्राएँ और कई जगह मैं की जगह में का भी प्रयोग मिलता है। इसके साथ ही अर्द्धचन्द्र (ॅ) का भी प्रयोग किया गया है।

'वामा शिक्षक' की भाषा और लिपि को आधुनिक हिन्दी के मानक व्याकरण की कसौटी पर ख़ारिज किया जा सकता है, लेकिन ग़ौरतलब है कि उन्नीसवीं सदी के उत्तरार्द्ध में नागरी लिपि अपना स्वरूप सुस्थिर

करने के प्रयास में थी। उच्चरित भाषा और लिखित भाषा एक–सी होनी चाहिए यह बीजमन्त्र लेखकों को प्रेरणा दे रहा था, साथ ही व्याकरण सम्बन्धी अशुद्धियों तथा शिल्प की अपेक्षा कथानक पर रचनाकारों का ध्यान ज़्यादा था। वाक्य रचना, विभक्तियों का प्रयोग, कर्मवाच्य, कर्तृवाच्य, क्रिया रूपों आदि में व्याकरण की अशुद्धियाँ भरी पड़ी थीं। यह संक्रमण का काल था जब अंग्रेज़ी वाक्य रचना और फ़ारसी वाक्य–रचना के प्रभाव के साथ–साथ फ़ारसी वाक्य–रचना पद्धति को भी अपनाया जा रहा था। आगे चलकर 1882 ई. में उपन्यास के क्षेत्र में पहली बार लाला श्रीनिवासदास ने विराम चिन्हों, पूर्ण विराम, अर्द्ध विराम, उप विराम, कोष्ठक आदि का प्रयोग 'परीक्षा गुरु' में किया था।

'वामा शिक्षक' का प्रथम संस्करण 1883 ई. में छपा था, जबकि इस पुस्तक का लेखन 1872 ई. में हो चुका था। पुस्तक को छपने में ग्यारह वर्ष का समय लग गया, ऐसा हो सकता है कि मेरठ में कल्याण राय ने जब विद्यादर्पण छापाख़ाना खोला तब इसका प्रकाशन सम्भव हुआ हो। ज्ञानचन्द जैन ने इसके रचनाकारों के रूप में दो लेखकों का नाम दिये जाने पर कुछ शंका व्यक्त की है–"इस पुस्तक की रचना में खाक पाये कल्याण राय का कितना हाथ था? क्या मुंशी ईश्वरी प्रसाद जिस मदरसे में मुदर्रिस रियाजी थे उसी में उनके मुदर्रिस अव्वल होने और उनके छापाख़ाने में पुस्तक छपने के कारण उनका भी नाम पुस्तक के लेखक के रूप में दे दिया गया? इन प्रश्नों का उत्तर देना अब कठिन है। मुंशी ईश्वरी प्रसाद अथवा मुंशी कल्याणराय के नाम से लिखी और किसी पुस्तक की कोई सूचना नहीं मिलती।"[6]

सम्भव है कि ज्ञानचन्द जैन का कथन सत्य हो, क्योंकि एक ही परिवार की कहानी को सिलसिलेवार ढंग से 'अथ कथा प्रारम्भ' से 'अलमिति' तक पहुँचाने के लिए लेखकीय एकाग्रता अपेक्षित होती है। वह दो लेखकों के संयुक्त लेखन में एक सीमा के बाद सम्भव नहीं है। यह भी हो सकता है कि मुंशी ईश्वरी प्रसाद जिस मदरसे में रियाजी थे उसी में कल्याण राय मुदर्रिस अव्वल थे। स्वयं से वरिष्ठ होने के कारण और विद्यादर्पण छापाख़ाना खोलकर पुस्तक के मुद्रण हेतु आभार जताने के लिए मुंशी ईश्वरी प्रसाद के साथ–साथ मुंशी कल्याणराय का नाम भी 'लेखक' के रूप में दे दिया गया हो। दोनों अध्यापक बन्धु–मेरठ के

मदरसे दस्तूर तालीम से सम्बद्ध थे, मुंशी ईश्वरी प्रसाद मुदर्रिस गणित के अध्यापक थे और मुंशी कल्याणराय प्रधानाध्यापक।

सन्दर्भ

1. वामा शिक्षक, भूमिका
2. हिन्दी उपन्यास का इतिहास–गोपाल राय, पृ. 21
3. वैभवसिंह, पहल–81, पृ. 195
4. द पब्लिक द प्राइवेट इश्यूज़ ऑफ़ डेमोक्रेटिक सिटिज़नशिप, सं. गुरप्रीत महाजन, सेज पब्लिकेशन–2.4
5. मिरात–उल–उरूस, नज़ीर अहमद, अनुवाद–मदनलाल जैन, प्रकाशक, साहित्य अकादेमी, प्रथम सं. 1958
6. प्रेमचन्द पूर्व हिन्दी उपन्यास, पृ. 37

3

नवजागरण और लाला श्रीनिवासदास

भारतीय नवजागरण के सामान्यतः दो सोपान माने जाते हैं–पहला औपनिवेशिक आधुनिकता का और दूसरा राष्ट्रवाद का। नवजागरण का प्रारम्भ बंगाल में 1820 के दशक में और महाराष्ट्र में 1830 के दशक में हुआ। 1870 ई. के आते–आते यहाँ धर्म और समाज सुधार की यह लहर मद्धिम हो चली थी। उत्तर भारत में नवजागरण इसी दौर में आया जिसकी दो प्रमुख शक्तियाँ थीं–ब्रह्मसमाज तथा आर्यसमाज। इसमें आर्यसमाज का प्रभाव मुख्यतः ब्राह्मणेतर वर्गों जाट, कायस्थ और वैश्यों पर पड़ा। आर्यसमाज अपने उग्र धार्मिक सुधारों के कारण पूर्वी ज़िलों में अपना प्रभाव नहीं जमा सका। पूर्वी प्रान्त जिसमें काशी, प्रयाग जैसे हिन्दू तीर्थ थे, उनमें परम्परावादी धर्म काफ़ी संगठित था, अतः इन इलाक़ों में नागरी, हिन्दी और गोरक्षा जैसे मुद्दे आर्यसमाज ने उठाये। हिन्दी, नागरी और गोरक्षा जैसे विषयों को छोड़कर आर्यसमाज के धार्मिक सुधारों के प्रतिरोध में हिन्दी के सभी बड़े लेखकों और सम्पादकों ने आन्दोलन किये–यद्यपि सुधार आन्दोलनों का थोड़ा–बहुत प्रभाव उन पर भी पड़ा लेकिन उनके आन्दोलन या प्रतिक्रिया को नवजागरण नहीं कहा जा सकता। इसे 'हिन्दी नवजागरण' का नाम दिया गया। यह भारतीय नवजागरण की धारा से पृथक् था। "भारतीय नवजागरण मुख्यतः धर्म और समाज के सुधार का आन्दोलन था, जबकि हिन्दी नवजागरण का मुख्य लक्ष्य यह कभी नहीं रहा। उलटे इसके नेता धर्म के परम्परागत स्वरूप में बुनियादी सुधारों का विरोध करते थे। सामाजिक सुधारों के मामले में सबसे प्रधान मुद्दे स्त्री प्रश्न पर उनका नज़रिया पिछड़ा हुआ और दुविधाग्रस्त था। बाल विवाह के विरोध में, विधवा विवाह के समर्थन में या स्त्री शिक्षा का कभी कोई

उत्साहपूर्ण आन्दोलन नहीं चलाया।"[1] इस हिन्दी नवजागरण जिसे कुछ विद्वान 'हिन्दी आन्दोलन' कहते हैं–की शुरुआत 1867 ई. में अदालती कामकाज में नागरी लिपि लागू करने के लिए सरकार को दिये मेमोरेंडम से हुई थी। इधर पश्चिमोत्तर प्रान्त में आर्यसमाज ही नवजागरण की मुख्य शक्ति रहा। पंजाब में उसका प्रभाव बहुत सृजनात्मक था। आर्यसमाज की लोकप्रियता के कई कारण थे। उसमें परम्परागत धर्म के ख़िलाफ़ साहस भरे विद्रोह के साथ–साथ एक व्यावहारिक दृष्टिकोण भी था, वह शिक्षित मनुष्य को उसकी परम्परा के अन्दर से आधुनिक होने का रास्ता दिखाता था, सिर्फ़ सामाजिक दृष्टि से ही नहीं धार्मिक दृष्टि से भी। उन्नीसवीं सदी में जबकि भारतीय समाज, औपनिवेशिक शासन के परिणामस्वरूप ईसाइयत की चुनौती से जूझ रहा था, ऐसे में, आर्यसमाज ने उसे एक नये क़िस्म की धार्मिकता प्रदान की, उसने धर्म को सामाजिक दृष्टि से उपयोगी और धार्मिक व्यक्ति को अनुशासित और कर्मठ बनाने पर बल दिया। इस सबके बावजूद वह एक सीमा तक उग्र था जो व्यक्ति–चिन्तन की स्वाधीनता को सीमित करता था। सिर्फ़ एक ऐसा मुद्दा था, जिस पर आर्यसमाज और हिन्दी नवजागरणवादी लेखकों में मतैक्य था वह था–धर्म के आधार पर एक हिन्दू (आर्य) जाति (राष्ट्रीयता) बनाने के लिए दोनों सहमत थे। यह हिन्दू राष्ट्रीयता अंग्रेज़ों के विरोध में उतनी नहीं जितनी कि मुसलमानों के विरोध में बनी थी। हिन्दी नवजागरण के सभी प्रमुख लेखकों पर आर्यसमाज के इस तीव्र और आक्रामक पहलू का असर पड़ा, जिनमें बालकृष्ण भट्ट, भारतेन्दु, प्रताप नारायण मिश्र, राधाकृष्ण दास आदि शामिल थे।

नागरी लिपि को सरकारी काम–काज की भाषा बनाने के लिए हिन्दी नवजागरण के लेखकों ने बहुत प्रयत्न किये। भारतेन्दु ने 'निज भाषा उन्नति अहै सब उन्नति को मूल' कहकर हिन्दी भाषा की उन्नति के कार्य की ओर सहयोगी लेखकों को प्रेरित किया। साथ ही, इन लेखकों में देशोन्नति की बात भी मिलती है। श्रीनिवासदास ने भारत के नैतिक उत्थान को देशोन्नति से जोड़कर देखा–"अपने देश में उपयोगी विद्याओं की चर्चा फैलाना, अच्छी–अच्छी पुस्तकों का और भाषाओं से अनुवाद करवाकर अथवा नयी बनवाकर अपने देश में प्रचार करने और देश के सच्चे शुभचिन्तक और योग्य पुरुषों को उत्तेजन देने और कलों की अथवा

खेती आदि की सच्ची देश–हितकारी बातों के प्रचलित करने में सच्चा धर्म समझते हैं।"

देशोन्नति की यह धारा 1919–1920 में गांधी जी के नेतृत्व में जन आन्दोलन शुरू होने से पहले तक भारत में चलती रही थी। "देशोन्नति की यह धारणा उस राष्ट्रीय धारा का प्री–पॉलिटिकल रूप था जिसे आगे चलकर मॉडरेट पॉलिटिक्स कहा गया।"[3] श्रीनिवासदास तत्कालीन राजनीतिक विकास की प्रक्रिया से परिचित न हों, ऐसा सम्भव नहीं लगता क्योंकि वे विद्याव्यसनी थे और सम्पादक भी। सन् 1870 से ही नये ढंग के अखिल भारतीय राजनीतिक संगठन को बनाने की बात नयी पीढ़ी कर रही थी।[4] 'हिन्दी प्रदीप' के 1880 के फ़रवरी अंक में आर्यसमाज और ब्रह्मसमाज के धार्मिक–सामाजिक सुधारों की तीखी आलोचना की गयी–"देश की भलाई ऐसी धर्मसभाओं से नहीं हो सकती। देश की भलाई तो ऐसी सभाओं से हो सकती है, जिनमें केवल पॉलिटिकल बातों का विचार और बहस हो जैसे पूना सार्वजनिक सभा है। सो, ऐसी सभा करने की अभी यहाँ के लोगों में इतनी हिम्मत नहीं हुई तो और सभाओं से हमें क्या लाभ?"[5]

श्रीनिवासदास ने राजनीतिक दृष्टि से रचनाएँ नहीं लिखीं। वे नागरी लिपि और हिन्दी के समर्थक तो थे लेकिन वे अंग्रेज़ी शासन पर कोई तीखी टिप्पणी कहीं भी करते दिखाई नहीं देते। 'हिन्दी प्रदीप' (1881) के अगस्त अंक में सम्पादकीय में एक तीखी टिप्पणी छपी थी, शीर्षक था 'समझ की भूल' जिसमें अंग्रेज़ी शासन पर तीखी टिप्पणी करते हुए कहा गया–"विदेशी हुकूमत के तहत रहकर देशी लोगों को अपनी भरपूर तरक़्क़ी की आशा रखना समझ की भूल है।" जबकि श्रीनिवासदास के समूचे लेखन में कहीं भी ब्रिटेन के औपनिवेशिक शासन या शासकों की आलोचना नहीं दिखाई देती। वे देशोन्नति के प्रसंग में भाववादी विचारधारा रखते हैं–"देश की उन्नति–अवनति का आधार वहाँ के निवासियों की प्रकृति पर है। सब देशों में सावधान और असावधान मनुष्य रहते हैं परन्तु जिस देश में असावधान और कमकस विशेष होते हैं, उसकी अवनति होती जाती है।"[6]

वस्तुतः तत्कालीन औपनिवेशिक शासन की आलोचना श्रीनिवासदास के समकालीन किसी उपन्यासकार में नहीं मिलती। लाला श्रीनिवासदास

चतुर एवं व्यावहारिक थे लेकिन 'भाग्यवती' के लेखक श्रद्धाराम फिल्लौरी ने सन् 1877 ई. में लिखे उपन्यास में तो कई जगह अंग्रेज़ी शासन के प्रति गद्‌गद कण्ठ से आभार प्रकट किया। 'भाग्यवती' की नायिका अंग्रेज़ों के बारे में कहती है–"इनके समान चतुर और प्रजा का भला चाहने वाला राजा और कौन है?"[7]

भारतेन्दु ने भी कई स्थानों पर अंग्रेज़ी शासन की प्रशंसा की थी। 1857 के ग़दर के बाद ब्रिटिश साम्राज्य से भारतीय शिक्षित वर्ग ने जो अपेक्षाएँ रखी थीं–उसी का प्रतिफलन औपनिवेशिक शासन की प्रशंसा थी, जिसे तत्कालीन लेखकों की रचनाओं में देखा जा सकता है, लेकिन 10–15 वर्षों के बाद भारतीय बौद्धिक वर्ग का मोहभंग ब्रिटिश शासन से होने लगा। मोहभंग के काल में ब्रिटिश शासन के औपनिवेशिक निहित स्वार्थों के कारणों का शोध और विश्लेषण अब भारतीय बुद्धिजीवी करने लगा जिससे राष्ट्रवादी आलोचना विकसित हुई। लाला श्रीनिवासदास में नवजागरण की प्रवृत्तियाँ समाज–सुधार और देशोन्नति के रूप में प्रकट हुई। बालकृष्ण भट्ट ने अंग्रेज़ी शासन की आलोचना का पथ अपनाया तो श्रीनिवासदास ने देश की आर्थिक उन्नति–अवनति के कारणों की परख करने का। हालाँकि समाज–सुधार की चेतना अपने समकालीन लेखकों की अपेक्षा एक सीनित परिधि में ही उनमें दिखाई देती है। श्रीनिवासदास का कार्यक्षेत्र दिल्ली भी था और 1857 के पहले इसी दिल्ली में मास्टर रामचन्द्र ने विज्ञान की पुस्तकों के अनुवाद एवं वैज्ञानिक दृष्टिकोण के प्रचार पर बल दिया। जब श्रीनिवासदास बार–बार देशोन्नति के लिए वैज्ञानिक शिक्षा और दृष्टिकोण पर बल देते हैं इसलिए मास्टर रामचन्द्र का प्रभाव उन पर पड़ा हो, इस सम्भावना से इनकार नहीं किया जा सकता। दूसरी ओर दिल्ली और आसपास के प्रदेशों पर आर्यसमाज का बहुत प्रभाव पड़ रहा था। आर्यसमाज के प्रभाव से पश्चिमोत्तर भारत में कई सामाजिक सुधार हुए। आर्यसमाज के सुधारवादी दृष्टिकोण का प्रभाव भी श्रीनिवासदास ने निश्चित रूप से ग्रहण किया था।

श्रीनिवासदास का रचनाकाल सन् 1873–74 ई. से लगभग 1887 ई. के बीच माना गया है। यह वह समय था जब 1857 ई. के ग़दर के बाद अंग्रेज़ों ने बर्बरता और नृशंसता के साथ दिल्ली में क़त्लेआम किया। इस 'क़त्लेआम' के सदमे से तुरन्त उबर पाना सम्भव नहीं था। औपनिवेशिक

शासन का यही उद्देश्य भी था कि ग़दर के दमन के बाद फिर से कोई विद्रोह उभरने न पाय। श्रीनिवासदास और उनके समकालीन लेखकों में इसलिए औपनिवेशिक शासन की आलोचना कम या न के बराबर मिलती है। राष्ट्रवादी उभार उन्नीसवीं सदी के अन्तिम दशक तक और तेज़ हो गया था, अतः नवजागरण के लेखकों ने अपनी–अपनी प्रकृति के अनुसार औपनिवेशिक शासन की कम–ज़्यादा आलोचना की।

श्रीनिवासदास पर उन्नीसवीं सदी के पुनर्जागरण का प्रभाव था, इसलिए उनकी रचनाओं में नैतिक शिक्षा या उपदेश को लक्ष्य बनाया गया। श्रीनिवासदास ग्रन्थावली के सम्पादक श्रीकृष्णलाल ने भूमिका में लिखा है–"उन्नीसवीं शताब्दी में गद्य साहित्य का प्रचार होने पर जहाँ शृंगार और वैराग्य का साहित्य प्रचुर मात्रा में लिखा जाने लगा, वहाँ नीति साहित्य की उपेक्षा ही दिखाई पड़ती है। गद्य–साहित्य के प्रारम्भिक चार महारथियों में लल्लूलाल ने 'राजनीति' के नाम से हितोपदेश का ब्रजभाषा गद्य में अनुवाद कर नीति–साहित्य की नींव अवश्य डाली परन्तु अन्य लेखकों द्वारा उसकी उपेक्षा ही हुई। कुछ विद्वानों का अनुमान है कि नाटक और उपन्यास उपदेश के लिए ही बने हैं, परन्तु हिन्दी के अधिकांश नाटक और उपन्यास भी शृंगार के ही पोषक रहे हैं। शृंगार, भक्ति और वैराग्य की धूमधाम में हितोपदेश की परम्परा पर नीति–साहित्य की उत्कृष्ट रचना का एकमात्र श्रेय आधुनिक युग में लाला श्रीनिवासदास को है। शृंगार और वैराग्य के विपरीत जो लाला श्रीनिवासदास ने सदाचार नीति प्रधान साहित्य की रचना की उसे बहुत कुछ अंग्रेज़ी साहित्य का प्रभाव माना जा सकता है।...रीतिकालीन शृंगारी साहित्य के प्रति नये सभ्य लोगों में विवाद प्रारम्भ हो गया था और धीरे–धीरे नयी शिक्षा वाले शृंगार रस से अरुचि रखने लगे थे। शृंगार के उत्कट विरोध का युग अभी आगे आने वाला था, परन्तु उन्नीसवीं शताब्दी के तीसरे चतुर्थांश से ही कुछ लोगों में शृंगार से अरुचि होने लगी थी और यह अंग्रेज़ी शिक्षा के कारण ही हुआ था। फिर लाला श्रीनिवासदास तो पाश्चात्य साहित्य के बड़े प्रेमी थे और उनकी रचनाओं पर पाश्चात्य साहित्य का पर्याप्त प्रभाव है।"

श्रीनिवासदास देश की अवनति के कारणों पर विचार करने वाले नैतिकतावादी लेखक हैं, औपनिवेशिक शासन की आलोचना करना उनका उद्देश्य था नहीं, न ही यह उन्होंने किया है। वे भारतीयों की प्रकृति के

बारे में अच्छा ज्ञान रखते थे। वे नैतिक शिक्षा या उपदेश को साहित्य का उद्देश्य मानते थे। उनकी रचनाओं में तत्कालीन राजनीतिक आन्दोलनों का प्रभाव या उल्लेख नहीं है। "जिन घटनाओं ने उस समय खलबली मचा रखी थी जैसे अकाल, टैक्स, आर्म्स एक्ट, और वर्नाक्युलर प्रेस एक्ट, काबुल की लड़ाई का ख़र्च भारत से वसूलने का विधेयक–'परीक्षा गुरु' से इनका पता दूर–दूर तक नहीं मिलता। लाला श्रीनिवासदास दिल्ली के थे और इसी दिल्ली में 1877 में प्रसिद्ध 'दिल्ली दरबार' हुआ था, जिसमें भारत के सभी प्रान्तों से आये महत्त्वपूर्ण लोगों ने भाग लिया था। इस असाधारण सम्मेलन से प्रेरणा लेकर ही आगे अखिल भारतीय सम्मेलनों और संगठनों को कायम करने का सिलसिला शुरू हुआ था। लेकिन 'परीक्षा गुरु' पर इस घटना की परछाईं नहीं पड़ी। यहाँ तक कि उस समय समाज–सुधार के कुछ महत्त्वपूर्ण आन्दोलन, जैसे विधवा–विवाह या आर्य समाज का भी 'परीक्षा गुरु' में कोई असर या उल्लेख नहीं मिलता।"[8]

यह सत्य है कि लाला श्रीनिवासदास बड़े प्रखर रूप में औपनिवेशिक शासन का विरोध नहीं करते और न ही प्रखर राजनीतिक वक्ता के रूप में साहित्य को औज़ार बनाते हैं। वे अपनी सर्वप्रमुख रचना 'परीक्षा गुरु' में देशोन्नति का उल्लेख बार–बार करते हैं। देशोन्नति के लिए नागरिकों की नैतिकता उनके नैतिक चरित्र निर्माण की आवश्यकता का अनुभव वे बतौर भारतीय होने के कारण ही नहीं बल्कि ऐसे सधे हुए रचनाकार के दायित्व वहन–सा करते हैं जो बौद्धिक और भावुक होने से ज़्यादा व्यावहारिक है। वक़्त की नब्ज़ को परखना उनकी सबसे बड़ी विशेषता है। औपनिवेशिक शासन ने शिक्षित उच्च मध्यवर्ग की उन्नति के ढेरों रास्ते खोल दिये थे। ये रास्ते पहले उन्हें सुलभ नहीं थे। उच्चाधिकारियों से सम्पर्क समाज में रुतबा हासिल करने का माध्यम था। 1857 ई. के ग़दर के बाद से औपनिवेशिक शासकों के प्रति अपनी वफ़ादारी दिखाना अपने व्यापार और सामाजिक हैसियत को बनाये रखने का एक औज़ार था और व्यावसायिक बुद्धि–चातुर्य से सम्पन्न श्रीनिवासदास इस मामले में सतर्क न हों, ऐसा सम्भव नहीं है। देशोन्नति की अवधारणा भारतेन्दु तथा अन्य समकालीन लेखकों में दिखाई देती। गांधी जी के नेतृत्व में भारत में व्यापक जन–आन्दोलन के शुरू होने यानी 1919–1920 तक यह देशोन्नति की धारा चलती रही थी। श्रीनिवासदास देशोन्नति को किस

रूप में ग्रहण करते थे, यह विचारणीय है। लालाजी नैतिक चरित्र की उच्चता और भावावेश की जगह यथार्थ दृष्टिकोण को प्रमुखता देते थे। तत्कालीन समाज में प्रचलित देशोन्नति की विचारधारा, जिसका पोषण भारतेन्दु हरिश्चन्द्र और उनके मण्डल के सभी लेखकों ने अपने–अपने ढंग से किया, श्रीनिवासदास के दृष्टिकोण से अलग नहीं थी। व्यापारिक दक्षता, वैज्ञानिक प्रबन्धन और नयी–नयी मशीनों का प्रचार–प्रसार तथा उद्योग–धन्धों की उन्नति का आग्रह सिर्फ़ श्रीनिवासदास नहीं कर रहे थे बल्कि यह आग्रह जमशेदजी टाटा तक में दिखाई देता है। श्रीनिवासदास औपनिवेशिक भारत के उस शिक्षित समुदाय का अंग थे, जिन्हें यूरोपीय दुनिया अपनी विविधता के कारण लुभाती थी। चीन, ईरान, रोम, यूनान, रूस, इंग्लैंड के इतिहास, विभिन्न साहित्यिक कृतियों के प्रचुर उद्धरण श्रीनिवासदास को ज्ञात थे। इसके बावजूद उनकी देशोन्नति की अवधारणा में स्वदेश–प्रेम, भारत की आर्थिक उन्नति, नैतिक उन्नति और वैज्ञानिक दृष्टिकोण के साथ अपनी भाषा में शिक्षा की बातें सन्निहित हैं।

श्रीनिवासदास मध्यवर्गीय व्यवसायी बुद्धि के व्यक्ति थे और अंग्रेज़ों की साम्राज्य विस्तार की नीतियों से कमोबेश वाकिफ़ भी। वे जानते थे कि भारतीय मध्यवर्ग की बुद्धि को ग़ुलाम बनाना, अंग्रेज़ों की साम्राज्यी नीति का एक महत्त्वपूर्ण हिस्सा था।

उन्नीसवीं सदी के नवजागरण में शिक्षा एक महत्त्वपूर्ण मसला थी। जहाँ नवजागरण की चेतना के वाहक के रूप में सार्वजनिक और शिक्षा के क्षेत्र में महत्त्वपूर्ण लोगों ने 1882 में औपनिवेशिक भारत की शिक्षा सम्बन्धी समस्याओं पर पुनर्विचार करने के लिए गठित डब्ल्यू. डब्ल्यू. हंटर आयोग के सामने अपने–अपने विचार रखे। दरअसल वित्तीय संसाधनों के अभाव के कारण ब्रिटिश सरकार शिक्षा संस्थानों पर अपना नियन्त्रण कुछ कम करके उनके प्रबन्ध और संचालन का दायित्व स्थानीय लोगों को देना चाहती थी। ब्रिटिश सरकार की यह कृपा आकस्मिक नहीं थी, न ही इसके पीछे उसकी लोकतान्त्रिक भावना ही काम कर रही थी, बल्कि आर्थिक विवशता के कारण 1882 ई. में ज़िला बोर्डों और नगरपालिकाओं में भारतीयों को सीधे या चुनाव के ज़रिये प्रतिनिधित्व देकर स्थानीय विकास और निर्माण से सम्बन्धित कई ज़िम्मेदारियाँ सौंप दी गयीं जिनके लिए आर्थिक संसाधन इन्हीं संस्थाओं को स्थानीय तौर पर जुटाने थे

(वित्तीय साधनों की कमी के विवरण के लिए देखें, फ्रांसिस रोबिंसन की पुस्तक 'सेपेरेटिज़्म एमंग इंडियन मुस्लिम्स') औपनिवेशिक भारत में ब्रिटिश सरकार ने भारतीयों को ये अवसर इसलिए प्रदान किये थे क्योंकि वित्तीय संसाधनों को ब्रिटिश अफ़सरों की ऊँची तनख़्वाह के रूप में ख़र्च करना उन्हें गवारा नहीं था जैसे 1830 के दशक में भारत में अंग्रेज़ी शिक्षा देने के निर्णय के पीछे राजनीतिक लक्ष्य के अतिरिक्त एक बड़ा कारण यह भी था कि भारत में शासन चलाने के लिए सभी पदों पर इंग्लैंड से अंग्रेज़ों से बुलाना महँगा पड़ता था और उन्हें तनख़्वाह भी ज़्यादा देनी पड़ती थी। भारतीयों को प्रशासनिक पदों पर कम ख़र्च में बहाल किया जा सकता था जिसके लिए उन्हें अंग्रेज़ी शिक्षा देने की ज़रूरत आन पड़ी।'[9] ब्रिटिश सरकार की इसी नीति के तहत लाला श्रीनिवासदास को पंजाब में ऑनरेरी मैजिस्ट्रेट तथा म्युनिसिपल कमिश्नर बना दिया गया था।

भारतीय मध्यवर्ग की बुद्धि को ग़ुलाम बनाना, अंग्रेज़ों की साम्राज्यी नीति का एक महत्त्वपूर्ण हिस्सा था। बौद्धिक ग़ुलामी ही भारतीयों को वास्तविक ग़ुलाम बना सकती थी। सुन्दरलाल ने अपने इतिहास में भारतीय शिक्षा की दुर्दशा के बारे में लिखते हुए अंग्रेज़ों की औपनिवेशिक नीति का खुलासा किया है। इस पुस्तक में शिक्षा के नव–औपनिवेशिक भ्रमों को भी छिन्न–भिन्न किया गया है। ईस्ट इंडिया कम्पनी ने भारतीय उद्योग–धन्धों का नाश कर दिया तथा परम्परागत शिक्षा प्रणाली को भी ध्वस्त कर दिया था। अंग्रेज़ शासक प्रारम्भ में भारतीयों को शिक्षा नहीं देना चाहते थे क्योंकि मेजर जनरल लियोनेल स्मिथ के शब्दों में (1831) : "शिक्षा का नतीजा यह होगा कि वे सब साम्प्रदायिक और धार्मिक पक्षपात जिनके द्वारा हमने अभी तक मुल्क को वश में रखा है और हिन्दू–मुसलमानों को लड़ाये रखा है, दूर हो जायेंगे। शिक्षा का नतीजा होगा कि इन लोगों के दिमाग़ खुल जायेंगे।''[10]

किन्तु अंग्रेज़ी शिक्षा की औपनिवेशिक परियोजना भारत में पूरी तरह सफल नहीं हो सकी। औपनिवेशिक शिक्षा प्रणाली के साथ–साथ पश्चिम से आ रही ज्ञान की आँधी और भारतीय परम्पराओं की प्रेरणा के कारण भारतीयों में राष्ट्रवादी चेतना का उद्भव हुआ। भारतेन्दु को राजभक्ति की कविताएँ लिखने के बावजूद अंग्रेज़ों की ग़ुलामी का अनुभव था–"कब लौं दुख सहिहौ सबौ रहिहौ बने ग़ुलाम।" प्रारम्भ में भारतेन्दु के मन में पश्चिमी

शिक्षा के प्रभाव से अंग्रेज़ी राज के प्रति मोह था, लेकिन बाद में उनका मोहभंग हुआ और उन्होंने 'कविवचन सुधा' में लिखा—"कुछ काल पहले अंग्रेज़ लोग जब हिन्दुस्तान के विषय में व्याख्यान देते थे तब यही प्रकट करते थे कि हम केवल इस देश के लाभ के अर्थ राज्य करते हैं कि हम सिर्फ़ हिन्दुस्तान की वृद्धि के निमित्त विचार करते हैं कि हम लोग इस देश की वृद्धि करेंगे और यहाँ के लोगों को विद्यामृत पिलायेंगे और राज्य का प्रबन्ध किस भाँति करना यह ज्ञान जब प्रजा को स्वतः हो जायेगा तब हम लोग हिन्दुस्तान का सब राज्य प्रबन्ध यहाँ के निवासियों के अधीन कर देंगे और अन्त को सब राम—राम कहकर जहाज़ पर पैर रखकर स्वदेश गमन करेंगे।"[11] किन्तु अंग्रेज़ी राज ने इस कथन पर अमल नहीं किया। उपनिवेशीकरण के निरन्तर विस्तार ने बुद्धिजीवी वर्ग की आँखों पर पड़ा परदा जल्दी से हटा दिया। हालाँकि बुद्धिजीवियों का बहुत बड़ा तबका ऐसा था जो रहन—सहन, खान—पान में यूरीपोय जीवन—शैली को आदर्श समझता था। भारतीय जब अपनी आदतें और आत्मगौरव भूलकर यूरोपीय जीवन—शैली अपनाते थे तो सत्ता वर्ग बहुत प्रसन्न होता था। भारतीय जीवन में उपनिवेशवाद के आने से पश्चिमी ज्ञान—विज्ञान के साथ—साथ ऐसी चीज़ें भी आयी थीं, जो जीवन की गतिशीलता, आराम और सुख के लिए ज़रूरी थीं। वे सिर्फ़ प्रतिष्ठा का प्रतीक नहीं थीं। भारतेन्दु और नवजागरण के लगभग सभी लेखक एवं रचनाकार आधुनिकता का स्वागत करने को तैयार थे लेकिन अपनी देशीयता, आत्मसम्मान बोध खोकर नहीं, इसलिए वे बार—बार भारतीय धन, विदेश चले जाने पर चिन्ता व्यक्त करते हैं—'कर दुख बढ़े', 'पै धन विदेश चलि जात यहै अति ख्वारी', 'भीतर—भीतर सब रस चूसै बाहर से तनमन धन मूसै जाहिर बातन में अति तेज, क्यों सखि सज्जन नहिं अंग्रेज़', 'जो भारत जग में रहयो सबसे उत्तम देस ताहि भारत में रहयो अब नहिं सुख को लेस' जैसी बातें कहकर देश की आधुनिक उन्नति में बाधक तत्त्वों की ओर संकेत करते हैं। बाज़ार पर औपनिवेशिक शासन का शिकंजा बढ़ता ही जा रहा था। लघु उद्योग एवं हस्तकलाओं की जगह विदेशी मशीनी माल ने ले ली थी—

"दीन भये बलहीन भये धन छीन भये सब बुद्धि हिरानी
ऐसी न चाहिए आपके राज
प्रजागन ज्यों मछरी बिन पानी।"

औपनिवेशिक शासन से भारत की उन्नति, उद्धार की उम्मीद व्यर्थ थी, उन्होंने जनता को इस कटु सत्य से अवगत कराने के लिए साहित्य का अवलम्ब ग्रहण किया। भारतेन्दु लिखते हैं–"देशवासियो तुम इस निद्रा से चौंको, इन अंग्रेज़ों के न्याय के भरोसे मत फूले रहो।...अंग्रेज़ों ने हम लोगों को विद्यामृत पिलाया और उससे हमारे देश–बान्धवों को बहुत लाभ हुए, इसे हम लोग अमान्य नहीं करते। परन्तु उन्हीं के कहने के अनुसार हिन्दुस्तान की वृद्धि का समय आनेवाला हो, सो तो एक तरफ़ रहा पर प्रतिदिन मूर्खता, दुर्भिक्षता और दैन्य प्राप्त होता जाता है।...रोग और दुष्काल इन दोनों के मुख्य कारण अंग्रेज़ ही हैं।...अख़बार वाले इतना भूँकते हैं, कोई नहीं सुनता। अँधेर नगरी है, व्यर्थ न्याय और आज़ादी देने का दावा है।"[12] भारतेन्दु ने यूरोपीय शिक्षा और सभ्यता को पहचाना। यूरोपीय ज्ञान के एशियाई प्रयोग भारत में सर्वाधिक हुए जिसके बारे में कार्ल मार्क्स ने भी टिप्पणी की थी। उन्नीसवीं सदी तक भारतीय जन में राष्ट्र–राज्य की कल्पना जन्म ले चुकी थी। इसी चिन्ता की क्षीण प्रतिध्वनि हमें विभिन्न भाषाओं के समसामयिक पत्रों एवं साहित्य में सुनाई देती है। नवजागरण की गूँज पूरे देश में फैल रही थी। नयी शिक्षा, विशेषकर देशी भाषा में शिक्षा, धर्म की रूढ़ियों पर चोट करना 'नवजागरण' के बुद्धिजीवियों का लक्ष्य था। भारतेन्दु ने अपने लेख 'भारतवर्ष की उन्नति कैसे हो सकती है' में राष्ट्रीय आकांक्षाओं का बिम्ब व्यक्त किया। 'हिन्दी नयी चाल में ढली।' कहकर भारतेन्दु ने हिन्दी समाज की जातीय एकता की नींव रखी। 'परदेसी की बुद्धि अरु वस्तुन की करी आस, परबस ह्वै कब लौं कहो रहिहौ तुम ह्वे दास' कहकर ज्ञान–विज्ञान में हिन्दी समाज की उन्नति के सूत्र प्रस्तुत किये। अपने नाटक 'अँधेर नगरी' (1881) में बाज़ार व्यवस्था के विकारों तथा उपभोग और शोषण की संस्कृति को पहचाना और उनका मखौल उड़ाया। नवजागरण के लेखकों ने संगठनात्मक कार्य भी किये जिनसे नवजागरण हिन्दी प्रदेश में अच्छी तरफ़ फैल सके। उन्होंने अपनी रचनाओं–भाषण, नाटक, प्रहसन, काव्य के माध्यम से राष्ट्र–राज्य की आकांक्षा को अभिव्यक्त किया, साथ ही अनेक लोगों को भी साहित्य सृजन की प्रेरणा दी। लाला श्रीनिवासदास के नाटक 'रणधीर प्रेममोहिनी' के लिए सूत्रधार और नटी आदि का संवाद भारतेन्दु ने स्वयं लिखा था। उनके पत्र 'कविवचन सुधा' ने इस

नाटक की प्रशंसा में लिखा था कि "एक लोटा ही पास हो तो उसे बेचकर इस नाटक को ख़रीदो।"

भारतेन्दु अपने मित्रों को नाट्यरचना और अभिनय के लिए प्रोत्साहन देते थे। उन्होंने अपने 'नाटक' शीर्षक निबन्ध में लिखा है–"विशुद्ध नाटक रीति से पात्र प्रवेशादि नियम रक्षण द्वारा भाषा का प्रथम नाटक मेरे पिता पूज्यचरण श्री कविवर गिरिधरदास का है।...हिन्दी भाषा में दूसरा ग्रन्थ वास्तविक नाटककार राजा लक्ष्मण सिंह का शकुन्तला नाटक है।... तीसरा नाटक हमारा विद्यासुन्दर है। चौथे के स्थान में हमारे मित्र लाला श्रीनिवासदास का 'तप्ता संवरण', पंचम हमारा वैदिकी हिंसा, षष्ठ प्रियमित्र बाबू तोताराम का केटोकृतान्त और फिर तो और भी दो–चार कृतविद्य लेखकों के लिखे हुए अनेक हिन्दी नाटक हैं।"[13]

नवजागरण के रचनाकार एक निश्चित योजना के अनुसार राष्ट्र के सांस्कृतिक पुनरुत्थान, आर्थिक नवनिर्माण और राजनीतिक स्वातन्त्र्य की उद्दाम कामना से प्रेरित होकर साहित्य रचना में प्रवृत्त हुए थे। ऐसा प्रतीत होता है कि नवजागरण काल में जितने नाटक हिन्दी में प्रस्तुत किये गये उतने, उतने ही सीमित समय में फिर कभी न लिखे गये। उस समय की पत्र–पत्रिकाओं की छानबीन करने तथा तत्सम्बन्धी विविध उल्लेखों के अनुशीलन से ऐसा अनुमान होता है कि इस समय कम–से–कम पचास नाटक लेखक तो अवश्य हुए होंगे और उन लोगों द्वारा कुल मिलाकर दो सौ से ऊपर ही नाटक रचे गये होंगे। इस प्रचुर नाट्य–रचना के पीछे नवजागरण की चेतना ही प्रेरणास्रोत के रूप में कार्य कर रही थी। भारतेन्दु और उनके सहयोगी राधाकृष्णदास, बालकृष्णभट्ट, प्रतापनारायण मिश्र आदि पत्र–पत्रिकाओं, लेखों तथा आर्थिक सहायता द्वारा लेखकों को प्रोत्साहन देते थे। भारतेन्दु स्वयं कई नाटकों के अभिनय में भाग लेकर, नाटक में मंचन के समय उपस्थित रहकर भी इस कार्य की वृद्धि में योग देते रहते थे। 'हरिश्चन्द्र चन्द्रिका' में यह समाचार छपा था कि इस साल बलिया में ददरी का मेला बड़ी धूमधाम से हुआ।...मेले के थोड़े दिन पूर्व से ही एक नाट्य समाज नियत हुआ था, जिसने मेले में कई उत्तम नाटकों का मंचन किया। श्री भारतेन्दु जी नाट्य समाज के प्रबन्धकर्ताओं के आग्रह और अनुराग से यहाँ विराजमान थे। उक्त बाबू साहब कृत प्रसिद्ध नाटक 'सत्य हरिश्चन्द्र' और 'नीलदेवी' बड़ी सुघराई से खेले गये।

सम्पूर्ण दर्शक मण्डली मोहित हो गयी और उन नाटकों के कवि बाबू हरिश्चन्द्र जी की, जो संयोग से नाट्यशाला में उस समय विराजमान थे, बार–बार सराहना करने लगी। बाबू साहब का नाम सुनकर इस ज़िले के मजिस्ट्रेट आदि अनेक साहिबान और मेम लोग भी थियेटर में उपस्थित थे, 'सत्य हरिश्चन्द्र' और 'नीलदेवी' का अभिनय देखकर बड़ी प्रसन्नता प्रकट की। वरंच राबर्ट्स साहब मजिस्ट्रेट ने कहा कि इनके नाटक कविशिरोमणि शेक्सपियर से भी उत्तम हैं।''[14]

भारतेन्दु से प्रेरणा ग्रहण कर साहित्य रचना में प्रवृत्त होने वाले राधाचरण गोस्वामी ने तो यहाँ तक लिखा कि "उनके लिखे ग्रन्थ हमको वेद वाक्यगत प्रमाण और मान्य थे, उनको मानो ईश्वर का एकादश अवतार मानते थे। हमारे सब कामों में वह आदर्श थे, उनकी एक–एक बात हमारे लिए उदाहरण थी।''[15]

नवजागरण के लेखकों ने हिन्दी गद्य को अनेक रूपों–निबन्ध, नाटक, इतिहास, आत्मकथा, उपन्यास, इतिहास, यात्रा वर्णन आदि में ढाला। भारतेन्दु के ठीक पहले का साहित्य समाज से कटा हुआ सामन्तवाद के विलास और वैभव का गुणानुवाद कर रहा था। भारतेन्दु ने उसे नवजागरण की बृहत्तर सामाजिक समस्याओं के साथ जोड़ा। शुक्लजी ने लिखा है–"विलक्षण बात यह है कि आधुनिक गद्य साहित्य की परम्परा का प्रवर्तन नाटकों से हुआ।" भारतेन्दु ने सामाजिक–राजनीतिक नाटकों की रचना की, इसके पीछे जनता को जाग्रत करना ही उनका उद्देश्य था। उन्होंने संस्कृत, बंगला और अंग्रेज़ी नाटकों का अनुवाद भी किया और नाटकों की सृष्टि भी की। 'विद्यासुन्दर', 'रत्नावली', 'मुद्राराक्षस', 'कर्पूरमंजरी', 'दुर्लभबन्धु' आदि नाटकों का अनुवाद किया और 'चन्द्रावली', 'प्रेमजोगिनी', 'भारत–दुर्दशा', 'भारत–जननी', 'नीलदेवी', 'अँधेर नगरी' और 'सत्य हरिश्चन्द्र' आदि मौलिक नाटकों की रचना की। अनूदित नाटक उनके रसिक मन, नीतिमत्ता और राजनीतिक चेतना की अभिव्यक्ति हैं। 'मुद्राराक्षस' तो सीधे राजनीति से जुड़ा हुआ है। भारतेन्दु से प्रभावित होकर लाला श्रीनिवासदास ने 'रणधीर प्रेममोहिनी' (1877), 'प्रहलाद चरित', और 'संयोगिता स्वयंवर', 'तप्ता संवरण' जैसे रोमांटिक, पौराणिक, ऐतिहासिक नाटकों की रचना की। भारतेन्दु मण्डल के अन्य नाटककारों में राधाकृष्ण दास (महाराणा प्रताप), राधाचरण गोस्वामी (बूढ़े मुँह मुँहासे), बालकृष्ण भट्ट (जैसा काम वैसा परिणाम), जवाहरलाल वैद्य (कमल मोहिनी भँवर सिंह),

गोपालराम गहमरी (विद्या विनोद), इसके अतिरिक्त अम्बिकादत्त व्यास, बदरीनारायण चौधरी प्रेमघन, कार्तिकप्रसाद खत्री, काशीनाथ खत्री, रामकृष्ण वर्मा, केशवराम भट्ट, दामोदर शास्त्री सप्रे, तोताराम, शालिग्राम वैश्य, ज्वालादत्त मिश्र, लाला सीताराम, रायदेवी प्रसाद 'पूर्ण' आदि ने नाट्य रचनाएँ लिखीं। ठाकुर जगन्मोहन सिंह को छोड़कर सभी लेखकों ने इस समय नाटक अवश्य लिखे। भारतेन्दु मण्डल के नाटककारों ने नृत्य, संगीत और अभिनय को समाज में सम्मान दिलाया, जबकि उनसे पहले के समय में नाटक को नीची दृष्टि से देखा जाता था। 'तप्ता संवरण' नाटक की प्रस्तावना में सूत्रधार नाटक की प्रशंसा करता है तो नट कहता है–"यह ठीक, पर अब तो इस देश में कोई भलामानस नाटक करै तो उसकी बड़ी चर्चा हो" (तप्ता संवरण, पृ. 1) अपने 'नाटक' शीर्षक निबन्ध में नाटक की महत्ता के विषय में भारतेन्दु ने लिखा–"नाटकों का अभिनय करना, सहृदय जनों को समाज प्रीति देने वाला, देश की कुचालों को सुधारने वाला और कैसा कुशल करने वाला है। इसका सब गुण उन नाटक देखने ही से उन पर प्रगट हो जायेगा और इसी भाँति प्रतिकूलता के बन्धन से छूटकर अनुकूलता भूषण से भूषित होकर नाटक–दर्शन रूपी अलौकिक कुसुम कानन में घूमने–फिरने से अनिर्वचनीय आनन्द पावैंगे और उसके काव्यों के वायु के (की) ठण्डी और सुगन्धित झकोरों के उनके जी की कली खुल जायगी, नाटकों के अभिनय करने में जो स्वच्छन्दता होती है उसे छोड़कर–उससे देश का कितना उपकार होता है कि हम लिख नहीं सकते..."[16]

लाला श्रीनिवासदास के नाटक 'रणधीर प्रेममोहिनी' की प्रस्तावना स्वयं भारतेन्दु ने लिखी थी। इसके अन्त में जो गीत दिया गया है, उसमें नाटक रचने और देखने का आग्रह स्पष्ट है। स्वयं लाला श्रीनिवासदास ने 'तप्ता संवरण' की प्रस्तावना में नट और सूत्रधार संवाद नाटक से होने वाले लाभों को गिनाया है–

"नट – आज तो लाला श्रीनिवासदास रचित तप्ता संवरण नाटक करिये और यह भी बतलाइये नाटक करने से क्या लाभ होता है।

सूत्रधार – क्या तुम नहीं जानते ? प्रथम तो मन बहलाने के लिए यह बहुत उत्तम उपाय है, दूसरे नाटककार समय पर रूप वाणी स्वभाव बदल सक्ता है, तीसरे नाटक के द्वारा

सैकड़ों हज़ारों वर्ष की बातें प्रत्यक्षवत् दृष्टिगोचर हो जाती हैं इसलिए राजा लोगों को इसका अभ्यास करना अत्यन्त आवश्यक है।

नट – यह ठीक, पर अब तो इस देश में कोई भलमानस नाटक करै तो उसकी बड़ी चर्चा हो।

सूत्रधार – हाँ, अब तो ऐसे ही है, पर पहले यह बात न थी, क्योंकि होती तो कालिदासादि महाकवि नाटक न रचते और नाटक उत्तम काव्यों की गणना मैं न होता, देशान्तर मैं तो इसका अब भी बड़ा प्रचार है। ईश्वर करै यहाँ के मनुष्य भी इसका आनन्द लें।''[17]

लाला श्रीनिवासदास ने 'रणधीर प्रेममोहिनी' के निवेदन में भी लिखा–"पुस्तकों में पीट्रार्क के लेखानुसार 'जामे जमशेद' की तरह संसार की सब चीज़ें दिखाई देती हैं, परन्तु जो लोग पुस्तक पढ़कर उसकी राह से उन चीज़ों का रूप अपने मन मैं नहीं बना सक्ते उनके लिए नाटक की रीति बहुत हितकारी है। सर टाम्स ओबरबरी लिखता है कि संसार में 'पाठशाला' की अपेक्षा भी नाटकशाला ज़्यादा ज़रूरी है क्योंकि पढ़ने की अपेक्षा अनुभव से लोग ज़्यादा सीखते हैं, देखो नाटक मैं वर्तमान अथवा हज़ारों वर्ष पहले की चाह जिस बात को इस समय अपनी आँखों से देख सक्ते हो।"[18]

और "संयोगिता स्वयंवर' भी नाटक के प्रचार–प्रसार की भावना को नट और नटी के माध्यम से लाला श्रीनिवासदास ने व्यक्त किया–

''नट – नाटकों के अभिनय करने में चित्र–विनोद के सिवाय और क्या गुण है, और इसका प्रचार शिष्ट–जनों में कब से पाया जाता है?

सूत्रधार – इसमें सबसे विशेष गुण तो ये प्रतीत होता है कि अभिनयकर्ता अपने चित्त पर पूरा अधिकार रख सक्ता है, अभिनय देखने से दर्शकों के चित्त पर उस चरित्र के प्रत्यक्ष देखनें का सा अनुभव हो जाता है बहुत प्राचीन काल से देवता स्वर्ग में उसका सुखानुभव करते आये हैं जैसे विक्रमोर्वशी में लक्ष्मी स्वयंवर वृत्तान्त लिखा है और 'उत्तर राम चरित्र' में तो श्री रामायन के अभिनय से

साक्षात सर्वेश्वर रामचन्द्र जी के चित्त पर बड़े भारी असर होने का भाव दरसाया गया है।''[19]

भारतेन्दु ने नाटक[20] पुस्तिका में समसामयिक 50 नाटकों की सूची प्रस्तुत की और हिन्दी नाटकों के उद्‌भव काल पर सन्तोष व्यक्त करते हुए लिखा–"धन्य है विद्या का प्रकाश जहाँ के लोग नाटक किस चिड़िया का नाम है इतना भी नहीं जानते थे, भला वहाँ अब लोगों की इच्छा इधर प्रवृत्त तो हुई।''[21]

स्वयं भारतेन्दु ने अठारह रूपक लिखे। लाला श्रीनिवासदास ने मात्र चार नाटकों एवं एक उपन्यास (परीक्षा गुरु) की रचना की। किन्तु उनकी इन्हीं कृतियों पर उनकी अक्षय कीर्ति का स्तम्भ खड़ा है। उनका सर्वोत्तम नाटक 'रणधीर प्रेममोहिनी' है। 'कमलमोहिनी भँवरसिंह, नाटक की प्रस्तावना में बताया गया है कि श्रीनिवासदास कृत 'रणधीर प्रेममोहिनी' (6 दिसम्बर 1871) नाटक कई बार खेला गया।[22] इस नाटक में कुल 9 पुरुष पात्र एवं 4 स्त्री पात्र हैं। पाँच अंकों में विभाजित इस नाटक का घटनास्थल स्वयंवर सभा है। यह ऐतिहासिक–रोमांटिक नाटक है, जिसमें जगह–जगह आधुनिक चेतना का स्वर भी मिलता है।

लाला श्रीनिवासदास ने 'सदादर्श पत्र' नामक साप्ताहिक पत्र का प्रकाशन किया। 'सदादर्श पत्र' के प्रकाशन के सन्दर्भ में 'भारतेन्दु–मण्डल' के लेखक ब्रजरत्नदास ने जो टिप्पणी लिखी वह निम्नवत् है–''सं. 1931 वि. में दिल्ली से लाला जी ने 'सदादर्श' नामक साप्ताहिक पत्र का प्रकाशन आरम्भ किया, जिसे दो वर्षों से कुछ अधिक दिनों तक इन्होंने चलाया और उसके बाद सं. 1933 वि. में यह 'कविवचनसुधा' में मिला दिया गया। इस सम्मिलित रूप में कुछ दिन निकलने के बाद जब भारतेन्दु जी ने सुधा प. चिन्तामणि धड़फल्ले को दे दिया तब इसका अन्त हो गया। लाला जी कभी–कभी 'कविवचनसुधा' तथा 'भारतेन्दु' (वृन्दावन) में लेख भी दिया करते थे। इन लेखों का संग्रह अभी तक प्रकाशित नहीं हुआ है। सं. 1940 के भारतेन्दु में 'सदाचरण' एक लेख प्रकाशित हुआ है, जो पठनीय है। 'हरिश्चन्द्र चन्द्रिका' जून, सं. 1974 में 'भारत की समृद्धि' नामक एक लेख छपा है।"[23]

लाला श्रीनिवासदास का लिखा उपन्यास 'परीक्षा गुरु' (1882 ई.) हिन्दी का पहला मौलिक उपन्यास माना जाता है। मध्यवर्गीय जीवन

के यथार्थ की अभिव्यक्ति के लिए श्रीनिवासदास को नाटक की विधा अपर्याप्त लगी। इसीलिए वे 'परीक्षा गुरु' को संसारी वार्ता कहते हैं जो जीवन के यथार्थ अनुभवों की अभिव्यक्ति है। लम्बे शिक्षाप्रद उपदेशों और कथा विन्यास के ढीलेपन के बावजूद भारतीय नवजागरण की अभिव्यक्ति करने वाली यह कृति समाज सुधार, स्वदेशी आन्दोलन, स्वातन्त्र्य भाव तथा आमदनी और व्यय के अनुपात पर विचार करती है। "'परीक्षा गुरु' में यद्यपि आधुनिक उपन्यास के सभी गुण विद्यमान नहीं हैं फिर भी यह आगामी उपन्यास साहित्य में वैचारिक विमर्श की महत्त्वपूर्ण भूमिका की ओर संकेत करता है।''[24]

स्वयं लाला श्रीनिवासदास के अनुसार, "अब तक नागरी और उर्दू भाषा में अनेक तरह की अच्छी–अच्छी पुस्तकें तैयार हो गयी हैं, परन्तु मेरे इस रीति से कोई नहीं लिखी गयी हैं, इसलिए अपनी भाषा में यह नयी चाल की पुस्तक होगी।" आगे उन्होंने इस 'नयी चाल' की व्याख्या करते हुए लिखा, "अपनी भाषा में अब तक जो वार्तारूपी पुस्तकें लिखी गयी हैं उनमें अक्सर नायक–नायिका वग़ैरह का हाल ठेठ से सिलसिलेवार लिखा गया है जैसे राजा, बादशाह, सेठ–साहूकार का लड़का था...उसके मन में बात से रुचि हुई और उसका यह परिणाम निकला...ऐसा सिलसिला इसमें कुछ भी नहीं है।''[25] वस्तुतः जो विचार परम्परा से प्रचलित हैं केवल उनसे 'परीक्षा गुरु' की रचना सम्भव नहीं थी। बदली परिस्थितियों में जीवन को परिचालित करने वाली समस्याओं से मुँह मोड़कर नहीं चला जा सकता था। परम्परागत कथा को छोड़कर यथार्थवादी वस्तु को ग्रहण करना लेखक के लिए ज़रूरी हो गया था। बुर्जुआ सभ्यता, पूँजीवाद और मध्यवर्ग के उदय के परिणामस्वरूप परम्परागत समाज में विघटन हो रहा था, ऐसी दशा में समाज के यथार्थ चित्रण की आवश्यकता थी, जिनके पात्र अपनी दुर्बलताओं–सबलताओं समेत मानव का प्रतिनिधित्व कर सकें। इस नये विचारों ने 'परीक्षा गुरु' के लिए विषयवस्तु का निर्माण किया।

लाला श्रीनिवासदास की रचनाओं में खड़ी बोली का प्रारम्भिक रूप मिलता है। उन्होंने 'रणधीर प्रेममोहिनी' की भाषा के विषय में भूमिका में लिखा है–"'हिन्दी' है जिसे दिल्ली सै बनारस के परे तक किरोड़ों आदमी बोलने वाले हैं।' किन्तु लालाजी की खड़ी बोली और आज की खड़ी बोली में बहुत अन्तर है। भारतेन्दु युग में पायी जाने वाली खड़ी बोली

की "वर्तमान खड़ी बोली की तुलना में स्थान–स्थान पर वर्तनी–भेद के कारण 'उन्ने', 'सुन्ने', 'फांसे' आदि रूप तथा 'लिखौती', 'हिचिर मिचिर' 'सभों' जैसे अनेक अप्रचलित रूप प्राप्त होते हैं।"[26] भारतेन्दु ने भाषा की अनेक शैलियाँ अपनायीं, भाषा का संवर्धन, परिष्कार तथा उसकी स्वरूप प्रतिष्ठा उनका लक्ष्य था। देश में प्रचलित कुरुचिपूर्ण साहित्यिक भावना की आलोचना करते हुए वे लिखते हैं–"मीर हसन की मसनवी और इन्दरसभा पढ़ाकर छोटेपन ही से लड़कों का सत्यानाश मत करो।"[27] भारतेन्दु की साहित्य और भाषा सम्बन्धी विचारधारा ने समकालीन लेखकों को प्रभावित किया। लाला श्रीनिवासदास उन लेखकों में से हैं जिनकी भाषा में अरबी–फ़ारसी के प्रचलित शब्दों और मुहावरों का प्रयोग मिलता है। इनकी भाषा में भारतेन्दु के समान 'इस्पर' 'सक्ता' इत्यादि रूप प्राप्त होते हैं। इनकी भाषा का एक उदाहरण 'परीक्षा गुरु' से देखा जा सकता है–"निस्सन्देह उसका गाना अच्छा था परन्तु पण्डित जी अपनी अभिज्ञता बताने के लिए बेसमझे बूझे हुए लट्टू हुए जाते थे। समझने वालों का सिर मौक़े पर अपने आप हिल जाता है परन्तु पण्डितजी का सिर इस्समय मतवालों की तरह घूम रहा था।"[28]

लाला श्रीनिवासदास ने जिस तरह की भाषा अपने नाटकों, निबन्धों एवं उपन्यास में प्रयुक्त की है उससे उनके भाषिक प्रकृति के ज्ञान का पता चलता है। भारतेन्दु युग की तद्भव तथा प्रान्तज शब्द–प्रधान, स्थान–स्थान के उच्चारण के आधार पर लिखित अव्यवस्थित भाषा में लालाजी की भाषा अपना अलग स्थान रखती है। शब्दों में अल्पप्राणीकरण का प्रयास अर्थात् जहाँ–जहाँ महाप्राण ध्वनियाँ आयी हैं, उन्हें अल्पप्राण बनाना उन्हें उचित लगा है जैसे 'हाथ' की जगह 'हात', झूठा–झूटा, हठ–हट, पिघलना–पिगलना, ढूँढ़ना–ढूँड़ना, ढिठाई–ढिटाई, चिढ़--चिड़, बग्घी–बग्गी। मध्यव्यंजन लोप के उदाहरण के तौर पर घबराहट–घबराट का प्रयोग उनकी रचनाओं में मिलता है। कुछ शब्दों के प्रयोग केवल इनके अपने हैं–"इसकी पेचीली कहन से दर्पन की परछाईं के समान अर्थ समझ में आता है, पर यह पकड़ में नहीं आती।"[29]

(i) ये बातें मेरी राह में अच्छी हैं। (पृ. 14)

(ii) अच्छा फिर आप खुलकर क्यों नहीं कहते आपके निकट लाला साहब को बहकाने वाला कौन–कौन हैं। (पृ. 186)

(iii) ऐसे जीतब पर धिक्कार है। (पृ.–84)

भाषा में चापल्य लाने का काम मुहावरों द्वारा किया जाता है। मुहावरों का प्रयोग लोक और संस्कृति, भाषा और जनमानस में पैठ रखने वाला व्यक्ति ही कर सकता है।"[30] लाला श्रीनिवासदास कई भाषाओं के विद्वान थे, इसलिए उनकी भाषा में गति और शब्द–भण्डार में विविधता मिलती है। उसमें तत्सम, तद्भव, देशी और विदेशी सभी प्रकार के शब्द और मुहावरों का प्रयोग हुआ है। उदाहरणार्थ–"इस्में कुछ सन्देह नहीं" हरकिशोर हुज्जत करने लगा, "मैं ठेठ से देखता आता हूँ कि आप मुझको देखकर जलते हैं, मेरी और मदनमोहन की मित्रता देखकर आपकी छाती पर साँप लोटता है, आपने हमारा परस्पर बिगाड़ कराने के लिए कुछ थोड़े उपाय किये? मदनमोहन के पिता को थोड़ा भड़काया? जिस दिन मेरे लड़के की बरात में शहर के सब प्रतिष्ठित मनुष्य आये थे उनको देखकर आपके जी मैं कुछ थोड़ा दुख हुआ? शहर के सब प्रतिष्ठित मनुष्यों से मेरा मेल देखकर आप नहीं कुढ़ते? आप मेरी तारीफ़ सुनकर कभी अपने मन मैं प्रसन्न हुए?"[31]

लाला श्रीनिवासदास के गद्य लेखन में पद्य का भी पर्याप्त प्रयोग मिलता है। कवि न होने के बावजूद उनके उपन्यास और नाटकों में देशी–विदेशी कवियों की कविताओं, उक्तियों का अनुवाद मिलता है। नीति एवं वैराग्य काव्य, लिखने वाले कवियों गंग, घनानन्द, तुलसीदास, वृन्द, गिरिधर कविराय और कई अन्य कवियों के उद्धरण नाटकों और उपन्यास में दिये गये हैं। 'रणधीर और प्रेममोहिनी' में कहा गया है–

बिधना कोपैं हंस पर, हरै कमल बन बास
पै जल दुग्ध विभेद गुण, किहिं बिधि करै बिनास?

यह भर्तृहरि के निम्नलिखित श्लोक का अनुवाद है–

अभ्योजिनीवननिवासाविलासमेव, हंसस्य हंति नितरां कुपितो विधाता
नत्वस्य दुग्ध जलभेदविधौ प्रसिद्धां, वैदग्धकीर्तिम पहर्तुम्सौ समर्थः।

लाला श्रीनिवासदास न केवल उच्चकोटि के प्रतिभासम्पन्न लेखक थे, बल्कि जीवन में एक निश्चित उद्देश्य को रखकर उन्होंने रचना की। भारतेन्दु मण्डल में "चारों लेखकों में (हरिश्चन्द्र, प्रताप नारायण मिश्र, बालकृष्ण भट्ट, बदरीनारायण चौधरी) प्रतिभाशालियों का मनमौजीपन था

पर लाला श्रीनिवासदास व्यवहार में दक्ष और संसार का ऊँचा–नीचा समझने वाले पुरुष थे, अतः उनकी भाषा संयत और साफ़–सुथरी तथा रचना बहुत कुछ सोद्देश्य होती थी।''[32]

लाला श्रीनिवासदास की यथार्थ दृष्टि बहुत प्रखर थी, निश्चित उद्देश्य और प्रयोजन को ध्यान में रखकर लिखी गयी रचनाएँ खड़ी बोली के तत्कालीन प्रचलित रूप को अभिव्यक्त करती हैं। लालाजी की भाषा की अपनी अलग शैली है। उन्होंने दिल्ली के आसपास की भाषा को स्टैंडर्ड मानकर उसी में अपनी रचनाएँ प्रस्तुत कीं और "खड़ी बोली की तत्कालीन सीमाओं को पहचानकर स्थानीय प्रयोगों से बचने की बहुत कोशिश की परन्तु उनकी भाषा विकृत पँछाही उच्चारण के आधार पर लिखे शब्द और प्रयोगों से पूर्णतया बच न सकी।''[33]

भारतेन्दु ने जब लिखना शुरू किया था तब वे अकेले थे, धीरे–धीरे राधाचरण गोस्वामी, बालकृष्ण भट्ट, श्रीनिवासदास आदि उनसे जुड़े। इन सभी लेखकों में भारतेन्दु के प्रति बहुत वफ़ादारी थी। भारतेन्दु का जीवन और साहित्य समकालीन लेखकों के लिए अनुकरणीय था। बालमुकुन्द गुप्त के लिखे हुए प्रतापनारायण मिश्र के जीवन चरित्र से यह पता चलता है कि भारतेन्दु को ये लोग आदर्श मानते थे–"पण्डित प्रतापनारायण मिश्र में बहुत–सी बातें बाबू हरिश्चन्द्र की सी थीं। कितनी ही बातों में यह उनके बराबर और कितनी ही में कम थे, पर एक–आध में बढ़कर भी थे।...जिस गुण में वह कितनी ही बार हरिश्चन्द्र के बराबर हो जाते थे, वह उनकी कवित्व शक्ति और सुन्दर भाषा लिखने की शैली थी। हिन्दी गद्य और पद्य के लिखने में हरिश्चन्द्र जैसे तेज, तीखे और बेधड़क थे, प्रतापनारायण भी वैसे ही थे।"

रामविलास शर्मा ने लिखा है कि "भारतेन्दु की आत्मा प्रतापनारायण मिश्र, बालमुकुन्द गुप्त, राधाचरण गोस्वामी, बालकृष्ण भट्ट आदि समर्थ लेखकों में उद्दीप्त होकर देश और साहित्य की सेवा करती रही।" इस सूची में यदि हम लाला श्रीनिवासदास का नाम भी जोड़ दें तो अनुचित न होगा। 'परीक्षा गुरु' उनका एकमात्र उपन्यास है और अन्य रचनाओं को छोड़ भी दें तो मात्र यही कृति भारतेन्दु युगीन औपन्यासिक शिल्प का पहला मुखर प्रमाण है। 1882 में जब इसका प्रकाशन हुआ तब बालकृष्ण भट्ट का 'रहस्य कथा' उपन्यास 'हिन्दी प्रदीप' में प्रकाशित हो ही रहा था।

स्वयं भट्टजी ने 'हिन्दी प्रदीप' में इसकी समीक्षा करते हुए उसे 'उपन्यास' कहा था। 'परीक्षा गुरु' को हिन्दी का पहला मौलिक उपन्यास होने का सौभाग्य मिला क्योंकि उससे पूर्व जितने भी उपन्यास 'देवरानी–जेठानी की कहानी', 'वामा शिक्षक', 'भाग्यवती' प्रकाशित हुए उनकी तुलना में इसमें कथ्य की नवीनता तो थी साथ ही शिल्प की भी ताज़गी थी। कथा लेखन के क्षेत्र में पाठकों के सामने अभी तक सिलसिले से, अविच्छिन्न कथानक रखने का प्रचलन था, 'परीक्षा गुरु' ने इस रूढ़ि को तोड़ा और पाठकों की रुचि को एक नयी दिशा दी। विपर्यस्त समयानुक्रम की आयोजना हिन्दी पाठक के लिए बिल्कुल नयी थी। प्रारम्भ के आठ प्रकरणों में लेखक ने पात्रों का व्यवस्थित परिचय स्वयं नहीं दिया–नवें प्रकरण से सभी पात्रों का परिचय दिया गया। भारतेन्दु ने अपने निबन्ध 'भारतवर्षोन्नति कैसे हो सकती है' में जिन विचारों को व्यक्त किया था, 'परीक्षा गुरु' के प्रमुख पात्र ब्रजकिशोर का चरित्र प्रायः उन्हीं आदर्शों की अभिव्यक्ति है।

भारतेन्दु ने 9 फ़रवरी 1874 की 'कविवचनसुधा' में लिखा था–"अब हम लोगों को भी कला–कौशल्य की ओर ध्यान देना चाहिए लोगों को तो अंग्रेज़ी वस्तुओं की रुचि लगी है तो अंग्रेज़ों के समान सब पदार्थों के कारख़ाने यहाँ नियत किये जायें पर अभी यहाँ के व्यापारियों में एतना सामर्थ्य नहीं है कि अंग्रेज़ों के समान लोहा पीतल आदि मौल्यवान पदार्थ लेकर मिट्टी के वस्तु तक बनावैं जैसे कि अंग्रेज़ी व्यापारी माल भेजने लगे देखो बढ़ई आदि छोटे–छोटे व्यापारियों को काम मिलना कठिन हो गया है, यहाँ तक कि घरों की खिड़कियों, दरवाज़े आदि सब विलायत से बनकर आते हैं...जब तक देश के व्यापारी इस विषय में उद्योग न करेंगे तब तक कार्य सिद्ध भली–भाँति नहीं हो सकता जिस लिए केवल एतने ही से एतद्देशीय वस्त्र आदि की वृद्धि होनी कठिन है और अंग्रेज़ों के समान वस्तु तैयार करना बिना सबों की सहायता के नहीं हो सकता।"

इसी के समानान्तर 'परीक्षा गुरु' में लाला ब्रजकिशोर के वक्तव्य को देखा जा सकता है–"जब तक दो मनुष्यों का अथवा दो देशों का बल बराबर रहता है, कोई किसी को नहीं हरा सक्ता, परन्तु जब एक उन्नतिशाली होता है, आकर्षणशक्ति के नियमानुसार दूसरे की समृद्धि अपने आप उसकी तरफ़ को खिंचने लगती है, देखिए जब तक हिन्दुस्थान मैं और देशों से बड़कर मनुष्य के लिए वस्त्र और सब तरह के सुख की

सामग्री तैयार होती थी, रक्षा के उपाय ठीक, ठीक बन रहे थे, हिन्दुस्थान का वैभव प्रतिदिन बढ़ता जाता था परन्तु जब से हिन्दुस्थान का एका टूटा और देशों मैं उन्नति हुई बाफ और बिजली आदि कलों के द्वारा हिन्दुस्थान की अपेक्षा थोड़े ख़र्च, थोड़ी मेहनत, और थोड़े समय मैं सब काम होने लगा हिन्दुस्थान की घटती के दिन आ गये। जबतक हिन्दुस्थान इन बातों मैं और देसों की बराबर उन्नति न करेगा, यह घाटा कभी पूरा न होगा।"[34]

1875 की 'हरिश्चन्द्र चन्द्रिका' में प्रकाशित लेख 'भारतखण्ड की समृद्धि' में लाला श्रीनिवासदास ने लिखा है–" पनचक्की, धुआँचक्की, सूत कातने की कल, वस्त्र सीने की कल, लोहा ढालने की कल, भाँत–भाँत की घड़ियाँ, अरगन बाजा, गैस की रोशनी, फोटोग्राफ और छापा आदि...मनुष्य ने ही बनायी है और भारतखण्ड के निवासी भी चैतन्य होकर इस विषय में श्रम करें तो सब कुछ बना सकते हैं परन्तु हाथ पर हाथ धर बैठे रहने से तो कुछ नहीं होता है।"

स्पष्ट है कि हिन्दी का पहला मौलिक उपन्यास हिन्दी प्रदेश के नवजागरण की चेतना को वहन करने के साथ युगीन यथार्थ की अभिव्यक्ति भी कर रहा था। भारतीय वणिक वर्ग की युवा पीढ़ी अंग्रेज़ी शिक्षा और रहन–सहन से प्रभावित होकर प्रायः उसका अन्धानुकरण कर रही थी। मथुरा के तत्कालीन ज़िलाधीश ग्रीव्ज़ ने 'मथुरा ए डिस्ट्रिक्ट मेमोयर' में मथुरा के तत्कालीन सेठों के बारे में काफ़ी कुछ लिखा है। अपनी फ़िज़ूलख़र्ची और व्यावसायिक अदूरदर्शिता के कारण सेठ लक्ष्मणदास का व्यापार बहुत जल्दी ध्वस्त हो गया था। ग्रीव्ज़ ने लक्ष्मणदास के वैभव–प्रदर्शन और फ़िज़ूलख़र्ची का बृहद् चित्रण किया है। श्रीनिवासदास ने उपन्यास 'परीक्षा गुरु' अपने ही मालिकों के व्यापारिक पतन के जीवन्त अनुभवों के आधार पर लिखा था।

लाला श्रीनिवासदास की अक्षय कीर्ति का आधार–स्तम्भ उनका एकमात्र उपन्यास 'परीक्षा गुरु' है। यह हिन्दी में सामाजिक चेतना को लेकर लिखा गया प्रथम मौलिक उपन्यास है। इसे अधिकांश आलोचक हिन्दी का प्रथम उपन्यास मानते हैं, जो सदादर्श प्रेस, दिल्ली से छपा। 'परीक्षा गुरु' के प्रथम संस्करण का मुखपृष्ठ इस प्रकार है[35]–परीक्षा गुरु अर्थात् अनुभव द्वारा उपदेश मिलने की एक संसारी वार्ता, लाला श्रीनिवासदास प्रणीत "ऐश्वर्यमद पापिष्ठा मदा मान मदादयः। ऐश्वर्य मदमत्तो हि नापतित्वा

विवुध्यते।" भावार्थ, "और मदन ते विभव मद अति पापिष्ठ लखाय। वह उतरै अपने समय यह बिन बिपति न जाय।"–विदुर प्रजागरे, दिल्ली, सदादर्श प्रेस में छपी, सं. 1939 विक्रमी में पहली बार, मूल्य 12 आने मात्र। पृ. सं. 174

इसका समर्पण (डेडिकेशन) लाला श्री राम, एम.ए. अलवर को अंग्रेज़ी भाषा और रोमन अक्षरों में 25 नवम्बर 1882 को किया गया था। 'परीक्षा गुरु' की आलोचना दिसम्बर सन् 1882 ई. में 'हिन्दी प्रदीप' (जिल्द 6, सं. 4) में छपी थी, जिससे ज्ञात होता है कि लाला श्रीनिवासदास ने प्रथम बार इसे स्वयं ही प्रकाशित किया था और 'सार–सुधानिधि' पत्र के पाठकों के बीच बिना मूल्य के वितरित किया था।[36] 'परीक्षा गुरु' का दूसरा संस्करण 1884 ई. में मुम्बई गणपत कृष्ण छापाख़ाना में मुद्रित हुआ था।[37] 'परीक्षा गुरु' का तीसरा संस्करण लाला श्रीनिवासदास के देहावसान के कई वर्षों बाद सन् 1918 ई. में मारवाड़ी ट्रेडर्स एसोसिएशन, कलकत्ता से प्रकाशित हुआ।[38]

'परीक्षा गुरु' के प्रथम संस्करण के मुखपृष्ठ पर पुस्तक का विवरण देते हुए कहा गया है–''परीक्षा गुरु अर्थात् अनुभव द्वारा उपदेश मिलने की एक संसारी वार्ता, लाला श्रीनिवासदास प्रणीत।" इसी पुस्तक के दूसरे संस्करण के पुनः प्रकाशन में भूमिका दी गयी है, जिसमें इसे अपनी भाषा में 'नयी चाल की पुस्तक' कहा गया है। प्रथम संस्करण में उद्धृत श्लोक, जो लेखक के अनुवाद के साथ उद्धृत है, वह उपन्यास के कथानक का केन्द्रीय ढाँचा है और दूसरे संस्करण में इसे 'नयी चाल' की पुस्तक कहकर 'नयी चाल' से अपना मन्तव्य भी स्पष्ट किया है। इस नयी चाल से उनका तात्पर्य है प्रस्तुति का वह नया ढंग, जो अंग्रेज़ी उपन्यासों के 'पैटर्न' पर उन्होंने पहली बार हिन्दी में प्रयोग किया, वह नाटकीय प्रस्तुति, जिसके अन्तर्गत कथा के परम्परागत ढाँचे, अर्थात् इतिवृत्तात्मक आरम्भ के स्थान पर उन्होंने सौदागर की दुकान के दृश्य की योजना की है। उनके पात्रों का प्रथम परिचय भी पाठकों को उनके आपसी वार्तालाप से ही मिलता है। "अब तक नागरी और उर्दू भाषा में अनेक तरह की अच्छी–अच्छी पुस्तकें तैयार हो चुकी हैं, परन्तु मेरे जान इस रीति से कोई नहीं लिखी गयी, इसलिए अपनी भाषा में यह नयी चाल की पुस्तक होगी ...पहले तो पढ़ने वाले इस पुस्तक मैं सौदागर की दुकान का हाल पढ़ते ही चकरावैंगे क्योंकि अपनी भाषा में अब तक वार्ता रूपी जो पुस्तकें लिखी

गयी हैं उन्मैं अक्सर नायक–नायिका बग़ैर का हाल ठेठ सिलसिलेवार लिखा गया है जैसे 'कोई राजा बादशाह, सेठ, साहूकार का लड़का था उसके मन मैं इस बात से यह रुचि हुई और उसका यह परिणाम निकला, ऐसा सिलसिला इस्मैं कुछ भी नहीं मालूम होता।"

श्रीनिवासदास ने 'परीक्षा गुरु' को 'नयी चाल' की पुस्तक माना। यह 'नयी चाल' या नयापन उनकी यथार्थवादी कला और उनके ग़ैर–रोमांटिक दृष्टिकोण में है। 'परीक्षा गुरु' में लेखक ने कहीं भी भावुकता को यथार्थ और व्यावहारिकता पर हावी नहीं होने दिया है। "मार्मिक से मार्मिक प्रसंगों में भी भावावेश संयत है और चित्रण यथार्थवादी। यहाँ तक कि प्राकृतिक दृश्यों की सुन्दरता का वर्णन करते समय भी वह भावपूर्ण वर्णन ही करता है, व्यर्थ का चहचहाना नहीं शुरू कर देता जो कि उस समय बहुत से लेखकों की प्रवृत्ति थी।"[39]

आचार्य रामचन्द्र शुक्ल ने 'परीक्षा गुरु' को 'अंग्रेज़ी ढंग' पर लिखा हिन्दी का पहला मौलिक उपन्यास माना। परम्परा से प्रचलित विचारों मात्र से हिन्दी के मौलिक उपन्यास की रचना सम्भव नहीं थी। औपनिवेशिक जीवन की परिस्थितियों का प्रभाव भारतीय जनमानस पर पड़ रहा था। एक ओर तो सांस्कृतिक अभियन्तन तथा संस्थागत आचार–व्यवहारों के सहारे समाज में शिक्षा की अवधारणा घर करने लगी थी, जिसमें अंग्रेज़ी शिक्षा का विशेष महत्त्व था। इस व्यवहार के फलस्वरूप एक नये सांस्कृतिक विश्व के द्वार भारतीयों के समक्ष खुले जिसका केन्द्र औपनिवेशिक शक्ति के महानगर में था और जिससे महानगर में उपनिवेश के लोगों में दासता और परावलम्बन की मानसिकता की सृष्टि की।[40] साथ ही उनके आदर्श का स्रोत ब्रिटिश जीवन–शैली बन गया। लाला श्रीनिवासदास ने 'परीक्षा गुरु' के माध्यम से ब्रिटिश जीवन–शैली की बुरी बातों की नक़ल करने वाले प्रतिनिधि पात्र के रूप में लाला मदनमोहन जैसे पात्र की सृष्टि की। लेखक ने आदर्श चरित्र के रूप में वकील ब्रजकिशोर का चरित्र गढ़ा है, जिसके माध्यम से श्रीनिवासदास एक सीमा तक निज के आदर्श को व्यक्त करते हैं। ब्रजकिशोर सत्यवादी है, ग़रीबों का रहनुमा है, स्वतन्त्र स्वभाव का है, मगर स्वेच्छाचारी नहीं। वह एक नैतिक चरित्र है जिसका आदर्श है 'देशोन्नति'। ईश्वर तथा स्वधर्म पर विश्वास करके अपने मित्र मदनमोहन को चापलूसों और व्यर्थ के दिखावों से बचाने के लिए सलाह देता है।

वह स्वयं व्यापारी नहीं है लेकिन अपने दोस्त को सावधानी से व्यापार और उसका प्रबन्धन करने की सीख देता है। उसका मित्र मदनमोहन चापलूसों के चंगुल में फँस जाता है। विरासत में मिली सम्पत्ति को असावधानी के कारण सँभाल नहीं पाता। चाटुकार मित्र उस पर अपना प्रभाव जमा लेते हैं। उनसे प्रभावित होकर वह अंग्रेज़ी जीवन–शैली का अन्धानुकरण करता है। यौवन और सम्पत्ति के मद ने उसे विवेकहीन अप्रामाणिक मनुष्य बना दिया है। शिंभूदयाल, चुन्नीलाल आदि चाटुकारों के प्रोत्साहन से उसकी धनराशि विलास, प्रदर्शन, आडम्बर में पानी की तरह बह जाती है। घर और पतिव्रता पत्नी के प्रति विकर्षण और विलास तथा भौतिक ऐश्वर्य के प्रति आकर्षण दिनोंदिन बढ़ता चला जाता है। ब्रजकिशोर ही बुरे समय में उसकी सहायता करता है। लाला मदनमोहन आपाद मस्तक ऋणग्रस्त है, अपनी आमद–ख़र्च का विवरण भी उसे नहीं मालूम होता, यहाँ तक कि ऋण न चुका पाने के कारण उसे कारागार से जाना पड़ता है, परन्तु पतिव्रता पत्नी सुशीला के त्याग और सच्चे मित्र ब्रजकिशोर के सदुद्योग से मदनमोहन मुक्त होता है। यह अल्पकालीन विपत्ति एक परीक्षा के रूप में ही आती है। घटनाओं के नियोजन से लेखक इस तथ्य को स्पष्ट करता है कि परीक्षा ही विपत्ति के माध्यम से अनुभव का पाठ पढ़ाने वाली गुरु है।

श्रीनिवासदास ने उपन्यास में बार–बार देशसेवा, देशोन्नति जैसे शब्दों का प्रयोग किया है। यह 'देशोन्नति' शब्द ही श्रीनिवासदास के मन्तव्य को स्पष्ट करता है। वे देशोन्नति को राजनीतिक और सामाजिक सन्दर्भ में नहीं बल्कि नैतिक सन्दर्भ में ग्रहण करते हैं। उपन्यास के विभिन्न प्रसंगों से यह स्पष्ट होता है कि चरित्र की स्वच्छता, परोपकार, निर्धनों पर करुणा, विद्याभ्यास आदि गुण देशोन्नति के लिए अनिवार्य हैं। वैज्ञानिक प्रगति एवं तकनीक का ज्ञान, पूँजी पर मुनाफ़े को बढ़ाना, उद्योग–धन्धों पर भरपूर ध्यान देना ही 'देशोन्नति' है। ब्रजकिशोर उपन्यास में कहता है–"अपने देश में उपयोगी विद्याओं की चर्चा फैलाना, अच्छी अच्छी पुस्तकों का और भाषाओं में अनुवाद कराकर अथवा नयी बनवाकर अपने देश में प्रचार करने और देश के सच्चे शुभचिन्तक और योग्य पुरुषों को उत्तेजना देने और कलाओं की अथवा खेती आदि की सच्ची देश हितकारी बातों के प्रचलित करने में सच्चा धर्म समझते हैं।"[41]

'परीक्षा गुरु' में औपनिवेशिक शासन की आलोचना का नितान्त अभाव है। लाला श्रीनिवासदास ने 'देशोन्नति' को सिर्फ़ आर्थिक पक्ष से

जोड़कर देखा है लेकिन अंग्रेज़ी राज के रहते हुए देश की उन्नति हो सकती है या नहीं, इस प्रश्न से वे बचते हैं। तत्कालीन शिक्षित भद्रवर्ग के लिए 1857 ई. के ग़दर के बाद ब्रिटिश राज के प्रति अपनी आस्था को दिखाना, उनके अपने अस्तित्व के लिए ज़रूरी था। लाला जी हिन्दी सेवी थे और भारतीय जनता की उन्नति के पैरोकार भी लेकिन उच्चाधिकारियों के कृपापात्र बने रहने की आकांक्षा उनके स्वाभिमान और विद्रोही प्रवृत्तियों को बहुत दूर तक नियन्त्रित करती थी। ब्रिटिश शासन के प्रति वफ़ादारी (हो या न हो) का इज़हार करते रहना भद्रवर्ग की राजनीतिक संस्कृति का प्रमुख अंग था। श्रीनिवासदास ने शायद इसीलिए अपने उपन्यास में देश के पराभव और अवनति के लिए आर्थिक कारणों को उत्तरदायी माना है। वे कहीं भी औपनिवेशिक शासन की आलोचना करते दिखाई नहीं देते। विद्वानों ने इसे समाज–सुधार, देश प्रेम या नैतिक शिक्षा का उपन्यास न मानकर आर्थिक उपन्यास ही माना है, क्योंकि इस उपन्यास के केन्द्र में व्यापारिक कुशलता और वैज्ञानिक प्रबन्धन का मूलमन्त्र है। इसका नायक मदनमोहन ऐसे धनाढ्य व्यापारियों का प्रतिनिधि है जो अंग्रेज़ी सभ्यता की ऊपरी तड़क–भड़क के प्रभाव में आकर और चाटुकार मित्रों के चंगुल में फँसकर फ़िज़ूलख़र्ची करता है और अपना व्यापार चौपट कर लेता है।[42]

लेकिन 'परीक्षा गुरु' मात्र व्यापारिक प्रबन्धन का मूलमन्त्र बताने वाला उपन्यास नहीं है। श्रीनिवासदास ने अपने मालिकों के उत्थान और पतन को बहुत नज़दीक से देखा था। 'मथुरा : ए डिस्ट्रिक्ट मेमॉआयर' में मथुरा के तत्कालीन ज़िलाधीश ग्रीव्ज़ ने वहाँ तत्कालीन सेठों, महाजनों, विशेषकर लक्ष्मणदास के वैभव प्रदर्शन और फिजूलखर्ची के बारे में विस्तार से लिखा है। फिजूलखर्ची और असावधानी के कारण इनका सारा व्यापार बहुत जल्दी ध्वस्त हो गया था। श्रीनिवासदास ने 'परीक्षा गुरु' की रचना अपने ही मालिकों के व्यापारिक पतन के जीवन्त अनुभवों के आधार पर की। उपन्यास के अन्त में मदनमोहन का यह संकल्प करना कि अपने अनुभव का लाभ दूसरों को देने के लिए वह इन दिनों का सब वृत्तान्त छपवा कर प्रसिद्ध कर देगा–श्रीनिवासदास की अनुभवसम्पन्न दृष्टि का परिचायक है।

'परीक्षा गुरु' में लेखक को आद्योपान्त देश की अवनति की चिन्ता है। यह दूसरी बात है कि अवनति के सामाजिक और राजनीतिक कारणों

को वे विश्लेषित नहीं करते। आत्मोन्नति द्वारा ही देशोन्नति हो सकती है। शिक्षा की सर्वसुलभता और ज्ञान का प्रसार उपन्यास को व्यापक फलक प्रदान करता है। बदले समय में अंग्रेज़ी शिक्षा के अन्धानुकरण और उससे उत्पन्न पीढ़ियों के अन्तराल का भी उल्लेख किया गया है। 'मदनमोहन का पिता पुरानी चाल का आदमी था। वह अपना बूता देख कर काम करता था और जो करता था वह कहता नहीं फिरता था। उसने केवल हिन्दी पढ़ी थी। वह बहुत सीधा–सादा मनुष्य था, परन्तु व्यापार में बड़ा निपुण था। साहूकारे में उसकी बड़ी साख थी।...परन्तु अब समय बदल गया है। इस समय में मदनमोहन के विचार कुछ और ही हो रहे हैं जहाँ देखो अमीरी ठाठ..." आगे पिता–पुत्र के स्वभाव का अन्तर बताते हुए श्रीनिवासदास कहते हैं कि पिता ने "मदनमोहन को बचपन में हिन्दी–फ़ारसी और अंग्रेज़ी भाषा सिखाने के लिए अच्छे–अच्छे उस्ताद नौकर रख दिये थे परन्तु वह क्या जानता था कि भाषा ज्ञान विद्या नहीं, विद्या का दरवाज़ा है।" अंग्रेज़ी भाषा के ज्ञान ने औपनिवेशिक भारत में लार्ड मैकाले के निहित स्वार्थों को किस तरह पूरा किया है, यह उद्धरण इसका प्रमाण है। श्रीनिवासदास भारतीय औपनिवेशिक शासन के अन्तर्गत अंग्रेज़ी शिक्षा और भारतीय पुरातन शिक्षा प्रणाली की तुलना करते दिखाई देते हैं। मैकाले ने लिखा था–"हमें भारत में इस तरह की एक श्रेणी पैदा कर देने का भरसक प्रयत्न करना चाहिए जो कि हमारे और उन करोड़ों भारतवासियों के बीच, जिन पर हम शासन करते हैं, समझाने–बुझाने का काम करे। ये लोग ऐसे होने चाहिए जो कि केवल रक्त और रंग की दृष्टि से हिन्दोस्तानी हों, किन्तु जो अपनी रुचि, भाषा, भावों और विचारों की दृष्टि से अंग्रेज़ हों।"[43]

अंग्रेज़ी भाषा और साहित्य की शिक्षा के साथ–साथ जहाँ तक हो सके देशी भाषाओं को दबाना भी मैकाले और विलियम बेंटिक का उद्देश्य था। जबकि "अंग्रेज़ों के आगमन से पहले सार्वजनिक शिक्षा और विद्या प्रचार की दृष्टि से भारत संसार के अग्रतम देशों की श्रेणी में गिना जाता था ...भारत के जिस प्रान्त में कम्पनी का शासन जमता गया। उस प्रान्त से ही यह सहस्रों वर्ष की पुरानी शिक्षा प्रणाली सदा के लिए मिटती गयी।"[44] भारतीय शिक्षा प्रणाली इतनी उत्कृष्ट थी कि ब्रिटेन में उसका अनुकरण किया जाता था। सन् 1823 ई. में अंग्रेज़ कलेक्टर ए.डी. कैम्पबेल ने एक

रिपोर्ट में लिखा था–"जिस व्यवस्था के अनुसार भारत की पाठशालाओं में बच्चों को लिखना सिखाया जाता है और जिस ढंग से कि ऊँचे दर्जे के विद्यार्थी नीचे दर्जे के विद्यार्थियों को शिक्षा देते हैं और साथ–साथ अपना ज्ञान भी पक्का करते रहते हैं, वह समस्त प्रणाली निःसन्देह प्रशंसनीय है और इंग्लिस्तान में उसका जो अनुसरण किया गया है, उसके सर्वथा योग्य है।"

अंग्रेज़ी भाषा और साहित्य की शिक्षा के साथ–साथ जहाँ तक हो सके देशी भाषाओं को दबाना भी मैकाले और विलियम बेंटिक का उद्देश्य था। लेकिन भारतीय बुद्धिजीवी वर्ग ने भारतीय जनजीवन में शिक्षा का प्रसार करने का बीड़ा उठाया, और इसका लाभ ब्रिटिश सत्ता को भी मिला। ब्रिटिश राज द्वारा प्रशासनिक व्यवस्था को सुचारु रूप से चलाने तथा भारतीयों के मन में उपनिवेशवादी व्यवस्था के प्रति सकारात्मक रुख अपनाने के लिए शिक्षा की कल्पना एक ऐसे प्रभावकारी माध्यम के रूप में की गयी जिसके सहारे अंग्रेज़ी संस्थाओं और मूल्यों को आदर्श संस्थाओं और मूल्यों के रूप में प्रस्तुत किया जा सकता था। लार्ड मैकाले ने इस सन्दर्भ में अपने विचार व्यक्त करते हुए कहा–"मुझे लगता है कि अपने सीमित साधनों को देखते हुए पूरे जनसमाज को शिक्षित करना हमारे लिए असम्भव है। अभी हमें एक ऐसा वर्ग तैयार करने में पूरा ज़ोर लगा देना चाहिए जो हमारे और जिन करोड़ों लोगों पर हम शासन करते हैं उनके बीच दुभाषियों का काम करे। यह रक्त और रंग की दृष्टि से भारतीयों का लेकिन रुचियों, मतों, नैतिक मूल्यों तथा बुद्धि की दृष्टि से अंग्रेज़ों का वर्ग होगा। हमें देशी बोलियों का परिष्कार करने, पश्चिमी पारिभाषिक शब्दावली से शब्द उधार लेकर उन बोलियों को समृद्ध करने और उन्हें क्रमिक रूप से आम आबादी तक ज्ञान पहुँचाने के सक्षम वाहन बनाने का कार्य इसी वर्ग पर छोड़ देना चाहिए।"[45]

यह स्पष्ट था कि ब्रिटिश नीति का चरम उद्देश्य समाज के एक वर्ग को शिक्षित करके उससे प्रशासनिक कार्यों को सुचारु ढंग से चलवाना था, किन्तु राष्ट्रीय पुनरुज्जीवन के लिए आम जनता का शिक्षित होना अनिवार्य है–यह भारतीय बुद्धिजीवियों को बराबर अनुभव हो रहा था, विशेषकर ईश्वरचन्द्र विद्यासागर, महादेव गोविन्द रानाडे, वीरेशलिंगम और सैयद अहमद ख़ाँ एक विशिष्ट वर्ग तक ही शिक्षा को सीमित रखने

के पक्षधर नहीं थे, अतः उन्होंने देशी भाषाओं के माध्यम से जन–शिक्षा को प्रचारित–प्रसारित करने की दिशा में क़दम बढ़ाये, साथ ही इस बात का भी ध्यान रखा कि इन भाषाओं की सरल शैली विकसित हो सके। जिसके माध्यम से वे अपनी बात ज़्यादा से ज़्यादा लोगों तक पहुँचा सकें, फलतः समृद्ध और प्रबुद्ध साहित्य, और ज्ञान के नये क्षितिजों का परिचय जनता को प्राप्त हो सके। मुद्रण कला के प्रचार–प्रसार और फलतः पत्र–पत्रिकाओं ने उनके विचारों को जनता तक प्रभावशाली ढंग से पहुँचाने का कार्य किया, बंगाल से 'संवाद कौमुदी' (राजा राममोहन राय), 'तत्वबोधिनी' पत्रिका (देवेन्द्रनाथ और अक्षय कुमार), बम्बई से बालशास्त्री जांबेकर का 'दिग्दर्शन' और 'बम्बई दर्पण' भाऊ महाजन का 'प्रभाकर' और दादाभाई नौरोजी का 'रस्तगोफ़्तार', आन्ध्र प्रदेश में वीरेशलिंगम की 'विवेकवर्धिनी' तथा बुचौया पंटालु की 'हिन्दू जन संस्कारिणी' इस दिशा में प्रमुख थीं।

ईस्ट इंडिया कम्पनी ने औपनिवेशिक भारत पर अपनी पकड़ बनाने के लिए, प्रशासनिक संरचना को बेहतर ढंग से लागू करने के लिए एक कार्य और किया–वह था भारतीय इतिहास, भारतीय समाज की नैतिक और भौतिक अवस्थाओं का विवेचन–विश्लेषण तथा संसाधनों की खोज। यही खोज आगे चलकर औपनिवेशिक नीति के निर्माण का आधार बन कर सामने आयी, जिसके सन्दर्भ में वारेन हेस्टिंग्स ने लिखा–"ज्ञान का प्रत्येक संग्रह और विशेष रूप से ऐसा संग्रह जो इन लोगों के साथ सामाजिक सम्पर्क से प्राप्त होता है जिन पर हम अपनी विजय के आधार पर प्रभुत्व का प्रयोग करते हैं, राज्य के लिए उपयोगी है।...यह दूरस्थ भावनाओं को आकृष्ट करता है और अनुकूल बनाता है, इससे उस बेड़ी का भार कम हो जाता है जिससे देशी लोग जकड़े हुए हैं,[46] और इससे हमारे अपने देशवासियों के हृदय में परोपकार के दायित्व की भावना उत्पन्न होती है।"

ब्रिटेन के प्राच्यवादियों जिनमें विलियम जोंस का नाम प्रमुख है–ने एशियाटिक सोसायटी ऑफ़ बंगाल की स्थापना की। इस सोसायटी ने जिन अनुसन्धानों पर बल दिया उससे ब्रिटेन को भारतीय सभ्यता के विषय में प्रचुर जानकारी प्राप्त हुई जिससे उपनिवेशवाद की दो आवश्यकताओं की पूर्ति हुई–अतीत की उपलब्धियों के प्रकाश में वर्तमान के पतन की विवेचना करते हुए औपनिवेशिक शासन की अनिवार्यता एवं आवश्यकता

को जनमानस में ग्राह्य बनाया गया तथा शासक वर्ग को उपनिवेश के लोगों के बारे में महत्त्वपूर्ण जानकारियाँ मिलीं।

भारत के पूर्णरूप से औपनिवेशिक शासन के तहत आते ही देशी सांस्कृतिक विरासत के अतिक्रमण पर बल दिया जाने लगा अर्थात् अब निहित उद्देश्य सामने आ गये। ब्रिटिश राज ने देश के बुद्धिजीवी वर्ग के सहयोग से देश की संस्कृति पर अपने वर्चस्व की स्थापना करने का प्रयास किया और अंग्रेज़ी शिक्षा प्राप्त बुद्धिजीवी वर्ग नयी सांस्कृतिक रुचि तथा संवेदनशीलता का वाहक बन गया। बुद्धिजीवी मध्यवर्ग अब अंग्रेज़ी संस्कृति को अपनाने और सीख लेने लगा, प्रकारान्तर से आदर्श मानने लगा। लेकिन देशी भाषाओं के माध्यम से ज्ञान का प्रसार भारतीय जनमानस के लिए ज़्यादा आत्मीय था, जिसके विपरीत औपनिवेशिक प्रणाली से प्रदत्त ज्ञान और विज्ञान भारतीयों के लिए अब भी विदेशी था क्योंकि उसकी ज्ञानशास्त्रीय मान्यताओं की जड़ें भारत में नहीं थीं। वैसे भी इस शिक्षा का उद्देश्य भारतीयों पर अपना वर्चस्व स्थापित करना ही था, जिसके तहत समाज के एक छोटे–से वर्ग को ही शिक्षित किया जाना था।

ब्रिटेन सरकार की इस शिक्षा नीति के कारण समाज में अंग्रेज़ी की पढ़ाई पर विशेष ध्यान दिया जाने लगा–इस सद्व्यवहार के फलस्वरूप जिस सांस्कृतिक संसार के द्वारा खुले उसका केन्द्र औपनिवेशिक शक्ति के महानगर में था और उधर उस महानगर ने उपनिवेश की जनता में ओ मेनोनी के शब्दों में कहें तो 'परावलम्बन की मानसिकता' और एडवर्ड शिल्स के शब्दों में 'प्रान्तीयता'[47] की भावना की सृष्टि की। इससे सभी क्षेत्रों साहित्य, रंगमंच, चित्रकला, संगीत, आहार, वार्तालाप में सांस्कृतिक आदर्श का स्रोत ब्रिटिश जीवन–शैली बन गयी। सांस्कृतिक कारक के रूप में प्रेस और मुद्रण कला के प्रचार–प्रसार से लिखित शब्द का महत्त्व उन्नीसवीं सदी के दौरान बढ़ता ही गया। अब पाठक और लिखित शब्द के बीच एक नया सम्बन्ध स्थापित हुआ। घर में ख़ाली वक़्त को भरने का काम छपी हुई पुस्तकें करने लगीं और शिक्षित मध्यवर्ग इसकी ओर आकर्षित हुआ। इस तरह पश्चिम का अपरिचित सांस्कृतिक संसार उनके निकट आ गया। उपन्यास जैसी नयी साहित्यिक विधाएँ इसी प्रक्रिया की उपज थीं।

नवजागरण के दौर में लगभग सभी भारतीय भाषाओं में उपन्यासों की रचना हुई। कलकत्ता और बम्बई प्रेसीडेंसी में अंग्रेज़ी शिक्षा और साहित्य का प्रचलन देश के अन्य सभी प्रान्तों से पहले हुआ। कलकत्ते

का पहला कॉलेज 1821 ई. में प्रारम्भ हुआ, जिसमें पाठ्यक्रम में अंग्रेज़ी उपन्यास पढ़ाये जाते थे। इस तरह बंगला का पहला उपन्यास 'अलालेर घरेर दुलाल' (लेखक प्यारीचाँद मित्रा) 1858 ई. में प्रकाशित हो चुका था। मराठी में भी सन् 1857 ई. में 'यमुना पर्यट्टन' शीर्षक उपन्यास बाबा पद्मन जी लिख चुके थे। उर्दू में उपन्यास लेखन हिन्दी से थोड़ा पहले हुआ। उर्दू और हिन्दी एक ही प्रदेश की भाषाएँ होने के बावजूद उर्दू को परम्परा के रूप में फ़ारसी दास्तानें मिलीं, जिन्होंने उर्दू उपन्यास के विकास में महत्त्वपूर्ण भूमिका निभाई। हिन्दी में ऐसी किसी परम्परा का नितान्त अभाव था। उन्नीसवीं सदी के पूर्वार्द्ध से मध्य तक फ़ारसी ही सरकारी कामकाज की भाषा बनी हुई थी। फ़ारसी के हटने के बाद उर्दू का व्यावहारिक रूप में व्यापक प्रयोग किया जाने लगा। उर्दू में नज़ीर अहमद ने 1868–69 के लगभग 'मिरात–उल–उरूस' लिखा। हिन्दी में पहला कहा जाने वाला उपन्यास सन् 1870 ई. में पण्डित गौरीदत्त ने 'देवरानी–जेठानी की कहानी' लिखा। 1872 में 'वामा शिक्षक' प्रकाशित हुआ। श्रद्धाराम फिल्लौरी ने 1877 ई. में 'भाग्यवती' की रचना की और श्रीनिवासदास का 'परीक्षा गुरु' 1882 ई. में प्रकाशित हुआ।

श्रीनिवासदास के उपन्यास के कथ्य का मूल है–देश की अवनति की चिन्ता। मदनमोहन और उसके चापलूस मित्रों के गुट जैसे पात्रों की योजना द्वारा लेखक ने भारत की अवनति के कारणों को पहचानने की कोशिश की है। वे भारत की अवनति और इंग्लैंड की उन्नति के कारणों को वैज्ञानिक तर्क से सिद्ध करते हैं–''जब तक दो मनुष्यों का अथवा दो देशों का बल बराबर रहता है, कोई किसी को नहीं हरा सकता परन्तु जब एक उन्नतिशाली होता है। आकर्षण शक्ति के नियमानुसार दूसरे की समृद्धि अपने आप उसकी तरफ़ खिंचने लगती है....जब से हिन्दुस्तान का एका टूटा और देशों में उन्नति हुई बाफ और बिजली वालों के द्वारा हिन्दुस्तान की अपेक्षा थोड़े ख़र्च–थोड़ी मेहनत और थोड़े समय में सब काम होने लगा, हिन्दुस्तान की घटती के दिन आ गये, जब तक हिन्दुस्तान इन बातों में और देशों के बराबर उन्नति न करेगा यह घाटा कभी पूरा न होगा...परन्तु हाथ हिलाये बिना अपने–आप ग्रास मुख में नहीं जाता, नयी–नयी युक्तियों का उपयोग किये बिना काम नहीं चलता।"

श्रीनिवासदास ने प्रसंग भेद से कई बार इन अभिप्रायों की निन्दा की है अर्थात् हिन्दुस्तान की अवनति का कारण यहीं के निवासियों की प्रकृति है। इस प्रकृति में फूट, आलस्य और निरुद्यमता कूट–कूट कर भरी हुई है। उन्होंने कृत्रिमता, व्यर्थ के ख़र्च और असावधानी की निन्दा की है।

सावधानी को उन्नति का कारण बताने वाले लाला ब्रजकिशोर के रूप में स्वयं श्रीनिवासदास ही अपने विचारों को अभिव्यक्त करते हैं। इसलिए 'सावधानी' का प्रकरण अन्य सभी प्रसंगों से ज़्यादा लम्बा है। वह सावधानी को सभी प्रकार की उन्नति का मूल मानते हैं उनकी दृष्टि में–''... मनुष्यों की प्रकृति और पदार्थों की जुदी, जुदी शक्ति का परस्पर सम्बन्ध विचार कर दूर और पास की हरेक बात का ठीक परिणाम समझ लेना पूरी सावधानी है।"

हिन्दुस्तान की अवनति के कारणों पर विचार करते हुए श्रीनिवासदास कहते हैं–"हिन्दुस्तानियों में अब तक विद्या का व्यसन नहीं है, समय की कदर नहीं है, भले–बुरे कामों की पूरी पहचान नहीं है, इसी से यहाँ के निवासी अपना बहुत समय औरों की बातों पर हाशिये लगाने में और इधर–उधर की जटल्ल हाँकने में खो देते हैं।"

देशोन्नति का उपाय सुझाते हुए वे लिखते हैं–"हिन्दुस्तानियों को आजकल हर बात में अंग्रेज़ों की नक़ल करने का चस्का पड़ ही गया है तो वे भोजन वस्त्रादि निरर्थक बातों की नक़ल करने के बदले उनके सच्चे सद्‌गुणों की नक़ल क्यों नहीं करते? देशोपकार, कारीगरी और व्यापारादि में उनकी–सी उन्नति क्यों नहीं करते? अपना स्वभाव स्थिर रखने में उनका दृष्टान्त क्यों नहीं लेते? अंग्रेज़ी की बातचीत में किसी की निज की बातों की चर्चा करना अत्यन्त दूषित समझा जाता है। किसी की तनख़्वाह या किसी की आमदनी, किसी का अधिकार या किसी का रोज़गार, किसी की सन्तान या किसी के घर का वृत्तान्त पूछने में, पूछा होय तो कहने में, कहा होय तो सुनने में वे लोग आना–कानी करते हैं और किसी समय तो किसी का नाम पता और उम्र पूछना भी ढिठाई समझा जाता है। अपने निज के सम्बन्धियों की बात से भी अज्ञान रहना वह लोग बहुधा पसन्द करते हैं। रेल में, जहाज़ में, खाने–पीने के जलसों में, पास बैठने में और बातचीत करने में, जान–पहचान नहीं समझी जाती।

वह लोग किराये के मकान में बहुत दिन पास रहने पर बल्कि दुख–दर्द में साधारण रीति से सहायता करने पर भी दूसरे की निज की

बातों से अनजान रहते हैं। जब तक पहचान स्थिर करने के लिए दूसरे की तरफ़ से सवाल न हो अथवा किसी तीसरे मनुष्य ने जान–पहचान न करायी हो, नित्य की मिलामेटी अथवा साधारण रीति से बातचीत होने पर भी जान–पहचान नहीं समझी जाती और जान–पहचान हुए पीछे भी मित्रता नहीं करते पर मित्रता हुए पीछे भी दूसरे की निज की बातों से अनजान रहना अधिक पसन्द करते हैं। उनके यहाँ निज की बातें पूछने की रीति नहीं है। उनको देश सम्बन्धी बातें करने का इतना अभ्यास होता है कि निज के वृत्तान्त पूछने का अवकाश ही नहीं मिलता।"

जिस शान–शौकत और झूठी तड़क–भड़क को मदनमोहन अपने सामाजिक सम्मान का मूल कारण समझता है उसकी तुलना में वास्तविक सम्माननीय व्यक्ति का आदर्श बताते हुए वे कहते हैं–"तुम जानते हो कि अंग्रेज़ लोग बड़े–बड़े ख़िताबों के बदले सज्जन जैसे साधारण अर्थ ये हैं कि मर्यादाशील, नम्र और सुधरे विचार का मनुष्य हो, निःसन्देह ये गुण यहाँ के बहुत से अमीरों में हैं परन्तु इसके अर्थ पर अच्छी तरह दृष्टि की जाये तो इसका आशय बहुत गम्भीर मालूम देता है। जिस मनुष्य की मर्यादा नम्र और सुधरे विचार केवल लोगों को दिखाने के लिए न हो बल्कि मन से हो–अथवा जो सच्चा प्रतिष्ठित, सच्चा वीर और पक्षपात रहित, न्याय–परायण हो, जो अपने शरीर को सुख देने के लिए नहीं बल्कि धर्म से औरों के हक़ में अपना कर्तव्य सम्पादन करने के लिए जीता हो, अथवा जिसका आशय अच्छा हो, जो दुष्कर्मों से सदैव बचता हो, वह सच्चा सज्जन है।"

अंग्रेज़ों की उत्कृष्टता और अनुकरणीयता का यह आतंक उपन्यास में आद्यंत फैली दृष्टान्त कथाओं में भी दिखाई देता है। लगभग हर पृष्ठ पर एक न एक कहानी किसी के आदर्श आचरण का वृत्तान्त सुनाती हैं। नीति और नियम के वाक्य तो बहुत बार भारतीय सन्दर्भ में भी उद्धृत हैं। कहीं एकाध कथाएँ भी ली गयी हैं। इस दृष्टि से ब्रजकिशोर अपनी परम्परा से कटे हुए नहीं बल्कि गहराई के साथ जुड़े हुए हैं परन्तु आदर्श आचरण की अधिकतर कहानियाँ विदेशों से ही ली गयी हैं। लिडिया का बादशाह कारुन और साइरस, साइराक्यूज का बादशाह डियोन तथा एथेन्सवासी केलीप्स, पाइसिस्ट्रेट्रेस नामक एथेन्सवासी, डायोनिसियस व साइराक्यूज के सभासद, चीन का शाहंशाह हो एन एवं मन्त्री टिची, ईरान

का बादशाह आरटा जेरेक्सीस, एथेन्सवासी आरिस्टाइडीज़, व्लाटीनस और प्रीवरनम के विद्रोही, मेरीडोन का राजा पीरस और फेसीशियस, नौशेरवां और ख़ज़ांची, इंग्लैंड की एलिज़ाबेथ, मेरी और लेडी जेन ग्रे, टरकी का खलीफ़ा मौन्तासर, नेपोलियन, अस्तितालीस इत्यादि कथाएँ उपन्यास का अभिन्न अंग हैं।

इस तरह 'परीक्षा गुरु' में औपनिवेशिक शासन की आलोचना का अभाव दिखाई देता है। सन् 1882 ई. में 'परीक्षा गुरु' प्रकाशित हुआ और यह दौर औपनिवेशिक शासन से भारतीयों के मोहभंग का दौर था। नवजागरण के सभी लेखकों में यह मोहभंग अपने–अपने ढंग और परिमाण में व्यक्त हो रहा था। जहाँ श्रीनिवासदास का व्यावहारिक कौशल अथवा व्यापारिक अनुभवों की परिधि उन्हें मोहभंग की अभिव्यक्ति से रोकती रही वहीं भारतेन्दु में अंग्रेज़ शासकों की प्रशंसा में कविता लिखने के बावजूद, मोहभंग की अभिव्यक्ति लालाजी से अधिक मिलती है। इसी मोहभंग की अभिव्यक्ति बालकृष्ण भट्ट में भारतेन्दु की अपेक्षा बहुत अधिक है।

श्रीनिवासदास के अनुभव की अपनी सीमाएँ थीं, इसलिए समाज–सुधार के विभिन्न पहलुओं की जैसी प्रखर अभिव्यक्ति 'भाग्यवती', 'देवरानी–जेठानी की कहानी' या 'वामा शिक्षक' में मिलती है, वैसी 'परीक्षा गुरु' में नहीं मिलती। 'देशोन्नति' के सन्दर्भ में समाज के पतन के कारणों को भारतीय के स्वभाव एवं चरित्र में ढूँढ़ने का प्रयास किया गया है, किन्तु परतन्त्रता की बेड़ियों में जकड़ा देश सर्वांगीण उन्नति कैसे कर सकता है–इस प्रश्न से लेखक साफ़ बच निकला है। श्रीनिवासदास के इस व्यवहार के पीछे उनका दिल्ली का निवासी होना भी हो सकता है। यह वह समय था जब 1857 के ग़दर के बाद तमाम प्रगतिशील सुधार आन्दोलन दिल्ली में चल रहे थे। दिल्ली के ही मास्टर रामचन्द्र ने ग़दर से पहले विज्ञान की पुस्तकों के अनुवाद के लिए एक सोसायटी स्थापित की थी। आर्यसमाज के आन्दोलन का प्रभाव भी दिल्ली और आसपास के प्रदेशों पर काफ़ी पड़ रहा था। 1857 ई. के ग़दर के बाद अंग्रेज़ों ने बड़ी नृशंसता से हज़ारों लोगों को मार–काट दिया था। सुधार–आन्दोलनों के प्रभावस्वरूप तथा तत्कालीन भद्र वर्ग की व्यावहारिक कुशलता और ग़दर के परिणामों को देखते हुए यदि 'श्रीनिवासदास' ने उपन्यास लिखते हुए अतिरिक्त सावधानी बरती तो उसके पीछे औपनिवेशिक शासन के बने रहने की

आकांक्षा नहीं बल्कि भारतीयों के स्वावलम्बी होने की नैतिक महत्त्वाकांक्षा ही काम कर रही थी। फिर श्रीनिवासदास यह भी चाहते थे कि उनका उपन्यास ज़्यादा से ज़्यादा पाठकों तक पहुँचे। सम्भवतः उन्हें यह आशंका रही हो कि ब्रिटिश राज की आलोचना करने से उपन्यास को ज़ब्त भी कर लिया जा सकता है। उनके सामने 'देवरानी–जेठानी की कहानी' का आदर्श भी था, प्रकाशित होते ही तत्कालीन पश्चिमोत्तर प्रदेश और अवध के लोकशिक्षा निदेशक ने जिसकी दो सौ प्रतियाँ ख़रीद ली थीं। यह अपने–आप में एक अनूठी घटना थी। उक्त प्रदेश के लेफ़्टिनेंट गवर्नर के पत्रांक 2672 दिनांक 24 जून, 1870 ई. के आदेशानुसार इसके लेखक पं. गौरीदत्त को एक सौ रुपये का सरकारी पुरस्कार भी मिला था। यह हिन्दी के किसी उपन्यास अथवा कथा–साहित्य पर सरकार की ओर से दिया जाने वाला पहला पुरस्कार है।''[48]

श्रीनिवासदास देशोन्नति के उद्देश्य से लेखन में प्रवृत्त हुए थे। उनके लिए लेखन व्यवसाय नहीं बल्कि उद्देश्य था। भारतेन्दु मण्डल के लेखक ब्रजरत्न दास ने लिखा है–''लाला जी ने इतनी छोटी अवस्था होते और बहुधन्धी होते हुए भी हिन्दी की सेवा में भारतेन्दु जी तथा उनके मण्डल का हाथ बँटाने में यथाशक्ति सहयोग दिया था। जबकि मण्डल के अन्य मुख्य नक्षत्रों में सजीवता तथा मनमौजीपन का बोलबाला था तब लाला जी में व्यवहार–दक्षता तथा सांसारिक अनुभव बढ़ा–चढ़ा था। श्रीनिवासदास अपने देशवासियों की रुचि और आर्थिक स्थिति की दरार को पहचानते थे। हिन्दी के प्रति प्रेम का ही यह प्रमाण था कि वे जहाँ कहीं जाते वहाँ के प्रसिद्ध हिन्दी सेवियों से अवश्य मिलते। उन्होंने 'रणधीर प्रेममोहिनी' की प्रतियाँ 'कविवचनसुधा' के ग्राहकों, को 'परीक्षा गुरु' की 'सार सुधानिधि' के ग्राहकों को तथा 'संयोगिता स्वयंवर' की 'भारतेन्दु' मथुरा के ग्राहकों को बिना मूल्य वितरित की थीं और भाषावर्धिनी सभा के सदस्यों को भी इसी प्रकार दी थीं।"[49]

लाला श्रीनिवासदास ने 'परीक्षा गुरु' को 'संसारी वार्ता' कहा। इस 'संसारी वार्ता' में उन्होंने उस समय प्रचलित देशोन्नति की विचारधारा को मिलाकर 'नयी चाल' की पुस्तक लिखी। उनकी दृष्टि में उपन्यास का आधार अनुभव है–वे जीवन और समाज में अपने अनुभवों को एक वार्ता की शक्ल में ढालकर प्रस्तुत करते हैं। वे नैतिक शिक्षा को उपन्यास का

लक्ष्य मानते हैं। नैतिक शिक्षा देने के अनन्तर वे तत्कालीन समाज में प्रचलित बाल–विवाह, बहु विवाह, अशिक्षा जैसे मुद्दों पर ज़्यादा ध्यान नहीं देते। लेकिन वे देश की जनता के वैज्ञानिक दृष्टिकोण की वकालत करते हैं और इस प्रक्रिया में ब्रिटिश मानसिकता की प्रशंसा भी। नवजागरण के इस दौर में, जबकि भारतेन्दु समेत कई रचनाकार और समाजसुधारक गो–हत्या, नागरी लिपि, हिन्दी भाषा और फ़ारसी लिपि, सरकारी सेवाओं में हिन्दू–मुसलमानों का प्रतिशत और ब्रिटिश औपनिवेशिक शासन की 'फूट डालो राज करो' की नीति से प्रभावित होकर साम्प्रदायिक विचारों को अपनी रचनाओं में स्थान दे रहे थे, वहीं लाला जी ने अपनी विचारधारा को इस साम्प्रदायिक सोच से प्रभावित नहीं होने दिया। उपन्यास में एक ही पात्र मुसलमान है, जो हकीम है, और उसके चरित्र को लेखक ने कहीं भी विकृत नहीं किया है। इसकी तुलना में पं. गौरीदत्त और श्रद्धाराम फिल्लौरी ने किसी मुसलमान पात्र की अवतारणा नहीं की है।

ऐसे समय में जबकि भारतेन्दु और उनके सहयोगी किसी न किसी रूप में मुसलमानों की आलोचना कर रहे थे, श्रीनिवासदास ने निर्विवाद रूप से साम्प्रदाकिता और औपनिवेशिक शासन की आलोचना की अभिव्यक्ति के सन्दर्भ में अपनी तटस्थता के सन्दर्भ में अब यदि अन्य भारतीय भाषाओं के उपन्यासों पर एक दृष्टि डालें तो सन् 1870 ई. से 1917 ई. तक किसी भी हिन्दी उपन्यास में औपनिवेशिक शासन की महत्त्वपूर्ण आलोचना का अभाव लक्षित होता है। कुछ पत्र–पत्रिकाओं और मंचों पर कुछ छोटी–मोटी टिप्पणियों के अलावा ठोस रूप में औपनिवेशिक शासन की निन्दा नहीं मिलती। इसके मूल में 1857 ई. के ग़दर के अंग्रेज़ सरकार द्वारा बर्बर दमन की स्मृतियाँ हो सकती हैं। स्वयं बालकृष्ण भट्ट जो पत्रों में प्रायः औपनिवेशिक शासन पर तीखी टिप्पणियाँ करते दिखाई देते हैं 'नूतन ब्रह्मचारी' तथा 'एक अजान सौ सुजान' में ऐसी कोई आलोचना करते नहीं दिखाई देते। बंगला में 1882 ई. में बंकिमचन्द्र का 'आनन्दमठ' प्रकाशित हुआ, इस उपन्यास में भी अंग्रेज़ों की आलोचना नहीं बल्कि प्रशंसा की गयी है। इस उपन्यास का कथ्य विद्रोही हिन्दू संन्यासियों के गुप्त संगठन के आसपास घूमता है। ये संन्यासी मीरजाफ़र के शासन को 'मुसलमानी राज' मानकर उनके ख़िलाफ़ लड़ते हैं। लेखक उपन्यास के अन्त में अंग्रेज़ी शासन को मित्रवत् बताते हुए कहता है कि सन्तानों (संन्यासियों) का विद्रोह इसलिए हुआ है ताकि अंग्रेज़ी राज बन सके

क्योंकि अंग्रेज़ों के बिना राज हुए सनातन धर्म का उद्धार नहीं होगा। अंग्रेज़ी राज में शिक्षा से हम हिन्दुओं को वह सांसारिक ज्ञान मिलेगा जिससे सनातन धर्म का उद्धार होगा। जब तक अंग्रेज़ हम पर यह कृपा करते हैं, तब तक अंग्रेज़ी राज बने रहना चाहिए।

'आनन्दमठ' की इस राजनीतिक चेतना से बंकिमचन्द्र को औपनिवेशिक शासन का पक्षधर मान लेना ग़लत होगा। वैसे ही श्रीनिवासदास का 'साम्प्रदायिक मुद्दों' से बच निकलना या औपनिवेशिक शासन की आलोचना न कर भारतीयों के आत्मान्वेषण पर बल देना उनकी समाज–सुधार की भावना का परिणाम माना जाना चाहिए। हाँ, ये बात ज़रूर है कि नवजागरण के सभी लेखकों की विचारधारा एवं मानसिकता एक–सी नहीं थी जो भारत की उन्नति के न होने के कारणों की खोजबीन अपने समाज के भीतर करते हैं। इसी खोजबीन की अगली सीढ़ी राष्ट्रवादी आलोचना थी, जिसने कालान्तर में औपनिवेशिक शासन के विरोध में राजनीतिक संघर्ष का सैद्धान्तिक आधार प्रस्तुत किया।

उपन्यास के प्रारम्भ में ही लेखक ने अपना मन्तव्य व्यक्त किया है–"जो बात सौ बार समझाने से समझ में नहीं आती वह एक बार की परीक्षा से भलीभाँति मन में बैठ जाती है और इसी वास्ते लोग परीक्षा को गुरु मानते हैं।" स्पष्ट है कि श्रीनिवासदास ने परीक्षा को गुरु सिद्ध करना चाहा है। लेकिन परीक्षा से ही मित्र एवं शत्रु, उचित–अनुचित की पहचान होती है यह तो जाना हुआ शाश्वत सत्य है। सिर्फ़ इसे ही पुनर्स्थापित करना तो श्रीनिवासदास का उद्देश्य नहीं रहा होगा। ब्रिटिश औपनिवेशिक शासन में भारतीयों की ग़ुलामी के मूलभूत कारणों–विशेषकर व्यक्तिगत विचार एवं व्यवहार में परिवर्तन की आकांक्षा से इस उपन्यास के कथानक की रचना की गयी। लेखक वास्तव में "अपने समय में कुछ अंग्रेज़ों के प्रभाव से और कुछ अपनी ही विकृत मध्यकालीनता के प्रभाव से देश और समाज में उत्पन्न होने वाली कुछ सामाजिक और चरित्रगत विसंगतियों और विकृतियों का उद्‌घाटन कर तथा उसका समाधान प्रस्तुत कर कुछ शिक्षा देना चाहता है। इस प्रकार समकालीन परिवेश के यथार्थ को मूर्त कर भारतीय जीवन में उत्पन्न होनेवाली कुछ कुरूपताओं की पहचान उभारना और एक विशिष्ट प्रभावशाली घटना की चोट से एक प्रकाश पैदा करना ही इस उपन्यास का उद्देश्य है।"[50]

ब्रजकिशोर के रूप में लाला श्रीनिवासदास ने स्वयं को ही चित्रित किया है। वह ऐसा आदर्श पात्र है जो नवजागरणकाल का प्रतिनिधि हो सकता है। वह एक ओर पाश्चात्य ज्ञान–विज्ञान, अंग्रेज़ों की व्यावहारिकता, मेहनत आदि गुणों को अपनाता है तो दूसरी ओर प्रबुद्ध गतिशील भारतीय चेतना की महान परम्परा को आत्मसात किये हुए है। उसमें पूर्व और पश्चिम की चेतना का अनोखा सम्मिश्रण है। वह चेतना सम्पन्न नये ज्ञानप्रवाह की जानकारी रखने वाला परिश्रमी व्यक्ति है, जो समझदारी और सहिष्णुता से भटके हुए मित्र लाला मदनमोहन को सही राह पर ले आने में सफल होता है।

लाला मदनमोहन को पैतृक धन पर्याप्त मिला, लेकिन उन्हें इस बात का ज्ञान नहीं कि उन्हें धन–सम्पत्ति की सुरक्षा कैसे करनी चाहिए। दिन–रात चापलूसों से घिरे लाला मदनमोहन क़र्ज़ के बोझ से लदे हैं, लेकिन अंग्रेज़ों की झूठी नक़ल करते हैं। मुंशी चुन्नीलाल, मास्टर शंभूदयाल, पण्डित पुरुषोत्तमदास, हकीम अहमद हुसैन, बाबू बैजनाथ आदि तरह–तरह के पेशेवाले लोग मदनमोहन की चापलूसी करते हैं, पैसा ऐंठते हैं और उनकी ग़लत बातों में भी हाँ में हाँ मिलाते रहते हैं। लाला मदनमोहन को बहकाकर, उकसाकर नयी चीज़ें ख़रीदवाते रहते हैं, जिनमें उनका हिस्सा बँधा रहता है। ब्रजकिशोर इन चापलूस दरबारियों की सच्चाई को जानते हैं और बार–बार मदनमोहन को सचेत करते रहते हैं। उधर दरबारी और चापलूस सभासद मदनमोहन के विलासप्रिय मन को चाटुकारिता भरे शब्दों के कोमल स्पर्श से सहलाकर और उकसाते हैं और लालाजी को ब्रजकिशोर के विरुद्ध करते रहते हैं क्योंकि उन्हें डर है कि मदनमोहन के सँभल जाने पर उनको होने वाली आमदनी बन्द हो जायेगी। मदनमोहन द्वारा ब्रजकिशोर को अपमानित करना इसी षड्यन्त्र का परिणाम है। लेकिन ब्रजकिशोर मदनमोहन से विरक्त नहीं होता वह मित्र का भला करने के लिए हर समय सचेत रहता है।

जब मदनमोहन पर हरकिशोर पैसे के लिए कोर्ट में नालिश कर देता है, तब सारे चाटुकार मुँह मोड़ लेते हैं और मदनमोहन अकेला रह जाता है। ब्रजकिशोर के प्रयास से व्यापारियों का भण्डाफोड़ हुआ तथा मदनमोहन मुक़दमों से पार हुए तथा हवालात से मुक्त हुए। इसी परीक्षा की घड़ी में ही मदनमोहन को शत्रु–मित्र का अन्तर समझ में आ गया।

अन्ततः मदनमोहन ने कृत्रिम और खोखली ज़िन्दगी के स्थान पर एक ठोस यथार्थ तथा मूल्यवादी जीवन जीना शुरू किया।

'परीक्षा गुरु' में ठोस कार्य व्यापार का अभाव दिखाई देता है। छोटे–छोटे संवादों की जगह लम्बे–लम्बे उबाऊ संवाद हैं जो कथारस में बाधा पहुँचाते हैं। उपन्यास में मानव जीवन, चरित्र की दुर्बलता–सबलता की यथार्थ अभिव्यक्ति अपेक्षित होती है, जिसकी कमी इस उपन्यास में खलती है। बालकृष्ण भट्ट ने हिन्दी प्रदीप (1882) दिसम्बर में इसकी समालोचना करते हुए लिखा था–"न जाने क्यों हमें इस लेख में एक प्रकार का रूखापन जँचता है पदों का वह लालित्य और माधुर्य नहीं आया जैसा भारतेन्दु के लेख में होता है नाटक वा उपन्यास के प्रधान अंग श्रृंगार और हास्य कभी–कभी वीर और करुण होते हैं सो उन सबों की इसमें कहीं झलक भी नहीं है क्या निरा विदुर प्रजागर और ठौर–ठौर बैलून आदि वैज्ञानिक बातों के ही भर देने से समस्त लेख चातुरी समाप्त हो गयी, नाविल राइटिंग उपन्यास सम्बन्धी लेख और विज्ञान तथा नीति से क्या सरोकार...।" हिन्दी प्रदीप में ही प्रकाशित दूसरी आलोचना में बालकृष्ण भट्ट ने लिखा था–"हम लोग जैसा और बातों में अंग्रेज़ों की नक़ल करते आते हैं वैसा ही उपन्यास का लिखना भी उन्हीं के दृष्टान्त पर सीखा है। हाल में लाला श्रीनिवासदास जी का 'परीक्षा गुरु' नामक ग्रन्थ जिसे हम उपन्यास में गिनते हैं और जिसकी समालोचना से हमारे प्रिय शुभचिन्तक सा. सु. नि. के सुयोग्य सम्पादक महाशय हमसे कुछ अनमने से हो गये हैं अलबत्ता कुछ–कुछ अंग्रेज़ी नाविल के ढंग पर है परन्तु नाविल प्रौढ़ बुद्धि वालों के लिए लिखे जाते हैं कि निरे स्कूलों के क, ख सीखने वालों के लिए। ग्रन्थकर्ता महाशय को अनेक प्रकार के उपदेश वाक्य और विज्ञान चातुरी प्रकट करना था तो गुलदस्ते इखलाक कि या विद्यांकुर के ढंग की कोई पुस्तक बनाते यदि ये सब ठौर–ठौर के अनुवाद निकाल दिये जायें तो (ऑरिजिनल पोर्शन) असली हिस्सा उस पुस्तक का कुछ रह ही न जायेगा।"

यह सत्य है कि यदि 'परीक्षा गुरु' में से उद्धरण निकाल दिये जायें तो भी कथाप्रवाह में कोई कमी नहीं आयेगी। कथानक पर श्रीनिवासदास की नैतिकतावादी दृष्टि और सुधारवादी चेतना का दबाव स्पष्ट है। दिल्ली के कल्पित रईस का यथार्थ चित्र प्रस्तुत करने को भले वे अपना उद्देश्य मानें,

लेकिन उपन्यास में 'सावधानी' और प्रामाणिकता अपनी अस्मिता के प्रति निरन्तर सचेत है और उन कारणों से वाक़िफ़ भी, जो उसे पराधीन बनाते हैं–उसके सम्बन्ध में लाला श्रीनिवासदास उदाहरण देकर जगह–जगह पर अपनी बात को स्पष्ट करते हैं।

'परीक्षा गुरु' में उद्धरण–बहुलता, भाषागत प्रयोगों की परिष्कारहीनता और उपदेशात्मकता कथारस की रोचकता में व्यवधान प्रस्तुत करते हैं लेकिन साथ ही उपन्यास में ऐसे स्थल भी हैं जहाँ कथा का द्रुत प्रवाह, वर्णन की सजीवता, संवादों की संक्षिप्तता इसे परिष्कृत रचना बनाते हैं। सभी प्रकरणों को अलग–अलग शीर्षक दिये गये हैं–जो भले ही आज के सन्दर्भ में अनुपयुक्त प्रतीत हों लेकिन इतना तो तय है कि पाठक की कौतूहल वृत्ति को उत्तेजित एवं तुष्ट करते हैं। हिन्दी में औपन्यासिक शिल्प के प्रथम प्रयोग की दृष्टि से, उपन्यास के तत्त्वों का समवेत संयोजन 'परीक्षा गुरु' में पहली बार हुआ, जिसका अनुकरण आगे के लेखकों ने किया।

'परीक्षा गुरु' की रोचकता और प्रवाहमयता को बाधित करने वाले तत्त्वों में अनावश्यक उद्धरणों और प्रसंगों को देखा जा सकता है। लेखक इन प्रसंगों के प्रति स्वयं सचेत है, अतः वह भूमिका में लिखता है–"...अलबत्ता जहाँ कुछ विद्याविषय आ गया है वहाँ विवश होकर कुछ–कुछ शब्द संस्कृत आदि के लेने पड़े हैं परन्तु जिनको ऐसी बातों के समझने में झमेला मालूम हो उनकी सुगमता के लिए ऐसे प्रकरणों पर ऐसा चिन्ह लगा दिया गया है जिससे उन प्रकरणों को छोड़कर हरेक मनुष्य सिलसिलेवार वृत्तान्त पढ़ सकता है।"

श्रीनिवासदास ने उपन्यास लेखन के लिए संस्कृत, फ़ारसी और पाश्चात्य साहित्य से प्रेरणा ग्रहण की। भूमिका में इसका उल्लेख करते हुए वे लिखते हैं–"इस पुस्तक को रचने में मुझको महाभारतादि संस्कृत, गुलिस्ताँ वग़ैरे फ़ारसी, स्पेक्टेटर, लार्ड बेकन, गोल्ड स्मिथ, विलियम कूपर आदि के पुराने लेखों और स्त्रीबोध आदि के वर्तमान रिसालों से बड़ी सहायता मिली है..."[51] लाला श्रीनिवासदास देशी माध्यम से पढ़े भारतीय मध्यवर्गीय बुद्धिजीवी वर्ग का प्रतिनिधित्व करते हैं जिसमें एक नयी साहित्यिक और सांस्कृतिक रुचि विकसित होने के संकेत मिलते हैं। उपन्यास के पात्र ब्रजकिशोर के माध्यम से लेखक ने स्वयं को ही

अभिव्यक्त करने का प्रयास किया। एक ऐसा पात्र जो न सिर्फ़ अपनी सबलताएँ जानता है बल्कि दुर्बलताएँ भी, इसलिए उसमें विकास की सम्भावनाएँ दिखाई पड़ती हैं। ब्रजकिशोर 'परीक्षा गुरु' का सहनायक है, विचारवान वकील और कर्तव्यपरायण मित्र के रूप में उसकी अपनी कुछ निश्चित मान्यताएँ हैं। भारतीय तथा पाश्चात्य संस्कृति के व्यावहारिक विश्लेषण के बाद उसने व्यक्ति चरित्र के बारे में एक आदर्श रूप का निर्माण किया है, यह वह रूप है जो उपनिवेश में रहते हुए भी दास नहीं है—श्रीनिवासदास अपनी पुस्तक को 'नयी चाल' की पुस्तक बताते हैं—"यह सच है कि नयी चाल की चीज़ देखने को सबका जी ललचाता है परन्तु पुरानी रीति के मन में समाये रहने और नयी नीति को मन लगाकर समझने में थोड़ी मेहनत होने से पहले—पहल पढ़ने वालों का जी कुछ उलझने लगता है और मन उचट जाता है..." अपनी पुस्तक को लेकर इस प्रकार की शंकाएँ लेखक के मन में आनी स्वाभाविक ही थीं, क्योंकि शिल्प और कथ्य की यह बानगी इससे पहले के उपन्यासों में नहीं देखी गयी। लाला मदनमोहन उच्च मध्यमवर्गीय रईस के अन्तर्विरोधी व्यक्तित्व, प्रदर्शनप्रियता तथा कृत्रिम जीवन—शैली यापन करने वाले पात्र के रूप में हमारे सामने आता है। यह उपनिवेशीकृत शहरी धनाढ्य वर्ग का चरित्र है, जिसकी जानकारी उपन्यास के प्रथम प्रकरण 'सौदागर की दुकान' में ही हो जाती है, जहाँ चाटुकारों से घिरा लाला मदनमोहन 'नयी चाल' के अंग्रेज़ी सामानों को ख़रीदने में प्रवृत्त हो रहा है। दलाली खाने वाले चाटुकार सभासद मिस्टर ब्राइट (सौदागर) की हाँ में हाँ मिला रहे हैं जबकि लाला ब्रजकिशोर अपने मित्र को समझाते हुए कहता है—"खेल तमाशे की चीज़ों भोले—भाले आदमियों का जी ललचाता है, वह सौदागर की सब दुकान को अपने घर ले जाना चाहते हैं, परन्तु बुद्धिमान अपनी ज़रूरी चीज़ों के सिवाय किसी पर दिल नहीं दौड़ाते हैं।"...मुनासिब रीति सै थोड़े ख़र्च में सब तरह का सुख मिल सक्ता है परन्तु इन्तज़ाम और काम के सिलसिले बिना बड़ी से बड़ी दौलत भी ज़रूरी ख़र्चों को पूरी नहीं हो सक्ती, जब थोथी बातों में बहुत सा रुपया ख़र्च हो जाता है तो ज़रूरी काम के लिए पीछे सै ज़रूर तकलीफ़ उठानी पड़ती है।"

उपन्यास के प्रारम्भ में ही इस वक्तव्य से बहुत—सी बातें स्पष्ट हो जाती हैं पहली तो जीवन—यापन के लिए मूलभूत आवश्यकताओं की

पूर्ति ही पर्याप्त है, उसके अतिरिक्त भौतिक वस्तुओं का संग्रह बुद्धिमत्ता नहीं है, दूसरे धन को इस ढ़ंग से व्यय किया जाना चाहिए ताकि सभी प्रकार की आवश्यकताओं की पूर्ति हो सके तथा आपात स्थिति का सामना भी किया जा सके। मदनमोहन ह्रासोन्मुख यथास्थितिवादी सामन्ती वर्ग का प्रतिनिधित्व करता है, जिसे अपनी आय के संसाधनों का, ख़र्च का ठीक–ठीक हिसाब मालूम नहीं। विरासत में मिली सम्पत्ति और चाटुकार मित्रों ने उसे अंग्रेज़ों के बाह्य रूप के अनुकरण की ओर प्रेरित किया है। यह औपनिवेशिक भारत का वह वर्ग है जो अपनी सांस्कृतिक विरासत को विस्मृत कर आडम्बर और भौतिक संसाधनों की ओर दौड़ रहा है और दिनों दिन अप्रामाणिक और असावधान मनुष्य बनता गया है। सत्ताधारी वर्ग इसी असावधान भारतीय के बल पर उपनिवेश को बचाये हुए है। ब्रजमोहन इसी सन्दर्भ में कहता है, "हाय! इन कारीगरी की निरर्थक चीज़ों के बदले हिन्दुस्तानी अपनी दौलत वृथा खोये देते हैं।" ईस्ट इंडिया कम्पनी का व्यापार करने के उद्देश्य से भारत में आना और धनाढ्य वर्ग के ज़रिये आय के संसाधनों का दोहन करना ऐसी ही परिस्थितियों में सम्भव हो पाया, जबकि मदनमोहन जैसे वर्गीय चरित्र अपनी सांस्कृतिक विशेषताओं को भूलकर यूरोपीय संस्कृति की सतही नक़ल में प्रवृत्त हुए। इस प्रक्रिया में भारतीय अर्थव्यवस्था को दोहरा घाटा हुआ पहला तो संसाधनों और कच्चे माल का निर्यात, दूसरा तैयार माल की खपत के लिए भारतीय बाज़ारों का प्रयोग। क्षीण होती अर्थव्यवस्था के कारणों में भारतीयों द्वारा पश्चिम का अन्धानुकरण प्रमुख है। ब्रजमोहन कहता है–"जब तक हिन्दुस्थान मैं और देशों से बड़कर मनुष्य के लिए वस्त्र और सब तरह के सुख की सामग्री तैयार होती थी, रक्षा के उपाय ठीक–ठाक बन रहे थे, हिन्दुस्थान का वैभव प्रतिदिन बढ़ता जाता था, परन्तु जबसे हिन्दुस्थान का एका टूटा और देशों मैं उन्नति हुई बाफ और बिजली आदि कलों के द्वारा हिन्दुस्थान की अपेक्षा थोड़े ख़र्च और थोड़ी मेहनत में काम होने लगा, हिन्दुस्थान की घटती के दिन आ गये, जब तक हिन्दुस्थान इन बातों मैं और देशों के बराबर उन्नति न करेगा यह घाटा भी पूरा न होगा। हिन्दुस्थान की भूमि मैं ईश्वर की कृपा सै उन्नति करने के लायक सब सामान बहुतायत से मौजूद हैं केवल नदियों के पानी ही सै बहुत तरह की कलै चल

सक्ती हैं परन्तु हाथ हिलाये बिना अपने–आप ग्रास मुख मैं नहीं जाता, नयी–नयी उक्तियों का उपयोग किये बिना काम नहीं चलता, पर इन बातों से मेरा यह मतलब हरगिज़ नहीं है कि पुरानी, पुरानी सब बातें बुरी और नयी–नयी सब बातें एकदम अच्छी समझ ली जायें।"

'परीक्षा गुरु' में स्वदेशी की अवधारणा और स्वावलम्बन का भाव ब्रजकिशोर व्यक्त करता है। उसके चरित्र में अंग्रेज़ी शिक्षा और भारतीय सांस्कृतिक परम्परा का सुमेल है। वह बौद्धिक दृष्टि से प्रगतिशील है, तथा इतिहास और मनोविज्ञान के साथ–साथ पश्चिमी ज्ञान और आविष्कारों की जानकारी भी रखता है। वह जड़ रूढ़ियों का पक्षधर नहीं है लेकिन उसके पैर भारतीय परम्परा में दृढ़ता से जमे हुए हैं, उसे वैश्विक इतिहास की गहरी समझ है जिसका उपयोग वह अपनी बात को पुष्ट करने के लिए जगह–जगह करता दिखाई देता है। वह उदीयमान राष्ट्रीय चेतना को वहन करने वाला पात्र है। जो स्वदेशोन्नति के लिए भारतीय मनुष्य की मानसिकता के प्रतिगामी तत्त्वों पर विमर्श करता है–"जिस देश के बहुत से मनुष्य सावधान और उद्योगी होते हैं, उसकी उन्नति होती जाती है और जिस देश मैं असावधान और कमकस विशेष होते हैं उसकी अवनति होती जाती है, हिन्दुस्थान मैं इस समय और देशों की अपेक्षा सच्चे सावधान बहुत कम हैं और जो हैं वे द्रव्य की असंगति सै, अथवा द्रव्यवानों की अज्ञानता सै, अथवा उपयोगी पदार्थों की अप्राप्ति सै, अथवा नयी–नयी युक्तियों के अनुभव करने की कठिनाइयों सै, निरर्थक से हो रहे हैं।"

निःसन्देह हिन्दी का यह पहला उपन्यास सावधानी और प्रामाणिकता पर बृहद् विमर्श करता दिखाई देता है। औपनिवेशिक भारत में स्वदेशी का प्रयोग, कमख़र्ची, बचत, अंग्रेज़ों की अच्छी बातों को व्यवहार में ढालना, उनका अन्धानुकरण न करने बल्कि उनके सद्गुणों का अनुकरण भारतीय चरित्र को एक प्रामाणिक व्यक्ति की पहचान दे सकता है–"हिन्दुस्थानियों को आजकल हर बात मैं अंग्रेज़ों की नक़ल करने का चस्का पड़ रहा है तो वह भोजन, वस्त्रादि निरर्थक बातों की नक़ल करने के बदले उन्के सच्चे सद्गुणों का नक़ल क्यों नहीं करते? देशोपकार, कारीगरी और व्यापारादि मैं उन्की सी उन्नति क्यों नहीं करते? अपना स्वभाव स्थिर रखने में उन्का दृष्टान्त क्यों नहीं लेते? अंग्रेज़ों की बातचीत मैं किसी की निज की बातों की चर्चा करना अत्यन्त दूषित समझा जाता है, किसी की तनख़्वाह या

किसी की आमदनी, किसी का अधिकार या किसी का रोज़गार, किसी की सन्तान या किसी के घर का वृत्तान्त पूछने मैं, पूछा होय तो कहने मैं, कहा होय तो सुन्ने मैं वह लोग आना–कानी करते हैं...उन्के यहाँ निज की बातों के पूछने की रीति नहीं है, उनको देश सम्बन्धी बातें करने का इतना अभ्यास होता है कि निज के वृत्तान्त पूछने का अवकाश ही नहीं मिल्ता परन्तु निजकी बातों से अजान रहने के कारण उन्की प्रीति मैं कुछ अन्तर नहीं आता, मनुष्य का दुराचार साबित होने पर वह उसै तत्काल छोड़ देते हैं परन्तु केवल अफ़वाह पर वह कुछ ख़्याल नहीं करते बल्कि उसका अपराध साबित न हो जब तक वह उसको अपना बचाव करने के लिए पूरा अवकाश देते हैं और उचित रीति सै उसका पक्ष करते हैं।"

आम आदमी को देशी माध्यम से शिक्षित करने की चिन्ता में औपनिवेशिक भारत बौद्धिक वर्ग का प्रमुख सरोकार था। उन्नीसवीं सदी के भारत को सामाजिक आचार–विचार और धार्मिक विश्वासों के परिप्रेक्ष्य में ह्रासोन्मुख समाज के रूप में देखा जाता था, जिसमें स्वतन्त्रता, आस्था एवं तर्कबुद्धि द्वारा रूपान्तरण की आवश्यकता थी। यह रूपान्तरण देशी भाषाओं द्वारा ही सम्भव था। तत्कालीन भारतीय समाज के पिछड़ेपन पर टिप्पणी करते हुए श्रीनिवासदास लिखते हैं–"हिन्दुस्थानियों का सुधरना केवल दिखावे के लिए है वह अपनी रीति भाँति बदलने में सब सुसभ्यता समझते हैं परन्तु असल मैं अपने स्वभाव और विचारों के सुधारने का कुछ उद्योग नहीं करते, बचपन मैं उन्की तबियत का कुछ–कुछ लगाव इस तरफ़ को मालूम होता तो भी मदरसा छोड़ पीछे नाम को नहीं दिखाई देता...विद्या और कला की चर्चा कौन फैलाय?"

इस उद्धरण से यह स्पष्ट है कि लेखक और बुद्धिजीवी वर्ग 'विद्या और कला' की चर्चा फैलाने की बात कहकर अपनी बदलती सांस्कृतिक रुचि का परिचय ही दे रहा था।[52] अन्य भारतीय भाषाओं में भी हिन्दी की तरह ही उपन्यास साहित्य इस नयी सांस्कृतिक रुचि के निर्माण में प्रमुख योगदान दे रहा था। हिन्दी के पाठक जिन्होंने तब तक अंग्रेज़ी उपन्यास के ढंग की कोई रचना नहीं पढ़ी थी, उन्होंने 'अंग्रेज़ी तर्ज़' पर लिखे उपन्यास का स्वागत किया, इस दृष्टि से मुद्रण कला के योगदान को विस्मृत करना सम्भव नहीं है। मुद्रण कला के प्रचार–प्रसार ने पाठकों को उपन्यासों से विशेष परिचित कराने में महत्त्वपूर्ण भूमिका निभाई, विशेषकर

मध्यवर्ग जिसका उदय यूरोप और भारत में अलग–अलग परिस्थितियों और आवश्यकताओं के कारण हुआ, में उपन्यास विधा अत्यन्त लोकप्रिय हुई। उपन्यास को यूरोपीय पुनर्जागरण की साहित्यिक सन्तान कहा गया। यह पुनर्जागरण चौदहवीं–पन्द्रहवीं शताब्दी का वह विशाल और मूलगत सांस्कृतिक आन्दोलन था, जिसने यूरोपीय समाज की मध्ययुगीन जड़ता, रूढ़ि और अन्धविश्वासों को, गाथिक वास्तुविद्या को, संकीर्ण दृष्टिकोण को, ह्रासोन्मुखी अर्थव्यवस्था और सामन्तीय अ–राष्ट्रीयता को बहा दिया, और उसकी जगह सन्देहवाद, व्यक्तिवाद, मुक्ति और राष्ट्रीयता को प्रतिष्ठित किया, धीरे–धीरे पूरे समाज में एक नयी स्फूर्ति और सक्रियता दिखाई देने लगी। "मुद्रण कला के आविष्कार और प्रसार ने एक ऐसा शिक्षित–अर्धशिक्षित पाठक वर्ग उत्पन्न किया जो श्रेष्ठ साहित्य का रस लेने में असमर्थ होते हुए भी पठन व्यसनी था।" भारत में यद्यपि यूरोपीय पुनर्जागरण की सी स्थितियाँ नहीं थीं तो भी इतिहास की विभिन्न शक्तियों के दबाव के कारण आधुनिकता का, एक जीवन पद्धति के रूप में विकास हुआ। इस आधुनिक जीवन पद्धति को वहन करने वाले मध्यवर्ग ने ख़ाली समय को भरने के लिए उपन्यास विधा को ख़ूब पसनद किया। आचार्य हज़ारी प्रसाद द्विवेदी ने नये गद्य के प्रचार के साथ उपन्यास के प्रचार का प्रारम्भ मानते हुए लिखा–"यह आधुनिक वैयक्तिकतावादी दृष्टिकोण का परिणाम है। इसमें लेखक अपना एक निश्चित मत प्रकट करता है, और कथानक को इस प्रकार सजाता है कि पाठक अनायास ही उसके उद्देश्य को ग्रहण कर सके और उससे प्रभावित हो सके। लेखकों का इस प्रकार का वैयक्तिक दृष्टिकोण ही नये उपन्यास की आत्मा है। राल्फ फॉक्स ने इसे आधुनिक सामाजिक जीवन की अभिव्यक्ति माना। उपन्यास ने भारतीय मध्यवर्ग के समक्ष एक ओर पश्चिम का सांस्कृतिक संसार उसके नियन्त्रण में ला दिया तो दूसरी ओर अपनी दुर्बलताओं–सबलताओं को पश्चिम के आईने में रखकर देखने का अवसर दिया। भारतीय अस्मिता की पहचान एक मूलवर्ती चिन्ता के रूप में औपनिवेशिक भारत के बुद्धिजीवी वर्ग को उद्वेलित कर रही थी। पश्चिम का चाहा–अनचाहा बहुत कुछ भारतीय जीवन–शैली में घुल–मिल रहा था, ऐसे में मध्यवर्ग के सामने यह प्रश्न था कि ज्ञान–विज्ञान के विस्तृत होते क्षितिजों से अपने लिये क्या चुने, परम्परा से क्या रखे और क्या छोड़ दे ताकि आने वाली पीढ़ी एक सावधान और प्रामाणिक जीवन जी सके। आचार्य रामचन्द्र शुक्ल ने

'परीक्षा गुरु' को अंग्रेज़ी ढंग का पहला मौलिक उपन्यास कहा तो उनके सामने 'परीक्षा गुरु' का रूपबन्ध ही सामने था। सिर्फ़ रूपबन्ध पर अंग्रेज़ी नॉवेल की छाप देखकर उसे उपनिवेशवादी मानसिकता का पक्षधर मान लेना समीचीन नहीं हैं, क्योंकि हिन्दी गद्य लेखन के प्रारम्भिक दौर में रूपबन्ध इन लेखकों के लिए गीली मिट्टी था, जिसे अपने कथ्य के अनुरूप उन्होंने मनचाहा रूपाकार दिया, कोई उपन्यास के अंग्रेज़ी ढाँचे की ओर गया, कोई आख्यान की भारतीय परम्परा की ओर। महत्त्वपूर्ण यह था कि श्रीनिवासदास जैसे लेखकों ने भारतीय जीवन के यथार्थ और समाज तथा व्यक्ति के परिष्कार के प्रति अपनी सम्पृक्ति और आस्था दिखाई। 'परीक्षा गुरु' में भारतीय जीवन–शैली की आलोचना ब्रजकिशोर द्वारा इसलिए नहीं कराई गयी कि लेखक औपनिवेशिक व्यवस्था से सन्तुष्ट है, या उसका पक्षधर है, बल्कि ब्रिटिश सत्ता और यूरोपीय जीवन–शैली के आईने में भारतीय जन की दुर्बलताओं को देखने–दिखाने के लिए उसने ऐसे रूपबन्ध तथा कथानक का चुनाव किया है। उपदेशात्मक शैली में उद्ध रण देता हुआ वह सावधानी और प्रामाणिकता से परिपूर्ण भारतीय मनुष्य का आदर्श सामने रखता है। यह लेखक की उदारवादी मानसिकता को भी अभिव्यक्त करता है। श्रीनिवासदास ने कथाशिल्प में नवीन प्रयोग किया, तो इसका कारण अंग्रेज़ी उपन्यासों से उनकी सुपरिचिति और हिन्दी में उपन्यासों की किसी ठोस पृष्ठभूमि तथा पथनिर्देश सम्बन्धी किसी संकेत चिह्न का अभाव था। प्रेमचन्द को उपन्यास लेखन की ठोस ज़मीन देने वाले लेखकों में लाला श्रीनिवासदास का नाम सम्मिलित है। भले ही उनमें बंकिमचन्द्र जैसी प्रतिभा न हो, फिर भी उन्होंने अपनी सीमाओं में अपने समय को पढ़ने और अभिव्यक्त करने का प्रामाणिक प्रयास किया। प्रेमचन्द ने उनकी विरासत से सृजनात्मक ऊर्जा अवश्य ग्रहण की और जो लिखा वह अपने समय के भारतीय समाज का यथार्थ ही था। 'परीक्षा गुरु' अपनी यथार्थगत गहराई के अभाव तथा कलात्मक शिथिलता के बावजूद एक सही शुरुआत के रूप में महत्त्वपूर्ण माना जायेगा।"[53]

सन्दर्भ

1. रस्साकशी–वीर भारत तलवार, पृ. 397
2. वही, पृ. 397
3. परीक्षा गुरु–लाला श्रीनिवासदास, पृ. 145

4. राष्ट्रीय नवजागरण और साहित्य–कुछ प्रसंग : कुछ प्रवृत्तियाँ, वीर भारत तलवार।
5. हिन्दी प्रदीप–बालकृष्ण भट्ट, फ़रवरी 1880 अंक।
6. परीक्षा गुरु–लाला श्रीनिवासदास, पृ. 55
7. भाग्यवती, पृ. 79, 1988 संस्करण, ऋषभचरण जैन एवं सन्तति प्रकाशन।
8. राष्ट्रीय नवजागरण और साहित्य–कुछ प्रसंग : कुछ प्रवृत्तियाँ, लेख : वीर भारत तलवार।
9. क्वेस्ट एंड कंफ्रन्टेशंस–अरविन्द पोद्दार–18–186., *Indian Institute of advance studies,* 197, शिमला, पृ. 88–89
10. भारत में अंग्रेज़ी राज (1929), भाग तीन–सुन्दरलाल, पृ. 10
11. कविवचन सुधा–सं. भारतेन्दु।
12. भारतेन्दु ग्रन्थावली (खण्ड–एक), संकलन एवं सम्पादन–शिवप्रसाद मिश्र, नागरी प्रचारिणी सभा, वाराणसी, द्वितीय संस्करण, पृ. 788
13. नाटक पुस्तिका–भारतेन्दु।
14. हरिश्चन्द्र चन्द्रिका, खण्ड–11, सं. 3 दिसम्बर, 1844 ई.
15. भारतीय रंगमंच का विवेचनात्मक इतिहास–अज्ञात, पृ. 128
16. कविवचन सुधा–17 अगस्त 1872, पृ. 197–198
17. तप्ता संवरण–श्रीनिवासदास, पृ.1–2
18. रणधीर प्रेममोहिनी–श्रीनिवासदास, निवेदन।
19. संयोगिता स्वयंवर, पृ. 4
20. नाटक पुस्तिका–भारतेन्दु प्रस्तावना, 184
21. सत्य हरिश्चन्द्र–भारतेन्दु, प्रस्तावना।
22. भारतीय रंगमंच का विवेचनात्मक इतिहास–अज्ञात
23. भारतेन्दु मण्डल–ब्रजरत्नदास।
24. हिन्दी उपन्यासों में बौद्धिक विमर्श–गरिमा श्रीवास्तव, संजय प्रकाशन
25. परीक्षा गुरु–लाला श्रीनिवासदास, पृ. 8
26. भारतेन्दु की खड़ीबोली का भाषिक विश्लेषण–उषा माथुर, नागरी प्रचारिणी सभा, पृ. 24
27. भारतेन्दु उत्सावली, पृ. 16
28. परीक्षा गुरु–लाला श्रीनिवासदास, पृ. 33 (गणपत श्रीकृष्ण जी के छापाख़ाने में छपा)।
29. परीक्षा गुरु–लाला श्रीनिवासदास, पृ. 295–296
30. श्रीनिवासदास ग्रन्थावली–सं. श्रीकृष्णलाल
31. परीक्षा गुरु–लाला श्रीनिवासदास, पृ. 295–296
32. हिन्दी साहित्य का इतिहास–संशोधित (छठा सं.), पृ. 473
33. हिन्दी साहित्य कोश भाग–2–सं. धीरेन्द्र वर्मा।
34. परीक्षा गुरु–प्रकरण–7, पृ. 53

35. 'परीक्षा गुरु' का प्रथम संस्करण श्री उदयशंकर शास्त्री (हिन्दी विद्यापीठ, आगरा विश्वविद्यालय, आगरा) के पास मिला–हिन्दी उपन्यास कोश, गोपाल राय, पृ. 37 प्रथम भाग, ग्रन्थ निकेतन, पटना।

36. हिन्दी प्रदीप जिल्द 6, सं. 4 (दिसम्बर 1882), पृ. 12–13 में प्रकाशित 'परीक्षा गुरु' की आलोचना के कुछ महत्त्वपूर्ण अंशों को गोपाल राय ने हिन्दी उपन्यास कोश–पृ. 37–38 (भाग–1) में उद्धृत किया है जो इस प्रकार है–

"प्रथम तो हमें हर्ष इस बात का है कि महाजनों में एक ऐसा चमत्कारी प्रतिभासम्पन्न पुरुष हो निकला...। इस उपन्यास की भाषा और 'प्लॉट' बन्दिश दोनों बहुत कुछ सराहने के योग्य है ग्रन्थकर्ता ने अंग्रेज़ी, फ़ारसी, संस्कृत और विज्ञान में अपनी लियाकत जहाँ तक हो सका भरपूर इसमें प्रकट किया है पर न जानिये क्यों हमें इस लेख में एक प्रकार का रूखापन जँचता है पदों का वह लालित्य और माधुर्य नहीं आया जैसा बाबू हरिश्चन्द्र के लेख में होता है, नाटक वा उपन्यास के प्रधान अंग शृंगार, हास्य कभी–कभी वीर और करुण होते हैं सो उन सबों की इसमें कहीं झलक भी नहीं है, क्या निरा विदुर प्रजागर और ठौर ठौर बैलून आदि वैज्ञानिक बातों ही के भर देने से समस्त चातुरी समाप्त हो हो गयी, नॉवेल राइटिंग उपन्यास सम्बन्धी लेख और विज्ञान तथा नीति से क्या सरोकार बहुत लोग नॉवेल जैसा मिस्टसीज आदि किताबें हैं, उनका पढ़ना बुरा समझते हैं और उपन्यासों को 'इम्मोरल' एसेट उपदेशक कहकर बदनाम कर रखा है पर सच पूछो तो बुराइयों का परिणाम दिखाकर अपनी लेखनशक्ति के द्वारा पढ़ने वालों का जो आकर्षण करते जाना जैसा संस्कृत में 'कादम्बरी' में है, अन्त को एक अपूर्व उपदेश निकालना उपन्यास ही में है सो बातें इसमें नहीं पायी जातीं, अस्तु फिर भी जहाँ कोई पेड़ नहीं वहाँ रेड़ ही रुख हिन्दी में अब तक कोई उत्तम उपन्यास नहीं छपे, इसलिए यह अवश्य उत्तमोत्तम है क्योंकि कवि की उक्ति है "सतुतत्रविशेषदुर्लभः सदुपन्यस्यतिकृत्यवर्त्मयः" दूसरी बात लाला श्रीनिवासदास की यह अति प्रशंसनीय है कि सा.सु. निधि के ग्राहकों में इसे मुफ़्त बाँटा जिससे कितने लोगों को उपन्यास पढ़ने का शौक हो जायेगा और देखा–देखी कदाचित् और लोग भी नॉवेल लिखने का मन करे तो क्या अचरज है, अन्त को श्रीनिवासदास को अनेक धन्यवादपूर्वक हम इस ग्रन्थ को स्वीकार करते हैं।"

37. 'परीक्षा गुरु' के द्वितीय संस्करण की एक प्रति आर्यभाषा पुस्तकालय, काशी (नागरी प्रचारिणी सभा) में विद्यमान है।

38. प्रा.स्था. पटना कॉलेज पुस्तकालय, पटना (भूल से मुखपृष्ठ पर इसे दूसरा संस्करण कहा गया है–हिन्दी उपन्यास कोश–गोपाल राय, भाग–एक, पृ.सं. 39–4

39. राष्ट्रीय नवजागरण और साहित्य–कुछ प्रसंग : कुछ प्रवृत्तियाँ–वीर भारत तलवार का लेख शीर्षक : देशोन्नति का अर्थ : हिन्दी उपन्यास का आरम्भ।
40. एडवर्ड शिल्स–दि इंटेलेक्चुअल बिटविन ट्रेडिशन एंड मॉडर्निटी : दि इंडियन सिचुएशन, हेग, 1961
41. परीक्षा गुरु–पृ. 145
42. राष्ट्रीय नवजागरण और साहित्य कुछ प्रसंग कुछ प्रवृत्तियाँ–वीर भारत तलवार, पृ. 5
43. Macaulay's minutes of 1835
44. भारत में अंग्रेज़ी राज (भाग–3)–सुन्दरलाल, इसके साथ देखिए।
    "दि क्राइसिस ऑफ इंडियन सिविलाइज़ेशन इन द एटींथ एंड नाइंटींथ सेंचुरीज़, लन्दन 1938 साथ ही देखिए चार्ज बीचर्स–इंटेलेक्चुअल एंड कल्चरल कैरेक्टरस्टिक्स ऑफ़ इंडिया इन ए चेंजिंग इरा 1740–1850, जर्नल ऑफ़ एशियन स्टडीज नवम्बर 1965, वे लिखते हैं–1740–1800 तक भी भारत की संस्कृति उस समाज की सजीव अभिव्यक्ति थी जो अपने भाग्य का निर्माता खुद दिखाई देता है...इस समाज ने अपने विभिन्न स्तरों पर, अभिजात स्तर पर भी और जन स्तर पर भी, विविधता और गुणवत्ता दोनों दृष्टियों से प्रचुर कला, संगीत, साहित्य और विद्वत्ता की सृष्टि की।
45. सेलेक्शंस फ्रॉम एजुकेशनल रिकार्ड्स–पार्ट–वन, 1781, एच शार्प, 1839, कलकत्ता 192, पृ. 116
46. दि एशियाटिक सोसायटी ऑफ़ बंगाल–ओ.पी. केजरीवाल, पृ. 23
47. प्रास्पेरो एंड कैलिबान–दि साइकोलॉजी ऑफ़ कोलोनाइज़ेशन–ओ मेनोनी, एन अर्बोर, 1990, पृ. 39–40
48. आलोचना–अप्रैल–जून 2002, पृ. 103
49. भारतेन्दु मण्डल–ब्रजरत्नदास, पृ. 47
50. सामाजिक यथार्थ चेतना का प्रथम उपन्यास : 'परीक्षा गुरु'–रामदरश मिश्र, पृ. 7
51. परीक्षा गुरु–श्रीनिवासदास, निवेदन, पृ. 3
52. आधुनिक साहित्य और इतिहास बोध–नित्यानन्द तिवारी, पृ. 37
53. सामाजिक यथार्थ चेतना का प्रथम उपन्यास : 'परीक्षा गुरु' भूमिका, सं. रामदरश मिश्र।

4

नवजागरण और किशोरीलाल गोस्वामी

हिन्दी के प्रारम्भिक उपन्यासकारों में किशोरीलाल गोस्वामी अग्रणी हैं। गोस्वामी जी ने उस समय उपन्यास लेखन प्रारम्भ किया, जिस समय हिन्दी में उपन्यास लेखन के नाम पर अनुवाद हो रहा था, उस समय वे मौलिक उपन्यासों के साथ इस क्षेत्र में आये। उन्होंने लिखा–"बड़े क्षोभ का विषय है कि हिन्दी के रसिकों के अभाव के कारण हिन्दी–भाषा में भी अभी तक उपन्यास का पूरा अभाव ही समझा जाना चाहिए। उसका एक यह भी प्रमाण हो सकता है कि आज तक हमने दस–पन्द्रह उपन्यास हिन्दी में लिखे हैं, पर दो–एक के अतिरिक्त अभी सब के सब पड़े हैं।" किशोरीलाल गोस्वामी के इस वक्तव्य से स्पष्ट है कि वे सोद्देश्य ही उपन्यास–लेखन में प्रवृत्त हुए थे, यद्यपि उन्होंने नाटक और काव्य विधा में भी अपनी कलम चलायी लेकिन उपन्यास के क्षेत्र में उनका विशेष मन रमा और उन्होंने छोटे–बड़े लगभग 65 उपन्यास लिख डाले। किशोरीलाल गोस्वामी को हिन्दी में ऐतिहासिक रोमांसों की परम्परा का जन्मदाता माना जाता है। इन्होंने लगभग 12 ऐतिहासिक रोमांसों की रचना की थी–(1) हृदयहारिणी वा आदर्श रमणी (1890); (2) लवंगलता वा आदर्शबाला (1890); (3) गुलबहार वा आदर्श भ्रातृ' प्रेम (1902); (4) तारा वा क्षात्र कुल कमलिनी (1902); (5) कनक कुसुम वा मस्तानी (1904); (6) हीराबाई वा बेहयायी का बोरका (1904); (7) सुलताना रज़िया बेगम वा रंगमहल में हलाहल (1904); (8) मल्लिका देवी वा बंग सरोजिनी (1905); (9) लखनऊ की क़ब्र वा शाही महलसरा (1906–1916); (10) सोना और सुगन्ध वा पन्नाबाई (1909); (11) लाल कुँवर वा शाही रंगमहल (1909) तथा (12) गुप्त गोदना (1922–23)।

गोस्वामी जी को प्रेमचन्द पूर्व उपन्यासकारों में एकमात्र ऐसा उपन्यासकार माना गया, जिनकी कृतियों में एक साथ अनेक औपन्यासिक प्रवृत्तियों के रंग मिलते हैं–उनके उपन्यासों में सामाजिकता, आदर्शवादिता, ऐतिहासिकता, कल्पनाशीलता के साथ तिलस्म और ऐयारी का मायाजाल भी मिलता है। ''ऐतिहासिक उपन्यासों में वे ऐतिहासिक तथ्यों के साथ–साथ कल्पनाशीलता को समन्वित करते चलते हैं तो सामाजिक उपन्यासों में वे यथार्थ के साथ–साथ मनोविज्ञान की डोर को थामते हुए काल्पनिक छटाएँ भी बिखेरते चलते हैं।'' (हिन्दी के निर्माता, कुमुद शर्मा; प्रकाशक भारतीय ज्ञानपीठ : 76)।

गोस्वामी जी के उपन्यासों को ब्रजरत्नदास ने तीन श्रेणियों तिलस्मी, ऐतिहासिक तथा सामाजिक–में विभक्त करते हुए लिखा है–''इनके ऐतिहासिक उपन्यासों में नाम–मात्र को इतिहास का आधार लिया गया है और वे वास्तव में किसी शुद्ध ऐतिहासिक घटना को लेकर नहीं चले। इनके सामाजिक उपन्यास भी इसी प्रकार रोमांचकारी घटनाओं तथा साधारण वासनामय प्रेम को लेकर ही निर्मित हुए हैं और वे कोई शुद्ध सामाजिक तथ्य या उद्देश्य को लेकर नहीं लिखे गये हैं। इनके उपन्यासों में कुछ तिलिस्मी करामात तथा साधारण ऐयारी का भी समावेश हुआ है। तात्पर्य यह है कि इनके उपन्यासों में कोरा घटना घटाटोप ही नहीं है, प्रत्युत कुछ अच्छे चित्ताकर्षक वर्णन भी हैं। कुछ चरित्रचित्रण का भी प्रयास तथा समाज के वासनामय सजीव चित्र भी हैं। यद्यपि गोस्वामी जी ने नायक–नायिकाओं के प्रेम, उनके मिलन की बाधाओं तथा अन्त में मिलनेवाली पुरानी परम्परा ही को प्रधान रूप से ग्रहण किया है पर तब भी यह उसके बाहर विस्तृत संसार के अन्य वर्ण्य वस्तुओं की ओर भी झुके हैं और इनका समावेश भी अपने उपन्यासों में इतस्ततः किया है पर वह गौण ही रह गया है।

गोस्वामी जी ने जिस प्रेम का विवरण प्रायः अपने सभी उपन्यासों में दिया है वह शुद्ध सात्विक प्रेम नहीं है जो सारी सृष्टि का पोषक तथा सभी उच्च साहित्य तथा कलाओं का प्राण है। इनका प्रेम आसक्ति–वासना की निम्नतम कोटि तक पहुँच गया है और इसी का इन्होंने शोख रंगों में चित्रण किया है। इनकी नायिकाओं में से एक भी कुलवधू के उच्च संयत तथा शुद्ध प्रेम को नहीं पहुँच सकी है प्रत्युत् ऐसा ज्ञात होता है कि वे

वास्तविक प्रेम को जानती ही नहीं। उनमें यौवनकालीन अदमनीय तथा उच्छृंखलित वासनामय आसक्ति मात्र है जो दूसरों को केवल आकर्षित कर सकती है। उनमें स्थायित्व हो नहीं सकता। ऐसे वर्णनों का नवयुवक पाठकों पर अच्छा प्रभाव नहीं पड़ता। गोस्वामी जी ने न मालूम किस अशुभ साइत में किस कुविचार से चपला लिखना आरम्भ किया था कि वह ऐसी बन पड़ी है कि सभी उसकी ओर संकेत कर उसे अपठनीय बतला देते हैं। गोस्वामी जी को अपने समय के समाज का, भला या बुरा, पूरा ज्ञान तथा अनुभव था और वह सभी में सम्मिलित भी होते थे, इसलिए इन्होंने उसका वर्णन बहुत अच्छा किया है पर निम्न पक्ष ही का विशेष रूप से। बातचीत कथोपकथन में वह स्वयं अत्यन्त पटु थे और बनारसी बोली में उनकी बातचीत अत्यन्त सरस तथा वक्रतापूर्ण होती थी। ऐसी अवस्था में इनको अपने उपन्यासों के कथोपकथन में बहुत सफलता मिली है।

ऐतिहासिक उपन्यासों के लिखने में कोरा इतिहास–ज्ञान ही अपेक्षित नहीं है। इतिहास केवल सुश्रृंखलित रूप में घटनाक्रम, वंश, परम्परा आदि का विवरण उपस्थित करता है और उपन्यास में केवल इतने ज्ञान से काम नहीं चलता। उपन्यास के पात्र सजीव, चलते–फिरते, दुःख–सुख उठाते हुए चित्रित करने पड़ते हैं, जिससे उनके समय के खान–पान, वस्त्र व सवारी आदि का उनकी सामाजिक स्थिति के अनुकूल ज्ञान रखना बहुत आवश्यक हो जाता है। इस सबके लिए तत्कालीन अनेक ग्रन्थों का अध्ययन विशेष परिश्रम–साध्य है और इसका गोस्वामी जी में नितान्त अभाव है। यही कारण है कि इनके ऐतिहासिक उपन्यास असफल रहे। कह सकते हैं कि इनमें नाम मात्र इतिहास से लिए गये हैं पर वे ऐतिहासिक नहीं हैं।''

यह टिप्पणी गोस्वामी जी के साहित्य को परखने की भोथरी दृष्टि की परिचायक है। दरअसल जिस समय गोस्वामी जी उपन्यास लेखन के क्षेत्र में आये उस समय सिर्फ़ देवकीनन्दन खत्री ही ऐसे रचनाकार थे, जिन्होंने उपन्यास लेखन को अति–गम्भीरता से लिया था। खत्री जी और किशोरीलाल गोस्वामी दोनों ही उपन्यास के पाठकों के निर्माण का कार्य कर रहे थे। खत्री जी द्वारा सम्पादित 'उपन्यास लहरी' और गोस्वामी जी का 'उपन्यास' शीर्षक मासिक पत्र इस दिशा में चिन्तन के परिणाम थे। 'उपन्यास' शीर्षक मासिक पत्र में वे उपन्यासों का धारावाहिक प्रकाशन

किया करते थे। उपन्यासों की ओर आकर्षित करने का उनका अपना ही ढंग था। 'उपन्यास' को मासिक पुस्तक कहते हुए वे उपन्यासों का विज्ञापन करते थे। मसलन 1890 में प्रकाशित 'लवंगलता वा आदर्शबाला' तथा 'हृदयहारिणी वा आदर्शरमणी' के सन्दर्भ में उन्होंने जो विज्ञप्ति निकाली वह इस प्रकार है–"...जिन उपन्यास–प्रेमियों को इस 'मासिक पुस्तक' का ग्राहक होना हो, वे शीघ्र ही दो रुपये भेज कर ग्राहक बन जायें। और जो नमूना देखना चाहें, वे चार आने का टिकट भेजें। हाँ इतना ध्यान रहेगा कि जो महाशय चार आने भेज कर नमूना मँगायेंगे वे यदि पीछे ग्राहक हो जायेंगे, तो उनसे चार आने मुजरे देकर पौने दो रुपये ही लिये जायेंगे। वी. पी. का ख़र्च एक आना ग्राहकों को ही देना होगा। हाँ, डाक महसूल कुछ नहीं लगेगा। इस विषय की चिट्ठी–पत्री आदि नीचे लिखे ठिकाने से भेजना चाहिए।"

श्री किशोरीलाल गोस्वामी
सम्पादक 'उपन्यास मासिक–पुस्तक'
श्री सुदर्शन प्रेस, वृन्दावन (मथुरा), उ.प्र.

इसी तरह 'माधव–माधवी वा मदन–मोहिनी' के मुखपृष्ठ के पीछे छपी विज्ञप्ति में यह बताया गया है कि 'उपन्यास' मासिक पुस्तक क्या है? रंगीले, सजीले, भड़कीले, चटकीले, अनूठे, अनोखे, जानदार और शानदार बेजोड़ उपन्यासों की यह बहुत पुरानी और बढ़िया मासिक पुस्तक है जो लगभग पिछले सोलह बरसों से निकल रही है। इस मासिक पुस्तक में हर महीने चुहचुहाते और फड़कते हुए चित्र–विचित्र घटनाओं से भरे हुए नये–नये उपन्यास छपा करते हैं जिनका हर पेज दिलचस्पी, तर्बीयतदारी, रोचकता और मनोहरता से लबालब भरा रहता है।" (माधव–माधवी–वा मदनमोहिनी, दूसरा सं. 1916, पृ. 175)

'प्रणयिनी परिणय' गोस्वामी जी का पहला उपन्यास था जो 1887 में लिखा गया परन्तु 1890 में प्रकाशित हो पाया। सुदर्शन प्रेस, वृन्दावन से किशोरीलाल गोस्वामी ने अपने 32 उपन्यासों का मुद्रण किया जिनकी क़ीमत डिमाई अठपेजी आकार के 24 से 28 पृष्ठों की दो आने, 100 पृष्ठों तक के उपन्यास की आठ आने तथा 450 पृष्ठों तक के उपन्यास की दो रुपये रखी गयी। पाठकों की सुविधा के लिए 32 उपन्यासों (लगभग पाँच

हज़ार पृष्ठ) के सेट का मूल्य मात्र 26 रुपये 3 आने रखा गया। आगे चलकर 1909 के आसपास क़ानूनी अड़चनों के कारण 'उपन्यास मासिक' पुस्तक बन्द हो गयी। फिर से, 1913 में वृन्दावन मथुरा में 'स्वकीय प्रेस' की स्थापना कर उन्होंने अपने उपन्यासों का पुनर्मुद्रण प्रारम्भ किया। 1915 ई. में 'उपन्यास मासिक' का प्रकाशन फिर से शुरू हुआ। उपन्यास मासिक लगभग 40 पृष्ठों की पत्रिका थी। डाक व्यय सहित इसका वार्षिक शुल्क मात्र दो रुपये था। उसमें उपन्यास निरन्तर धारावाहिक रूप में छपते रहते थे। ज्ञानचन्द जैन के अनुसार, "उनके इस पत्र ने ग्राहकों को दो रुपये में घर बैठे 480 पृष्ठों के उपन्यास सुलभ करके उपन्यास को हिन्दी की सबसे लोकप्रिय विधा बना देने में महत्त्वपूर्ण योगदान किया। उनके बहुत से बहुचर्चित उपन्यास इसी पत्र में धारावाहिक रूप में छपे।"

किशोरीलाल गोस्वामी ने अनेक ऐतिहासिक उपन्यासों की रचना की। इनमें इतिहास कम, कल्पना अधिक है। इस सम्बन्ध में अपने दृष्टिकोण को स्पष्ट करते हुए इन्होंने लिखा है, "हमने अपने बनाये उपन्यासों में ऐतिहासिक घटना को गौण और अपनी कल्पना को मुख्य रक्खा है; और कहीं–कहीं तो कल्पना के आगे इतिहास को दूर ही से नमस्कार कर दिया है।" अधिकांश उपन्यासों का सम्बन्ध मुस्लिम शासन–काल से है। गुलाम वंश की सुल्ताना रज़िया (तेरहवीं शताब्दी) से लेकर नवाबों के पतन तक के लेखक क्योंकि मुसलमान थे; अतः गोस्वामी जी का विचार था कि उन्होंने अपनी जाति के शासकों के पक्ष में हिन्दुओं को नीचा दिखाने के लिए घटनाओं को तोड़ा–मरोड़ा है और अनेक प्रकार की काल्पनिक तथा झूठी कथाएँ गढ़कर भर दी हैं। इसी से इन्होंने यूरोपीय लेखकों की सामग्री से सहायता लेने का निश्चय किया। लेकिन दूसरों पर आरोप लगाना जितना सरल है, स्वयं निष्पक्ष रहकर काम करना उससे भी अधिक कठिन। कहने का तात्पर्य यह है कि गोस्वामी जी ने ऐतिहासिक घटनाओं को अपने संस्कारों के अनुरूप ढालने में कोई प्रयत्न नहीं किया है। हिन्दुओं पर कुछ मुसलमान शासकों के अत्याचार से किसका मन क्षुब्ध नहीं होता? इनमें से कुछ लोग स्वभाव से विलासी थे। दूसरी ओर राजपूतों की वीरता और उनके चरित्र की उच्चता में भी किसी को सन्देह नहीं है। लेकिन गोस्वामी जी ने बादशाहों और नवाबों की लम्पटता, क्रूरता और कायरता तथा उनकी बेगमों और बाँदियों की विलासिता, चरित्रहीनता और छल–कपट का जैसा वर्णन किया है, वह निश्चित रूप से अन्यायपूर्ण

और अतिरंजित है। मुस्लिम संस्कृति के किसी शुभ पक्ष की ओर इनकी दृष्टि गयी ही नहीं। साथ ही इनके उपन्यासों में कहीं–कहीं काल–दोष भी पाया जाता है। पण्डितराज जगन्नाथ सत्रहवीं शताब्दी के कवि थे और शाहजहाँ के शासन–काल में जीवित थे, यहाँ तक कि 'पण्डितराज' की उपाधि उन्हें शाहजहाँ से ही प्राप्त हुई थी; लेकिन किशोरीलाल गोस्वामी ने उन्हें अपने उपन्यास 'सोना और सुगन्ध वा पन्नाबाई' में अकबर के दरबार में दिखाया है।

किशोरीलाल गोस्वामी ने बीसवीं शताब्दी के पहले दशक में लगभग 26 उपन्यास लिखे, जिनमें ग्यारह ऐतिहासिक, आठ सामाजिक, दो तिलस्मी–ऐयारी, तीन जासूसी तथा दो अनुवाद थे। उनके बारह निम्नलिखित बहुचर्चित सामाजिक तथा ऐतिहासिक उपन्यासों का प्रकाशन 'उपन्यास मासिक', पुस्तक में धारावाहिक रूप में हुआ–

1. कुसुमकुमारी 2. राजकुमारी 3. लीलावती 4. चपला 5. माधवी–माधव 6. तारा 7. सुल्ताना रज़िया बेगम 8. हृदयहारिणी 9. लवंगलता 10. मल्लिका देवी 11. पन्नाबाई 12. लखनऊ की क़ब्र।

गोस्वामी जी द्वारा लिखे गये ऐतिहासिक उपन्यासों में 'तारा वा क्षात्रकुल कमलिनी' बहुचर्चित उपन्यास था। इससे पहले वे चार छोटे और मँझोले ऐतिहासिक उपन्यास लिख चुके थे। 'तारा' के निवेदन में उन्होंने ऐतिहासिक उपन्यास लेखन के सम्बन्ध में दृष्टिकोण प्रस्तुत करते हुए लिखा–''जैसे 'इतिहास की मूलभित्ति सत्य है, वैसे ही उपन्यास की मूलभित्ति कल्पना है।' सत्य घटना बिना जैसे इतिहास 'इतिहास' नहीं, वैसे ही योग्य कल्पना बिना उपन्यास भी 'उपन्यास' नहीं कहला सकता। इतिहास में जैसे वास्तविक घटना बिना काम नहीं चलता, वैसे ही उपन्यास में भी कल्पना का आश्रय लिए बिना प्रबन्ध नहीं लिखा जा सकता। ऐसी अवस्था में 'ऐतिहासिक' उपन्यास लिखने के लिए इतिहास के सत्यांश के साथ तो कल्पना की थोड़ी ही आवश्यकता पड़ती है।'' आगे वे लिखते हैं, "पर जहाँ इतिहास की घटना जटिल, सत्याभास मात्र और कपोल कल्पित भासती है, वहाँ लाचार हो, इतिहास को बाँधकर कल्पना ही अपना पूरा अधिकार फैला लेती है।" उनका तर्क था कि यदि लेखक को ऐतिहासिक सत्य जटिल और कल्पित लगे तो उसे इतिहास का दामन छोड़कर अपनी कल्पना का पूरा साम्राज्य फैला लेने का अधिकार है।

गोस्वामी जी ने 'तारा वा क्षात्र कुल–कमलिनी' के निवेदन में बता दिया कि उन्होंने ऐतिहासिक घटना को 'गौण' और कल्पना को 'मुख्य' रखा है और कहीं–कहीं तो कल्पना के आगे 'इतिहास' को दूर से ही नमस्कार भी कर दिया है। इस उपन्यास का प्रकाशन सन् 1902 में हुआ और इसके तीन संस्करण छपे। आलोचकों ने 'तारा' पर 'लन्दन रहस्य' के लेखक रेनाल्ड साहब के उपन्यास की गहरी छाया मानी थी। उपन्यास का कथानक इस प्रकार है–

तारा जोधपुर के महाराज गजसिंह के पुत्र राणा अमरसिंह की पुत्री थी। गजसिंह ने किसी बात पर अप्रसन्न होकर जब अमरसिंह को राज्य से निकाल दिया, तो वे शाहजहाँ से मिले और उसके विश्वासपात्र बन गये। यह बात बादशाह के खज़ांची सलावतख़ाँ को बुरी लगी और वह उससे ईर्ष्या करने लगा। शाहजहाँ की सन्तानों में राजनीतिक दाँव–पेंच चलने वालों में एक ओर औरंगजेब और रोशनआरा थे, दूसरी ओर दारा की सहेली थी। पिता ने उसका विवाह उदयपुर के युवराज राजसिंह के साथ निश्चित कर दिया था। लेकिन उसके रूप के कारण दारा और सलावतख़ाँ दोनों ही उसे अपने अधिकार में करना चाहते थे। तारा अपनी सहेली रम्भा की सहायता से आगरा के क़िले से निकल भागने का प्रयत्न करती है। सलावतख़ाँ इसमें बाधा पहुँचाता है। सहसा सलावतख़ाँ की हत्या भरे दरबार में अमरसिंह के हाथ से होती है। उसी घटना में अमरसिंह भी मारे जाते हैं। अन्त में राजसिंह तारा का उद्धार करते हैं और दोनों विवाह के सूत्र में बँध जाते हैं।

यह उपन्यास ऐतिहासिक घटनाओं पर आधारित है। गोस्वामी जी ने टाड के 'राजस्थान' के अतिरिक्त यूरोपीय इतिहासकारों और लेखकों से अपने उपन्यास के लिए सामग्री जुटायी है। रोशनआरा और जहाँआरा दोनों ही, राजनीति की बागडोर को अपने हाथ में लेने के लिए कूटनीति से काम लेती हैं। वे शक्ति की उपासिका ही नहीं, विलास की पुतलियाँ भी हैं और नौकरों तक से प्रेम प्रदर्शित करने में संकोच का अनुभव नहीं करतीं। आगरे का क़िला, राजनीति का ही नहीं, भोग–विलास और प्रणय की चंचल क्रीड़ाओं का भी अखाड़ा बना हुआ है। उपन्यास के कथानक में जासूसी और ऐयारी के लिए भी लेखक ने अवकाश निकाल लिया है।

इतिहास के इस अंश को लेकर बँगला के प्रसिद्ध उपन्यासकार बंकिमचन्द्र चट्टोपाध्याय ने भी थोड़े हेर–फेर के साथ 'राजसिंह' नाम से एक ऐतिहासिक उपन्यास की रचना की थी जिसका प्रकाशन गोस्वामी जी के उपन्यास से बहुत पहले सन् 1882 में हुआ था। ऐसी कल्पना की जा सकती है कि गोस्वामी जी को इस ग्रन्थ से प्रेरणा मिली होगी।

शाहजहाँ के जीवन–काल में मुग़ल शहज़ादों और शहज़ादियों को लेकर जिस वातावरण का चित्रण गोस्वामी जी ने किया है, वह शक्ति की लिप्सा, छल–प्रपंच और उद्दाम वासना से पूर्ण है; उज्ज्वल नैतिकता के लिए वहाँ कोई स्थान नहीं। इसके विपरीत हिन्दू राज–पुरुषों में वीरता और राजकुमारियों में सतीत्व की दृढ़ता का प्रदर्शन हुआ है। इसमें सन्देह नहीं कि लेखक की विशेष सहानुभूति उपन्यास की नायिका के प्रति है। शाही महल के वातावरण का वह वर्णन जिसमें दूतियों और कुटनियों की चालों, भ्रष्टा स्त्रियों की रीतिकालीन अदाओं, गर्भपात और हत्याओं का विवरण है, यथार्थवादी होते हुए भी कुछ अति–नाटकीय लगता है, जिसके लिए गोस्वामी जी की स्वच्छन्द रसीली कल्पना भी कम उत्तरदायी नहीं।

'तारा' उपन्यास की आलोचना बहुत हुई। 'भारतमित्र' के सम्पादक बालमुकुन्द गुप्त ने 1903 ई. में 'तारा' की अत्यन्त प्रखर समालोचना की और नागरी प्रचारिणी सभा को सावधान किया कि "यदि सचमुच वह हिन्दी की उन्नति चाहती है, तो सबसे पहले 'तारा' पढ़े और गोस्वामी जी महाराज को उनकी पुस्तक के गुण–दोष समझाये कि वह कैसा गन्दा और भयानक काम कर रहे हैं।" चन्द्रधर शर्मा गुलेरी ने भी 'समालोचक' पत्रिका के अगस्त 1903 के अंक में गोस्वामी जी के उपन्यासों में दाम्पत्य प्रेम के विशद् चित्रणों के आधिक्य की तीखी आलोचना की थी। लेकिन 'तारा' उपन्यास से किशोरीलाल गोस्वामी ने अपनी अलग पहचान बनायी। 'तारा' उपन्यास गोस्वामी जी की नाट्यप्रतिभा को अभिव्यक्त करने वाला है, इसकी कथावस्तु अध्यायों में विभक्त है, जो नाटक की तर्ज़ पर कार्यकारण की शृंखला से जुड़ी हुई है। गोस्वामी जी देवकीनन्दन खत्री की भाँति अपने बड़े उपन्यासों को छोटे–छोटे भागों में बाँट देते थे ताकि प्रत्येक भाग की क़ीमत साधारण पाठक की क्रय–शक्ति के दायरे में ही हो। 'तारा' उपन्यास लगभग 275 पृष्ठों का था, जिसे उन्होंने तीन भागों में बाँट दिया था। अन्य उपन्यासों की भाँति 'तारा' उपन्यास में भी प्रेम

का प्राबल्य, प्रणय की उन्मत्तता, यौवन का उद्दाम प्रवाह, लालसा का मदोन्मत्त वेग, रस की वेगवती धारा, विश्वासघात, छल–कपट, धूर्तता, चालाकी, स्वार्थपरता, प्रतिहिंसा, प्रतिशोध आदि भावों का चित्रण मिलता है। शृंगार रसपरक, विशेष रूप से संयोग शृंगार–परक दृश्यों का वर्णन तथा प्रेम–प्रसंगों में चुहल भरे दृश्यों का संयोजन उनके उपन्यासों की विशेषता होती थी। गोस्वामी जी द्वारा किये गये संयोग चित्रण और प्रेम वर्णन अनेक स्थानों पर उनके काल में पारसी स्टेज पर खेले जाने वाले नाटकों और नौटंकियों की तर्ज़ पर लिखे प्रतीत होते हैं।

गोस्वामी जी ने 1904 ई. में 'सुल्ताना रज़िया बेगम वा रंगमहल' में 'हलाहल' शीर्षक से लोकप्रिय ऐतिहासिक उपन्यास लिखा। यह भी उपन्यास मासिक पुस्तक में छपा, जो 225 पृष्ठों में दो भागों में था। इसमें इतिहास गौण और कल्पना मुख्य है। 'सुल्ताना रज़िया बेगम वा रंगमहल में हलाहल' उपन्यास में रज़िया की कहानी है जो ग़ुलाम वंश के तीसरे सुल्तान शम्सुद्दीन इल्तुतमिश की पुत्री थी। ग़ुलाम बादशाह इल्तुतमिश अपने पुत्रों से भी अधिक अपनी बेटी रज़िया को योग्य समझता था और अपने जीवन–काल में ही उसने उसे अपना उत्तराधिकारी नियुक्त कर दिया था। सुल्तान की मृत्यु के उपरान्त सन् 1236 में रज़िया दिल्ली के सिंहासन पर बैठी। राज्य के तुर्क अमीरों को, जो बड़े प्रभावशाली थे, यह बात पसन्द न थी। वे एक स्त्री के अधीन रहना अपमान की बात समझते थे; अतः उसके विरुद्ध षड्यन्त्र होने लगे। रज़िया ने पर्दे का परित्याग किया और वह पुरुषों के वेश में दरबार में आने लगी। वह घोड़े पर सवार होकर रणक्षेत्र में जाती थी और सेना का संचालन करती थी। धीरे–धीरे यह बात फैलायी गयी कि याकूब नाम का एक ग़ुलाम हब्शी जो उसे घोड़े पर चढ़ाते समय हाथ और कन्धे का सहारा देता था, उसका विशेष कृपापात्र था। पहले लाहौर के शासक कबीरख़ाँ ने उसके विरुद्ध विद्रोह किया। रज़िया ने वहीं जाकर उसे परास्त किया। जब वह दिल्ली लौट कर आयी, तो बठिंडा के शासक अल्तूनिया ने विद्रोह का झण्डा खड़ा किया। रज़िया एक सेना लेकर फिर चल पड़ी। इस बार वह क़ैद कर ली गयी। लेकिन संयोग की बात है कि अल्तूनिया उसके रूप पर मुग्ध हो गया और उसने उससे विवाह कर लिया। इधर तुर्कों ने रज़िया के भाई बहराम को दिल्ली के सिंहासन पर बिठा दिया। अल्तूनिया और रज़िया

दोनों बहराम की सेना से हार गये और अपने प्राणों की रक्षा के लिए जंगलों में भाग गये। वहाँ सन् 1240 में डाकुओं ने उनकी हत्या कर दी।

ये थोड़ी–सी ऐतिहासिक घटनाएँ हैं जो रज़िया के सम्बन्ध में प्राप्त हैं, लेकिन किशोरीलाल गोस्वामी ने अपने उपन्यास में उसके शासकीय गुणों की तुलना में उसके व्यक्तिगत जीवन की घटनाओं पर अधिक बल दिया है। वह यौवन में मदमाती एक महिला है जो अपने अस्तबल के दारोगा याकूब पर प्राण–न्योछावर किये बैठी है, लेकिन याकूब है कि उसकी सहेली सौसत के प्रति आसक्त है और रज़िया के प्रणय–निवेदन को ठुकरा देता है। जीवन को रंगीनी प्रदान करने के लिए इसमें याकूब के शिष्य अयूब का रज़िया की सहेली गुलशन के साथ प्रेम–व्यापार चित्रित किया गया है।

उपन्यास में पंजाब का शासक अयाज़ रज़िया के विरुद्ध विद्रोह करता है। याकूब की हत्या कर दी जाती है और रज़िया को अल्तूनिया की क़ैद में रखा जाता है। अल्तूनिया दिल्ली का शासक बनने के स्वप्न में रज़िया से विवाह करता है और अन्त में बहराम का सामना करते हुए दोनों मारे जाते हैं।

उपन्यास दो भागों में है और जैसा कि इसके शीर्षक से प्रकट है, इसमें नारी के हृदय की वासना को उसके जीवन का विष ठहराया गया है। सुल्ताना रज़िया जैसी शासिका का पतन इसीलिए हुआ। रज़िया सुल्ताना का अन्त दुःखद हुआ। गोस्वामी जी की टिप्पणी है–"पाठक! देखा आपने! रज़िया के इश्क़ का नतीजा देखा आपने! अफ़सोस, उस बेचारी ने अपनी जवानी मुफ़्त खो दी और न उसने सल्तनत का मज़ा उठाया और न जवानी का।"

'रज़िया' के लिए गोस्वामी जी ने बाबू श्यामसुन्दर दास के साथ–साथ शिव प्रसाद सितारेहिन्द के 'इतिहास तिमिर नाशक', भारतेन्दु हरिश्चन्द्र के 'बादशाह दर्पण' तथा नगेन्द्रनाथ गुप्त कृत 'रज़िया बेगम' से सामग्री ली थी। इससे यह पता चलता है कि गोस्वामी जी इतिहास के प्रति उतने ग़ैरज़िम्मेदार नहीं हैं, जितने समझे जाते हैं। सुल्ताना रज़िया बेगम के कथ्य पर गोपाल राय ने हिन्दी उपन्यास का इतिहास में 'रोमांस पाठक और उपन्यास' शीर्षक प्रकरण में विस्तृत टिप्पणी करते हुए लिखा है–

''रज़िया बेगम में कल्पित पात्र स्वामी ब्रह्मानन्द के माध्यम से लेखक ने अपने राष्ट्रीय विचारों को अभिव्यक्ति दी है। स्वामी ब्रह्मानन्द अल्तमश

की मृत्यु के बाद भारत की स्वाधीनता का स्वप्न देखते हैं। उन्हें यह सोचते दिखाया गया है कि 'दिल्ली की सल्तनत बिल्कुल कमज़ोर हो रही है। इस समय यवनों के पैर एक प्रकार से उखड़ गये हैं और ग़ुलाम बादशाह शमशुद्दीन अल्तमश के शाही खानदान में घोर गृह विवाद उपस्थित हुआ है। ऐसी अवस्था में एक स्त्री (रज़िया) पर विजय पाना और अपने देश की विलुप्त स्वाधीनता का पुनः उद्धार करना बहुत ही सहज और सुखसाध्य है।' (रज़िया बेगम, भाग–2, पृ. 7) किन्तु स्वामी ब्रह्मानन्द का यह सपना सच नहीं हो पाता। वे राजस्थान के राजाओं में एकता पैदा करने और उन्हें किसी एक राजा को अपना सम्राट बना कर दिल्ली के तख़्त को उलट देने हेतु समझाने में सफल नहीं हो पाते। वे अपने शिष्य हरिहर शर्मा से कहते हैं, "हाँ! अत्यन्त खेद का विषय है कि यहाँ के नरेशों की अब भी आँख नहीं खुलती और अपने हित–अनहित को पहचानने में उनकी बुद्धि तनिक भी काम नहीं देती। अभी तक यहाँ के राजे–महाराजे अपनी डेढ़ चावल की खिचड़ी पकाते हुए, एक–दूसरे से अकारण ही डाह करते और घमण्ड के मारे अपने आगे दूसरों को अति तुच्छ समझते हैं।...यह विधि की प्रतिकूलता नहीं तो क्या है कि यहाँ के नरेश अपने में से ही किसी को अपना सम्राट मानकर और परस्पर मैत्रीपाश में बद्ध होकर एक–दूसरे की सहायता करने को तो पाप समझते हैं, परन्तु यवन पददलित होने पर भी अपने देश, धर्म, समाज, राजपद और मान–मर्यादा की रक्षा की ओर भूल कर भी ध्यान नहीं देते।" (वही, पृ. 9) स्वामी ब्रह्मानन्द की यह चिन्ता स्वयं लेखक की चिन्ता जान पड़ती है। 'यवन' शब्द केवल मुसलमानों को ही नहीं, अंग्रेज़ों को भी इंगित करता है। स्वामी ब्रह्मानन्द की हताशा में सन् 1857 के प्रथम स्वाधीनता संग्राम की विफलता से उत्पन्न हताशा की गूँज भी सुनाई पड़ती है।

प्रायः गोस्वामी जी को मुसलमान विरोधी लेखक समझा जाता है। पर रज़िया बेगम में उनका उदार साम्प्रदायिक दृष्टिकोण भी सामने आता है। स्वामी ब्रह्मानन्द रज़िया से कहते हैं, "ख़ुदा के सामने हिन्दू और मुसलमान दोनों बराबर हैं। हिन्दू उसे राम कह कर पूजते हैं और मुसलमान ख़ुदा कह कर। हिन्दू उसकी मूरत बना कर पूजते हैं और मुसलमान बग़ैर मूरत रखे ही उसका ध्यान करते हैं। लेकिन ख़ुदा हिन्दू और मुसलमान दोनों का एक ही है और वह दोनों की परस्तिश से एक सा ख़ुश होता है।

मज़हबी तअस्सुव को बिल्कुल छोड़ कर हिन्दू और मुसलमान को एक–सा समझना ही उस बादशाह के हक़ में बेहतर होगा, जो हिन्दुस्तान की सल्तनत की बागडोर अपने हाथ में लेकर उसे बराबर कायम रखना चाहे।'' (वही, पृ. 11)। उपन्यास में यह भी दिखाया गया है कि रज़िया स्वामी ब्रह्मानन्द की प्रेरणा से एक मन्दिर का ध्वंस नहीं होने देती। वह उन मुसलमानों को सज़ा देती है जो मन्दिर को ध्वस्त करने तथा वहाँ एकत्र हिन्दुओं को मार डालने पर आमादा थे। मुसलमान मन्दिर की गोशाला से जो गायें खोल ले गये थे उन्हें भी वह वापस दिला देती है। वह मन्दिर की देवमूर्ति के लिए मूल्यवान पन्ने का हार भी भेंट करती है। साम्प्रदायिक उदारता से पूर्ण इन विचारों तथा प्रसंगों को देखते हुए गोस्वामी जी को 'मुसलमान विरोधी' कहने में झिझक होती है। 'रज़िया बेगम' में एक स्थान पर ब्रिटिश शासन की तुलना में मुसलमानी शासन की न्याय व्यवस्था को श्रेष्ठ बताया गया है, ''इतना सुभीता उस समय अवश्य था कि न इतना स्टाम्पों का ख़र्च था, न वकील मुख्तारों की खेंचातानी थी, न मुद्दत तक मुक़द्दमा झूला करता था और न मुद्दई मुद्दालह को आजकल की भाँति अत्यन्त कष्ट उठाना पड़ता था, या सर्वस्व खोना पड़ता था। उस समय घूस भी अवश्य चलती थी और न्याय का अन्याय भी प्रायः होता था, पर सच्चा न्याय भी अवश्य होता था। ...आज की तरह ख़र्च इतना बढ़ा–चढ़ा न था कि लोगों को अखरता, या तबाह कर डालता।'' (रज़िया बेगम, पहला भाग, पृ. 44)। समकालीन ब्रिटिश शासन की इससे अधिक कड़ी आलोचना उस युग में सम्भव नहीं थी। 'सुल्ताना रज़िया बेगम वा रंगमहल में हलाहल' गोस्वामी जी के सबसे उल्लेखनीय उपन्यासों में गिना जाता है। गोस्वामी जी स्वयं को वाल्टर स्काट, विलियम थैकरे, बंकिमचन्द्र की श्रेणी में रखे जाने के लिए प्रयासरत थे, उन्होंने स्वयं को 'हिन्दी रसिकों का अनुगामी' कहकर अपने पूर्ववर्ती रचनाकारों के प्रति कृतज्ञता भी ज्ञापित की। 'सुल्ताना रज़िया बेगम' के उपोद्घात में गोस्वामी जी ने उपन्यास लेखन के उद्देश्य को स्पष्ट करते हुए लिखा–''हम इस उपन्यास में रज़िया बेगम का हाल लिखते हैं, इसलिए हमें उसी के राजत्व काल का इतिहास–मात्र लिखना था, किन्तु हमने स्वाधीन भारतवर्ष पर पश्चिमवालों की चढ़ाई के आदि से लेकर ग़ुलाम खानदान तक का हाल, जिसमें रज़िया पैदा हुई थी, इसलिए लिख दिया है कि जिसमें इतिहास

के सिलसिले में कोई गड़बड़ न हो और पढ़ने वाले उपन्यास के साथ ही साथ कुछ इतिहास का भी आनन्द लें, जिसमें लोगों की रुचि केवल उपन्यास ही पर न रहकर इतिहास की ओर भी झुके, जिससे हिन्दी भाषा में जो इतिहास का बिल्कुल अभाव है, वह मिटे।'' (सुल्ताना रज़िया बेगम वा रंगमहल में हलाहल, प्र. सं. संवत् 1940, उपोद्घात)।

सन् 1904 में किशोरीलाल गोस्वामी का उपन्यास 'कनककुसुम वा मस्तानी' छपा जिसमें बाजीराव पेशवा जो सन् 1721 में गद्दी पर बैठा था उसका मस्तानी के साथ प्रेम वर्णित है। तत्कालीन हिन्दू और मुसलमान दोनों तरह के पाठकों की रुचि को ध्यान में रखते हुए गोस्वामी जी ने लोकप्रचलित प्रेमगाथाओं को अपने उपन्यासों के कथानक का आधार बनाया। गोपाल राय गोस्वामी जी द्वारा ऐतिहासिक रोमांसों की रचना के पीछे पाठकों की इतिहास–विषयक रुचि को सन्तुष्ट करना बताते हुए लिखते हैं–"लगता है गोस्वामी जी अपने समकालीन हिन्दी पाठकों की, जो कौतूहलजनक घटनाओं के अतिरिक्त और कुछ पढ़ने के अभ्यस्त नहीं थे, पठनरुचि का परिष्कार करना भी चाहते थे। इतिहास में साधारण पाठकों की अरुचि होती है, इसलिए गोस्वामी जी ने ऐतिहासिक घटनाओं के आधार पर रूमानी कथाओं की रचना कर तत्कालीन हिन्दी पाठकों की पठनरुचि के परिष्कार का प्रयत्न किया है।" (हिन्दी कथा साहित्य और उसके विकास पर पाठकों की रुचि का प्रभाव–डॉ. गोपाल राय, ग्रन्थ निकेतन, पटना, पृ. 316)।

'मल्लिकादेवी वा बंग सरोजिनी' उपन्यास सन् 1905 में छपा। 'जिनका हृदय प्रेम का नवविकसित कानन है उनके लिए उपन्यास हृदय–मणि के तुल्य है', ऐसा विचार रखने वाले गोस्वामी जी ने युद्ध और प्रेम की पृष्ठभूमि पर इस उपन्यास की रचना की जिसमें भागलपुर के युवराज नरेन्द्र सिंह से मल्लिका और मालती का प्रेम वर्णित है, दूसरी ओर मालती की सहायता से तुगरिल की पुत्री शीरीं का बलबन के पुत्र बुगराख़ाँ से विवाह होता है। नरेन्द्र सिंह और तुगरिल के बीच संघर्ष का मुख्य कारण यह मल्लिकादेवी ही थी, जो इस उपन्यास की नायिका है। मालती भागलपुर के मंत्री यदुनाथसिंह की पुत्री थी।

'हृदयहारिणी वा आदर्श रमणी' (1890) में रंगपुर के राजा नरेन्द्र सिंह की प्रेमिका कुसुमकुमारी की कथा वर्णित है। उस समय सिराजुद्दौला

बंगाल का नवाब था। उपन्यास में नवाब एक धूर्त और दुराचारी व्यक्ति के रूप में चित्रित किया गया है। गोस्वामी जी ने उसकी तुलना रावण से की है। सिराजुद्दौला के अतिरिक्त इसमें क्लाइव, मीरजाफर, सेठ अमीचन्द तथा जगतसेठ ऐतिहासिक पात्र हैं।

'लवंगलता वा आदर्श बाला' (1890) की लवंग नरेन्द्रसिंह की बहन है। सिराजुद्दौला ने उसे पकड़वाकर 'हीरा झील' नामक महल में क़ैद करा दिया था, जहाँ से उसके प्रेमी मदनमोहन ने उसका उद्धार किया। इस उपन्यास में प्लासी के युद्ध (1757) का वर्णन मिलता है।

'गुलबहार वा भ्रातृस्नेह' (1916) में बंगाल के नवाब मीरकासिम की पुत्री 'गुल' और उसके पुत्र 'बहार' के जीवन का करुण अन्त चित्रित है। उपन्यास में अंग्रेज़ों और मीरकासिम के बीच उस युद्ध का वर्णन है जो बक्सर की लड़ाई (1764) के नाम से प्रसिद्ध है। नवाब के दोनों बच्चों की अंग्रेज़ों द्वारा हत्या करायी जाती है और मीरकासिम आत्म-हत्या कर लेता है।

'लखनऊ की क़ब्र वा शाही महलसरा' (1917) किशोरीलाल गोस्वामी का एक बड़ा उपन्यास है जो सात भागों में धीरे-धीरे समाप्त हुआ। वह विशेष रूप से लखनऊ के नवाब नसीरुद्दीन हैदर के चरित्र पर प्रकाश डालने के लिए लिखा गया। कथानक के विभिन्न भागों को जोड़ने वाले दो पात्र हैं-एक यूसुफ नाम का चित्रकार और दूसरी आसमान नाम की कुटनी। इसमें शाहीमहल में रहने वाले नवाबों और बेगमों के वैभव और भोग-विलास का जी खोलकर वर्णन किया गया है। यह एक जटिल कथानक वाला उपन्यास है। इसमें इतिहास, रोमांस और तिलिस्म के संयोग से रहस्यमय लोक की सृष्टि की गयी है। 'राजकुमारी' (1902) शीर्षक उपन्यास की तरह इसमें भी प्रेम और नियति का सम्बन्ध ख़ूब दिखाया गया है। इन दोनों उपन्यासों में महलों की रहस्य लीला का बख़ूबी वर्णन किया गया है। कौतूहल की सृष्टि के लिए कथा को बहुत अधिक रहस्यमय बना दिया गया है। वातावरण का निर्माण करने में गोस्वामी जी की दृष्टि तिलस्मी और चमत्कारपूर्ण वर्णन की ओर ही अधिक रही है। गोपाल राय ने इसे गोस्वामी जी का सर्वश्रेष्ठ ऐतिहासिक उपन्यास माना है, जिसकी उल्लेखनीय विशेषता उसका आत्मकथात्मक शिल्प है, जिससे "कथा की प्रस्तुति में विश्वसनीयता का हलका रंग तो अवश्य पैदा हुआ है, पर कथा की मूल प्रविधि वही है, जिसमें क़िस्सागो

एक के बाद एक घटनाओं का वर्णन करता है, पाठकों को सम्बोधित करता है, कुछ रहस्यपूर्ण सूचनाओं को रोक कर उन्हें बाद में धीरे–धीरे प्रकट करता है, नये रहस्यों की सृष्टि कर पाठकों को उन्हें बाद में खोलने का आश्वासन देता है तथा कथाओं को युगपत् रूप में आगे बढ़ाता है।"

सन् 1905 में ही प्रकाशित 'तरुण तपस्विनी' और सन् 1909 में प्रकाशित 'सोना और सुगन्ध' की कथावस्तु ऐतिहासिक नहीं है लेकिन इनमें यथार्थ और कल्पना का अनमेल गठबन्धन है। मुग़ल शासकों के दरबार और महलों के वैभव का वर्णन अत्यन्त सजीव बन पड़ा है। 'कटे मूड़ की दो–दो बातें' शीर्षक उपन्यास तिलस्मी घटनाओं का पुंज है जो ईस्ट इंडिया कम्पनी के शासन–काल की घटनाओं पर आधारित है–जिसमें भोपाल के नवाब द्वारा निर्मित तिलस्मी शीशमहल पर एक डाकू क़ब्ज़ा कर लेता है और ख़ूबसूरत लड़कियों को बरगलाता है। जासूस उसका पता लगाने आते हैं तो क़ैद कर लिये जाते हैं। शीशमहल की सीढ़ियों, सुरंगों आदि का वर्णन विश्वसनीय है। इसी उपन्यास में ऐतिहासिक, तिलस्मी, जासूसी और ठगी के विविध रंग पाठकों को लुभा ले जाते हैं।

सामाजिक उपन्यासों की श्रेणी में गोस्वामी जी ने 1890 में एक लघु उपन्यास 'त्रिवेणी वा सौभाग्यश्रेणी' की रचना की जिसका प्रकाशन सन् 1907 में ही हो पाया । इसी तरह 1901 ई. में 'लीलावती वा आदर्श सती' शीर्षक सामाजिक उपन्यास का प्रकाशन हुआ। यह उपन्यास पाश्चात्य शिक्षा के दुष्परिणामों को दिखाने के लिए लिखा गया। पाश्चात्य सभ्यता भारतीय स्त्री के चरित्र को दूषित कर देती है। यही विचार इस उपन्यास के मूल में है। 'लीलावती वा आदर्श सती' में लीलावती और दूर के सम्बन्ध की उसकी एक बहिन कलावती के चरित्रों का तुलनात्मक अध्ययन प्रस्तुत किया गया है। लीलावती और कलावती दोनों दो विरोधी स्वभाव की बहनें हैं। लीलावती भारतीय आदर्शों में पली गम्भीर मनोवृत्ति की एक सती स्त्री है। वह अपने प्रेमी ललितकिशोर को पति रूप में प्राप्त करती है और अन्त में आर्थिक दृष्टि से सम्पन्न और पुत्रवती बनकर सुख का जीवन व्यतीत करती है। कलावती रोमांटिक स्वभाव की एक युवती है जो चरित्रहीन बालकृष्ण के प्रति आकृष्ट होकर उससे सिविल मैरिज़ करती है और फिर एक के बाद दूसरे व्यक्ति के साथ भाग जाती है। परिणाम यह होता है

कि वह भीख माँगने को विवश होती है। उसके समस्त शरीर से कोढ़ फूट निकलता है और अन्त में यमुना नदी में डूब कर मर जाती है।

इस उपन्यास में लीलावती और कलावती जीवन के सुख–दुःख तो अपने कर्मों के कारण उठाती हैं, लेकिन लेखक पाश्चात्य सभ्यता की तुलना में भारतीय सभ्यता को श्रेष्ठतर समझता है, यह भी स्पष्ट है। कलावती के पतन के मूल में अंग्रेज़ी सभ्यता के अनुकरण का भी बहुत बड़ा हाथ है। वे अंग्रेज़ी सभ्यता के अनुकरण प्रभाव को अच्छी दृष्टि से नहीं देखते थे। उन्होंने 'लीलावती' में लिखा–"स्त्री समाज की अधिष्ठात्री देवी है। सतीत्व उस देवी की जाज्वल्यमयी प्रभा है और उस प्रभा के प्रकाश से ही भारतवर्ष भूमण्डल का आदर्श गुरु रहा है, किन्तु जब स्त्रियों में अवैध स्वाधीनता, अयोग्य शिक्षा का प्रचार होगा तब भारत के महिला कुल के इस सतीत्व और उसकी प्रभा सम्पूर्ण विनाश हो जायेगी। तब यह देश घोर दुर्गति के गर्त में पड़कर सदैव के लिए मृतक हो जायेगा। अतएव, देश के नेता–जन स्त्रियों की रक्षा, उनके सतीत्व की रक्षा और समाज की रक्षा में विलायत वालों का अनुकरण कदापि न करें।" समाज की उन्नति अशिक्षित जनों से सम्भव नहीं है। साहित्य का यह दायित्व है कि वह सिर्फ़ तत्त्वज्ञान नहीं बल्कि अपने पाठकों को वस्तुस्थिति का ज्ञान भी कराये। किशोरीलाल गोस्वामी ने अपने लेखन का यह प्रयोजन स्वीकार भी किया है। समाज सुधार एक ओर रीति–रिवाज़ों में परिवर्तन एवं सुधार द्वारा सम्भव है तो दूसरी ओर आर्थिक–सामाजिक समृद्धि से भी।

सन् 1903 ई. में प्रकाशित 'चपला वा नव्य समाज चित्र' में गोस्वामी जी ने आर्थिक उन्नति पर बल देते हुए लिखा है–"...वरन् एक दीन–हीन परिवार की शोचनीय स्थिति के साथ वर्तमान, शिथिल, उच्छृंखल और बन्धनविहीन समाज–चित्र इस इच्छा से यथावत् चित्रित किया गया है कि हमारे आर्य भ्राता लोग इस विशृंखल समाज को सुशृंखलाबद्ध करने के लिए मनसा, वाचा, कर्मणा, प्रयत्न करने में तत्पर हों और केवल नौकरी ही पर निर्भर न रहकर विद्योपार्जनपूर्वक, शिल्प, वाणिज्य, कला–कौशलादि के विस्तार से रसातलगत दीन भारत का उद्धार करें।" (चपला वा नव्य समाज चित्र (चौथा भाग), निवेदन 1906 ई. में प्रकाशित)। इस उपन्यास के कथानक में गोरखपुर के राजा राधिकाकिशोर के दो पुत्रों का चित्रण है, कमलकिशोर और ब्रजकिशोर। इनमें बड़ा भाई दुष्ट स्वभाव का था, छोटा

सज्जन। दूसरी ओर बाबू हरप्रसाद के तीन बहिनें थीं–कामिनी, चपला और कादम्बिनी। इन युवक–युवतियों के जीवन के ताने–बाने से ही 'चपला वा नव्य समाज चित्र' का कथानक बुना गया है।

तीनों बहिनों में से कादम्बिनी का अनुराग ब्रजकिशोर के प्रति है। अन्त में दोनों वैवाहिक बन्धन में बँधते हैं। चपला घनश्याम नाम के एक व्यक्ति को प्रेम करती है; लेकिन उसकी सुन्दरता से आकृष्ट होकर कमलकिशोर इस प्रेम में व्याघात उत्पन्न करता है। वह चरित्रहीन व्यक्ति है और अनेक महिलाओं का जीवन नष्ट कर चुका है। उसके इस नीच कर्म में उसकी नौकरानी पत्ती और नौकर सिन्धु उसकी बराबर मदद करते हैं। घनश्याम अपने आदमियों की सहायता से चपला को रात में उठवाकर एक तिलस्मी मकान में बन्द कर देता है। ऐसा ही व्यवहार वह घनश्याम के साथ करता है। चपला को लोभ तथा भय दिखाकर, साथ ही भ्रम में डालकर, वह अपने वश में करना चाहता है; लेकिन सफल नहीं हो पाता। अन्त में पुलिस उसे गिरफ़्तार करती है और चपला घनश्याम से मिलती है।

कमलकिशोर का जीवन अनेक प्रकार के नीच कर्मों से पूर्ण है–व्यभिचार उसका एक अंश है। उसके जीवन के चित्रण में उपन्यास के अनेक अंश अश्लील हो गये हैं। लेखक का उद्देश्य आधुनिक जीवन की विकृतियों को यथार्थवादी ढंग से चित्रित करने का रहा है।

1907 ई. में प्रकाशित 'पुनर्जन्म वा सौतिया डाह' शीर्षक उपन्यास में प्रेम और अनमेल विवाह की समस्या को उठाया गया है। जिसमें स्त्री के प्रेम और सपत्नीत्व का आदर्श उपस्थित किया गया है। इसकी कथावस्तु में रोचकता है और लेखक ने स्त्रियों के रूप–सौन्दर्य के चित्रण में कोई कसर नहीं छोड़ी है, उदाहरण के लिए गोस्वामी जी लिखते हैं–"सुन्दरी का यौवन सम्पुटित कमल के समान अपने सौन्दर्य को भीतर ही छिपाये हुए था, और सुशीला का यौवन खिले गुलाब की तरह रोम–रोम से अपनी छवि छिटका रहा था।"

देवदासी प्रथा पर एक बहुत महत्त्वपूर्ण उपन्यास 'स्वर्गीय कुसुम वा कुसुम कुमारी' की रचना गोस्वामी जी ने 1889 ई. में की, जिसका प्रकाशन 1901 ई. में और फिर 1916 ई. में हुआ। यह उपन्यास सत्यघटना पर आधारित है। इसमें 1857 ई. के आरा–जगदीशपुर के सामन्ती जीवन के

यथार्थ चित्र प्रस्तुत किये गये हैं, जिसमें देवदासी प्रथा के विरोध में आवाज़ भी उठाई गयी है। गोस्वामी जी लिखते हैं–''अब इस घोर कलिकाल में यह सत्यानासिनी प्रथा बन्द हो जाये तो अच्छा है क्योंकि धर्म की व्यवस्था देश, काल और पात्र के अनुसार ही की जाती है।'' उपन्यास की केंद्रीय पात्र कुसुम को, उसके पिता द्वारा मंदिर की सेवा में अर्पित कर दिया जाता है जिसे छह–सात वर्ष की उम्र में ही एक वेश्या ख़रीद लेती है और नृत्य–संगीत इत्यादि की शिक्षा देकर वेश्यावृत्ति कराने लगती है। कुसुम असन्तुष्ट है क्योंकि उसके अनुसार, ''संसार में यदि सचमुच किसी का जीना मरने से करोड़ दर्जे बुरा होता है तो वह वेश्याओं का है।'' जब उसे इस घृणित वृत्ति से बाहर निकलने का मार्ग दीखता है तब वह वसन्त कुमार से गान्धर्व विवाह कर वेश्यावृत्ति को हमेशा के लिए छोड़ देने का निर्णय लेती है। लेकिन समाज में गान्धर्व–विवाह की स्वीकृति न मिल पाने की पीड़ा उसे सालती रहती है और वह अपने प्रेमी पति को दूसरा विवाह करने को बाध्य करती है। कुसुम इस प्रथा के विरुद्ध सशक्त आवाज़ उठाते हुए अपने पिता से प्रश्न करती है–''जिस प्रथा से व्यभिचार और वेश्यावृत्ति की दिन–दूनी और रात–चौगुनी बढ़वार हुई जा रही है, उस प्रथा को धर्म का अंग मानना–यह कैसा विचार है?'' इसके बाद उसके पिता, राजा कर्ण सिंह, देवदासी प्रथा का नामो–निशान मिटा देने की प्रतिज्ञा करते हैं।

यद्यपि, गोस्वामी जी के अधिकांश उपन्यासों में रसिक पाठकों को रिझाने के लिए रति प्रसंगों का ब्योरेवार वर्णन मिलता है। जिनकी आलोचना समय–समय पर की भी जाती रही है लेकिन 'स्वर्गीय कुसुम' में कुसुम और वसन्त की मधुरात्रि के प्रसंग में गोस्वामी जी की टिप्पणी द्रष्टव्य है–''बस इसके आगे हमें और कुछ लिखने का या पाठकों को सुनने का अधिकार नहीं है; इसलिए हम अपने प्रेमी पाठकों के साथ कुसुम के शयन मन्दिर से बाहर निकलते हैं और अपने पाठकों को यह बात समझा देते हैं कि आज के पहले कुसुम और वसन्त में सिवाय प्रेम और पाक मुहब्बत के स्त्री–पुरुष का सरोकार नहीं हुआ था, जैसा कि आज हुआ।'' (स्वर्गीय कुसुम, दूसरा सं., पृ. 69)।

किशोरीलाल गोस्वामी के अन्य उपन्यासों में 'लीलावती' (1901), 'चन्द्रिका वा जड़ाऊ चम्पाकली' (1904), 'चन्द्रावली वा कुलटा कुतूहल' (1904), तरुण तपस्विनी वा कुटीर वासिनी' (1905) 'इन्दुमती वा वनविहंगिनी' (1906) और 'माधवीमाधव वा मदनमोहिनी' (1909 ई.) को देखा जा सकता है। इनमें से 'इन्दुमती' का कहानी के रूप में 1901 ई. में सरस्वती पत्रिका में पहली बार प्रकाशन हुआ था। बाद में इसमें 15 पन्ने और जोड़कर इसे 1906 में 'इन्दुमती वा वनविहंगिनी' शीर्षक उपन्यास के रूप में प्रकाशित किया गया। आकार की दृष्टि से 'लीलावती', 'चपला', 'तपस्विनी', 'माधवी माधव' और 'अँगूठी का नगीना' उपन्यास श्रेणी में रखे जा सकते हैं लेकिन 'चन्द्रावली', 'चन्द्रिका' और 'पुनर्जन्म' क्रमशः दस से पन्द्रह हज़ार शब्दों की कहानियाँ हैं। इन रचनाओं की प्रकृति पर टिप्पणी करते हुए गोपाल राय लिखते हैं–''इन उपन्यासों की प्रकृति में कोई विशेष अन्तर नहीं है। सस्ते रूमानी प्रेम–प्रसंग, अविश्वसनीय घटनाओं का जाल, ऐयारी और तिलिस्म के चमत्कार, रहस्य–रोमांच का सृजन, नखशिख सौन्दर्य, विरह–मिलन और प्रकृति के परम्परागत वर्णन इनमें भी प्राप्त होते हैं। फ़रवरी, 1908 की 'सरस्वती' में लीलावती की एक समीक्षा प्रकाशित हुई थी जिसमें कहा गया था, ''इसमें हैं भी कितने ही गोरखधन्धे की बातें। जालफ़रेब की भी बातें हैं, आशिक़ माशूकों की भी बातें हैं, भागने और भगा ले जाने की भी बातें हैं, अमीरी–ग़रीबी की भी बातें हैं, साधुता और असाधुता की भी बातें हैं, बिछुड़े हुओं का मिलाप है, प्रेमियों की मनोरथ सिद्धि है, कुल–कलंकिनियों के किये का कुफल है और लीलावती का आदर्श सतीत्व है। सारांश यह कि उपन्यास पढ़ने वालों के मनोरंजन के लिए इस पुस्तक में बहुत कुछ सामग्री है।'' इस समीक्षा से लीलावती की प्रकृति का पता चल जाता है। चपला के मुखपृष्ठ पर उसे 'रहस्यपूर्ण सामाजिक उपन्यास' और चन्द्रावली के मुखपृष्ठ पर उसे 'सामाजिक तूफ़ान' की संज्ञा दी गयी है। (हिन्दी उपन्यास का इतिहास; गोपाल राय : 103)।

किशोरीलाल गोस्वामी के उपन्यासों में भारतेन्दु हरिश्चन्द्र तथा राजा शिवप्रसाद सितारेहिन्द दोनों की गद्य शैली का प्रभाव लक्षित होता है। भारतेन्दु की गद्य शैली का प्रभाव 'माधवी–माधव' तथा 'अँगूठी का नगीना' तथा राजा शिवप्रसाद सितारे हिन्द की गद्य शैली का प्रभाव 'तारा

वा क्षात्र कुल कमलिनी', 'सुल्ताना रज़िया बेगम' तथा 'लखनऊ की क़ब्र' में दिखाई देता है। किशोरीलाल गोस्वामी की गणना परवर्ती भारतेन्दु युग और द्विवेदी युग के प्रतिनिधि उपन्यासकार के रूप में होती है। जहाँ देवकीनन्दन खत्री ने हिन्दी उपन्यास के लिए पाठक–वर्ग का निर्माण किया वहीं किशोरीलाल गोस्वामी ने विपुल उपन्यास लेखन से पाठकों की क्षुधा को तृप्त करने का प्रयास किया। इस प्रक्रिया में उन्होंने नखशिख, विरह और प्रकृति के काव्यात्मक विवरणों के प्रस्तुतीकरण के साथ नयी तरह की पाठकीय अभिरुचि के निर्माण का प्रयास किया। बालकृष्ण भट्ट ने 1905 में 'हिन्दी प्रदीप' में किशोरीलाल गोस्वामी द्वारा 'हृदयहारिणी' उपन्यास के दसवें परिच्छेद में किये नखशिख–वर्णन की प्रशंसा करते हुए उसे गोस्वामी जी की प्रौढ़ लेखनी का बड़ा उत्तम नमूना बताया था। गोस्वामी जी नखशिख–वर्णन में सिद्धहस्त थे और मध्यकालीन साहित्य की तर्ज़ पर उपन्यासों में इसे शामिल करना उनकी उपलब्धि थी। उनके उपन्यासों के मुखपृष्ठ तथा परिच्छेदों का प्रारम्भ संस्कृत के कवित्वपूर्ण, नीतिविषयक श्लोकों से होता था जो उनकी सुरुचि और संस्कृति ज्ञान का परिचय देने के लिए पर्याप्त हैं। भाषा के स्तर पर गोस्वामी जी अपनी राह स्वयं बनाते दीखते हैं। अपने पूर्ववर्ती देवकीनन्दन खत्री की भाषा–शैली का अनुकरण करते वे नहीं दीख पड़ते। उनके उपन्यासों में सौन्दर्य, विरह एवं प्रकृति–वर्णन का बाहुल्य है–जहाँ वे संस्कृतनिष्ठ काव्यात्मक एवं अलंकृत भाषा–प्रयोग के मोह से स्वयं को मुक्त नहीं कर पाते। जगन्नाथ प्रसाद शर्मा ने उनकी भाषा पर टिप्पणी करते हुए लिखा है कि–"गोस्वामी जी का भाषा पर अच्छा अधिकार था और यह बड़ी सजीव भाषा लिखते भी थे पर इसी अधिकार के कारण शायद वह उससे खिलवाड़ करने लगे थे। जहाँ तक हिन्दी या विशेष संस्कृत–गर्भित हिन्दी का उपयोग है वहाँ तक तो कुछ गनीमत है पर जहाँ इन्होंने उर्दू को अपने उपन्यासों में धर घसीटा है वहाँ यह बेतरह फिसले हैं। यदि यह अपनी ही संयत भाषा में लिखते तो इनके उपन्यासों का साहित्यिक गौरव बढ़ता ही। यह सब होते हुए भी गोस्वामी जी ने काफ़ी से अधिक उपन्यास लिख डाले हैं और उपन्यासकारों की श्रेणी में इनका स्थान आदरणीय है। साहित्य के सभी अंग विकासशील हैं, इस कारण वर्तमान उपन्यास–कला को दृष्टि में रखकर पहले के उपन्यासों को साहित्य कोटि से निकाल देना उचित

नहीं है। हिन्दी का साहित्य भण्डार अपने अर्थ में विस्तृत है, संस्कृत सा संकुचित नहीं, अतः केवल रस–संसार, भावविभूति या चरित्र चित्रण की कमी या अभाव से कोई रचना साहित्य के बाहर नहीं की जा सकती। सभी का अपना–अपना क्षेत्र है और उनके अन्तर्गत उनकी सफलता ही उनका परिचायक है। गोस्वामी जी के उपन्यासों का अब कम प्रचार भी देखा जाता है और उनमें से कितने ही अप्राप्य भी हो गये हैं।''

गोस्वामी जी के सभी उपन्यासों की भाषा एक–सी नहीं है। जहाँ 'हृदयहारिणी,' 'लवंगलता' उपन्यासों में संस्कृतनिष्ठ भाषा दीखती है, वहीं 'तारा', 'रज़िया बेगम,' 'लखनऊ की क़ब्र', 'लाल कुँवर' में चलती उर्दू का प्रयोग किया गया है। जहाँ–जहाँ मुसलमान पात्र आते हैं–वे उनकी भाषा में उर्दू के शब्द ठूँस देते हैं, इसीलिए रामचन्द्र शुक्ल ने उसे उर्दू–ए–मुअल्ला कहते हुए लिखा कि ''उर्दू ज़बान और शेर सखुन की बेढंगी नक़ल से, जो असल से कभी–कभी अलग हो जाती है, उनके बहुत से उपन्यासों का साहित्यिक गौरव घट गया है।'' (हिन्दी साहित्य का इतिहास, पृ. 273)। गोस्वामी जी पात्रानुकूल भाषा प्रस्तुत करने के प्रयास में कई बार आलोचना के पात्र भी बने। जहाँ उनके पात्र मुसलमान प्रेमी–प्रेमिका हैं वहाँ वे उर्दू–फ़ारसी की परम्परागत शायराना शैली में संवाद करते हैं और जहाँ वे हिन्दू पात्रों का अंकन करते हैं उनमें संस्कृत काव्यपरम्परा के ढंग के संवाद हैं। इसीलिए 'हिन्दी कथा साहित्य और पाठकों की रुचि' शीर्षक पुस्तक में गोपाल राय की स्थापना है कि ''यह भी सम्भव है कि गोस्वामी जी ने उर्दू काव्य के शौक़ीन हिन्दुओं की रुचि को सन्तुष्ट करने के लिए मुसलमान पात्रों की भाषा में उर्दू–फ़ारसी का रंग भरा हो।'' (पृ. 312)।

आचार्य रामचन्द्र शुक्ल ने गोस्वामी जी की रचनाओं की गणना साहित्य–कोटि में की। उन्होंने 'गद्य के द्वितीय उत्थान काल' में इन्हें ही एकमात्र उपन्यासकार माना है, क्योंकि अन्य लोग अन्य साहित्य विधाओं की सर्जना करते–करते कभी–कभी उपन्यास रचना की ओर भी उन्मुख हो जाते थे, जबकि गोस्वामी जी ने 'एक क्षेत्र अपने लिए चुन लिया और उसमें रम गये।' शुक्ल जी के मतानुसार उस युग में केवल गोस्वामी जी ही उपन्यास–कला के मर्मज्ञ थे। जिनकी गद्य शैली पर भारतेन्दु और शिवप्रसाद सितारे हिन्द दोनों का प्रभाव दिखाई देता है। गोस्वामी जी

ने अपने उपन्यासों में प्रेम के चित्रण में बड़ी रुचि और तन्मयता दिखाई। उनके पात्र मध्यमवर्गीय समाज के प्रतिनिधि हैं, यद्यपि उनका चित्रण सामाजिक वास्तविकता की भूमि पर न होकर परम्परागत प्रेम–पद्धति की भूमि पर हुआ है। गोस्वामी जी ने ऐतिहासिक, सामाजिक, गार्हस्थिक और काल्पनिक सभी प्रकार के उपन्यास लिखे, परन्तु सब के मूल में प्रेमचर्चा ही प्रधान रूप से आ पायी। रीतिकालीन नायक–नायिका–चर्चा का यथेष्ट प्रभाव उनके उपन्यासों पर दिखाई पड़ता है। अतएव उनके उपन्यास सामाजिक जीवन की यथार्थता से दूर ही दूर रहे, और एकान्तिक प्रेम–लीला को ही अपना विषय बना पाये।

यद्यपि गोस्वामी जी के साहित्य में प्रेमतत्त्व का चित्रण हुआ, फिर भी उनके उपन्यासों में आदर्शवादी दृष्टिकोण पर्याप्त मात्रा में विद्यमान है। उन्होंने सनातन धर्म, पुनर्जन्म, कर्मफलवाद के पक्ष में विचार व्यक्त किये हैं।

गोस्वामी जी में महान लेखक की शक्ति थी, गम्भीरता नहीं। उनकी रुचि क्रीड़ा–कौतुक में रहती थी। वे कथा के तत्त्वों को अतिशयता के स्तर पर ले जाते थे। वे शायद इस बात को पूरी तरह महसूस नहीं कर सके कि कला संकेत में है। उनकी दुर्बलता उनकी रोमानी तबियत और लोकरुचि को तुष्ट करने की इच्छा का परिणाम है। उनके उपन्यास–लेखन का उद्देश्य लोक और ज्ञान रुचि को सन्तुष्ट करना है। यह रेखांकित करने योग्य बात है कि वे वेश्यावृत्ति और देवदासी जैसी कुप्रथाओं के विरोध में उपन्यास का कथानक गढ़ रहे थे, साथ ही ब्रिटिश औपनिवेशिक भारत में राष्ट्रप्रेम और जातीय गौरव की अवधारणा को समझने–समझाने के प्रयास में रत थे। जगन्नाथ प्रसाद शर्मा ने उनकी भाषा को देवकीनन्दन खत्री की कलात्मक भाषा शैली से अधिक साहित्यिक माना है। उपन्यासों में जहाँ उन्होंने प्रवाहपूर्ण शुद्ध हिन्दी का प्रयोग किया है वहाँ रचना में ताज़गी और रवानगी दोनों का समावेश हो जाता है।

गोस्वामी जी निरन्तर रचनाशील कलाकार थे। उन्होंने शिल्प में नित नये प्रयोग किये। उनकी रचना 'लालकुँवर' में आदि–अन्त जैसी कोई चीज़ नहीं है। उसे आरम्भ, मध्य, अन्त कहीं से पढ़कर आनन्द प्राप्त किया जा सकता है। उन्होंने उपन्यास को नमनीय रूप देकर उसकी कलात्मक सम्भावना प्रकट की तथा अनेक लेखक और पाठक तैयार किये। उनके साहित्यिक जीवन के उर्वरकाल में उपन्यास साहित्य–जगत की उपेक्षित

विधा थी। उनकी रचनाओं पर व्यंग्य की बौछार होती थी। ऐसी स्थिति में उन्होंने 'उपन्यास' मासिक निकाला था, भारतेन्दु के 'नाटक' की भाँति उपन्यास–कला पर एक पुस्तक लिखना आरम्भ किया था और आलोचकों की 'वक्रदृष्टि' की परवाह किये बिना नित नयी कृतियों से कथा–साहित्य की श्रीवृद्धि की थी। उनके पूर्ववर्ती लेखकों के लिए उपन्यास सुधार का अस्त्र था, जो कल्पना और भावना के लिए घातक था। उन्होंने उसे कला के रूप में अपनाया और उसके माध्यम से उसे उस ऊँचाई पर पहुँचा दिया जहाँ वह महाकाव्य की समानता कर सकता था।

शिवपूजन सहाय ने किशोरीलाल गोस्वामी के बारे में लिखा है–"गोस्वामी जी बड़े भारी लिक्खाड़ थे। इतना अधिक लिखा–इतने अधिक परिमाण में लिखा कि रचना की बहुलता में अपने समय के बहुत से लेखकों से बाजी मार ले गये।" (मासिक 'हिमाचल' (पटना), वर्ष 1, अंक–2, फाल्गुन 2002 वि. सन् 1945 ई.–सं. शिवपूजन रचनावली, खण्ड–4)। किशोरीलाल गोस्वामी का रचनाकाल लगभग चालीस वर्षों तक विस्तृत है। वृन्दावन में 1866 ई. में जन्मे गोस्वामी जी को पूर्व द्विवेदी युग के महत्त्वपूर्ण कथाकार के रूप में जाना जाता है। प्रणयिनी परिणय, प्रेममयी, कनक कुसुम, चपला (चार भागों में) प्रेमरत्न माला, काजी की चिट्ठी, राजकन्या, चन्द्रिका, हीराबाई, चन्द्रावली, नाट्य सम्भव, लावण्यमयी, सुख शर्वरी, चौपट चपेट, राक्षसेन्द्र, राक्षस या घड़ा भर विष, सुजान रसखान, इन्दुमती, मल्लिका देवी, तरुण तपस्विनी, गुलबहार, साँप की बीवी, सेज पर साँप, हृदयहारिणी, लवंगलता, रज़िया बेगम, लखनऊ की क़ब्र, तारा (तीन भागों में), राजबाला नरक–नसेनी, अँधेरी रात, सोना और सुगन्ध, लाल कुँवर राजकुमारी, लीलावती, चैती गुलाब, आदर्श प्रणय, शान्ति–निकेतन, कपिल सूत्रम, सन्ध्या प्रयोग, वेदान्त तत्त्व सुधा, हंसावतार चरित, पवित्र होली, शान्ति कुटीर, वार विलासिनी, वसन्त बहार, भारतीय पवित्र चैती, गुलाब, सावन सुहावन, होली, होली या मौसम बहार, आप आप ही हैं, करुणा, याकुती तख़्ती, कटे मुण्ड की दो–दो बातें, ज़िन्दे की लाश, पुनर्जन्म, त्रिवेणी, माधव–माधवी, राजराजेश्वरी, जड़ाऊ कंगन में काला भुजंग, आरसी में हीरे की कनी, विहार रहस्य, ठगिनी, जगदीशपुर की गुप्त कथा, राजगृह की सुरंग, प्रहसन, पथिक या पथ प्रदर्शिनी, कुँवर सिंह, बनारस रहस्य, हमारी रामकहानी, इसे चौधरानी कहें कि डायन, अँगूठी

का नगीना, इसे ज़िन्दा कहें कि मुर्दा, सदा सुहागिन, दिल्ली की गुप्तकथा, जनानखाने में दीपक, प्रेम परिणाम, पातालपुरी, दो सौ तीन, औरत से औरत का ब्याह, रोहतासगढ़ की रानी, अँधेरी कोठरी–इनकी कृतियाँ हैं। इसके अतिरिक्त उन्होंने बाल प्रभाकर (काशी), वैष्णव सर्वस्व (वृन्दावन), सरस्वती सम्पादक मण्डल में, उपन्यास (मासिक 1898) जैसे पत्रों का सम्पादन किया। किशोरी सतसई की रचना की। किशोरीलाल गोस्वामी ने पैंसठ उपन्यास लिखे, जिनकी प्रामाणिक सूची रामनरेश त्रिपाठी द्वारा सम्पादित कविता–कौमुदी (दूसरा भाग) में संकलित है। आचार्य रामचन्द्र शुक्ल ने हिन्दी साहित्य का इतिहास में गद्य साहित्य का प्रसार द्वितीय उत्थान (संवत् 1950–1975) प्रकरण 4 में बाबू देवकीनन्दन खत्री के बाद दूसरे स्थान पर किशोरीलाल गोस्वामी को रखते हुए लिखा है–"उपन्यासों का ढेर लगा देने वाले दूसरे मौलिक उपन्यासकार पण्डित किशोरीलाल गोस्वामी (जन्म संवत् 1922, मृत्यु संवत् 1989 है) जिनकी रचनाएँ साहित्य कोटि में आती हैं। इनके उपन्यासों में समाज के कुछ सजीव चित्र, वासनाओं के रंग–रूप, चित्ताकर्षक वर्णन और थोड़ा बहुत चरित्र–चित्रण भी अवश्य पाया जाता है।" गोस्वामी जी ने पाठकों की रुचि को ध्यान में रखते हुए उपन्यासों की रचना की। उनके उपन्यासों में तिलस्मी, ऐयारी, जासूसी, ऐतिहासिक, रोमांस सभी प्रकार की पाठकीय रुचि का मसाला मिलता है। हिन्दी में ऐतिहासिक रोमांस लिखने की परम्परा गोस्वामी जी ने ही शुरू की। सन् 1890 ई. में प्रतापनारायण मिश्र की प्रेरणा से उन्होंने 'हृदयहारिणी वा आदर्श रमणी' शीर्षक ऐतिहासिक रोमांस की रचना की जो मिश्र जी द्वारा सम्पादित 'हिन्दुस्तान' के कई अंकों में प्रकाशित हुआ। सन् 1890 ई. में ही उन्होंने 'लवंगलता वा आदर्शबाला' की रचना भी की। अपने समकालीन उपन्यासकारों की अपेक्षा किशोरीलाल गोस्वामी में समाज–सम्बद्धता को देखा जा सकता है। लाला श्रीनिवासदास ने 1882 में 'परीक्षा गुरु' को नयी चाल की पुस्तक कहा था, उसी विधा को अपनी समस्त प्रतिभा से सम्पन्न करने का कार्य किशोरीलाल गोस्वामी ने किया। उपन्यासों की भूमिका में उन्होंने उपन्यास–सम्बन्धी मान्यताओं को अक्सर स्पष्ट किया है। किशोरीलाल गोस्वामी रचना के प्रयोजन के सन्दर्भ में लिखते हैं–"आशा है कि ईश्वरानुग्रह से हम इसी प्रकार जीवन–पर्यन्त अपने उपन्यासों से लोगों (पाठकों) का मनोरंजन किया करेंगे।"

'लवंगलता' उपन्यास के 'निवेदन' से उद्धृत ये पंक्ति उनके लेखन प्रयोजन की ओर इशारा करती है। पाठकों की रस दशा की उपलब्धि कराना, उनका मनोरंजन करना ही उनका उद्देश्य है। 'तारा वा क्षात्र कुल कमलिनी' के निवेदन में वे लिखते हैं–"कतिपय सज्जनों ने 'तारा' पर कुछ वक्रदृष्टि भी की थी, पर उस तीखी चितवन की हम कुछ भी चर्चा नहीं करते और रसज्ञ एवं मर्मज्ञ पाठकों के सम्मुख 'तारा' का द्वितीय संस्करण उपस्थित करते हैं। आशा है कि हमारे रसीले पाठक इस संस्करण का भी यथेष्ट आदर करेंगे।" अपने पाठकों को देश के इतिहास से परिचित कराने का प्रयास भी वे करते हैं, मसलन मल्लिका देवी वा बंग सरोजिनी (प्रथम भाग) के समय की घटना का अवलम्बन कर यह उपन्यास लिखा है। आशा है कि इसके पढ़ने से पाठक उस पुराने ज़माने के आचार, व्यवहार, राजनीतिक और सामाजिक तत्त्व तथा देश–दशा के परिचय को भी भलीभाँति पा सकेंगे। स्कॉट जेम्स ने उपन्यास के प्रयोजनों में इसे मुख्य स्थान दिया है 'the novel has been made a vehicle for the teaching of history…'(the making of literature, p. 363)। इसका यह अर्थ नहीं है कि मात्र सूचना देना ही साहित्य का उद्देश्य है। यदि कोई साहित्यिक रचना सूचनाएँ भी देती है, तो भी वह ज्ञान के साहित्य से अलग है। किशोरीलाल गोस्वामी बार–बार रचनाओं में दिये ज्ञान या यों कह लें ऐतिहासिक घटनाओं का ब्योरा देते हुए स्पष्टीकरण देते चलते हैं, मसलन, सुल्ताना रज़िया बेगम की भूमिका में वे लिखते हैं–"इसलिए लिख दिया है कि जिसमें इतिहास के सिलसिले में गड़बड़ न हो और पढ़ने वाले उपन्यासों के साथ ही साथ कुछ–कुछ इतिहास का भी आनन्द लें।" इससे स्पष्ट है कि वे उपन्यास का मुख्य प्रयोजन पाठकों को आनन्द देने के साथ ज्ञानप्रद साहित्य परोसना भी मानते हैं।

एक बात और महत्त्वपूर्ण है, वह यह कि किशोरीलाल गोस्वामी इस बात से पूर्णतः परिचित थे कि हिन्दी में ऐतिहासिक उपन्यासों का नितान्त अभाव है। इस सन्दर्भ में गोपाल राय की टिप्पणी द्रष्टव्य है–"गोस्वामी जी को ऐतिहासिक रोमांस लिखने की प्रेरणा कहाँ से मिली, यह ठीक–ठीक बता पाना कठिन है। ज्ञानचन्द जैन के अनुसार लगभग 1882 ई. में भारतेन्दु हरिश्चन्द्र ने राधाकृष्ण दास से कहा था, 'भारतवर्ष में अब ऐसे नाटकों की आवश्यकता है, जो आर्य सन्तानों को अपने पूर्व पुरुषों

का गौरव स्मरण करायें।...कदर पिया की ठुमरी सुनते–सुनते आर्यों में क्लीवपन अब चरम सीमा पर पहुँच गया। अब आर्यों को इस बात की याद दिलानी चाहिए कि उनके पूर्व पुरुष कैसे उदार, कैसे वीर, कैसे धीर, दृढ़ अध्यवसायी थे और उनकी वीर पत्नी पतिव्रता धर्म और कुलमर्यादा की रक्षा हेतु अपने अमूल्य जीवन को कैसा तृण समान त्याग देती थीं।' भारतेन्दु के इस आह्वान पर हिन्दी में अनेक नाटक लिखे गये पर उपन्यास के क्षेत्र में इसकी पहल किशोरीलाल गोस्वामी ने हृदयहारिणी और लवंगलता लिख कर की।" (हिन्दी उपन्यास का इतिहास, पृ. 79)।

किशोरीलाल गोस्वामी उपन्यास लिखकर एक ढंग से साहित्यिक अभावों की पूर्ति भी करना चाहते थे 'सुल्ताना रज़िया बेगम वा रंगमहल में हलाहल' के उपोद्घात में वे लिखते हैं–"जिससे हिन्दी भाषा में जो इतिहास का बिल्कुल अभाव है, वह मिटे।" इसके साथ ही वे पाठकीय अभिरुचि को भी महत्त्व देते हैं। इसलिए इतिहास को औपन्यासिक कथ्य का ताना–बाना बुनकर परोसते हैं, मसलन 'लालकुँवर वा शाही रंगमहल' 'ऐतिहासिक भूमिका' में वे लिखते हैं–"इस उपन्यास में हमने कहीं–कहीं पर इतिहास के साथ विरोध किया है : जैसे जहाँदारशाह को उस वक़्त, जब वह दिल्ली के तख़्त पर बैठा था, लावल्द लिखा है; और ऐसी ही और भी कई बारीक़–बारीक़ बातें हैं; पर ऐसा हमने क्यों किया, इसका सबब वे मर्मज्ञ पाठक ज़रूर समझ जायेंगे, जो उपन्यास के जंजाल से वाक़िफ़ हैं; उन्हें हम क्योंकर इस बारीक़ी की बात को समझाएँ!" ('लालकुँवर वा शाही रंगमहल', 'ऐतिहासिक भूमिका', पृष्ठ 15–16)। स्पष्ट है कि गोस्वामी जी हिन्दी के शुरुआती दौर के ऐतिहासिक उपन्यास लिखते हुए भी इस तथ्य से अच्छी तरह परिचित थे कि इतिहास को उपन्यास की आधार–भूमि के तौर पर ही प्रयुक्त किया जा सकता है, ऐतिहासिक तथ्यों को औपन्यासिकता का जामा पहनाने के लिए रचनाकार कुछ अपेक्षित फेरबदल करता ही है, अक्सर अपनी कल्पना–प्रतिभा का सहारा लेकर। गोस्वामी इसे ही 'उपन्यास का जंजाल' कहते हैं।

वे उपन्यास में रोचक कथानक के आवरण में ही इतिहास परोसने के पक्षधर हैं, साथ ही वे ऐतिहासिक उपन्यासकार को कल्पना की भी छूट देते हैं, जिसके अभाव में उपन्यास मात्र ऐतिहासिक तथ्यों का

संकलन रह जायेगा। वे 'तारा वा क्षात्र कुल कमलिनी' में इतिहास और ऐतिहासिक उपन्यास का अन्तर स्पष्ट करते हुए कहते हैं–"जैसे–इतिहास की मूलभित्ति 'सत्य' है, वैसे ही उपन्यास की मूलभित्ति कल्पना है। सत्य घटना बिना जैसे इतिहास इतिहास नहीं, वैसे ही 'योग्य कल्पना' बिना उपन्यास भी उपन्यास नहीं कहला सकता। इतिहास में जैसे 'वास्तविक घटना' बिना काम नहीं चलता, वैसे ही उपन्यास में भी कल्पना का आश्रय लिये बिना प्रबन्ध नहीं लिखा जा सकता। ऐसी अवस्था में 'ऐतिहासिक' उपन्यास लिखने के लिए इतिहास के सत्यांश के साथ तो कल्पना की थोड़ी आवश्यकता भी पड़ती है, पर जहाँ इतिहास की घटना जटिल, सत्याभास मात्र और कपोल–कल्पित भासती है वहाँ लाचार हो इतिहास को बाधा कर कल्पना ही अपना पूरा अधिकार फैला लेती है।" गोस्वामी जी ऐतिहासिक उपन्यास लिखते हुए भी अनुभव करते हैं, कि ऐतिहासिक उपन्यास इतिहास को शुद्ध एवं अविकृत रूप में प्रस्तुत करने का माध्यम भी हो सकते हैं। लेकिन इतिहास के कुछ लेखकों ने इतिहास और ऐतिहासिक तथ्यों को कतिपय स्थानों पर विकृत कर दिया है। ऐसी स्थिति में 'कल्पना' द्वारा ही विकृत इतिहास में से तथ्य एवं सत्य का शोध किया जा सकता है। यहाँ गोस्वामी जी कल्पना को सामान्य कल्पना से अलगाते हुए लिखते हैं–"इसलिए (मुसलमान इतिहासकारों पर विश्वास न होने के कारण) हमने अपने बनाये उपन्यासों में ऐतिहासिक घटना को 'गौण' और कल्पना को 'मुख्य' रखा है और कहीं–कहीं तो कल्पना के आगे इतिहास को दूर से ही नमस्कार कर दिया है। इसलिए हमारे उपन्यास के प्रेमी पाठक हमारे अभिप्राय को भली–भाँति समझ लें कि यह उपन्यास है, इतिहास नहीं। यहाँ कल्पना का राज्य है, यथेष्ट लिखित इतिहास का नहीं और इसमें आर्यों के यथार्थ गौरव का गुण–कीर्तन है, कुछ मुसलमान इतिहास लेखकों की भाँति स्वजातीय पक्षपात नहीं है।" (तारा वा क्षात्र कुल कमलिनी, निवेदन, पृ. 1–2)। 'सुख शर्वरी' के निदर्शन में उन्होंने उपन्यास की संवेदना पर अपने विचार प्रकट करते हुए लिखा है–"इसमें (उपन्यास में) प्रेम की प्रबलता, प्रणय की उन्मत्तता, चाह की मत्तता, यौवन का पूर्ण विकास, लालसा का प्रबल प्रवाह, कामना का वेग, रस की तरंग, प्रीति की लहरी, सभी कुछ रहता है, इसलिए कवियों ने साहित्य श्रेणी में उपन्यास को श्रेष्ठ गद्दी दी है।"

'प्रेमचन्द पूर्व के हिन्दी उपन्यास' में ज्ञानचन्द जैन ने किशोरीलाल गोस्वामी की इतिहास दृष्टि के सन्दर्भ में लिखा है–"उपन्यास लेखक को जहाँ इतिहास की घटना जटिल, सत्याभास और कपोल–कल्पित भासती हो, वहाँ उसे इतिहास को ताक पर रखकर अपनी कल्पना का पूरा साम्राज्य फैला लेने का अधिकार है। किशोरीलाल गोस्वामी के ऐतिहासिक उपन्यासों में इतिहास नहीं, कल्पना का राज्य था। उन्होंने 'तारा' के निवेदन में लिखा था–हमने अपने बनाये उपन्यासों में ऐतिहासिक घटना को गौण और अपनी कल्पना को 'मुख्य' रखा है और कहीं–कहीं तो कल्पना के आगे इतिहास को दूर से ही नमस्कार कर दिया है। उदाहरण के लिए, उन्होंने अपने 'तारा' उपन्यास में एक फुटनोट लगाकर सूचना दी थी–हमने कई ऐतिहासिक उपन्यासों में यह बात साबित की है, कि किसी राजघराने की कोई भी लड़की मुसलमानों को नहीं दी गयी। जो दी गयी वे राजकन्याएँ न थीं वरन् उन राजाओं की भुजिष्या लौंडियों की लड़कियाँ थीं (भाग–2, पृष्ठ 33)। इस प्रकार उनके ऐतिहासिक उपन्यासों को 'ऐतिहासिक' कहना उचित न होगा, उनमें इतिहास का आवरण बहुत झीना होता था, कल्पना का विस्तार ही अधिक होता था। यहाँ यह स्वीकार करना होगा कि ऐतिहासिक उपन्यासों में कल्पना के मिश्रण की यह प्रवृत्ति केवल किशोरीलाल गोस्वामी में नहीं, उस काल के अन्य ऐतिहासिक उपन्यास लेखकों में भी मिलती है।" (पृष्ठ 182)।

यहाँ यह प्रश्न उठता है कि किशोरीलाल गोस्वामी जब 'कल्पना' की भित्ति पर अपने उपन्यासों का साम्राज्य खड़ा कर ही रहे थे तो उन्हें 'इतिहास' के आधार की आवश्यकता क्यों पड़ी! यद्यपि गोस्वामी जी ने स्वयं कहीं भी इतिहास ज्ञान की आवश्यकता को स्पष्ट रूप से विवेचित नहीं किया है, यह उनके ज्ञान की सीमा भी हो सकती है लेकिन 'ऐतिहासिक' उपन्यास लिखने की ललक के पीछे निश्चित ही लेवीस्ट्रास की अवधारणा काम कर रही होगी। लेवीस्ट्रास को न जानने के बावजूद गोस्वामी जी यह जानते थे कि जो इतिहास को नज़रअन्दाज़ करते हैं, वे वर्तमान के प्रति अनभिज्ञ रहने के लिए अभिशप्त से हो जाते हैं क्योंकि वर्तमान के विभिन्न तत्त्वों को उनके विभिन्न सम्बन्धों के सन्दर्भ में तौलना और उनका मूल्यांकन करना केवल इतिहास के विकासक्रम से सम्बन्ध है। कोई भी समाज अपने इतिहास के माध्यम से ही अपने बारे में जान पाता

है–स्मृति और आत्मज्ञान से विहीन व्यक्ति और समाज दिशाहारा हो जाते हैं। फ्रेडरिक हैरिसन ने कहा था कि हम एक ऐसी दौड़ की कल्पना करें जिसमें हिस्सा लेने वाले मनुष्यों का मस्तिष्क दुर्भाग्यपूर्ण आघात के कारण स्मृति खो बैठा हो और उनके लिए सारी दुनिया एकदम नयी हो। उन्होंने पूछा क्या हम ऐसी असहायता, अस्त–व्यस्तता और दुर्दशा की स्थिति की कल्पना कर सकते हैं? इतिहास मनुष्य के भौतिक, सांसारिक और पारिवारिक परिवेश को समझने के संघर्ष का सहयात्री होता है। समाज को इतिहास की ज़रूरत होती है, इतिहासकार की, नहीं। इतिहासकार कई बार कल्पना का सहारा लेता है, वह अतीत का अध्ययन समाज के लिए करता है, इस प्रक्रिया में वह कई चीज़ों को जोड़ता और घटाता है, इसके पीछे उसके सामाजिक उद्देश्य होते हैं, जिनका विश्लेषण उसकी परिस्थितियों के सन्दर्भ में करने पर ही उसकी उपयोगिता/अनुपयोगिता का पता लगता है। किशोरीलाल गोस्वामी को जो इतिहास ज्ञान मिला था वह अंग्रेज़ी औपनिवेशिक दृष्टि से लिखा गया था। ज्ञानचन्द जैन का मानना है कि "उन्नीसवीं शताब्दी के उत्तरार्द्ध में देश में नये शहरी मध्यवर्ग के उदय के साथ राष्ट्रीय नवजागरण की नयी लहरें उठने तथा समाज में नयी चेतना जाग्रत होने पर ऐसे ऐतिहासिक उपन्यास बड़े लोकप्रिय हुए जिनमें मुस्लिम शासनकाल अथवा ईस्ट इंडिया कम्पनी के शासनकाल को कथा की पृष्ठभूमि बनाकर शासकों के अत्याचार, उनके द्वारा प्रजा का उत्पीड़न, उनकी काम–लोलुपता, हिन्दू ललनाओं का अपूर्व शौर्य तथा उनके द्वारा अपने पतिव्रत और सतीत्व की रक्षा के लिए हँसते–हँसते प्राणों की आहुति दे देना, मातृभूमि की स्वतन्त्रता तथा स्वजाति तथा स्वधर्म की रक्षा के लिए राजपूत योद्धाओं का अपूर्व शौर्य–बलिदान इन सबका चित्रण किया जाता था।" (प्रेमचन्द पूर्व के हिन्दी उपन्यास, पृ. 182)। किशोरीलाल गोस्वामी पर बंगला के अनूदित उपन्यासों का बहुत प्रभाव था, उन्हें परम्परा से या तो देवकीनन्दन खत्री के चन्द्रकान्ता की तर्ज़ पर लिखे तिलिस्मी, ऐयारी उपन्यास मिल रहे थे या अंग्रेज़ी और बंगला के अनूदित उपन्यास। रेनाल्ड्स के 'लन्दन रहस्य' की लोकप्रियता का प्रभाव भी गोस्वामी जी पर पड़ा था। वे अपने पाठकों को मनोरंजन और सन्देश दोनों देना चाहते थे। विजयदेवनारायण साही ने 'जायसी' पर शोध के अनन्तर लिखा–"वस्तुतः मात्र मनोरंजक और मात्र सन्देशवाहक

साहित्य अक्सर एक ही सिक्के के दो पहलू साबित हो जाते हैं। मनोरंजक साहित्य यह देखने के लिए तैयार ही नहीं होता कि ज़िन्दगी को अर्थ से आलोकित करने वाले तत्त्व क्या हैं और कहाँ हैं?" किशोरीलाल गोस्वामी अपने उपन्यासों को अपनी रचनात्मक सीमा के भीतर मात्र सन्देशवाहक और मात्र मनोरंजक–दोनों होने से बचाते हैं–बल्कि यों कहें कि दोनों का मिश्रण करते चलते हैं। यह मिश्रण कहाँ तक फलदायक हो सका है, यह विचारणीय है क्योंकि उनके समकालीन बालकृष्ण भट्ट ने 'हिन्दी प्रदीप' के जनवरी 1899 अंक में काशीप्रसाद जायसवाल का एक प्रबोधन लेख छापा था, जिसका शीर्षक था 'हिन्दी उपन्यास लेखकों को उलाहना'–इस लेख में किशोरीलाल गोस्वामी का नाम बिना लिए कहा गया था–"दो–चार को छोड़कर प्रायः सभी बंगभाषा के अनुवादित हैं, उनमें एक प्रायिक या सामान्य दोष है और उसी दोष के लिए हमारा उलाहना है। वह महादोष यह है, मुसलमानों के चरित्र का ऐसा चित्र खींचना कि जिससे यह भाव होने लगे कि संसार की मनुष्य जाति भर में सबसे नीच, दुष्ट, मायाचारी, विश्वासघातक ये ही होते हैं। सभी अवगुण और पापों के मुसलमान अवतार हैं। पृथ्वीतल पर किसी विशेष जाति व सम्प्रदाय के जनमात्र दुष्ट या पापी नहीं हो सकते। सभी में अच्छे और बुरे होते हैं। हिन्दू–मुसलमानों में मेल कराना तो दूर रहा, इस प्रकार दिन–ब–दिन दोनों में परस्पर घृणा और द्वेष बढ़ाया जा रहा है।" ज्ञानचन्द जैन ने काशीप्रसाद जायसवाल की इस टिप्पणी को किशोरीलाल गोस्वामी से जोड़ कर देखा, जबकि हिन्दी उपन्यास का इतिहास लिखते समय गोपाल राय ने पर्याप्त तर्कों से यह सिद्ध कर दिया कि यह लेख देवकीनन्दन खत्री और बंगला से अनूदित उपन्यासों की प्रवृत्ति पर चोट करता है, न कि गोस्वामी जी पर। गोपाल राय लिखते हैं–"दरअसल किशोरीलाल गोस्वामी का उद्देश्य अपने ऐतिहासिक उपन्यासों में हिन्दू गौरव को प्रतिष्ठापित करना था। तत्कालीन परिस्थितियों को देखते हुए इसे अस्वाभाविक नहीं माना जा सकता। काशीप्रसाद जी ने जिस प्रबुद्ध इतिहास बोध का परिचय दिया था, वह अपने समय से आगे की चीज़ थी। हिन्दू समाज, मुस्लिम शासन से, विशेषकर औरंगज़ेब और उसके बाद के मुग़ल शासन से ऊबा हुआ था। हिन्दू समाज के उच्चवर्ग को अंग्रेज़ी शासन से एक प्रकार की राहत महसूस हुई थी। अंग्रेज़ी इतिहासकारों ने राजनीतिक कारणों से अन्तिम

मुग़ल शासकों तथा नवाबों के चरित्र और प्रशासनिक क्षमता का जो चित्र खींचा था, वह हिन्दुओं के मन में उनके प्रति वितृष्णा पैदा करने वाला था। स्कूलों में जो इतिहास पढ़ाया जाता था, उससे मुसलमान शासकों के प्रति हिन्दू छात्रों में विरोध और घृणा पैदा होती थी तथा मुसलमान छात्रों में एक मिथ्या गर्व का भाव जगता था। अंग्रेज़ी इतिहासकारों ने अनेक ऐसी पुस्तकें लिखी थीं, जो मुस्लिम शासकों की चरित्रहीनता, निरंकुशता और असहिष्णुता की परिचायक थीं। गोस्वामी जी ने अपने उपन्यासों के लिए जो ऐतिहासिक आधार प्राप्त किया था, वह ऐसी ही पुस्तकों से गृहीत था। उन्होंने अपने उपन्यासों के लिए कर्नल टाड लिखित राजस्थान का इतिहास तथा फिच, सर टामस रो, बर्नियर, मनूची आदि के यात्रा विवरणों से सामग्री ली थी और उनके आधार पर कल्पना का महल खड़ा किया था। (द्रष्टव्य तारा की भूमिका)। इन विवरणों से मुस्लिम बादशाहों और शहज़ादों–शहज़ादियों की विलासप्रियता, कपटाचरण तथा अन्तःपुरीय षड्यन्त्रों का पता चलता है, जिनका अतिरंजित वर्णन गोस्वामी जी के ऐतिहासिक रोमांस में मिलता है।" (हिन्दी उपन्यास का इतिहास, गोपाल राय, पृ. 81)।

किशोरीलाल गोस्वामी ने दो प्रकार के ऐतिहासिक उपन्यास लिखे। पहली श्रेणी के उपन्यासों में ऐतिहासिकता में कल्पना समन्वित कर उसे पाठकों के लिए कम बोझिल बनाने का प्रयास किया गया है। दूसरी श्रेणी में वो उपन्यास आते हैं जिनमें गोस्वामी जी ने सच, ज्ञान और कल्पना शक्ति के आधार पर विकृत तथ्यों में संशोधन द्वारा पाठकों को इतिहास का यथार्थ ज्ञान उपलब्ध करवाने का प्रयास किया है। गोस्वामी जी ने घटना प्रधान उपन्यास ही लिखे। इन घटनाओं का सम्बन्ध अधिकतर प्रेम, नैतिकता, सामाजिक एवं आर्थिक पतन से है। उपन्यासों के कथानक में अक्सर उत्सुकता उत्पन्न करने का प्रयास किया करते थे–अतः चरित्र–चित्रण पर विशेष ध्यान नहीं दे पायें किशोरीलाल गोस्वामी ने ऐतिहासिक रोमांस उपन्यासों की रचना की, उन पर रेनाल्ड्स के उपन्यासों–जिनके अनुवाद सन् 1890–1900 के बीच उर्दू और बाद में हिन्दी में उपलब्ध हुए–का प्रभाव देखा जा सकता है। उर्दू और हिन्दी के पाठकों को रहस्य, रोमांच, रतिव्यापार से भरे इन उपन्यासों ने बहुत प्रभावित किया। सस्ती लोकप्रियता अर्जित किये हुए रेनाल्ड्स के 'लन्दन

रहस्य', 'लॉयला, फाउस्ट', 'राई हाउस प्लॉट', 'लव्स ऑफ़ दि हरम', 'जोजेफ विल मट,' 'मिस्ट्रीज़ ऑफ़ द कोर्ट ऑफ़ लन्दन', 'उमर पाशा सरीखे' उपन्यासों ने किशोरीलाल गोस्वामी को प्रेरणा दी होगी। अन्तर केवल इतना था कि गोस्वामी जी ने ऐतिहासिक पृष्ठभूमि का सहारा लिया लेकिन जैसाकि रामचन्द्र शुक्ल ने लिखा है–"गोस्वामी जी के ऐतिहासिक उपन्यासों से भिन्न–भिन्न समयों की सामाजिक और राजनीतिक अवस्था का अध्ययन और संस्कृति के स्वरूप का अनुसन्धान नहीं सूचित होता।" (हिन्दी साहित्य का इतिहास, पृ. 274)। गोस्वामी जी की ऐतिहासिक दृष्टि पूर्वाग्रहग्रस्त थी, साथ ही कल्पना के मनमाने मिश्रण के कारण उन्होंने ऐतिहासिक दृष्टि सुचिन्तित और सुविचारित न होने के पीछे उस समय की प्रचलित हिन्दू भावना थी तथा अंग्रेज़ इतिहासकारों द्वारा हिन्दू–मुसलमानों में परस्पर फूट और वैमनस्य पैदा करने के लिए उनकी अपनी दृष्टि से लिखा भारतीय इतिहास था। दूसरी और महत्त्वपूर्ण बात यह थी कि भले ही ऐतिहासिक उपन्यास लेखन में प्रवृत्त हुए हों, लेकिन इतिहास के गम्भीर अध्येता वे थे नहीं। ब्रजरत्नदास ने ठीक ही लिखा है–"ऐतिहासिक उपन्यासों के लिखने में कोरा इतिहास–ज्ञान ही अपेक्षित नहीं है। इतिहास केवल सुश्रृंखलित रूप में घटनाक्रम, वंश, परम्परा आदि का विवरण उपस्थित करता है और उपन्यास में केवल इतने से काम नहीं चलता। उपन्यास के पात्र सजीव, चलते–फिरते, दुःख–सुख उठाते हुए चित्रित करने पड़ते हैं, जिससे उनके समय के खान–पान, वस्त्र, सवारी आदि का उनकी सामाजिक स्थिति के अनुकूल ज्ञान रखना बहुत आवश्यक हो जाता है। इन सबके लिए तत्कालीन उनके ग्रन्थों का अध्ययन विशेष परिश्रम–साध्य है और इसका गोस्वामी जी में नितान्त अभाव है। यही कारण है कि इनके ऐतिहासिक उपन्यास असफल रहे। कह सकते हैं कि इनमें नाम मात्र इतिहास से लिए गये हैं पर वे ऐतिहासिक नहीं हैं।" (हिन्दी उपन्यास साहित्य, पृ. 158)।

गोपाल राय ने उनके ऐतिहासिक उपन्यासों पर टिप्पणी करते हुए लिखा है–"इस काल का प्रबुद्ध हिन्दू मानस देशभक्ति और राजभक्ति के द्वन्द्व से ग्रस्त था। शताब्दियों तक मुस्लिम शासन का दंश झेलने के बाद हिन्दुओं ने मुसलमानों को अंग्रेज़ों के सामने घुटने टेकते देख एक प्रकार के नकारात्मक सुख का अनुभव किया था। यद्यपि सन् अट्ठारह सौ सत्तावन

के स्वाधीनता संग्राम में हिन्दू–मुसलमान अंग्रेज़ों के विरुद्ध साथ–साथ लड़े थे, पर मुसलमानों से हिन्दुओं का एक बड़ा वर्ग असन्तुष्ट था और अंग्रेज़ों ने इसका राजनीतिक लाभ उठाकर दोनों कौमों में बहुत अधिक फूट डाल दी थी। यही कारण है कि भारतेन्दुकालीन लेखकों ने सामान्यतः अंग्रेज़ी शासन का अभिनन्दन ही किया है, यदि उन्होंने अंग्रेज़ी शासन की आलोचना की है तो उसकी आर्थिक नीतियों तथा अंग्रेज़ और मुसलमान नागरिकों के प्रति पक्षपातपूर्ण व्यवहार के कारण। गोस्वामी जी के ऐतिहासिक उपन्यासों में इसी राष्ट्रीय चेतना की झलक मिलती है। इन उपन्यासों में मुस्लिम शासन की तुलना में ब्रिटिश शासन को बेहतर बताया है...बीसवीं शताब्दी के आरम्भ में भारत का बहुलांश वर्ग उच्च वर्ग अंग्रेज़ी शासन के प्रति यही भाव रखता था। गोस्वामी जी इस वर्ग का प्रतिनिधित्व करते हैं, पर वे यत्र–तत्र अंग्रेज़ी शासन की आलोचना भी करते हैं जो तत्कालीन विभाजित निष्ठा का परिचायक है। 'लवंगलता' तथा 'रज़िया बेगम' में उन्होंने सेठ अमीचन्द के प्रति अंग्रेज़ों की कृतघ्नता तथा अंग्रेज़ी शासन के न्याय विभाग की आलोचना की है।" (हिन्दी उपन्यास का इतिहास, पृ. 87)।

गोस्वामी जी के ऐतिहासिक उपन्यासों को आज के सन्दर्भ में देखने पर उनकी दृष्टि एकांगी और पूर्वाग्रहग्रस्त दीख पड़ती है। इसके पीछे इतिहास की सीमित जानकारी तथा अंग्रेज़ी इतिहासकारों द्वारा तोड़–मरोड़ कर प्रस्तुत किये गये इतिहास को स्रोत रूप में ग्रहण करना मुख्य है। हमें यह नहीं भूलना चाहिए कि किशोरीलाल गोस्वामी का उपन्यास लेखन हिन्दी के अति आरम्भिक उपन्यासों के भण्डार को समृद्ध करने के उद्देश्य से किया गया है। रेनाल्ड्स के उपन्यासों का रहस्य–रोमांच, प्रेम, व्यापार इत्यादि का वर्णन पाठकों को लुभा रहा था। किशोरीलाल गोस्वामी को भी उस ढंग के उपन्यासों ने लुभाया था, साथ ही वे हिन्दी के प्रारम्भिक उपन्यासों– 'देवरानी–जेठानी की कहानी', 'वामा शिक्षक', 'भाग्यवती', 'परीक्षा गुरु' से भी अवश्य परिचित होंगे।

किशोरीलाल गोस्वामी ने उपन्यास विधा को पर्याप्त समृद्ध किया, साथ ही 'उपन्यास मासिक पुस्तक' नामक मासिक पत्र का प्रकाशन भी किया, जिसमें उपन्यास–दर–उपन्यास छपते थे। उपन्यासों को सर्वसाधारण तक पहुँचाकर महत्त्वपूर्ण कार्य इस पत्रिका ने किया, क्योंकि चालीस पृष्ठों के इस पत्र का वार्षिक मूल्य मात्र दो रुपये रखा गया था। किशोरीलाल

गोस्वामी ने अपने प्रेस से बत्तीस स्वरचित उपन्यास प्रकाशित किये बत्तीस उपन्यासों के सेट का मूल्य मात्र छब्बीस रुपये तीन आना रखा। सम्भवतः 1909 में कुछ क़ानूनी झमेलों के कारण उन्होंने काशी छोड़कर वृन्दावन में बसने का निर्णय लिया। वे वृन्दावन के केशोघाट स्थित अटलबिहारी जी के मन्दिर के स्वत्वाधिकारी थे। स्वकीय प्रेस, वृन्दावन से 1913 में उन्होंने अपने उपन्यासों को दुबारा प्रकाशित किया। ज्ञानचन्द जैन ने किशोरीलाल गोस्वामी जी के बारे सही ही लिखा है–"यदि भारतेन्दु ने हिन्दी साहित्य वाटिका में उपन्यास की नयी क्यारी लगाई, राधाकृष्ण दास तथा श्रीनिवास दास ने हिन्दी में उपन्यास रचना के प्रथम नमूने पेश किये बालकृष्ण भट्ट ने 'हिन्दी प्रदीप' और फ़ाइलों में बन्द पड़े अपने अधूरे और दो प्रकाशित उपन्यासों में बंकिमचन्द्र चट्टोपाध्याय जैसी औपन्यासिक प्रतिभा का परिचय दिया, देवकीनन्दन खत्री ने हिन्दी उपन्यास को बिकाऊ पुस्तक बनाया तो किशोरीलाल गोस्वामी को इस बात का श्रेय दिया जायेगा कि उन्होंने हिन्दी में उपन्यास रसिक पाठकों का एक समुदाय तैयार करने में देवकीनन्दन खत्री के साथ–साथ सबसे अधिक योगदान दिया। उन्होंने रिकार्ड तोड़ संख्या में पाठकों की रुचि के अनुकूल सभी प्रकार के उपन्यासों की रचना करके हिन्दी उपन्यास को साहित्य की सबसे लोकप्रिय विधा बना देने में महत्त्वपूर्ण योगदान दिया। हिन्दी में ऐतिहासिक उपन्यास लेखन की परम्परा का प्रारम्भ पण्डित किशोरीलाल गोस्वामी से माना जाता है। यदि हम हिन्दी के ऐतिहासिक उपन्यासों को अध्ययन की सुविधा की दृष्टि से तीन भागों में विभक्त करें–प्रथम उत्थान काल–1890–1916, द्वितीय उत्थान काल–1917–1929 और तृतीय उत्थान काल 1930 से आज तक, तो प्रथम उत्थान काल में पं. किशोरीलाल गोस्वामी जी ही अपनी रचनात्मकता से पूरे औपन्यासिक परिदृश्य को घेरे हुए मिलते हैं। वे इतिहास के पात्रों के नाम ग्रहण करते हैं, कल्पना का संसार बुनते हैं–क्योंकि उनका मूल उद्देश्य है–पाठकों का मनोरंजन करना। अपने उद्देश्य की प्राप्ति के लिए वे ऐयारी, तिलिस्म और प्रणय कथा को साधन बनाकर घटना प्रधान उपन्यासों की रचना करते हैं। उनके प्रभाव से कई रचनाकारों ने इस क्षेत्र में अपना उल्लेखनीय योगदान दिया। प्रथम उत्थान के अन्तर्गत ही बाबू गंगाप्रसाद गुप्त जी ने 'नूरजहाँ' (1902), 'वीर पत्नी' (1903), 'कुँवरसिंह सेनापति' (1903), 'पूना

में हलचल' (1903), 'हम्मीर' (1904), 'वीर जयपाल' या कृष्ण कान्ता' (1904) जैसे ऐतिहासिक उपन्यास लिखे, जिनमें पात्रों के चरित्र विश्लेषण पर अत्यधिक ध्यान दिया गया। बाबू जयरामदास गुप्त ने 'रंग में भंग' (1907), 'काश्मीर पतन' (1907), 'मायारानी' (1908), 'कलावती चाँद बीबी' (1909), 'प्रभात कुमारी' (1909), 'रोशन आरा या चाँदनी और अँधेरा', 'नवाबी परिस्तान' (1909), 'शूर शिरोमणि', 'फूलकुमारी', 'चम्पा किशोरी' जैसे तिलिस्मी–ऐयारी प्रणय कथाओं की रचना की। इनकी शैली पर गोस्वामी जी की शैली का काफ़ी प्रभाव था। किशोरीलाल गोस्वामी की तर्ज़ पर केदारनाथ शर्मा (तारामती 1901), बल्देव प्रसाद मिश्र (पृथ्वीराज एवं पानीपत 1902), ब्रज बिहारी सिंह (कोटा रानी 1902), विट्ठल नागर (पद्मा कुमारी 1903), मिट्ठूलाल मिश्र (रणधीर सिंह 1904), गिरिजानन्दन तिवारी (पद्मिनी 1905), लालजी सिंह (वीर बाला 1905), झाबर मल दारुका (कुमारी 1907), जंग बहादुर (राजेन्द्र कुमार 1907), चतुर्भुज सहाय (कुमारी चन्द्र किरण 1908), शालिग्राम गुप्त (आदर्श रमणी 1911), कृष्णदेव प्रसाद अखौरी (वीर चूड़ामणि 1915), मुरारीलाल पण्डित (विचित्र वीर 1915), जैनेन्द्र किशोर (गुलेनार 1907), जयराम मल (ताजमहल 1907) आदि ने ऐतिहासिक उपन्यासों की रचना की।

5

नवजागरण और प्रेमचन्द : 'सेवासदन'

हिन्दी में 'सेवासदन' और उर्दू के उपन्यास 'उमराव जान अदा' के प्रकाशन में लगभग बीस वर्ष का अन्तराल है। 'उमराव जान अदा' का प्रकाशन 1899 में हुआ और 'बाज़ारे–हुस्न' लगभग 1916–17 में लिखा गया, जिसका हिन्दी संस्करण 'सेवासदन' शीर्षक से आया। 24 फ़रवरी 1917 को प्रेमचन्द ने मुंशी दयानारायण निगम को 'बाज़ारे–हुस्न' के बारे में लिखा था, *"मैं आजकल क़िस्सा लिखते–लिखते नॉवेल लिख चला। कोई सौ सफ़े तक पहुँच चुका है। इसी वजह से छोटा क़िस्सा न लिख सका। अब इस नॉवेल में ऐसा जी लग गया है कि दूसरा काम करने को जी ही नहीं चाहता। क़िस्सा दिलचस्प है और मुझे ऐसा ख़याल होता है कि अबकी बार नॉवेल–नवीसी में भी कामयाब हो सकूँगा।"*[1] 'सेवासदन' अपने मूल रूप में उर्दू में तैयार था, जिसके बारे में अमृत राय ने लिखा कि "'बाज़ारे–हुस्न' में मुंशी जी को अपनी ज़मीन मिल गयी है। समाज में जितनी बेईमानी है, ढोंग ढकोसला है, उन पर चोट करने वाले क़िस्से लिखना ही उनकी अपनी बात होगी।" प्रेमचन्द 'नॉवेल–निगार' के तौर पर 'सेवासदन' से प्रतिष्ठित हुए और रुसवा के साथ भी यही हुआ। दोनों रचनाएँ बहुध्वन्यात्मक हैं और इन दोनों उपन्यासों में बतौर नायिका ऐसी स्त्री का चित्रण किया गया जो किन्हीं कारणों से 'पतिता' की श्रेणी में आती हैं। ये दोनों उपन्यास अपने–अपने ढंग से अपने समय–समाज की कथा कहने के साथ स्त्री की वकालत–स्वतन्त्र अभिकर्ता के रूप में और यौनिकता के प्रति सजग स्वतन्त्र मनुष्य के नज़रिये से करते हैं। 'सेवासदन' के प्रकाशन को सौ वर्ष बीत चुके हैं और इन सौ वर्षों में इस उपन्यास की पड़ताल विभिन्न दृष्टिकोण से की जा चुकी है। यह विश्व के विभिन्न विश्वविद्यालयों के पाठ्यक्रम का अनिवार्य हिस्सा है

और सभी प्रमुख देशी–विदेशी भाषाओं में अनूदित है। उन्नीसवीं सदी के उत्तरार्द्ध और बीसवीं सदी के पूर्वार्द्ध में स्त्री यौनिकता के प्रश्न पर भारतीय लेखकों के रवैये की पड़ताल करने के प्रयास के साथ ही उर्दू और बाँग्ला में प्रेमचन्द के समकालीन रचनाकारों के स्त्री सम्बन्धी रुझान का विश्लेषण भी प्रसंगतः अन्तर्गुम्फित है। इसमें 'सेवासदन' के उर्दू और हिन्दी संस्करणों की तुलना का भी प्रयास किया गया है।

यह तय है कि स्त्री की चेतना का निर्माण न केवल जैविकता और दैनन्दिन जीवन की स्थितियाँ करती हैं, बल्कि उसकी चेतना के निर्माण में 'सामुदायिकता' की भूमिका प्रमुख होती है। अपने समुदाय में उनके कुछ आदर्श होते हैं। ऐसे तमाम संरचनात्मक अवसर, जो स्त्री को स्त्री होने के कारण मिलते हैं–वे परिवार, समाज और समुदाय के अन्तर्गत ही उन्हें उपलब्ध होते हैं। इन्हीं से स्त्रियों की अन्तश्चेतना का निर्माण होता है, जिनके आधार पर वे अपनी जटिल पहचान को स्थापित करती हैं और किसी आदर्श या कर्तव्य के निर्वहण के लिए तत्पर होती हैं। लेकिन यह चेतना भी उनमें तभी आती है जब उन्हें एक वर्ग–विशेष, समुदाय अथवा राष्ट्र के सदस्य के नाते एक बृहत्तर संस्कृति का अंग होने का अहसास हो। उन्नसवीं सदी के उत्तरार्द्ध और बीसवीं सदी के पूर्वार्द्ध का साहित्य देखें तो हमें पता चलता है कि संस्कृति के सांस्थानीकरण की प्रवृत्ति समाज–सुधार की अनिवार्य चिन्ता बन कर आयी, जिसमें बाज़ार में स्त्री की कौन–सी छवि बिकनी है, यह तय था। इसमें संस्कृति भी पण्य थी और स्त्री भी। आश्चर्य नहीं कि 1899 के दौर में 'उमराव जान अदा' जितनी लोकप्रिय हुई वह हिन्दी उपन्यासकारों के लिए चुनौती थी, क्योंकि छपते ही उसके दसियों संस्करण निकले गये। प्रेमचन्द ने 'बाज़ारे–हुस्न' लिखकर पाठकीय रुचि को समाज–सुधार की तरफ़ मोड़ना चाहा, पर उर्दू में उन्हें प्रकाशक नहीं मिला और इसका हिन्दी तर्जुमा 'सेवासदन' के नाम से आया जो बतौर लेखक प्रेमचन्द की आशंकाओं को धता बताते हुए आज की भाषा में कहें तो 'बेस्ट सेलर' साबित हुआ। 'सेवासदन' की सफलता से प्रेमचन्द कितने उत्साहित थे, इसका पता दयानारायण निगम को 25 अक्टूबर 1919 को लिखे उनके पत्र से चलता है–"...क़िस्से शायद मैं लिखूँ या न लिखूँ, आजकल बाज़ारे–हुस्न की सफ़ाई और नये नॉवेल की तसनीफ़ में बेहद मसरूफ़ हूँ। बाज़ारे–हुस्न का गुजराती तर्जुमा शाया

हो रहा है...हिन्दी में लोग इसे बेहतरीन नॉवेल ख़याल करते हैं।"[2] मिर्ज़ा हादी रुसवा और प्रेमचन्द दोनों ने तवायफ़ बन गयी स्त्रियों का चित्रण किया। मिर्ज़ा साहेब ग़दर के बाद 1858 के लखनऊ की पैदाइश थे और प्रेमचन्द 1880 के बनारस के पास के गाँव लमही की। मिर्ज़ा हादी रुसवा को शहराती स्वभाव विरासत में मिला था। इसके बरअक्स प्रेमचन्द को ग्राम्यता मिली थी। अपने जीवन का बड़ा हिस्सा शहर में बिताने के बावजूद प्रेमचन्द शहर के मनमाफ़िक मिज़ाज में ढल नहीं सके थे। दोनों रचनाकार फ़ारसी और उर्दू में निष्णात थे और आजीविका के तौर पर दोनों ने लेखन को ही अपनाया, प्रेमचन्द का अपना छापाख़ाना था वहीं मिर्ज़ा साहेब रासायनिक और खगोलीय प्रयोगों के साथ अपराध–कथा और जासूसी उपन्यास लिखने और पढ़ने का शौक़ रखते थे। प्रेमचन्द, लेखन को सामाजिक सरोकार और राष्ट्रीय उत्तरदायित्व से जोड़कर देखते थे। इन दोनों लेखकों को अपने पहले उपन्यास ने ही सफलता के शिखर पर पहुँचा दिया। हालाँकि हादी ने 'उमराव जान अदा' से पहले 'अफशां–ऐ राज़' शीर्षक उपन्यास लिखा पर वह अपूर्ण था और प्रेमचन्द तो 'बाज़ारे–हुस्न' को एक कहानी मानकर ही लिख रहे थे, जिसकी चर्चा उन्होंने जनवरी 1917 में मुंशी दयानारायण निगम को लिखे पत्र में की थी–"मैंने इसे कहानी के रूप में लिखना शुरू किया था, पर अब उसे उपन्यास के रूप में लिख रहा हूँ।"

'सेवासदन' का मुख्य कथानक है स्त्रीत्व के आदर्श से सुमन का पतन और उसके पुनः उत्थान का प्रयास, उधर 'उमराव जान अदा' का कथानक तवायफ़ों के जीवन के अन्दरूनी कार्यव्यापार, बाज़ार में बैठी स्त्री की तहज़ीब, रचनात्मक रुझानों और लोकप्रियता के व्याज से अपने समय–समाज से निर्मित हुआ है। 'सेवासदन' में प्रेमचन्द सुमन से सुमनबाई बन जाने वाली स्त्री के पतन की कहानी सुनाते हैं और 'उमराव जान अदा' में हादी रुसवा अमीरन से उमराव बनी रेख़्ती कहने वाली तवायफ़ की कहानी सुनाते 'सुनते' हैं। 'सेवासदन' के छपते–छपते मिर्ज़ा हादी के उपन्यास को बीस वर्ष बीत चुके थे और इन बीस वर्षों का अन्तराल उत्तर भारत में आ रहे बहुत से सांस्कृतिक–सामाजिक बदलावों और आहटों का अन्तराल है। इसलिए 'सेवासदन' पर बात करने के लिए 'उमराव जान अदा' से होकर गुज़रना ज़रूरी है। मिर्ज़ा हादी रुसवा

'उमराव जान अदा' को आपबीती या आत्मकथा या जीवनी कहने के पक्ष में हैं और भूमिका में लिखते हैं–

"अपनी आपबीती, वह जिस कदर कहती जाती थीं, मैं उनसे छुपा के लिखता जाता था। पूरी होने के बाद मैंने मसीदा लिखाया। इस पर उमराव जान बहुत बिगड़ीं। आख़िर ख़ुद पढ़ा और जा–बजा जो कुछ रह गया था, उसे दुरुस्त कर दिया। मैं उमराव जान को उस ज़माने से जानता हूँ, जब उनकी नवाब साहब से मुलाक़ात थी। उन्हीं दिनों मेरा उठना–बैठना भी, अक्सर उनके यहाँ रहता था। बरसों बाद फिर एक बार उमराव जान की मुलाकात नवाब साहब से उनके मकान पर हुई, जब वह उनकी बेगम साहिबा की मेहमान थीं। इस मुलाकात का ज़िक्र आगे है। इसके कुछ अर्से बाद उमराव जान हज करने चली गयीं।

उस वक़्त तक की उनकी ज़िन्दगी की तमाम घटनाओं को मैं निजी तौर से जानता था। इसलिए मैंने यह क़िस्सा वहीं तक लिखा, जहाँ तक मैं अपनी जानकारी से उनके बयान के एक–एक लफ़्ज़ को सही समझता था। हज वापसी के बाद उमराव जान ख़ामोशी की ज़िन्दगी बसर करने लगीं। जो कुछ पास जमा था उसी पर गुज़र औकात थी। वैसे उनको किसी चीज़ की कमी नहीं थी। मकान, नौकर–चाकर, आराम का सामान, खाना पहनना, जो कुछ पास जमा था, उससे अच्छी तरह चलता रहा। वह मुशायरों में जाती थीं, मुहर्रम की मजलिसों में सोज़ पढ़ती थीं और कभी–कभी वैसे भी गाने–बजाने के जलसों में शरीक होती थीं।

इस आपबीती में जो कुछ बयान हुआ है, मुझे उसके सही होने में कोई भी शक नहीं है। मगर यह मेरी जाती राय है। नाज़रीन को अख़्तियार है, जो चाहें समझें।"[3]

इसके बाद पाठक बच्ची अमीरन के उमराव जान अदा में तब्दील होने और यश के शिखर पर पहुँचने के बाद स्वयं को पतित श्रेणी की स्त्री के रूप में पहचानने और फिर बदले ज़माने में अपने अकेलेपन को अपनाकर हज पर जाने और इस शेर के साथ उपन्यास के अन्त तक की यात्रा करता है–

"मरने के दिन करीब हैं, शायद कि ऐ हयात
तुझ से तबीयत अपनी बहुत सेर हो गयी।"[4]

उमराव की जीवन–यात्रा फूलों भरी पगडण्डी नहीं है। बचपन में अपहरण का शिकार हो वह खानम के कोठे पर आ बिकी। मौलवी साहेब से पढ़ाई–लिखाई सीखी, कोठे और बाज़ार के माहौल ने चौदह साल की उम्र में देह की भाषा सिखा दी, तवायफ़ बनने की पूरी प्रक्रिया उसने तफ़सील से बयान की है। कैसे एक साधारण साँवले रंग की किशोरी कोठे की तहज़ीब का अंग बन जाती है, पर आत्मसम्मान से समझौता नहीं करती। कोठों पर आने वाले ग्राहक, सामन्ती समाज के अवशेषों के रूप में घिसी शेरवानी पहनने वाले ख़ाली और भरी जेबों वाले नवाबज़ादे, नौजवान बिलकिस जैसी तवायफ़ों की चालाकियाँ, हँसी–मज़ाक, मान–अपमान, नाच–गान, शेरो–सुखन पढ़ती–गुनती, मुजरों में जाती, अपने फ़न के बल पर बाज़ार भाव से वाक़िफ़ होते ही धीरे–धीरे वह खानम के नियन्त्रण से बाहर निकल गयी। कई बार छली गयी, कई दोस्त बने, पर कहीं सच्चा प्रेम न मिला कई मुजरे किये पर कोई शरीकेहयात न मिला, अपने मन की आवाज़ सुनी तो धोखे खाये बचपन में बिछुड़े परिवार ने तवायफ़ जानकर उसे ठुकरा दिया। घर–गृहस्थी करने की इच्छाएँ रही भी हों तो उन्हें पूरा करना सम्भव नहीं हो पाया, क्योंकि बाज़ारू औरतों को घर में जगह देना तो किसी सभ्य पुरुष के लिए सम्भव नहीं था। इसलिए हमपेशा स्त्रियों को वह नसीहत करती है–"*ऐ बेवकूफ़ रंडी! कभी इस भुलावे में न आना कि कोई तुझको सच्चे दिल से चाहेगा। तेरा आशना जो तुझ पर जान देता है चार दिन के बाद चलता–फिरता नज़र आयेगा। वह तुझसे हरगिज़ निबाह नहीं कर सकता और न तू इस लायक है। सच्ची चाहत का मज़ा उसी नेकबख़्त का हक़ है, जो एक मुँह देखके दूसरे का मुँह कभी नहीं देखती। तुझ जैसी बाज़ारी शफतल की यह नेमत ख़ुदा नहीं दे सकता।*"[5]

यह नेमत है किसी का शरीकेहयात बनने की। नेमत जो गृहिणी को मिलती है, तवायफ़ को नहीं। तवायफ़ तो बाज़ारू ही रहेगी। इस सत्य को जानने के बावजूद उमराव का सपना है एक अदद सच्चा प्रेमी पा लेना। नहीं मिलना था नहीं मिला, हाँ इतना ज़रूर पता चल गया कि चाहे वह कितना ही सुरीला मर्सिया गाये, कितने अच्छे शेर कहे, घर की चारदीवारी के भीतर उसकी कोई जगह नहीं, उसे तो प्रेमियों की सन्तानों के जनमवार पर दुआएँ गानी हैं, मजलिसों की रौनकें बढ़ानी हैं, बिना ज़ाहिर किये कि मजलिस का मज़ा ले रहे, सुगन्धित हुक़्क़ा पीते आशिक़ों

के वायदों में वो भी कभी थी, उसे तो बख़्शीश के चन्द सिक्के लेकर अपने कोठे पर लौट आना है। यह अकेली तवायफ़ की कथा नहीं बल्कि गृहिणी बनाम तवायफ़ के मुद्दे को उन दिनों बहुत से रचनाकारों ने उठाया, क्योंकि मिर्ज़ा हादी रुसवा जिस उमराव की आपबीती लिख रहे थे वह ग़दर के बाद के लखनऊ की तवायफ़ है, जिसे कलावन्त नहीं बल्कि पतित स्त्री का दर्जा दिया गया वो ब्रिटिश राज के क़ानूनों की बदौलत है। इस प्रसंग में उत्तर भारत की कोठा या तवायफ़ संस्कृति पर एक नज़र डाल लेना ज़रूरी है, क्योंकि सन् 1858 से 1877 के म्युनिसिपल रिकार्ड रूम के खातों में अधिकतम कर देनेवालों में वे स्त्रियाँ हैं जिन्हें रिकार्ड्स में 'नाचने और गाने का व्यवसाय करने वाली लड़कियाँ' कहा गया। नागरिक कर–खातों में संयुक्त प्रान्त की इन तवायफ़ों के सम्पत्ति–स्रोतों में बग़ीचे, घर, खेत, दुकानों की पूरी सूची हमें मिलती है जिनकी गिनती ब्रिटिश राज के ख़िलाफ़ विद्रोहियों का साथ देने वाले नागरिकों में की गयी। ग़दर के बाद इन तवायफ़ों को सत्ता के ख़िलाफ़ षड्यन्त्र रचने, विद्रोहियों को आश्रय देने और नवाब वाज़िद अली शाह के पक्षधरों के रूप में चिन्हित किया गया। तवायफ़ों को ब्रिटिश सरकार द्वारा निरन्तर मेमोरेंडम दिये जाते थे, लखनऊ और अन्य सैनिक छावनियों के लिए इन्हें ख़तरा माना जाता था, क्योंकि जितने ब्रिटिश सैनिक ग़दर में नहीं मरे उनसे तीन गुना ज़्यादा यौन–रोगों से मरे। यह अनुभव किया गया कि स्वस्थ छावनियों में ही सैनिक रोगमुक्त रह सकते हैं। इसलिए 'संक्रामक रोग अधिनियम 1864' पारित कर वेश्याओं की चिकित्सा जाँच तथा उनका पंजीकरण अनिवार्य कर दिया। अख़बारों में ख़बरें प्रकाशित हुईं कि अनेक वेश्याओं ने पुलिस उत्पीड़न से तंग आकर आत्महत्या कर ली।[6]

इस अधिनियम के आने के पहले ही, यानी 1856 में, अवध में तवायफ़ों को मिलने वाली पेंशन दी गयी थी। 1857 में तो वे सन्देह के घेरे में आ गयी थीं, लेकिन 1864 से तो वे अति साधारण देह–श्रमिकों में तब्दील हो गयीं। वे स्त्रियाँ जो साहित्य–संस्कृति, कला की वाहिकाएँ बनकर पुराने समय से ही शासन, सत्ता और संस्कृति में सम्मानित हुआ करती थीं, बदले समय में अपनी कलाओं के साथ भरण–पोषण के लिए बाज़ारों में बैठने लगीं। ब्रिटिश क़ानूनों ने उन्हें बेहद दीनावस्था में पहुँचा दिया, अब वे 'सिंगिंग एंड डांसिंग गर्ल्स' बनकर सिविक टैक्स खातों में कर अदाकर्ता थीं।

ये बदले समय की नयी तरह की चुनौतियाँ थीं, जहाँ एक तरफ़ सभ्य नागरिक समाज था जो इन तवायफ़ों पर टैक्स लगा रहा था, साथ ही उनके साथ अपने सम्पर्कों को अवैध समझता था और क़ानूनी प्रावधानों के तहत इनकी मेडिकल जाँच करवाता था। शरीर के निरीक्षण–परीक्षण से बचने के लिए ये अक्सर नर्सों, दाईयों और पुलिस को उत्कोच देती थीं। अपने अस्तित्व को बचाने के लिए उनकी ये रणनीतियाँ थीं।

झूला किन डारो रे अमराइयाँ : स्त्रीत्व का उत्सव

इस पेशे के पारम्परिक स्वरूप को सन्देहास्पद बना दिये जाने के बावजूद पुरुषों की दुनिया में ये औरतें एक विशिष्ट सत्ता और पहचान के साथ उपस्थित रहीं। जिस बृहत्तर समाज का वे अंश हैं–उसने दिन के उजाले में उनसे गुरेज़ किया और रात की रोशनी में संग–कामना की। इन तवायफ़ों के जीवन में पुरुष–सत्ता परम्परागत अर्थों में न थी, न है। अपने दायरे में गाने–बजाने वाली स्त्रियाँ अपनी यौनिकता के साथ हमेशा उत्सवित रहीं, और यदि फ़्रायडीयन सिद्धान्त को मानें तो यौनिकता एक नैसर्गिक कामप्रवृत्ति है, सामाजिक नीति–नियमों से विद्रोह करती है, अपनी स्वच्छन्द परवाज़ के लिए, जो पंख पा जाये तो आत्मा को मुक्त कर डालती है, ज़ंजीरों में जकड़ दी जाये तो दमित कुण्ठा बनने में वक़्त जाया नहीं करती वही यौनिकता संस्कृति का सहारा लेकर कभी इन स्त्रियों को सम्मानित तो कहीं अपमानित करती रही। लेकिन अपने समूह, अपने कोठों के दायरे में ये यौनिकता का न सिर्फ़ उत्सव मनाती रहीं बल्कि सैकड़ों–हज़ारों लोगों जिनमें पुरुष, बच्चे, ख़्वाज़ासरा, हाशिये पर धकेल दिये गये बुजुर्ग, दिवालिये हो चुके ग्राहक, विभिन्न प्रकार के छोटे–मोटे काम करने वाले–मसलन, कहार, धोबी, फूल बेचने वाले, पनवाड़ी, मद्य विक्रेता इत्यादि को रोज़गार मुहैया कराती रहीं। जहाँ–जहाँ ये गयीं वहाँ दर्ज़ी, हज्जाम, रंगरेज़, हलवाई, किराने, सर्राफे की दुकानें खुलती गयीं। या यूँ कहें कि इन स्त्रियों से बाज़ार बसते गये और कोठों के भीतर अपनी अलग अस्मिता का उत्सव ये मनाती दीखीं जो भीतर ही भीतर जीवन–राग की तरह बजता रहा। उन्होंने अपने निजी मन्तव्यों, परिभाषाओं, विवरणों के साथ जीना सीखा। औपनिवेशिक भारत द्वारा प्रदत्त अपमानों ने उन्हें और चतुर और व्यावहारिक बनाया और वे अपने स्त्रीत्व के साथ एक दूसरी दुनिया रचने में कामयाब रहीं। इनमें

से कुछ या बहुत की अभिलाषा गृहस्थिन बनने की भी रहा करती। एक लम्बे समय तक बहुविवाह या रखैल की हैसियत से एकनिष्ठ प्रेम में भी मुब्तिला रहा करतीं और इसके ढेरों प्रमाण भी मिलते हैं। दूसरी तरह बड़े–सेठों, रसूखदार लोगों से सम्पर्क के कारण वे सत्ता को भी प्रभावित किया करतीं, वे अपने सम्पर्कों से कई ज़रूरतमन्दों का भला किया करतीं। इसके प्रमाण भी मिलते हैं कि सम्पन्न तवायफ़ें, बुजुर्ग हो चुके तबलचियों, सारंगियों, संगतकारों, मौलवियों, चौकीदारों को पेंशन दिया करती थीं और वयस प्राप्त, रोगी बुजुर्ग तवायफ़ों की देखभाल और इन्तजाम करने की मानवीय संस्कृति का पोषण भी कई कोठों में किया जाता था। अवध के नवाब वाज़िद अली शाह के निष्कासन के बाद उनकी पनाह में रहने वाली तवायफ़ों ने दरबारी संस्कृति के सलीके और तहज़ीब को सँभाले रखा। आज भी उनकी वंशज लखनऊ में हैं, जो गर्व के साथ अपनी पूर्वजाओं का ज़िक्र करती हैं, जिनके कोठों पर कन्याजन्म पर उत्सव मनाया जाता है और पुत्र जन्म पर मनहूसियत छा जाती है। अपने समय में ये तवायफ़ें काफ़ी रुतबेदार थीं। अट्ठारहवीं शताब्दी में उन्होंने स्वयं को अवध के दरबार में स्थापित कर लिया था। अब्दुल हलीम 'शरर' लिखते हैं–"लखनऊ की वेश्याएँ आमतौर पर तीन जातियों की थीं : एक तो कंचनिया जो असली रंडियाँ थीं और उनका पेशा आमतौर पर सतीत्व बेचना था...दूसरी चूनेवालियाँ थीं जिनका असली पेशा चूना बेचना था मगर बाद में बाज़ारी औरतों के गिरोह में शामिल हो गयीं और अन्त में जाकर उन्हें बड़ी ख्याति मिली। चूनेवाली हैदर जिसका गला मशहूर था और समझा जाता था कि उसका–सा गला किसी ने पाया ही नहीं, इसी जाति की थी और अपनी बिरादरी की रंडियों का बड़ा गिरोह रखती थीं। तीसरी नागरानियाँ थीं। तीनों वे बाज़ारी स्त्रियाँ हैं जिन्होंने अपने गिरोह क़ायम कर लिये हैं और बिरादरी रखती हैं वरना बहुत--सी और कौमों की औरतें भी आवारगी में पड़ने के बाद इसी गिरोह में शामिल हो जाती हैं...ज़ोहरा और मुश्तरी कवयित्रियाँ और गायिकाएँ ही नहीं उच्चकोटि की नर्तकियाँ भी थीं।"[7] उधर अवध के वजीर रहे हकीम मेहँदी ने अपनी सफलता के पीछे प्यारी नामक तवायफ़ की भूमिका का ज़िक्र किया है। अवध की तहज़ीब और गायन–नृत्य कलाओं को बचाये रखने का काम इन तवायफ़ों ने किया, हिन्दुस्तानी संगीत और कत्थक जैसी नृत्य शैली इन्हीं के संरक्षण में पुष्पित–पल्लवित हुई। अब्दुल हलीम 'शरर' ने रेख़्ती

(उर्दू का एक काव्यांग) में रचना करने वाली बहुत–सी तवायफ़ों का ज़िक्र 'गुज़िश्ता लखनऊ' में किया है। लखनऊ की तवायफ़ें लम्बे समय तक वहाँ की जटिल सोपानिक समाज–व्यवस्था का अंग बनी रहीं। चौधराइन के नेतृत्व में कोठा चलता था, जो अब भी नयी उम्र की लड़कियों को तवायफ़ बनने के क़ायदे सिखाती हैं। सम्पन्न और आभिजात्य वर्ग के लोग इनके सरपरस्त बनते थे, जो नयी बनी तवायफ़ों को धन देकर ख़रीद लेते थे, जिसमें से चौधराइन को एक तिहाई हिस्सा बतौर कमीशन मिला करता था। इन तवायफ़ों के अलावा अपहृत या खोयी हुई लड़कियाँ भी थीं जिन्हें रंडी कहा जाता था और जो कोठे में रहती थीं और तवायफ़ों की अपेक्षा कम इज़्ज़त पाती थीं। इनके अलावा पर्देदार विवाहिताएँ जिन्हें खानगी कहा जाता था–वे भी आर्थिक कारणों से कोठों से जुड़ी रहती थीं। बदले में वे अपनी आय का एक हिस्सा चौधराइन को देती थीं। चौधराइन कोठे पर पहरेदार, चौकीदार, दर्ज़ी, कहार की तनख़्वाहें देती थीं, कोठों के निचले हिस्से संगतकारों, नौकरों से आबाद रहते थे, वे अक्सर उनके लिए खुफ़ियागीरी कर पुलिस से उन्हें बचाते थे।

दश्ते जनूं की सैर में बहला हुआ था दिल
ज़िन्दा में लाये फिर मुझे अहबाब घेर के।

मिर्ज़ा हादी रुसवा उर्दू के वे पहले साहित्यकार हैं जिन्होंने कोठों और तवायफ़ों की ज़िन्दगी का अत्यन्त प्रामाणिक वर्णन किया है। शारिब रुदौलवी का कहना है कि 'उमराव जान' में उन्नीसवीं सदी का लखनऊ पूरी तरह से उजागर हुआ है और यही इस नॉवेल की ख़ूबी है। हालाँकि बतौर लेखक रुसवा की गहरी दिलचस्पी अपराध कथाओं में थी। उन्होंने खूनी शृंखला में कई उपन्यास लिखे थे। उनकी पैनी नज़र ने लखनऊ की तवायफ़ों के जीवन को देखने में मदद की होगी, इसलिए वे संक्रमणकालीन अवध प्रान्त की सामाजिक–राजनीतिक स्थितियों को 'उमराव जान अदा' में उकेर सके। तवायफ़ें जो अवध की संस्कृति का अविभाज्य अंग थीं, रुसवा के देखते न देखते उन्हें जबरन देश भर में फैली 110 ब्रिटिश सैन्य छावनियों में भेजा जाने लगा। इससे न सिर्फ़ इस पेशे का अमानवीकरण हुआ बल्कि तवायफ़ों को गर्हित दृष्टि से देखा जाने लगा। माना जाने लगा कि कोठों पर अपहृत, घर्षित, बलात्कृत स्त्रियाँ ही जाती हैं। ब्रिटिश राज ने इनके सांस्कृतिक अवदान को सिरे से नकार दिया। जबकि

सच्चाई यह थी कि इनमें अपहृत लड़कियों का प्रतिशत बहुत कम होता था, बाल–विधवाएँ, घर से सताई, उत्पीड़ित, भूखी, धनहीन, अशिक्षित, आश्रयहीन, महामारियों में परिवार को खो देने वाली और कुछ नाच–गान में गहरी रुचि रखने वाली स्त्रियाँ होती थीं। कुछ ऐसी स्त्रियों ने भी कोठों की राह पकड़ी जो परिवार और पितृसत्ता की अधीनता से तंग आ चुकी थीं। स्त्रियों में अशिक्षा, रोज़गार के अवसरों का अभाव और पितृसत्तात्मक मूल्यों की दबंगई के कारण कइयों को तवायफ़ का पेशा अपनाना पड़ा और कालान्तर में वे मात्र देह श्रमिकों में अवमूल्यित या रिड्यूस हो गयीं। उधर पश्चिम में भी उन्नीसवीं सदी के अंग्रेज़ी उपन्यासों में इन्हें अमर्यादित जीवन जीने वाली स्त्रियाँ कहा गया और उनके भीतर चलने वाले पाप–पुण्य के द्वन्द्व को जगह दी गयी। इस दौर के उपन्यासों में मर्यादित बनाम पतित स्त्री का द्वित्व विलोम रचा गया, जिसे पाठकों में लोकप्रियता हासिल हुई। विक्टोरियन शुद्धतावादी मूल्यों की प्रतिस्थापना में इस तरह के कथानकों ने ध्यान आकर्षित किया। औपनिवेशिक भारत में, विशेषकर बंगाल और आगे चलकर उत्तर प्रदेश में भी, समाज में स्त्री–पुरुषों की अनियन्त्रित यौनिकता की आलोचना की गयी। स्त्री की आकांक्षा और यौनिकता अब विशेष सन्देह और नियन्त्रण के घेरे में थी। समाज सुधारकों को यह समझ में ही नहीं आया कि ये स्त्रियाँ जैसी भी, जिस रूप में हैं उसके पीछे संस्कृति की बहुत बड़ी भूमिका को देखा जाना ज़रूरी है। सामन्ती समाज के खोखले मूल्य, पितृसत्तात्मक व्यवस्था और लैंगिक एवं जातीय विभेद, दहेज, अनमेल विवाह, बाल विवाह और सबसे बढ़कर स्त्री–देह को पण्य समझने की संस्कृति ने इन्हें कोठों की ओर धकेला, और यह भी कि अपहरण, यौन हिंसा, अविवाहित मातृत्व की पीड़ा, निर्धनता, परिवार द्वारा इनका परित्याग, सामाजिक एवं घरेलू हिंसा ने कितनी स्त्रियों को देह व्यापार की ओर मुख़ातिब कर दिया, जहाँ से वापस लौटने के रास्ते बन्द थे।

चाहता हूँ कि उसे पूजना छोड़ूँ लेकिन
कुफ़्र जो ख़ूँ में है दीं पर नहीं आने देता

आदर्श स्त्री की जो अवधारणा प्रेमचन्द को अपने समाज से मिली थी, वह त्यागमयी, एकनिष्ठ, पतिप्राणा की थी। उसे समग्रता में विश्लेषित

करने पर कई बिन्दु आपस में गुंथे दिखाई देते हैं जिनकी अर्थच्छटाओं को समझने के लिए औपन्यासिक परिदृश्य को समग्रता में देखे जाने की ज़रूरत है। हिन्दी और अन्य भारतीय भाषाओं के गद्य में साहित्य–रूपों और कथ्य की भिन्नता के बावजूद एक ही जैसे कथानक का दोहराव यह बताता है कि राष्ट्रीय चेतना के निर्माण में सांस्कृतिक मूल्यों और राजनीतिक उद्देश्य की भूमिका प्रमुख थी। प्रेमचन्द के समूचे कथा–साहित्य में एक ख़ास क़िस्म की अन्तःसूत्रता है। स्त्री सम्बन्धी मुद्दों पर वे न तो संकीर्ण हैं न प्रतिगामी। ऐतिहासिक सन्दर्भ में प्रेमचन्द के स्त्री पात्र परम्परागत स्त्री की भूमिका से कहीं आगे नेतृत्वकारी भूमिका की आहट देते हैं। उदाहरण के लिए, आने वाले दिनों में स्त्री चेतना के विभिन्न पड़ावों का पता 'सेवासदन' की सुमन से लेकर 'गोदान' की मालती जैसी पात्र देती हैं। यहाँ सवाल यह है कि स्त्री सम्बन्धी नैतिकता की अवधारणा वे कहाँ से ग्रहण करते हैं। साथ ही क्या वे अपने समय के एकमात्र ऐसे रचनाकार थे जो स्त्री की नैतिकता को समाज–सुधार से जोड़कर देखते थे। प्रेमचन्द का स्त्री सम्बन्धी नज़रिया और उनके द्वारा प्रस्तुत की गयीं जेंडर की छवियाँ समाज में स्त्रियों की स्टीरियोटाइप छवियों से कैसे प्रभावित हैं। साथ ही स्त्री यौनिकता के मुद्दे पर उनका ट्रीटमेंट क्या है, यह देखने की बात है। प्रेमचन्द का समय बौद्धिक संक्रमण से प्रभावित है जिसमें औपनिवेशिक समाज बनाम परम्परागत भारतीय समाज, परम्परा बनाम आधुनिकता की टकराहटें और अन्तर्विरोध सामने आ रहे थे जो वस्तुतः ऐतिहासिक प्रक्रिया का ही हिस्सा है। इधर भारतीय राजनीतिक परिदृश्य पर गांधी आ और छा चुके हैं। भारतीय राजनीतिक परिदृश्य पर गांधी के आने के साथ ही स्त्री सम्बन्धी उनके विचारों को सांस्कृतिक उत्थान से जोड़ा जाना स्वाभाविक ही था, जिसकी साहित्यिक अभिव्यक्ति प्रेमचन्द में दिखाई देती है। 'सेवासदन' में विट्ठलदास गांधी के यौनिकता सम्बन्धी विचारों का वाहक बनकर आता है–'महत्तर आध्यात्मिक उन्नति के लिए दुनियावी ख़ासकर यौन सुख की इच्छा पर विजय पाना ज़रूरी है' महात्मा गांधी भी मगनलाल गांधी को लिखे एक पत्र में अपनी यौनेच्छाओं पर नियन्त्रण की बात करते हैं।[8] भारतीय आदर्श स्त्री की छवि मातृत्व से सम्पृक्त है। इस मातृत्व को 'धरती माँ' से जोड़कर देखा जा रहा है, स्त्री का एक अमर्यादित आचरण इस आदर्श छवि को ध्वस्त कर दे सकता है। प्रेमचन्द का कहना है–"*स्त्री*

में स्त्रीत्व ही नहीं, बल्कि मातृत्व भी होना चाहिए। जब तक वह भाव न हो, तब तक किसी से प्यार, पालन कुछ भी सम्भव नहीं।"[9], यह छवि भारतीय जन की अपनी है–नितान्त निजी–ब्रिटिश प्रभुओं का कोई दख़ल नहीं, जिसे बाहरी आक्रमणकारियों, हमलों से बचाना है। इसलिए प्रेमचन्द स्त्री में उन गुणों की स्थापना और कल्पना करते हैं जिसे शिक्षा द्वारा नयी स्त्री–छवि का आदर्श वहन करना था।[10] इसके अलावा प्रेमचन्द को विरासत में या तो तिलस्मी, ऐयारी, जासूसी उपन्यास मिले थे या 'देवरानी–जेठानी की कहानी', 'वामा शिक्षक' जैसी पुस्तकें, जिन्हें 'कंडक्ट बुक्स' या 'आचरण–पुस्तक' कहा गया है।[11] इधर गाँधी ने निजी और आश्रम जीवन में स्त्री सम्बन्धी प्रयोग किये। उनका मानना था कि स्त्रियों में सहनशीलता पुरुषों की अपेक्षा ज़्यादा होती है। गांधी जी का कहना था कि "भारत से केवल अंग्रेज़ों को और उनके राज्य को हटाने से भारत को अपनी सच्ची सभ्यता का स्वराज नहीं मिलेगा। हम अंग्रेज़ों को हटा दें और उन्हीं की सभ्यता और उन्हीं के आदर्श को स्वीकार करें तो हमारा उद्धार नहीं होगा। हमें अपनी आत्मा को बचाना चाहिए। भारत के पढ़े–लिखे लोग पश्चिम के मोह में फँस गये हैं। जो लोग पश्चिम के असर तले नहीं आये हैं, वे भारत की धर्म–परायण नैतिक सभ्यता को मानते हैं। उनको अगर आत्मशक्ति का उपयोग करने का तरीका सिखाया जाये, सत्याग्रह का रास्ता बताया जाये, तो वे पश्चिमी राज्य–पद्धति का और उससे होने वाले अन्याय का मुक़ाबला कर सकेंगे तथा शस्त्रबल के बिना भारत को स्वतन्त्र कर दुनिया को भी बचा सकेंगे। आगे वे यूरोप की सभ्यता और वहाँ की संसद को 'वेश्या' कहते है...जैसे बुरे हाल बेसवा के होते हैं, वैसे ही सदा पार्लियामेंट के होते हैं।...*यह सभ्यता तो अधर्म है और यह यूरोप में इतने दर्ज़े तक फैल गयी है कि वहाँ के लोग आधे पागल जैसे देखने में आते हैं। उनमें सच्ची क़ूवत नहीं है। वे नशा करके अपनी ताक़त क़ायम रखते हैं। एकान्त में वे बैठ ही नहीं सकते। जो स्त्रियाँ घर की रानी होनी चाहिए, उन्हें गलियों में भटकना पड़ता है या कोई मज़दूरी करनी पड़ती है। इंग्लैंड में ही चालीस लाख ग़रीब औरतों को पेट के लिए सख़्त मज़दूरी करनी पड़ती है, और आजकल इसके कारण 'सफ़्रेज़ेट' का आन्दोलन चल रहा है।"*[12]

स्पष्ट है कि गांधी जी के लिए देह–श्रमिक स्त्रियाँ बहुत सम्मान की पात्र नहीं हैं, यानी यौनिकता की बात तो दूर वे स्त्रियों के स्वावलम्बन की

भी आलोचना यूरोपीय सन्दर्भों में करते दीखते हैं। भारतीय राजनीतिक परिदृश्य पर गांधी के आने के साथ ही स्त्री सम्बन्धी उनके विचारों को सांस्कृतिक उत्थान से जोड़ा जाना स्वाभाविक ही था, जिसकी साहित्यिक अभिव्यक्ति प्रेमचन्द के यहाँ दिखाई देती है। इसी कारण से ममता, त्याग, समर्पण, सहनशीलता को विशिष्ट गुण माना गया और जिसके कारण स्त्रियों को पुरुषों से श्रेष्ठ माना गया और प्रेमचन्द ने इन गुणों को वहन करने वाले पुरुष को 'देवता' की उपाधि दे डाली। गांधी जी की तरह प्रेमचन्द भी पश्चिमी तर्ज़ पर मध्यवर्ग या शहरी बुर्जुआ की ओर नहीं देखते बल्कि हाशिये पर पड़े किसान, मज़दूर और औरतों पर अपना ध्यान केन्द्रित करते हैं। वे गाँधी से एक क़दम आगे जाकर क्रान्तिकारी भूमिका निभाते दीखते हैं–जिसे विशिष्ट काल–खण्ड और ऐतिहासिक परिप्रेक्ष्य में ही समझा जा सकता है। यहीं पर उनका लिखा हुआ साहित्य प्रचलित मानसिकता के अन्तर्विरोधों को व्यक्त करता दीखता है। यद्यपि प्रेमचन्द अपने निबन्धों और कहानियों में स्त्री–प्रश्नों पर उपन्यासों की अपेक्षाकृत ज़्यादा प्रगतिकामी दिखाई देते हैं, लेकिन यथार्थ का दबाव उन पर इतना ज़्यादा है कि समाज सुधार के एजेंडे को लेकर चलने के बावजूद क्रान्तिकारी क़िस्म की प्रगतिशीलता को उनके पाठक स्वीकार नहीं कर पाते। सम्भवतः इसीलिए उनकी वे कहानियाँ लोकप्रियता अर्जित करने से रह जाती हैं, जो इस पैटर्न पर रची गयी हैं। प्रेमचन्द के उपन्यास हमें इस बात का पता देते हैं कि कैसे संस्कृति का संस्थानीकरण किया जाता है और साहित्य भी उसी संस्कृति का हिस्सा है जिसमें बाज़ार में स्त्री की कौन–सी छवि बिकनी है–यह तय होता है। यह भी कि संस्कृति भी बाज़ार में बिकने की वस्तु है। प्रेमचन्द समाज की गतिविधियों को शब्द और संवाद ही नहीं देते, बल्कि उसमें दख़ल भी देते हैं। शान्ता जो अपनी सगी बहन को अपने घर में सम्मान नहीं दे सकी उसके पतिव्रत के बारे में प्रेमचन्द की सुमन सोचती है–"उसके मन ने कहा जिसे पतिव्रत जैसा साधन मिल गया है, उसे अब और किसी साधन की क्या आवश्यकता? इसमें सुख–सन्तोष और शान्ति सब कुछ है" इसलिए सदन के ग़ायब हो जाने पर भी शान्ता अपना पातिव्रत्य नहीं छोड़ती और अन्ततः उसे इसका पुरस्कार भी मिलता है–एक सुखी परिवार के रूप में। प्रेमचन्द सुमन को उसके विलोम में रूप में चित्रित करते हैं, जो चली आती हुई रूढ़ियों से अलग हटकर चलने का प्रयास करती है। वह अपने बल पर जीना चाहती

है, पातिव्रत्य की महिमा को समझने का प्रयास नहीं करती, इसलिए मुँह की खाती है। वैसे प्रेमचन्द चारदीवारी के भीतर तो स्त्री स्वावलम्बन के पक्षधर हैं लेकिन स्त्री के घर के बाहर नौकरी करने को वे बहुत सम्मान नहीं दे पाते जिसे वे पत्नी शिवरानी देवी के साथ अन्तरंग संवादों में खुलकर अभिव्यक्त करते हैं—शिवरानी देवी लिखती हैं—

"मैं बोली—मैं देखती हूँ कि यहाँ भी काफ़ी स्त्रियाँ नौकरी करने लगी हैं। आप बोले—नौकरियाँ करने लगी हैं, मगर वह अच्छा नहीं है, मैं इसको अच्छा नहीं समझता। अब इसका नतीजा क्या हो रहा है? अब पुरुष और स्त्री दोनों नौकरियाँ करने लगे, तब इसके मायने क्या हैं? रुपये ज़्यादा आ जायेंगे। उसी का तो यह फल है कि पुरुषों की बेकारी बढ़ रही है।

मैं बोली—कुछ हो स्त्रियों की कुछ अपनी कमाई तो रहती ही है। आप बोले—यह कमाई का सवाल अभी थोड़े दिनों से उठा है, नहीं तो पहले स्त्रियों की कमाई एक पैसा नहीं होती थी। और स्त्रियाँ काफ़ी दबदबे के साथ घर पर शासन करती थीं।"[13] प्रेमचन्द अपने विचारों में सुदृढ़ हैं, वे परम्पराओं की आलोचना तो करते हैं लेकिन सुमन जैसी स्त्री जो परम्परागत खाँचे में नहीं आती, उसकी तवालत और मुसीबतों को ख़ूब बढ़ा—चढ़ाकर चित्रित करते हैं, वे मेटा—लिटरेरी फंक्शन के तहत काम करते हैं, समाज सुधारकों का यथार्थ, जीवन की बहुस्तरीयता, स्त्री की बेचैनी, स्वातन्त्र्य की पिपासा और अन्त में विवश होकर सत्पथ की ओर लौटा लाना उनके अन्तर्द्वन्द्व को भी दर्शाता है। इस अन्तर्द्वन्द्व को बाँग्ला उपन्यासों में भी देखा जा सकता है जहाँ इस दौर में उपन्यासकार विवाह—संस्था के क्रिटीक पेश कर रहे थे। उदाहरण के तौर पर बंकिमचन्द्र चट्टोपाध्याय के 'कृष्णकान्तार विल' (1878) और शरतचन्द्र के 'चरित्रहीन' (1913) को देखा जा सकता है। यह वह दौर था जब ये लेखक समाज सुधार के एजेंडे को लेकर सिर्फ़ चल ही नहीं रहे थे, उसका एक क्रिटीक भी रच रहे थे जिसके लिए उपन्यास विधा सबसे उपयुक्त थी। बंगला के उपन्यासों में सतीत्व और पत्नीत्व के महिमामण्डन का क्रिटीक रचकर समाज में व्याप्त कुरीतियों को उभारा गया। इसके उदाहरण के तौर पर बंकिमचन्द्र, जो पारम्परिक क़िस्म के सुधारवादी माने जाते थे, उनकी नायिका बाल—विधवा रोहिणी के चरित्र को देखा जा सकता है जिसके भीतर विद्रोह की लपट है। 'कृष्णकान्तार विल' में वह कहती है—"मेरी किस ग़लती की सज़ा मुझे मिली है कि मैं बाल—विधवा होकर संसार के सभी सुखों से वंचित रहूँ?

क्या मैं दूसरों की तुलना में ज़्यादा पापी हूँ कि मुझे नियति के नाम पर सभी सुखों से वंचित रहना होगा। अपना समूचा यौवन और सौन्दर्य लिये हुए, किस दुःख से अपना जीवन लकड़ी के सूखे कुन्दे–सा व्यतीत करना होगा।"[14] प्रेमचन्द के 'सेवासदन' की तर्ज़ पर रोहिणी से यह अपेक्षा की जाती है कि स्त्री अपनी यौनिकता और भौतिक सुखों के बारे में न सोचे, सोचे तो सिर्फ़ यही कि अगले जन्म में पति पाने के लिए इस जन्म में कष्ट करना ज़रूरी है। और, सुमन जैसी स्त्री को अपने चरित्र में सुधार के लिए विधवाश्रम में रहना तजवीज़ किया जाता है। इसके अलावा बाँग्ला के उपन्यासों में एक दूसरी प्रवृत्ति भी देखी गयी जो अधिक रेडिकल थी, जिसमें विधवा पुनर्विवाह की वकालत की गयी ताकि उनकी स्थिति में सुधार हो सके। शरतचन्द्र के 'चरित्रहीन' की नायिका बाल–विधवा है। अपने प्रेमी सतीश से गहरा आन्तरिक जुड़ाव होने के बावजूद वह पुनर्विवाह के लिए तैयार नहीं होती। उसे मालूम है कि सभ्य समाज इस सम्बन्ध को स्वीकृति नहीं देगा। वह अपने पक्ष में नहीं खड़ी होती। वह पुरुष के पक्ष में खड़ी होकर आत्मोत्सर्ग से पाठक की अप्रतिम सहानुभूति अर्जित कर लेती है और पाठक भावात्मक रूप से विधवा–पुनर्विवाह के पक्ष में खड़ा हो जाता है। इस दौर के उपन्यासों में बंगाली विधवा का जीवन विशेष रूप से रेखांकित किया गया कि कैसे पति के मरते ही विधवा स्त्री से यह अपेक्षा की जाती थी कि वह स्वयं को जीवन की मुख्यधारा, समस्त सुख–आराम से अलग कर ले और बेहद त्यागमय, पवित्र जीवन व्यतीत करे। तनिका सरकार ने इन विधवाओं की कठिन जीवन–चर्या, इच्छाओं पर आत्मनियन्त्रण, व्रत–उपवास, ईश–भजन समन्वित दिनचर्या का विश्लेषण किया है।[15] प्रेमचन्द के उपन्यासों और कहानियों में विधवा स्त्रियाँ समस्या के रूप में आती हैं लेकिन उनकी सिर्फ़ दो रचनाएँ हैं जिनमें विधवा–विवाह का प्रसंग आता है। 17 मई 1932 को प्रेमचन्द ने रघुवीर सिंह को पत्र में लिखा–"*प्रतिज्ञा और प्रेमा मैंने ही लिखे। मैंने प्रेमा 1905 में लिखा...जिसमें एक विधवा का पुनर्विवाह है...उसमें पूर्णा और अमृत का विवाह हो जाता है...विधवा के विवाह का चित्रण करके मैंने हिन्दू स्त्री को उसके उच्चादर्श से पतित होते दिखाया। उस समय मैं बिल्कुल युवा था सुधार के लिए ईर्ष्यालु क़िस्म के उत्साह से भरा हुआ था। मैं इस किताब को उस रूप में देखना नहीं चाहता था। इसलिए मैंने उसमें सुधार कियें और दोबारा लिखा।'*[16] स्पष्ट है कि प्रेमचन्द हिन्दू विधवा को सतीत्व

के पथ से च्युत होते नहीं देख सकते थे। 'प्रेमाश्रम' को दोबारा लिखकर उन्होंने प्रेमा द्वारा विधवा–विवाह का नकार और आध्यात्मिक पथ पर उसे अग्रसर होना दिखाया। उन्होंने स्त्रियों के सुधार की तजवीज़ की, लेकिन उनका रवैया बड़ा कठोर रहा। हिन्दू स्त्री के प्रति उनका दृष्टिकोण गम्भीर विवेचन का विषय है, क्योंकि उनके पुरुष पात्र जो पतित हो गये हैं, उन्हें सुधरने के पर्याप्त और आसान अवसर प्रेमचन्द मुहैया कराते हैं, जबकि स्त्री पात्रों को सुधरने के अवसर या तो नहीं मिलते और, मिलते भी हैं तो उसके लिए कड़े नियम और क़ानून हैं। तवायफ़ों के कोठों पर जाने वाला सदन बड़ी आसानी से परिवारजनों की क्षमा का पात्र बनकर शान्ता के साथ गृहस्थ जीवन जीने लगता है, वहीं सुमन, जिसका, नैतिक और धार्मिक पतन हो चुका है क्योंकि उसने तवायफ़गीरी की है चाहे कुछ ही दिनों के लिए, उसे समाज–परिवार कोई वापस स्वीकारने को तैयार नहीं। यहाँ तक कि पितृसत्ता से अनुकूलित मस्तिष्क वाली सगी बहन शान्ता भी नहीं। इसी तरह 'धिक्कार' कहानी में (फ़रवरी 1925) में विधवा मणि का अन्त आत्महत्या में होता है, क्योंकि उसे बचाने वाला इन्द्रनाथ उससे चुपचाप विवाह कर लेता है लेकिन अन्ततः सामाजिक और पारिवारिक अपमान की जगह वह मृत्यु का वरण करती है। इसी तरह 'प्रेमाश्रम' की विधवा गायत्री का अन्त तीर्थाटन के पवित्र पहाड़ों में होता है। प्रेमचन्द की रचनाएँ तत्कालीन यथार्थ को अभिव्यक्त कर रही हैं, जिसमें पुरुष सभी अधिकारों से समन्वित हैं। लेकिन मर्यादा–च्युत और पतित होने पर स्त्री के लिए दोबारा उठकर प्रतिष्ठा पाना असम्भव है।

'कर्मभूमि' उपन्यास में प्रेमचन्द ने पुरुषों के प्रति बहुत उदार दृष्टिकोण व्यक्त किया है। विवाहित अमर सकीना से प्रेम करता है, लेकिन अन्ततः वह परिवार की व्यवस्था में ही लौट आता है। तत्कालीन समाज व्यवस्था में स्त्री द्वारा पुरुष को ग़लत ठहराने का कोई अधिकार नहीं है। स्त्री हमेशा पति को उसके किये के लिए माफ़ कर देती है। सन्मार्ग पर लौटने के सभी रास्ते उसके लिए खुले और स्त्री के लिए बन्द हैं।

मैं देखता हूँ जो उनकी तरफ़ तो हैरत है
मेरी निगाह का वह इजतराब देखते है

यहाँ सवाल यह है कि स्त्री सम्बन्धी नैतिकता की अवधारणा वे कहाँ से ग्रहण करते हैं। साथ ही क्या वे अपने समय के एकमात्र ऐसे रचनाकार

थे जो स्त्री की नैतिकता को समाज–सुधार से जोड़कर देखते थे। प्रेमचन्द का स्त्री सम्बन्धी नज़रिया और उनके द्वारा प्रस्तुत की गयीं जेंडर की छवियाँ समाज में स्त्रियों की स्टीरियोटाइप छवियों से कैसे प्रभावित हैं।

प्रेमचन्द की तरह मिर्ज़ा हादी रुसवा भी कहते हैं कि जैसा जीवन वे देखते हैं उसे वे उपन्यास में व्यक्त करते हैं, जिससे पाठक को वह जाना–पहचाना नज़र आता है। 'जात–ऐ शरीफ़' शीर्षक उपन्यास के सन्दर्भ में वे पाठकों से इसरार करते हैं कि 'इसे अपने समय के इतिहास के रूप में पढ़ा जाना चाहिए'। उधर प्रेमचन्द का बल भी, सामाजिक कुरीतियों, ग़ैर–बराबरी की प्रवृत्तियों को उभार कर दिखाने पर है।

प्रेमचन्द और मिर्ज़ा हादी रुसवा के उपन्यासों में रूप के स्तर पर अन्तर है, हालाँकि कथ्य में एक सीमा तक समानता है। रुसवा 'उमराव जान अदा' में आत्मकथात्मक रूपबन्ध को अपनाते हैं, उसमें उमराव की जीवनकथा सिलसिलेवार ढंग से बेहद प्रामाणिक ढंग से कही गयी है। रुसवा उमराव से उसका अतीत पूछते हैं और उमराव उत्तर में अपनी जीवन–कथा कहती है। प्लाट कई अध्यायों में बँटा हुआ है, लेकिन इतिहास की वास्तविक तिथियाँ सिरे से नदारद हैं। मसलन 1857 के ग़दर और सामाजिक उथल–पुथल का थोड़ा हवाला दिया गया है लेकिन ब्योरेवार तिथियों का नितान्त अभाव है। घटनाओं के दोहराव के कारण अन्त तक आते–आते उपन्यास अपनी संरचना में ढीला पड़ जाता है, उसके ढीले–ढाले तन्तुओं को बाँधने की ज़रूरत लगती है। अमीना याकिन का कहना है–"रुसवा की उमराव का चरित्र जटिल है जिसकी कहानी वह ख़ुद रुसवा को सुनाती है...रुसवा हमसे चाहते हैं, कि हम उमराव जान की कहानी को आत्मकथ्य के रूप में पढ़ें। ज्यों–ज्यों कथा आगे बढ़ती जाती है वैसे–वैसे कहानी की 'मैं' रुसवा की ओर स्थानान्तरित हो जाती है।" जिसे हम गहन पठन (क्लोज रीडिंग) कहते हैं उसके अनुसार पुरुषं के रूप में रुसवा और लेखक के रूप में रुसवा परस्पर अलग–अलग दीख पड़ते हैं। कथाकार रुसवा और पुरुष रुसवा पूरे उपन्यास में समय–समय पर आवाजाही करते रहते हैं, रुसवा बार–बार उमराव के साथ घटी घटनाओं को पूछते हैं, उमराव बहुत बार अपने बारे में बताती चलती है पर कहीं–कहीं ठमक भी जाती है, कहीं कुछ बातें स्पष्ट बताना भी नहीं चाहती, कहीं अपनी यौनिकता को बहुत ही मर्यादित ढंग से काव्यात्मक अभिव्यक्ति भी देती है। यहीं पर यह उपन्यास बहुअर्थच्छटाएँ लिये हुए

अपनी जटिल संरचना में पाठक को अपने साथ लिये चलता है, 1857 के आसपास के लखनऊ, कानपुर, फ़ैज़ाबाद के रास्तों, पगडण्डियों, सरायों, रास्ते–घाटों, बाज़ार की रौनकें, चिमगोइयाँ, नोंक–झोंक, चालबाज़ियाँ और चौक पर अपहृत अमीरन के तवायफ़ उमराव बनने की कहानी अपने अन्त तक पहुँचती है जहाँ वह शेरो–शायरी लिखती एकाकी लेकिन पर्देदार ज़िन्दगी जीती हुई पाठक के मन पर अमिट छाप छोड़ती है, दिल में तवायफ़ के लिए एक गहरी अफ़्सुर्दगी, उसके इल्म के प्रति गहरे सम्मान के साथ लिपटी चली आती है। हादी रुसवा कहीं भी तवायफ़ों को समाज से निकालकर उन्हें हाशिये की अस्मिताएँ नहीं बनाते बल्कि यह दिखाते हैं कि शिक्षा, सौन्दर्य और कला समन्वित कलावन्त तवायफ़ को सभ्य समाज, उसका अपना परिवार, मर्यादा के नाम पर स्वीकार नहीं करता। वह जलसों में गाने, मुज़रा करने के लिए बुलाई जाती है, उसकी कला के कद्रदान भी हैं, संग–साथ, युवा शरीर के लिए इच्छा रखने वाले लोग भी हैं लेकिन विवाह–संस्था में नामित, मान्यता प्राप्त स्त्री के सामने 'वह' कुछ नहीं। विशुद्ध प्रेम, एकनिष्ठता, अर्धांगिनी का गौरव उसको प्राप्य नहीं। रुसवा इस स्त्री के लिए बहुत संवेदनशील हैं, लेकिन बतौर लेखक उन्हें उमराव के आत्म का जो मसाला चाहिए उसके लिए वे उसे बेतरह कुरेदते हैं। यहीं पर लेखक रुसवा और पुरुष रुसवा समान भावभूमि पर खड़े दिखाई देते हैं। वे मज़े लेकर कोठों की आन्तरिक संरचना, वैभव का वर्णन करते हैं। सिर्फ़ खुर्शीद के रूप में ऐसी तवायफ़ उन्हें मिलती है जो सच्चे प्रेम की तलाश में है बेहद ख़ूबसूरत लेकिन अपनी स्थिति से असन्तुष्ट और इसलिए उदास। वह मेले में ग़ायब हो जाती है और बरसों बाद नवाब की पत्नी के रूप में उमराव से मिलती है। उमराव के साथ ही बिकी बच्ची रामदेई भी बरसों बाद बेगम के रूप में उमराव को पति–बच्चे समेत मिलती है, जिसका कहना है–"ख़ुदा ने सब आरज़ुएँ मेरी पूरी कीं। औलाद की हवस थी, ख़ुदा के सदके से औलाद भी है। जब रामदेई ये बातें कह रही थी, उमराव जान को अपनी क़िस्मत पर अफ़सोस आ रहा था और दिल ही दिल में कहती थी, तकदीर हो तो ऐसी हो। एक मेरी फूटी तकदीर। बिकी भी तो कहाँ! रंडी के घर में।"[17]

इसके बरअक्स 'सेवासदन' को देखें तो उसकी संरचना बिल्कुल नगरीय है। सुमन की कामनाओं का दरिद्र पति से पूरा होना असम्भव है। उसने खाता–पीता बचपन और कैशोर्य देखा है। दारोगा कृष्णचन्द्र

की गिरफ़्तारी से पूरे परिवार की आर्थिक संरचना तहस–नहस हो जाती है। सावधानीपूर्वक कम ख़र्च में जीने का जो उपदेश 1882 में लाला श्रीनिवासदास 'परीक्षा गुरु' में दे रहे थे उसी तर्ज़ पर 'सेवासदन' में असावधान जीवन के व्यावहारिक पक्ष का यथार्थ चित्रण है। कृष्णचन्द्र पत्नी की बात नहीं मानते। "गंगाजली चतुर स्त्री थी। उन्हें समझाया करती कि ज़रा हाथ रोककर ख़र्च करो। जीवन में यदि और कुछ नहीं करना है तो लड़कियों का विवाह तो करना ही पड़ेगा। उस समय किसके सामने हाथ फैलाते फिरोगे...दारोगाजी इन बातों को हँसी में उड़ा देते।"[18] रिश्वत लेकर दारोगाजी फँस जाते हैं और उधर अनमेल विवाह होता है सुमन का और वो भी ग़रीब घर में। अब ये हिन्दू गृहिणी की मर्यादा का तकाजा है कि वह कम ख़र्च में बिना प्रश्न किये गृहस्थी चलाये, पर्दे और घूँघट में ढँकी रहे, सभी दुनियावी इच्छाओं को कुचल दे। सुमन ऐसा नहीं कर सकी। उसे भोली बाई के स्वातन्त्र्य ने लुभा लिया। सुमन बनारस में रहती है। वही बनारस–"जहाँ बहुत दिनों से तवायफ़ें नागरिक जीवन के केन्द्र में रहती चली आती थीं। सभ्य समाज सिर्फ़ आनन्द के लिए ही नहीं वरन् कला, संगीत, नृत्य का लुत्फ़ लेने के साथ–साथ ऐसे आभिजात्य माहौल की खोज में इन तवायफ़ों के पास आता था, जो सौन्दर्यबोधीय दृष्टि से परिष्कृत हो। जो भी तवायफ़ एक बार सौन्दर्य और कला में महारत हासिल कर लेती, उसे हमेशा के लिए सामाजिक प्रतिष्ठा प्राप्त हो जाती। बनारस के महाराज और सत्ताधीशों के सामने उसे अपनी कला का प्रदर्शन करने के लिए कहा जाता, साथ ही सभी प्रमुख मन्दिरों और पवित्र नदी गंगा की रेत पर होने वाले धार्मिक अनुष्ठानों में आमन्त्रित की जाती।"[19] लेकिन बीसवीं सदी के दूसरे दशक तक तवायफ़ों के हालात में महत्त्वपूर्ण बदलाव आ चुके थे। समाज सुधार के एजेंडे ने राजनीति में ख़ास जगह बना ली थी। समाज सुधार की नयी आवाज़ों ने पुरानी काशी के समाज और परम्पराओं को बदल कर रख दिया, विशेषकर तवायफ़ों के सन्दर्भ में। इसका परिणाम यह हुआ कि तवायफ़ों को नये सिरे से अपने लिए संरक्षक और दरबार ढूँढ़ने पड़े। जबकि निचले दर्ज़े की देहश्रमिक, सैनिक छावनियों से जुड़ गयीं या शहरी बाज़ारों में ही सैनिकों की यौन–आवश्यकताएँ पूरी करने लगीं। उच्चस्तरीय तवायफ़ों ने अपने नये संरक्षकों के रूप में नव्य आभिजात्य और मध्यवर्ग में सम्भावनाएँ तलाशीं। उमराव जैसी तवायफ़ों ने गीत नृत्य में पारंगत होने में वर्षों लगाये

थे–"इसी अर्से में मेरी भी तालीम शुरू हो गयी। मेरी तबीयत गाने–बजाने के बहुत ही मुनासिब पायी गयी। आवाज़ भी पक्के गाने के लायक थी। सरगम साफ़ होने के बाद उस्ताद ने आस्ताई शुरू करा दी। उस्ताद जी बहुत उसूल से तालीम देते थे। हर एक राग का सुर ब्यौरा ज़बानी याद कराया जाता था और वही गले से निकलवाते थे। मजाल न थी कोई सुर कोमल से अति कोमल, शुद्ध से अशुद्ध या तीव्र से तीव्रतर हो जाये..."[20] वही बदले वक़्त में लगभग बीस वर्ष के अन्तराल से 'सेवासदन' की पकी हुई तवायफ़ भोलीबाई सुमन से कहती है–"...यहाँ गाने को कौन पूछता है, ध्रुपद और तिल्लाने की ज़रूरत ही नहीं। बस चलती हुई ग़ज़लों की धूम है, दो–चार ठुमरियाँ और कुछ थियेटर के गाने आ जायें और बस फिर तुम्हीं तुम हो। यहाँ तो अच्छी सूरत और मजेदार बातें चाहिए, सो ख़ुदा ने यह दोनों ही बातें तुममें कूट–कूट कर भर दी हैं। मैं कसम खाकर कहती हूँ सुमन, तुम एक बार इस लोहे की ज़ंजीर को तोड़ दो, फिर लोग कैसे दीवानों की तरह दौड़ते हैं।"[21]

न पूछो नामाए कमाल की दिलावे जी
तमाम उम्र का क़िस्सा लिखा हुआ पाया

ये ज़ंजीर कौन–सी थी जिसे तोड़ने का ज़िक्र भोलीबाई कर रही है। इस ज़ंजीर की गिरफ़्त को उसने निजी तौर पर महसूस किया है–"ज़िन्दगी जैसी नेमत रो–रोकर दिन काटने के लिए नहीं दी गयी है। जब ज़िन्दगी का कुछ मज़ा ही न मिला तो उससे फ़ायदा ही क्या? पहले तो मुझे भी डर लगता था कि बड़ी बदनामी मिलेगी, लोग मुझे ज़लील समझेंगे, लेकिन घर से निकलने की देर थी। फिर तो मेरा वह रंग जमा कि अच्छे–अच्छे ख़ुशामदें करने लगे...आज यहाँ कौन रईस, कौन महाजन, कौन मौलवी, कौन पण्डित ऐसा है जो मेरे तलुए सहलाने में अपनी इज़्ज़त न समझे।"[22] देखने की बात है कि अनमेल विवाह, दहेज प्रथा, शिक्षा की रोज़गार से असम्बद्धता, पर्दा जैसे अनेक कारण हैं, जो स्त्री की यौनिकता को नियन्त्रित करने का प्रयास करते हैं। यही ताक़तें स्त्री को मात्र 'देह' में रिड्यूस करती हैं। विवाह का बन्धन यदि समानता और पारस्परिक सम्मान पर टिका हो तो आम स्त्री उसमें सुख तलाश लेती है। लेकिन विवाह जब अपमान की जड़ बन जाये, शिक्षा जब साक्षरता से आगे न बढ़ पाये, स्त्री जब स्वयं को दोयम दर्जे की

वस्तु समझने लगे तब वह 'देह श्रम' की ओर जाती है, जहाँ उसे झूठा ही सही, सम्मान तो मिलता है। पति के घर से निकलकर आत्मसम्मान की खोज में सुमन वहाँ पहुँचती है, जहाँ उसके रूप, सौन्दर्य और यौवन की क़द्र तो है पर सभ्य कहे जाने वाले समाज में दिन के उजाले में अब उसका चौतरफ़ा अपमान होना तय है। इसलिए वह कोठे पर आनेवालों के साथ गम्भीर नहीं, बल्कि खिलंदड़ा व्यवहार करती है। जो लोग उसकी निर्धन अवस्था के कारण दुरदुरा देते थे, वे अब चरण–चापन करते हैं। पद्मसिंह जिन्होंने लोकापवाद के भय से उसे आश्रय नहीं दिया, वे हिन्दू धर्म के रहनुमा हैं। वे ब्राह्मणी को पतन के गर्त में गिरते देख उसके उद्ध ार के लिए तत्पर हो जाते हैं। इस पूरे दौर में समाज सुधारकों द्वारा तवायफ़ों के कोठों पर जाने को चरित्रहीनता से जोड़ा गया। इस मुद्दे पर हिन्दू और मुसलमान समाज सुधारक एकमत थे। तवायफ़ों को अश्लील माना जाने लगा, स्त्री की पहचान को हिन्दू राष्ट्र और सभ्यता से सम्बद्ध करके देखने का प्रयास हुआ। चारु गुप्ता का कहना है कि "इस दौर में भाषा के मानकीकरण के साथ–साथ साहित्य में अश्लीलता के लेशमात्र संकेत पर भी हमला बोला गया। ऐसे तत्त्वों को एक पतनशील और असभ्य संस्कृति की निशानी माना जाने लगा। यौन और शारीरिक आनन्द के प्रति भय बढ़ने लगा। उन्हें राष्ट्र की मर्यादा का उल्लंघन माना जाने लगा। एक राष्ट्रवादी हिन्दू पहचान का उभार नैतिकता और प्रतिष्ठा के साझा विचार के साथ गुँथ गया। अतीत की असुविधाजनक परम्पराओं से एक सोची–समझी दूरी रखी जाने लगी और एक एकांगी, उच्च, लिखित, सांस्कृतिक नियमावली स्थापित करने का प्रयास किया जाने लगा...कामुक के स्थान पर सच्चरित्रता की दिशा में हुए इस बदलाव ने लैंगिक छवियों को आमूल रूप से बदल डाला और अधिकांश 'उच्च' साहित्य में स्त्री की कामुकता, यौनिकता और मौज–मस्ती वाली छवि के स्थान पर एक शास्त्रीय और सौम्य छवि दिखाई देने लगी। साहित्य में नैतिक संहिता की वकालत एक राष्ट्रीय प्रतिमान बन गया।"[23] लगता है स्त्री की इसी शान्त और सौम्य छवि को उभारने के लिए प्रेमचन्द ने सुमन का चरित्र गढ़ा। अमृतराय ने विक्टर ह्यूगो के 'ला मिजराबेल' का प्रभाव प्रेमचन्द पर देखा है[24] जिसमें ज्यां वालाज्याँ की एक बार की हुई चोरी उसे हमेशा के लिए चोर बना देती है और वहाँ का समाज जावेर के रूप में जीवन भर उससे निर्मम प्रतिशोध लेता रहता है। प्रेमचन्द की सुमन का उठाया एक

अनुचित क़दम उसे जीवन भर के लिए दाग़ी बना देता है। वह बदले हुए समय की औपनिवेशिक दृष्टि का वहन करती है जहाँ औपनिवेशिक दृष्टि से अपने समाज को देखने की चेतना विकसित हो रही थी, इसलिए मध्य और उच्चवर्गीय समाज तवायफ़ों को समाज के लिए अनैतिक और उनकी हरकतों को अश्लील मानता था, जो समय का तकाजा था। ये 'उमराव जान अदा' से बीस वर्ष बाद का समाज था जहाँ हिन्दू और मुस्लिम दोनों के सुधार एजेंडे में 'सिंगिंग एंड डांसिंग गर्ल्स' का पेशा अनैतिक था जिन्हें बीच बाज़ार में रहने का कोई हक़ नहीं था। अब तवायफ़ों के पास जाने को मुस्लिम शासकों की चरित्रहीनता से भी जोड़कर देखा जाने लगा। प्रेमचन्द इन्हें पूरे समाज के लिए हानिकारक मानते थे। 'बाज़ारे–हुस्न' का हिन्दी तर्जुमा करते हुए उन्होंने 15वें अध्याय में जो एक अतिरिक्त अंश जोड़ा है, वह कई दृष्टियों से मानीखेज़ है–"इसलिए आवश्यक है कि इन विष भरी नागिनों को आबादी से दूर, किसी पृथक स्थान में रखा जाये। तब उस निन्द्य स्थान की ओर सैर करने को जाते हुए हमें संकोच होगा। यदि वह आबादी से दूर हो, और वहाँ घूमने के लिए किसी बहाने की गुंजाइश न हो तो ऐसे बहुत कम बेहया आदमी होंगे जो इस मीनाबाज़ार में क़दम रखने का साहस कर सकें।"[25] देह–श्रमिकों को अब संस्कृति और तहज़ीब की वाहिकाओं के रूप में नहीं, बल्कि उनको उन पतित स्त्रियों के रूप में देखा जाने लगा, जो युवकों को बहला–फुसलाकर उनसे धन ऐंठ लेती हैं और घर टूट जाते हैं। इन तथाकथित 'पतिताओं' के बरअक्स स्त्री के वधू रूप को महिमामण्डित किया जाने लगा। यद्यपि उन्नीसवीं सदी के अन्तिम वर्षों में ही विवाह इत्यादि के अवसर पर नाच पार्टी बुलाये जाने को फ़िज़ूलख़र्ची से जोड़कर देखा गया और बहुत से जातिवादी संगठनों ने नाचने वालियों को बुलाने वालों का बहिष्कार भी किया तथा कई प्रस्ताव भी पास किये, लेकिन अब भी परम्परावादियों और सुधारवादियों में इस मुद्दे पर मतभेद उभर कर सामने आ जाते थे। 'सेवासदन' में सदन के पिता मदनसिंह बेटे की बारात में बिना नाच के जाना नहीं चाहते–"*...नाच के बिना जनवासा ही क्या? कम–से–कम मैंने तो कभी नहीं देखा...मैं भी इस प्रथा को निन्द्य समझता हूँ। भला किसी तरह लोगों की आँखें खुलीं, लेकिन भाई, नक्कू नहीं बनना चाहता। जब सब लोग छोड़ देंगे तो मैं भी छोड़ दूँगा...मेरे एक ही लड़का है, उसके विवाह में मन के सब हौसले पूरे करना चाहता हूँ। विवाह के बाद मैं भी*

तुम्हारा मत स्वीकार कर लूँगा। इस समय मुझे अपने पुराने ढंग पर चलने दो..." जबकि छोटे भाई पद्मसिंह सुधार के पक्ष में हैं और काफ़ी बहस के बाद वे बड़े भाई को नाच के आयोजन की जगह कुआँ खुदवाने में निवेश करने को राज़ी करते हुए कहते हैं–"...सैकड़ों स्त्रियाँ जो हर रोज़ बाज़ारों में झरोखों में दिखाई देती हैं, जिन्होंने अपनी लज्जा और सतीत्व को भ्रष्ट कर दिया है, उनके जीवन का सर्वनाश करने वाले इन्हीं लोग हैं..."[26]

सुन चुके हाल तबाही का मेरी, और सुनो
अब तुम्हें कुछ मेरी तक़रीर मज़ा देती है

पद्मसिंह पर आर्य समाज के सुधारवाद का प्रभाव है, यह तथ्य है कि 1898 में बनारस और लखनऊ में तवायफ़ों पर सरकार की ओर से पाबन्दी लगा दी गयी और 1917 में आगरा में भी तवायफ़ों को शहर के केन्द्र से हटाने के लिए प्रस्ताव पारित किये गये। इसके लिए स्थानीय निकायों और नगर निगमों पर दबाव डालकर इसे क्रियान्वित कराया गया। हिन्दुओं में आधुनिकता के साथ–साथ पतिव्रता पत्नी, स्त्री शुचिता, स्त्री को मर्यादा का प्रतीक मानना एक हिन्दू राष्ट्र के निर्माण के लिए अनिवार्य महसूस किया गया। हालाँकि मुस्लिम बौद्धिकों और समाज सुधारकों के लिए भी स्त्री का एजेंडा महत्त्वपूर्ण था लेकिन हिन्दू सुधारवादियों के सुधार मॉडल में मुस्लिम स्त्रियों का प्रश्न प्रमुख नहीं था। सम्भवतः इसीलिए मिर्ज़ा हादी रुसवा जितने साहस के साथ कोठों के आन्तरिक संसार, स्त्री यौनिकता के यथार्थ चित्रण के साथ 'उमराव जान' में उपस्थित होते हैं वैसा प्रेमचन्द नहीं कर पाते, बाज़ारे–हुस्न के बारे में अमृत राय लिखते हैं, "ख़ैर किताब छपी लेकिन कोई ख़ास कामयाबी उसे नहीं मिली, उर्दू वालों के लिए कोठे की ज़िन्दगी और उनके मसलों में कोई नयापन नहीं था। नज़ीर अहमद, सरशार और मिर्ज़ा रुसवा जैसे लोग उसके बारे में बहुत लिख चुके थे और बहुत अच्छा लिख चुके थे।"[27] अमृत राय नितान्त तटस्थता से बताते हैं कि कोठों की अन्दरूनी ज़िन्दगी के बारे में मुंशी जी का ज्ञान बस इतना ही था कि वे उन गलियों और बाज़ारों से गुज़रते थे, जिनका ज़िक्र वे उपन्यास में सतही तौर पर करते हैं। हादी रुसवा जितना अनुभव और तवायफ़ों की ज़िन्दगी के छोटे–बड़े ब्यौरे प्रेमचन्द के पास नहीं थे और वे इस उद्देश्य से लिख भी नहीं रहे थे। "यहाँ तक कि जो उपन्यास मूल रूप में बाज़ारे–हुस्न नाम से लिखा जाता है, यानी सौन्दर्य, यौवन,

राग, वासना, इच्छा न जाने कितनी अर्थ ध्वनियाँ जिसमें समाहित हैं उसी कथानक के हिन्दी उल्थे को वे 'सेवासदन'–सेवा का घर–यानी कुछ–कुछ नारी सुधार, बाल सुधार गृह, हिन्दू धर्म सुधारकों की तर्ज़ पर नाम देते हैं। प्रेमचन्द को यही शीर्षक सबसे उपयुक्त लगा। स्त्रियों को शिक्षित करने के मुद्दे पर भी सुधारकों का जो रवैया था वह इस पत्र से ज़ाहिर हो जाता है–"हम अपनी स्त्रियों को शिक्षित तो देखना चाहते हैं पर यदि शिक्षा का अर्थ उनका अपने मनमाफ़िक लोगों के साथ मनमाना मेलजोल बढ़ाना, ज्ञान में वृद्धि के साथ नैतिकता का ास जुड़ जाना, हमारे सम्मान का अवमूल्यन और घरों के अन्दर की निजता का हनन हो जाये तो हम अपनी स्त्रियों को शिक्षित करने के बजाय अपना सम्मान सँजोकर रखना चाहेंगे–चाहे इसके लिए हमें हठधर्मी, पूर्वाग्रही या सिरफिरा ही क्यों न कहा जाये।"[28] यौनिकता के प्रश्न पर भी हिन्दू समाज सुधारकों का रवैया अलग था। यौन इच्छाओं का दमन करने, समलैंगिकता और तवायफ़ों के पास जाने से मना करके युवकों को चारित्रिक रूप से स्वस्थ और राष्ट्र–निर्माण में भूमिका निभाने के साथ–साथ स्त्रियों को यह उपदेश दिया जाना ज़रूरी था कि समय रहते उनका विवाह हो, वे सतीत्व का पालन करें, ऐसे साहित्य से परहेज़ करें जिनसे मन में कामुक विचार आते हों। नैतिकता का यही दबाव प्रेमचन्द को उपन्यास का शीर्षक 'सेवासदन' रखने के लिए प्रेरित करता है। इसके साथ ही स्त्री यौनिकता शुरू से ही समाज–सुधारकों को चुनौती दे रही थी। रुसवा समाज–सुधार का एजेंडा लेकर 'उमराव जान अदा' नहीं लिख रहे थे लेकिन यही बात प्रेमचन्द के बारे में नहीं कही जा सकती। चारु गुप्ता का कहना सही है कि–"इन सभी कोशिशों के बावजूद सामूहिक धार्मिक पहचान और उस पर बनायी गयी पितृसत्ता अस्थिर थी। उदाहरण के लिए, सम्मान हासिल करने की सारी ललक अपने आप में तनाव का स्रोत थी। अन्तरजातीय विवाह बेहद तीखे द्वन्द्व का मुद्दा था। हिन्दू एकता कई तरह की कृत्रिमताओं पर टिकी हुई थी, जो कभी भी डाँवाडोल हो सकती थी। इसके अलावा तमाम नियमों के बावजूद कुछ मध्यवर्गीय महिलाओं, विशेषकर कई निम्नजातीय स्त्रियों, विधवाओं और वेश्याओं ने नये ढाँचे को ठुकराया।"[29] सुमन पितृसत्ता के परम्परागत ढाँचे में से निकलने का प्रयास करती है। कहने को वह भोलीबाई से प्रभावित है लेकिन अनमेल विवाह के खाँचे में वह ख़ुद को मिसफिट पाती है। बचपन में ईसाई लेडी से उसने शिक्षा पायी है,

लेकिन उस शिक्षा का कोई व्यावहारिक पक्ष जान पाती कि इससे पहले ही परिस्थितियाँ उलट–पलट जाती हैं। लाड़–दुलार में पली सुमन बहुत कम वेतन वाले गजाधर के पल्ले बाँध दी जाती है, जो पर्दे का उतना ही हिमायती है जितना अन्य कोई ब्राह्मण या सवर्ण। यह पर्दा हिन्दुओं और मुसलमानों के सांस्कृतिक व्यवहार से जुड़ा हुआ था। पर्दा स्त्रियों की यौनिकता पर नियन्त्रण बनाये रखने का एक औज़ार था। पर्दा हटा कि औरत बिगड़ी। औरत के बिगड़ जाने का ख़तरा था ही था जिससे जातीय वर्चस्व भी कमज़ोर पड़ सकता था। इसीलिए आंशिक पर्दे की वकालत के साथ–साथ कोठे पर पेशा अपना चुकी स्त्री के शुद्धिकरण की चिन्ता से पूरा शहर चिन्तित हो उठता है। सुमन को पति के घर से प्रताड़ना मिलने पर वह सीधे भोली बाई की शरण में चली गयी हो, ऐसा नहीं है। वह पहले वकील पद्मसिंह के घर आश्रय की अपेक्षा से जाती है, लेकिन लोकापवाद के भय से पद्मसिंह उसे घर से जाने को कहलवा देते हैं, अब सुमन रास्ते पर है, मायके का आसरा नहीं, रोज़ी–रोटी लायक शिक्षा नहीं, पर्दे में रहती चली आयी है तो कोई विशेष सामाजिक सम्पर्क नहीं–"गजाधर की निर्दयता से भी उसे इतना दुःख न हुआ था, जितना इस समय हो रहा था। उसे अब मालूम हुआ कि मैंने घर से निकलकर बड़ी भूल की...मैं इन पण्डित जी को कितना भला आदमी समझती थी। पर अब मालूम हुआ कि ये रंगे हुए सियार हैं...यह दुत्कार क्यों सहूँ? मुझे कहीं रहने का स्थान चाहिए। खाने भर को किसी न किसी तरह कमा लूँगी? कपड़े भी सीऊँगी तो खाने भर को मिल जायेगा, फिर किसी की धौंस क्यों सहूँ? व्यर्थ में एक बेड़ी पैरों में पड़ी हुई थी। और लोक–लाज से वह मुझे रख भी लें तो उठते–बैठते ताने दिया करेंगे। बस, चलकर एक मकान ठीक कर लूँ। भोली क्या मेरे साथ इतना भी सलूक न करेगी। वह मुझे अपने घर बार–बार बुलाती थी, क्या इतनी भी दया न करेगी?"[30] भोली के घर में सुमन को सिर्फ़ आश्रय ही नहीं मिलता, अपनी यौनिकता, अपने स्त्रीत्व की महत्ता से भी वाकफ़ियत होती है। वह भोली को बताती है कि उसने ईसाई लेडी से शिक्षा भी पायी है, इस पर जो भोली कहती है वह ध्यान देने की बात है–"दो–तीन साल और कसर रह गयी। इतने दिन और पढ़ लेती तो फिर यह ताक न लगी रहती। मालूम हो जाता कि हमारी ज़िन्दगी का मक़सद क्या है, हमें ज़िन्दगी का लुत्फ़ कैसे उठाना चाहिए। हम कोई भेड़–बकरी तो हैं नहीं कि माँ–बाप जिसके गले मढ़

दें बस उसी की हो रहें। अगर अल्लाह को मंजूर होता कि तुम मुसीबतें झेलो तो तुम्हें परियों की सूरत क्यों देता? यह बेहूदा रिवाज़ यहीं के लोगों में है कि औरतों को इतना ज़लील समझते हैं, नहीं तो और मुल्कों में औरत आज़ाद हैं, अपनी पसन्द से शादी और जब उसे रास नहीं आती तो तलाक़ दे देती हैं। लेकिन हम लोग वही पुरानी लकीर पीटे चली जा रही हैं।"[31] अपने स्त्रीत्व को लेकर यह सचेतनता प्रेमचन्द का वैशिष्ट्य है, अपने गुणों की पहचान, यानी अपने जीवन का उत्तरदायित्व स्वयं उठाने को तैयार यह 'नयी स्त्री छवि' है, जो आश्रय के अभाव में मरना नहीं चाहती, जीना चाहती है, यह पितृसत्ता के बनाये नियमों से तंग आयी स्त्री है। इतनी शिक्षित नहीं कि नौकरी कर सके, इसलिए अपनी देह को रोज़ी–रोटी कमाने का ज़रिया बना लेना चाहती है, सुमन सिलाई करके जीवन–यापन करने को तैयार है, भोलीबाई पकी हुई तवायफ़ है, वह सुन्दर स्त्री देह की क़ीमत बाज़ार में जानती है। इसलिए सुमन को उसकी सलाह है–..."यहाँ ऐरों–ग़ैरों को आने की हिम्मत ही नहीं होती। यहाँ तो सिर्फ़ रईस लोग आते हैं। बस उन्हें फँसाये रखना चाहिए। अगर वह शरीफ है तब तो तबियत आप ही आप मिल जाती है और बेशरमी का भी ध्यान नहीं होता। लेकिन अगर उससे अपनी तबीयत न मिले तो उसे बातों में लगाये रहो, जहाँ तक उसे नोचते–खसोटते बने नोचो। आख़िर को वह परेशां होकर ख़ुद ही चला जायेगा, उसके दूसरे भाई और आ फँसेंगे..." इसके बाद सुमन उस राह पर चल निकलती है जो उसी के शब्दों में 'कलंक की कालिख' का रास्ता है, जिस पर जाना आसान है, लौटना मुश्किल। सुमन विट्ठलदास से कहती है–*"आप सोचते होंगे कि मैं भोगविलास की लालसा से इस कुमार्ग पर आयी हूँ, पर ऐसा नहीं है। मैं ऐसी अन्धी नहीं कि भले–बुरे की पहचान न कर सकूँ। मैं जानती हूँ कि मैंने अत्यन्त निकृष्ट कर्म किया है। लेकिन मैं विवश थी, इसके सिवाय मेरे लिए और कोई रास्ता न था...यद्यपि इस काजल की कोठरी में जाकर पवित्र रहना अत्यन्त कठिन है पर मैंने यह प्रतिज्ञा कर ली है कि अपने सत्य की रक्षा करुँगी। और ईश्वर चाहेंगे तो मैं अपना प्रण पूरा करूँगी। मैं गाऊँगी, नाचूँगी, पर अपने को भ्रष्ट न होने दूँगी।"*[32]

स्त्री यौनिकता पर नियन्त्रण के लिए परम्परा और संस्कृति के साथ–साथ स्वयं स्त्री द्वारा अपनी इच्छाओं को कलंक बताना हिन्दू सुधारवादी रवैये का परिणाम है, जो अपनी देह के प्रति सचेतन स्त्री को

चुनौती मानता था। स्त्री की खुद्मुख्तारी पतनशीलता की श्रेणी में शामिल थी। भूख और अभाव से मरना सभ्यता थी, लेकिन भोजन और आश्रय के लिए तवायफ़ बनना असभ्यता थी। राष्ट्र के हित में सुमन जैसी ब्राह्मणी का हृदय परिवर्तन और अपने चारित्रिक सुधार के लिए व्याकुलता, वह थोपी हुई नैतिकता की प्रतिध्वनि थी जिसके तहत कामुक स्त्री कुलटा और पथभ्रष्ट थी, उसे सुधार कर समाजसेवा में लगा देना उसकी शास्त्रीय और सौम्य छवि की पुनर्स्थापना थी। भारतीय भाषाओं के साथ–साथ हिन्दी में स्त्रियों की यौन अस्मिता को अपने नियन्त्रण में लेने के लिए अश्लील साहित्य के प्रकाशन पर रोक भी लगायी जाने लगी। "1870 में जोसेफीन बटलर द्वारा स्थापित की गयी 'एसोसिएशन फॉर मोरल एंड सोशल हाईजीन' की भारतीय शाखा अपने केन्द्रीय संगठनकर्ता मैलिसैंट शेफ़र्ड के माध्यम से अश्लीलता के ख़िलाफ़ एक तीखी मुहिम छेड़े हुए थी। इन धर्मयोद्धाओं ने यौनिकता और सेक्स सम्बन्धी अभिव्यक्तियों पर लगाम कसी।"[33]

उधर कई स्त्री संगठन भी अश्लीलता का विरोध कर रहे थे। 'आल इंडिया वीमेंस कॉन्फ्रेंस' ने अश्लील विज्ञापन और अश्लील किताबों पर रोक लगाने के लिए औपनिवेशिक सरकार को पत्र लिखा था। उधर गाँधी जी भी समाज और साहित्य की गन्दगी की कड़ी आलोचना अपने भाषणों और लेखों में कर ही रहे थे। सुधार अभियानों में तो पहले से ही नौटंकी या नाच की कलाकारों को अश्लील और नाचने वाली लड़कियों को 'वेश्या' कहना शुरू कर दिया गया था। "वेश्यावृत्ति विरोधी क़ानूनों में वेश्या, वारांगना, रखैल, तवायफ़ में कोई अन्तर नहीं रह गया था। अनेक रखैलों और वारांगनाओं को समाज में सम्मानजनक दर्जा प्राप्त था...अतः अंग्रेज़ों ने वारांगनाओं एवं महिला मित्रों का दर्जा घटाकर उन्हें सामान्य वेश्याओं का दर्जा दे दिया। इस प्रकार जो लोग रखैलों के स्वामी थे, वे उनके ग्राहकों की श्रेणी में आ गये। परिणामस्वरूप कुलीन एवं सम्भ्रान्त लोगों ने महसूस किया कि इससे उनका रुतबा घट गया है और वे मालिक से ग्राहक बन गये हैं..."[34] इस प्रकार समाज सुधार कार्यक्रमों ने देह श्रमिकों की कई श्रेणियाँ अनजाने में ही तैयार कर दीं। कल तक नौटंकी और नाच जो उत्सवों और सार्वजनिक कार्यक्रमों का हिस्सा थे उन पर अश्लीलता का आरोप लगा कर अपने एजेंडे को पवित्र हिन्दूवादी रूप दिया जाने लगा। इस तरह 1897 में की गयी न्यायमूर्ति रानाडे की

घोषणा "आज के बाद सभी समाज सुधार संगठन कृतसंकल्प हैं कि वे अपने परिवारों में होनेवाले विवाह या अन्य समारोहों में नाच की अनुमति नहीं देंगे और न ही उन समारोहों में शामिल होंगे जहाँ नाच की व्यवस्था होगी" का अक्षरशः पालन करने का प्रयास किया गया जिसका अगला क़दम था देह श्रमिकों का निर्वासन।

प्रश्न है कि समाज को तवायफ़ों की आवश्यकता है या नहीं। प्रेमचन्द इस मुद्दे पर स्पष्ट नहीं हैं। सभ्य कहे जाने वाले समाज से निकाल बाहर करना क्या स्थायी समाधान है या ऐसी स्थितियों में सुधार जिसमें कोई स्त्री देहश्रम के लिए बाध्य न हो। दूसरी स्थिति तो एक यूटोपिया है। पहली स्थिति कोई समाधान नहीं है बल्कि आभिजात्य और देहश्रमिकों के बीच के अन्तराल को बढ़ाने की साजिश है। साथ ही हाशिये पर धकेल देने से न समाज सुधार हो सकता है, न ही वे सामाजिक सेंसरशिप के दबावों से मुक्त हो सकती हैं। इन जैसी स्त्रियों को संस्कृत शास्त्रीय ग्रन्थों में प्रयुक्त 'भृत्या'–जो विभिन्न प्रकार के श्रम करती है–जिसमें उत्पादन से लेकर यौन श्रम शामिल है–कहा जाना चाहिए। सुमन जैसी स्त्रियों का क्या हो? दहेज और अनमेल विवाह का शिकार हुई सुमन अपनी पहचान समाज से माँगती दीखती है। ससुराल, मायका, बहन शान्ता का घर, विधवाश्रम कहीं भी उसके लिए ठौर नहीं है, हर जगह उसे गर्हित पेशेवाली समझ कर किनारे कर दिया जाता है।

प्रेमचन्द स्त्री को लेकर बड़े कशमकश से गुज़रते हैं, कुछ नहीं समझ आता तो वर्षों के खोये पति और अब, संन्यास ले चुके गजाधर से मिला देते हैं। अब सुमन को उस अनाथ आश्रम में पचास कन्याओं की देखभाल करनी होगी जो वेश्याओं की सन्तानें हैं–"इस अनाथालय के लिए एक पवित्र आत्मा की आवश्यकता है और तुम्हीं वह आत्मा हो। मैंने बहुत ढूँढ़ा पर ऐसी कोई महिला न मिली जो इस काम को सेवा, प्रेम भाव से करे, जो कन्याओं का माता की भाँति पालन करे और अपने प्रेम से अकेली उनकी माताओं का स्थान पूरा कर दे।"[35] ये स्त्री की आदर्श छवि थी जिसकी सिद्धि के लिए पूरा कथा–वितान रचा गया, अपने समय के कई राष्ट्रवादियों की तरह वे पश्चिम–विरोधी, पढ़ी–लिखी स्त्री को सामने लाये। सुमन या रोहिणी जैसे चरित्र राष्ट्रवादी रुझान के लिए पूरी तरह फिट बैठते हैं, जो अपनी करुणा, दयालुता, सहजता, निर्धनता, की वजह से लम्बे समय तक कष्ट झेलती हैं, चाहे वे पत्नियाँ हों, विधवाएँ, तवायफ़ें

हों, वे किसी भी जाति की हों उन्हें पाठक की दया का पात्र बना दिया जाता है, जिनमें सुधार की आवश्यकता अनिवार्यतः होती है। स्त्रीत्व का आदर्श पाने के लिए चरित्रों की अपनी पहचान कहीं गुम हो जाती है; वे अक्सर सेवा, त्याग, समर्पण की प्रतिमूर्ति बन जाती हैं। सुमन भी ऐसा ही एक चरित्र है, जो सुमन भोली बाई के कोठे पर स्वयं गयी थी वही विट्ठलदास के यह कहने से "...सोचो तो थोड़े दिनों तक इन्द्रियों को सुख देने के लिए तुम अपनी आत्मा और समाज पर कितना अन्याय कर रही हो..." 'तिलमिला जाती है।' सुमन ने आज तक किसी से ऐसी बातें न सुनी थीं। वह इन्द्रियों के सुख को और अपने आदर को जीवन का मुख्य उद्देश्य समझती आयी थी। उसे आज मालूम हुआ कि सुख सन्तोष से प्राप्त होता है और आदर सेवा से।"[36] पाठक सुमन के इस आकस्मिक हृदय–परिवर्तन को बहुत दूर तक विश्वसनीय नहीं मानता। सेवा को जीवन का आदर्श बताने के लिए लेखक की कृतसंकल्पता को समझ भी जाता है। स्त्री का अपने इन्द्रिय सुख के लिए जीना अनुचित है, निष्काम सेवा में ही उसके जीवन की वास्तविक सिद्धि है, इसे स्त्री के लिए तय करने वाला कौन–सा समाज है? यह तय है कि प्रेमचन्द को भारतीय सामाजिक समस्याओं और परम्पराओं की गहरी परख है, लेकिन स्त्री के सुधार का एक तैयार एजेंडा लेकर वे इस उपन्यास को रचते हैं। स्त्री को पतित, यौनेच्छाओं से परिपूर्ण और स्वार्थी दिखाकर वे इस सामाजिक समस्या की गहराई में पड़ताल ही नहीं करते हैं, प्रकारान्तर से यह भी दिखाते हैं कि पतित स्त्री यानी भोली बाई जैसी तवायफ़ें ऊँची जाति की मासूम इन्द्रियेच्छाओं से भरी सुमन को ग़लत राह दिखाती हैं।

जहाँ तक समस्याओं के समाधान की बात है तो वह है शहर, बस्ती से दूर ऐसा सदन बनाना जहाँ, अवैध कही जाने वाली बच्चियाँ रह सकें, उन्हें पढ़ाई–लिखाई, हस्तकलाओं का ज्ञान दिया जा सके। प्रेमचन्द जब समाज सुधार पर बात करते हैं तो उनका ध्यान निरन्तर इस पर रहता है कि पाठकों के संस्कारों को कहीं चो़ट न पहुँचे। सुमन 'सेवासदन' में सारे कार्य करती दिखाई देती है ऐसे जैसे अपने पतित होने का प्रायश्चित कर रही हो। गांधी भी स्त्रियों को पैसिव यौनिक ऑब्जेक्ट्स मानकर चलते थे, ब्रह्मचर्य के प्रयोगों से यह बात स्पष्ट है। प्रेमचन्द भी उसी तर्ज़ पर सोचते हैं, वे इस मुद्दे पर नहीं लिखते कि बतौर स्त्री सुमन की अन्य दुनियावी इच्छाएँ क्या हमेशा के लिए दमित हो गयीं? दूसरे की बच्चियों

की पालक बनने मात्र से उसके निज की मातृत्व इच्छा का दमन क्यों और किसलिए किया गया। इस सन्दर्भ में पद्मसिंह और सुभद्रा का निःसन्तान दाम्पत्य भी द्रष्टव्य है। सुभद्रा को घर में सभी सुख हैं पर उसे दुःख है कि निःसन्तान रह जाने के कारण पति उसे पहले जैसा प्रेम नहीं करता। प्रेमचन्द इसे पूर्वजन्म के पापकर्म के फल से जोड़ देते हैं। आगे चलकर जब पद्मसिंह के सामाजिक कार्यों की महत्ता और सत्प्रयासों को पत्नी सुभद्रा समझ जाती है तब पद्मसिंह अनुभव करते हैं कि 'एक निःसन्तान स्त्री भी अपने पति के लिए शान्ति और प्रसन्नता का स्रोत हो सकती है'—इस कथन की पितृसत्ताक टोन पर हम ग़ौर न भी करें तो यह अस्पष्ट ही रह जाता है कि सन्तानहीनता कैसे किसी स्त्री की समझदारी के स्तर को प्रभावित कर सकती है?

प्रेमचन्द की तुलना में मिर्ज़ा हादी रुसवा का स्त्री के सतीत्व के प्रति कोई विशेष आग्रह नहीं है। कोठे पर रहने के बावजूद सुमन अपना सतीत्व और स्वयंपाकी होकर जातीय शुद्धता बनाये रखती है। प्रेमचन्द उसे नाचते—गाते, हँसते, सजते—सँवरते दिखाते हैं पर शरीर बेचते हुए नहीं दिखाते। सुमन के मन में सतीत्व और यौनिकता को लेकर कोई द्वन्द्व नहीं, उसे बहुत शुरू से ही मालूम है कि उसे रिझाना है, लुभाना है पर शरीर नहीं देना है। सतीत्व, पातिव्रत्य और शरीर की पवित्रता बनाये रखने की धारणा हिन्दू राष्ट्र से सम्बद्ध है, जिसे सुमन बख़ूबी निभा ले जाती है, यह बात दूसरी है कि सजग पाठक कितनी दूर तक इससे सहमत होता है। इसकी तुलना में 'उमराव जान अदा' स्वयं को कभी पतित नहीं कहती, न ही वह अपने अस्तित्व को 'असती' कहकर ख़ारिज करती है। उसमें सतीत्व के प्रति अतिरिक्त आग्रह भी नहीं है। बचपन में हुए अपहरण और कोठे पर खानम को बेचे जाने को वह दुर्भाग्यपूर्ण ज़रूर बताती है, लेकिन अपने अस्तित्व को लेकर उसे पछतावा या सुधारगृह में जाने की ज़रूरत नहीं लगती। उसके जीवन के उत्तरार्द्ध की दिनचर्या के बारे में रुसवा लिखते हैं"—...इसके बाद उमराव जान ने बहुत—सी किताबें इस क़िस्म की, उर्दू, फ़ारसी बजाय ख़ुद पढ़ी। इससे तबीयत साफ़ होती गयी। कसायद अनवरी और खाकानी एक—एक करके पढ़े मगर झूठी ख़ुशामद की बातों में अब उसका दिल न लगता था, इसलिए इनको बन्द करके अलमारी में रख दिया। फ़िलहाल कई अख़बार भी उसके पास आते थे, उन्हें देखा करती, उनसे दुनिया का हाल मालूम होता रहता...उमराव

जान बहुत दिन हुए सच्चे दिल से तौबा कर चुकी है और जहाँ तक हो सकता है, रोज़ा–नमाज़ की पाबन्द है। रफ्ती रंडी की तरह है ख़ुदा चाहे मारे, चाहे जिलाये। उससे पर्दे में घुट के तो न बैठा जायेगा। मगर पर्दा वालियों के लिए दिल से दुआगो है। ख़ुदा उनका राज–सुहाग कायम रखे।"[37] वहीं सुमन के मन में सदैव पाप–पुण्य का द्वन्द्व चलता रहता है, इसके बीच का मार्ग वह निकालती है कि वह शरीर नहीं बेचेगी, सिर्फ़ नाच–गान करेगी। वह अपने जातीय संस्कारों के गर्व को नहीं भूलती। प्रेमचन्द पाठक के संस्कारों को धक्का नहीं पहुँचाना चाहते और कठिन समय में भी वह देह की शुचिता के हिमायती हैं। सुमन यदि अपना सतीत्व खो देती तो भारतीय समाज में उसकी कोई जगह नहीं रहती, सुमन को कोठे पर चढ़ने के कारण जीवन भर प्रायश्चित्त करना पड़ता है, लेकिन वास्तविक क्षमा से वह वंचित ही रह जाती है। वहीं कोठे पर आने वाले सदन को उसके परिवारजनों द्वारा फिर से अपना लिया जाता है, वह सुखी वैवाहिक जीवन जीता है। स्त्री–पुरुष के सन्दर्भ में क्षमा और प्रायश्चित्त के मापदण्ड परस्पर भिन्न हैं। सुमन के तवायफ़ हो जाने की सूचना पिता कृष्णचन्द्र को जब मिलती है तो वह गजाधर से कहता है कि यदि तुम्हीं उसकी जान ले लेते तो परिवार की इज़्ज़त पर कोई आँच ही नहीं आ सकती थी। प्रेमचन्द और रुसवा का एजेंडा अलग–अलग है–प्रेमचन्द के लिए तवायफ़ें सामाजिक स्वास्थ्य के लिए हानिकर हैं और रुसवा के लिए कोई भी और काम करने वाली किसी अन्य स्त्री की तरह तवायफ़ भी एक स्त्री है, जिसकी जीवन–शैली साधारण गृहस्थ स्त्री से अलग है, संवेदना और भावना के स्तर पर उनमें कोई अन्तर नहीं बल्कि मौलवी साहेब से जो शिक्षा उमराव ने कोठे पर पायी उसने उसे रचनाकार और अपेक्षाकृत ज़्यादा व्यावहारिक बनने में मदद की, मनुष्य चरित्र की परख सुमन से ज़्यादा उमराव को है।

अब तो इस राह से वो शख़्स गुज़रता भी नहीं
अब किस उम्मीद पे दरवाज़े से झाँके कोई।

यदि 'बाज़ारे–हुस्न' और 'सेवासदन' को आमने–सामने रखा जाये तो कुछ दिलचस्प तथ्य हाथ लगते हैं। अमृत राय ने 3 सितम्बर 1918 को प्रेमचन्द द्वारा इम्तियाज़ अली को लिखे पत्र का हवाला दिया है, *"मैं इसकी फ़ेयर कॉपी तभी बनाऊँगा जब आप इसका जिम्मा लें...मैं तो इसे*

फ़ेयर करने की तकलीफ़ नहीं दे सकता। मैंने इसमें पूरे के पूरे दृश्य बदल दिये हैं।"[38]

यहाँ तक कि जो उपन्यास मूल रूप में 'बाज़ारे–हुस्न' नाम से लिखा जाता है, जिसमें सौन्दर्य, यौवन, राग, वासना, इच्छा न जाने कितनी अर्थ ध्वनियाँ समाहित हैं, उसी के हिन्दी तर्जुमा को वे 'सेवासदन' यानी सेवा का घर बना देते हैं। यही नहीं, 1918–19 में प्रेमचन्द ने इसकी फेयर कॉपी बनायी तब इसके हिन्दी संस्करण में उन्होंने कई सुधार कर दिये और 'बाज़ारे–हुस्न' को वैसा का वैसा रहने दिया। इसके मूल में पाठकीय अभिरुचि का सवाल था। साथ ही वे, जैसा कि गोपाल राय ने लिखा है, "हिन्दू समाज को आधुनिक और तर्कसंगत रूप देना चाहते थे।"[39] उन्हें इसका अहसास था कि 'बाज़ारे–हुस्न' शीर्षक उर्दू के पाठकों में खप जायेगा क्योंकि नज़ीर अहमद और मिर्ज़ा हादी रुसवा ने उपन्यासों में हुस्न के बाज़ार की सैर करवा दी थी। सनसनीखेज़, चमकदार, भड़कीला शीर्षक उन्हें उर्दू की पाठकीय मनोरुचि के अनुकूल लगा और उन्हें यह मालूम था कि हिन्दी पाठकीय संसार पर यदि अपना प्रभाव छोड़ना है तो शीर्षक पर विशेष ध्यान दिये जाने की ज़रूरत है, शुद्धतावादी रवैये को लेकर चलने वाले उपन्यास का हिन्दी पाठकों ने बड़े उत्साह के साथ स्वागत भी किया। आश्चर्य नहीं कि जो सुमन उर्दू में 'खिलंदड़ी, जीवन्त, गर्वीली और मर्यादित' थी वह हिन्दी में 'सुन्दर, चंचल और अभिमानिनी' बन चुकी थी। इसी तरह 'बाज़ारे–हुस्न' में यह दृश्य है–"सुमन किसी काम में मशगूल हो, पर उनकी आवाज़ सुनते ही चिक की आड़ में आ कर खड़ी हो जाती है। उसकी शोख तबीयत को इस ताक–झाँक में एक अजीब लुत्फ़ हासिल होता था। वो महज़ अपने हुस्न का जलवा दिखाने के लिए, महज़ दूसरों को बेकरार करने के लिए ये करिश्मा दिखाती थी" (हिन्दी तर्जुमा–राबीअ बहार) जबकि 'सेवासदन' में इस प्रसंग को यों चित्रित किया गया है–"स्कूल से जाते हुए युवक सुमन के द्वार की ओर टकटकी लगाये हुए चले जाते। शोहदे उधर से निकलते तो राधा और कान्हा के गीत गाने लगते। सुमन कोई काम करती हो पर उन्हें चिक की आड़ से एक झलक दिखा देती। उसके चंचल हृदय को इस ताक–झाँक में असीम आनन्द प्राप्त होता था। किसी कुवासना से नहीं, केवल अपने यौवन की छटा दिखाने के लिए, केवल दूसरों के हृदय पर विजय पाने के लिए यह खेल खेलती थी।"

'सेवासदन' के 15वें अध्याय में एक पूरा अंश है, जो तवायफ़ों को विषभरी नागिनें सिद्ध करता है। इस आलेख में ऊपर वह अंश उद्धृत भी किया गया है, लेकिन बाज़ारे–हुस्न में वो पूरा अंश है ही नहीं। 'सेवासदन' में प्रेमचन्द हिन्दू समाज सुधारकों की भाषा में सोच और लिख रहे हैं। इसलिए पतिता, असती स्त्री को विषाक्त चरित्र कहते हैं।

प्रेमचन्द समाज की गतिविधियों को शब्द और संवाद ही नहीं देते बल्कि उसमें दख़ल भी देते हैं। स्त्री और पुरुष का अपनी यौनेच्छाओं पर विजय पाकर समाज हित साधन बन जाना उनके युग की माँग थी, युग के हिन्दू राष्ट्रवादी एजेंडे को पूरा करने में सहयोगी थी। भारतीय विवाह संस्था का क्रिटीक भी प्रेमचन्द बेहतरीन ढंग से प्रस्तुत करते हैं, जो सामाजिक कुप्रथाओं के कारण दाम्पत्य में बेड़ी का काम करता है। सुमन के द्वारा विद्रोह की कोशिश विवाह संस्था के रूढ़िवादी स्वरूप का नकार है। जब व्यक्तित्व के स्वतन्त्र विकास के अवसर अनुपलब्ध हों तो अनमेल विवाह के शिकार स्त्री–पुरुष स्वस्थ समाज के निर्माण में योगदान नहीं कर सकते। दहेज़, अशिक्षा, पर्दा ये सब अनैतिकता की ओर उन्मुख करते हैं, उसकी अपेक्षा तवायफ़ (हालाँकि यह कोई विकल्प नहीं है) आत्मनिर्भर और स्वचेतन है, जिसके लिए उमराव जान अदा को देखा जा सकता है, जो भले समाज की दृष्टि में पतित हो लेकिन अपने जीवन में उन नियन्त्रणों से मुक्त है जो धीरे–धीरे उसकी मनुष्यता को निगल जाते हैं।

सन्दर्भ

1. अमृतराय, कलम का सिपाही, हंस प्रकाशन, इलाहाबाद, पृ. 170
2. वही, पृ. 206
3. उमराव जान अदा, भूमिका, मिर्ज़ा हादी रुसवा, ग्लोबल एक्सचेंज पब्लिशर्स, संस्करण 2010, पृ. 5–1
4. वही, पृ. 152
5. वही, पृ. 151–152
6. स्त्री संघर्ष का इतिहास–राधा कुमार, वाणी प्रकाशन, द्वितीय संस्करण 2005, पृ. 83
7. गुज़िश्ता लखनऊ–अब्दुल हलीम 'शरर', नैशनल बुक ट्रस्ट, 1971, पृ. 167
8. एरिक एच एरिक्सन, गांधीज़ ट्रुथ : ऑन दा ओरिजिंस ऑफ़ मिलिटेंट नॉन–वोयलेंस, न्यूयार्क, नॉर्टन, 1969, पृ. 374
9. प्रेमचन्द घर में, शिवरानी देवी, आत्माराम एंड सन्स, दिल्ली, 2012, पृ. 24
10. देखें, पार्थ चटर्जी, 'कॉलेनाइज़ेशन, नैशनलिज़म एंड कॉलेनाइज़्ड वुमेन :

द कंटेस्ट इन इंडिया', अमेरिकन एथनोलाजिस्ट, खण्ड 16, 4 नवम्बर 1989, पृ. 4

11. गरिमा श्रीवास्तव, नवजागरण स्त्री–प्रश्न और आचरण–पुस्तकें–प्रतिमान, सीएसडीएस, दिसम्बर, 2014
12. हिन्द स्वराज, मोहनदास करमचन्द गांधी। (अनुवाद–अमृतलाल नाणावटी) http://www.hindisamay.com/content/47-8/7/-विमर्श–हिन्द–स्वराज –अनुवाद–अमृतलाल–ठाकोरदास–नाणावटी–5
13. प्रेमचन्द घर में–शिवरानी देवी प्रेमचन्द, आत्माराम एंड सन्स, दिल्ली, 2012 : 217
14. कृष्णकान्तार विल, बंकिमचन्द्र चटर्जी, अनुवाद जे.सी घोष, (नोरफोक : न्यू डायरेक्शंस, 1962 : 29)।
15. तनिका सरकार, हिन्दू वाइफ, हिन्दू नेशन, कम्युनिटी, रिलीज़न एंड कल्चरल नेशनलिज़्म, ब्लूमिंगटन, इंडियाना यूनिवर्सिटी प्रेस, 2005, पृ. 34–35
16. कमल किशोर गोयनका, सम्पादन–प्रेमचन्द विश्वकोश, दिल्ली, 1981, खण्ड–1, पृ 144–45 पर उद्धृत।
17. उमराव जान अदा, वही, पृ. 135
18. 'सेवासदन'–प्रेमचन्द, भारतीय ज्ञानपीठ प्रकाशन, दिल्ली, दूसरा संस्करण, 2013, पृ. 8
19. वसुधा डालमिया, 'सेवासदन', अंग्रेज़ी अनुवाद की भूमिका, 2005, पृ. 9–10
20. उमराव जान अदा, वही, पृ. 25
21. 'सेवासदन', वही, पृ. 40
22. 'सेवासदन', वही, पृ. 39
23. स्त्रीत्व से हिन्दुत्व तक, चारु गुप्ता, राजकमल प्रकाशन, 2012, पृ. 42
24. कलम का सिपाही, अमृत राय, हंस प्रकाशन इलाहाबाद, 1976, पृ., 204
25. 'सेवासदन', वही, पृ., 55
26. वही, पृ. 103
27. क़लम का सिपाही, वही, पृ. 206
28. अलीगढ़ इंस्टीट्यूट गज़ट, 8 जुलाई, 1870, नेटिव न्यूज़पेपर रिपोर्ट्स ऑफ़ यू. पी., 1870, पृ. 271
29. चारु गुप्ता–स्त्रीत्व से हिन्दुत्व तक, राजकमल प्रकाशन, 2012, पृ. 33
30. 'सेवासदन', पृ. 4.
31. वही, पृ. 39
32. वही, पृ., 61
33. चारु गुप्ता, स्त्रीत्व से हिन्दुत्व तक, राजकमल प्रकाशन, 2012, पृ. 54
34. राधा कुमार–स्त्री संघर्ष का इतिहास, वाणी प्रकाशन, 2013 पृ. 103
35. 'सेवासदन', पृ. 218
36. वही, पृ. 61
37. उमराव जान अदा, वही, पृ. 15

38 अमृत राय–कलम का सिपाही, हंस प्रकाशन, इलाहाबाद, 1976

39. हिन्दी उपन्यास का इतिहास, गोपाल राय, पृ. 127

6

नवजागरण और स्त्री कविता

सांस्कृतिक इतिहास की दरारों को भरने के लिए, उसकी असंगतियों को दूर करने के लिए हाल के वर्षों में स्त्री–लेखन पर पुनर्विचार और शोध करने की ज़रूरत महसूस की गयी है। इसे हम स्त्रीवादी इतिहास लेखन कह सकते हैं जो इतिहास का मूल्यांकन जेंडर के नज़रिये से करने का पक्षधर है। दरअसल स्त्रीवादी इतिहास–लेखन समूचे इतिहास को समग्रता में देखने और विश्लेषित करने का प्रयास करता है, जिसमें मुख्यधारा के इतिहास से छूटे हुए, अनजाने में, या जानबूझकर उपेक्षित कर दिये गये वंचितों का इतिहास और उनका लेखन शामिल किया जाता है। यह स्त्री को किसी विशेष सन्दर्भ या किसी सीमा में न बाँधकर, एक रचनाकार और उसके दाय के रूप में देखने का प्रयास है। यह स्त्रियों की रचनाशीलता के सन्दर्भ में लैंगिक (जेंडर)–विभेद को देखने और साथ ही सामाजिक संरचनागत अपेक्षित बदलाव जो घटने चाहिए, उनका दिशा–निर्देश करने का भी उद्यम है। स्त्री साहित्येतिहास को उपेक्षित करके कभी भी इतिहास–लेखन को समग्रता में नहीं जाना जा सकता। कुछेक इतिहासकारों को छोड़ दें तो अधिकांश इतिहासकारों ने स्त्रियों के सांस्कृतिक–साहित्यिक दाय को या तो उपेक्षित किया या फुटकर खाते में डाल दिया। आज ज़रूरत इस बात की है कि सामाजिक अवधारणाओं, विचारधाराओं और औपनिवेशिक अर्थव्यवस्था, समाजसुधार कार्यक्रमों के पारस्परिक सम्बन्ध को विश्लेषित–व्याख्यायित करने के लिए स्त्री–रचनाशीलता की अब तक उपेक्षित, अवसन्न अवस्था की प्राप्त कड़ियों को ढूँढ़ा और जोड़ा जाये, जिससे साहित्येतिहास अपनी समग्रता में सामने आ सके।

स्त्रियाँ लिखकर अपने आपको बतौर अभिकर्ता (एजेंसी) कैसे स्थापित करती हैं, पूरी सामाजिक संरचना को कैसे चुनौती देती हैं और इस तरह साहित्य और विशिष्ट ज्ञानधारा में दख़लन्दाज़ी करती हैं, यह जानने के लिए विभिन्न जीवन्त संरचनाओं के प्रतीकों से स्त्रियों को जोड़कर देखने की ज़रूरत पड़ती है। हिन्दी साहित्य के सन्दर्भ में विचार करें तो स्त्री की रचनाशीलता के अधिकतर ज्ञात प्रसंग मुख्यतः मध्यवर्गीय हिन्दू स्त्रियों के ही मिलते हैं, जो इतिहास की जानकारी को एकपक्षीय और एकरेखीय बनाते हैं। यहीं पर इतिहास के पुनःपाठ और आलोचनात्मक प्रतिमानों के पुनर्नवीकरण की ज़रूरत महसूस होती है। डॉ. नामवर सिंह ने साहित्येतिहास की पुनर्व्याख्या के सन्दर्भ में सही ही कहा है, "नवीन व्याख्याओं का उपयोग भर इतिहास नहीं है, इतिहास स्वयं में एक नयी व्याख्या है।"[1] इतिहास की समस्या से सम्बद्ध है रचना की आलोचना, उसके मूल्यांकन की समस्या, क्योंकि रचना के अभाव में इतिहास का लेखन असम्भव है। लेकिन ऐसी पूरी परम्परा जिसकी उपेक्षा कर दी गयी हो, उसके बारे में नामवर सिंह या रामविलास शर्मा जैसे आलोचक मौन हैं। समूची साहित्य–परम्परा में स्त्री रचनाशीलता के दख़ल को कम करके आँकना, या उसे भावुक, अबौद्धिक साहित्य कहकर दरकिनार करने की रणनीतियों को स्त्री साहित्येतिहास लेखन ने समझा और अपने ढंग से इसे चुनौती भी दी है।

हाल के वर्षों में स्त्री कविता के इतिहास और स्त्रियों की रचनाओं को एक बड़ा पाठक और प्रकाशक वर्ग मिला है, लेकिन अब भी हिन्दी नवजागरण के दौर के स्त्री साहित्य के प्रकाशन और मूल्यांकन का अभाव ही है।

नवजागरण के दौर की स्त्री कविता के कुछ तयशुदा पैटर्न हमें अब तक उपलब्ध कविताओं में दिखाई पड़ते हैं–

1. लोक सम्पृक्ति
2. आध्यात्मिकता
3. भक्ति और प्रेम
4. गृहस्थी और वैराग्य
5. राष्ट्रप्रेम

6. आत्मालोचन

7. फुटकल–समस्यापूर्ति, प्रकृति चित्रण आदि

नवजागरण की स्त्री–कविताओं की बानगी देखने के लिए कुछ संग्रहों पर ध्यान दिया जाना ज़रूरी है जिसमें मुंशी देवीप्रसाद द्वारा 'महिला मृदुवाणी' प्रमुख है। स्त्रियों की रचनाओं को एक जगह रखकर उनके साहित्यिक परिचय सहित पाठक को उससे परिचित कराने का यह पहला प्रयास था। यह संग्रह 1904 ई. में छपा, जिसकी भूमिका में मुंशी देवीप्रसाद ने रेखांकित किया–"...अकेले पुरुष ही चौदह विद्यानिधान नहीं हुए हैं, वरन् स्त्रियाँ भी समय–समय पर ऐसी होती रही हैं जो सोने–चाँदी और रत्नजड़ित आभूषणों के अतिरिक्त विद्या–बुद्धि और काव्यकला के दिव्याभूषणों से भी भूषित थीं और अब भी हैं जिनके बखान अनेक पुस्तकों और जनश्रुतियों में विद्यमान हैं...प्राचीन ग्रन्थों और कविवृत्तान्तों की खोज की थी तो उस प्रसंग में कुछ कविता ऐसी भी मिली जो काव्यकुशला कमलाओं के कोमल मुखारविन्दों की निकली हुई थीं। हमने उसी को संग्रह करके यह छोटा–सा ग्रन्थ बनाया है और महिला मृदुवाणी नाम रखा है।" यह भूमिका 23 मई 1904 को जोधपुर, राजस्थान में लिखी गयी। इस संग्रह में कविरानी चौबे लोकनाथ जी स्त्री अर्धांगिनी जी, ठाकुरानी काकरेची जी, कुशला, खगनिया, गिरिधर कविराय की स्त्री, चन्द्रकला बाई, चम्पादेरानी, छत्रकुँवरी बाई, जामसुता जाडेची जी, श्री प्रताप बा, झीमा, पण्डितानी तीजांजी, ताज, तुलछराय, पद्‌मा, बीरा, प्रतापकुँवरी बाई, मीराबाई, बाघेली श्री, रणछोड़ कुँवरी जी, महारानी जी श्री रत्नकुँवरी बाई जी, रसिक बिहारी, रामप्रिया जी, रायप्रवीन या प्रवीनराय, बाघेली विष्णुप्रसाद कुँवर जी, बिरजूबाई, विरंजी कुँवर, बिहारी सतसई के कर्ता की स्त्री, बिहारीदास की पुत्री, ब्रजदासी, शेख़ रंगरेजन, श्री सरस्वती देवी, सहजोबाई, सुन्दर कुँवरीबाई, हरीजी रानी चावड़ी जी जैसी 35 कवयित्रियों की रचनाएँ संकलित हैं। स्त्री साहित्येतिहास की दृष्टि से यह पहला उल्लेखनीय कार्य है। देखने की बात यह है कि रामचन्द्र शुक्ल ने इसके पच्चीस वर्ष बाद हिन्दी साहित्य का इतिहास लिखा लेकिन उसमें मीराबाई के अलावा किसी कवयित्री को उल्लेखनीय नहीं समझा।

इसके साथ ही सन् 1928 के लगभग ज्योतिप्रसाद मिश्र 'निर्मल' द्वारा सम्पादित स्त्री कवि संग्रह का पता मिलता है जिसके पहले खण्ड में

मीराबाई, सहजोबाई, दयाबाई, साईं, राजमाता रघुवंशकुमारी, सुभद्राकुमारी चौहान, तोरनदेवी लली, महादेवी वर्मा और दूसरे खण्ड में रसिक बिहारी, रत्नकुँवरी बीबी, प्रतापबाला, सुन्दरकुँवरी बीबी, खगनिया, बुन्देलाबाला, रमादेवी, रामप्रिया, युगलप्रिया की कविताएँ संकलित हैं। प्रयाग महिला विद्यापीठ के पाठ्यक्रम के लिए यह संग्रह बाबू रामेश्वर प्रसाद जी ने ज्योतिप्रसाद निर्मल के सम्पादन में तैयार करवाया था। पुस्तक के पाँचवें संस्करण (1940) में प्रकाशक की टिप्पणी है–"...पुस्तक में कवयित्रियों का नाम जन्म संवत् के क्रम से न रखकर परीक्षा की सुविधा के अनुसार रखा गया है।" आगे चलकर ज्योतिप्रसाद निर्मल ने 'स्त्री कवि कौमुदी' में अन्य कई कवयित्रियों मसलन शेख़, छत्रकुँवरी बाई, प्रवीणराय, दयाबाई, कविरानी, रसिकबिहारी, ब्रजदासी साईं, प्रतापकुँवरी बाई, सहजोबाई, झीमा, चम्पादे, विरंजीकुँवरी, प्रतापबाला, बाघेली विष्णुप्रसाद कुँवरी, रतनकुँवरी बाई, चन्द्रकला बाई, जुगलप्रिया, रामप्रिया, रणछोड़ कुँवरी, गिरिराज कुँवरी सरीखी मध्यकालीन रचनाकारों से लेकर उन्नीसवीं शताब्दी के उत्तरार्द्ध और बीसवीं शताब्दी के प्रारम्भिक दौर तक की हेमन्तकुमारी चौधरानी, रघुवंशकुमारी, राजरानी देवी, सरस्वती देवी, बुन्देलाबाला, गोपालदेवी, रमादेवी, राजदेवी, रामेश्वरी नेहरू, कीरति कुमारी, 'लली', प्रियंवदा देवी और उसके बाद के दौर में भी रचनारत सुभद्राकुमारी चौहान, कुसुममाला को सम्मिलित कर लिया।

सन् 1931 में ज्योतिप्रसाद मिश्र 'निर्मल' ने 'स्त्री कवि कौमुदी' को संकलित करने का उल्लेखनीय प्रयास किया, जिसमें मीराबाई, ताज, खगनिया, शेख़, छत्रकुँवरी बाई, प्रवीणराय, दयाबाई, कविरानी, रसिकबिहारी, ब्रजदासी साईं, प्रतापकुँवरी बाई, सहजोबाई, झीमा, सुन्दरकुँवरी बाई, चम्पादे, विरंजीकुँवरी, रत्नकुँवरी बीबी, प्रतापबाला, बाघेली विष्णुप्रसाद कुँवरी, रतनकुँवरी बाई, चन्द्रकला बाई, जुगलप्रिया, रामप्रिया, रणछोड़ कुँवरी, गिरिराज कुँवरी सरीखी मध्यकालीन रचनाकारों से लेकर उन्नीसवीं शताब्दी के उत्तरार्द्ध और बीसवीं शताब्दी के प्रारम्भिक दौर तक की हेमन्तकुमारी चौधरानी, रघुवंशकुमारी, राजरानी देवी, सरस्वती देवी, बुन्देलाबाला, गोपालदेवी, रमादेवी, राज देवी, रामेश्वरी नेहरू, कीरति कुमारी, तोरन देवी शुक्ल 'लली', प्रियंवदा देवी और उसके बाद के दौर में भी रचनारत सुभद्राकुमारी चौहान, महादेवी वर्मा, कुसुममाला सम्मिलित हैं।

'स्त्री कवि कौमुदी' के सम्पादक ज्योति प्रसाद मिश्र का हवाला देते हुए इसकी ताज़ा पुनःप्रस्तुति की भूमिका में कहा गया—"ग्रन्थ में लिखित दोनों भूमिकाएँ (ज्योतिप्रसाद मिश्र 'निर्मल' तथा रामशंकर शुक्ल 'रसाल' कृत) इस तथ्य से सहमत हैं कि हिन्दी साहित्य में इतिहास लेखन सदैव लैंगिक पूर्वाग्रहों का शिकार रहा है। इसलिए स्त्रियों का लेखन सामने नहीं आया। यदि आया भी तो, उसका समुचित उल्लेख साहित्यिक इतिहास ग्रन्थों में प्रायः नहीं मिलता।"[2] इन स्त्री रचनाकारों के अलावा भी कमला चौधरी, गोपालदेवी, तारा पाण्डे, पुरुषार्थवती देवी, प्रियंवदा देवी, बुन्देलाबाला (गुजराती बाई), महादेवी वर्मा, रघुवंश कुमारी, रमा देवी, राजकुमारी श्रीवास्तव, राजदेवी, राजराजेश्वरी देवी त्रिवेदी, रामकुमारी देवी चौहान, रामप्रिया, रामेश्वरी देवी गोयल, रामेश्वरी देवी मिश्र 'चकोरी' रामेश्वरी नेहरू, विद्यावती कोकिल से लेकर सुभद्राकुमारी चौहान, हेमन्त कुमारी चौधरानी और होमवती देवी तक नवजागरण के दौर की कवयित्रियों की लम्बी फ़ेहरिस्त है। इसी क्रम में सन् 1933 में गिरिजादत्त शुक्ल और ब्रजभूषण शुक्ल ने प्रयाग से 'हिन्दी—काव्य की कोकिलाएँ' शीर्षक आलोचनात्मक संकलन प्रकाशित किया, जिसकी प्रस्तावना में कहा गया—"हिन्दी साहित्य के स्वरूप निर्माण में हमारी देवियों ने जो भाग लिया है, उसकी ओर हिन्दी के समालोचकों का ध्यान अभी विशेष रूप से आकृष्ट नहीं हुआ था। इस ग्रन्थ के लेखकों ने इस अभाव की पूर्ति का उद्योग किया है... जहाँ तक मुझे स्मरण है, हिन्दी के पुरुष कवियों की कविताओं का भी ऐसा कोई आलोचनात्मक संग्रह नहीं है, जिसमें किसी प्रकार के वर्गीकरण का प्रयत्न किया गया हो, अथवा उनकी प्रवृत्तियों की आलोचना की गयी हो..." इस दृष्टि से देखें तो सन् 1933 में प्रकाशित यह पहली पुस्तक है जिसमें मीराबाई से लेकर लीलावती भँवर तक 31 कवयित्रियों की चुनिन्दा रचनाओं के साथ उनके रचना कर्म पर आलोचनात्मक टिप्पणी संकलित है। हालाँकि कवयित्रियों की रचनाओं पर जो टिप्पणियाँ की गयी हैं, वे बहुत सतही और एक सीमा तक प्रभाववादी हैं, उनमें किसी गहरे विश्लेषण का अभाव दीखता है। साथ ही नैतिकता के प्रति अतिरिक्त आग्रह का दबाव इस हद तक है कि सम्पादक—द्वय रचनाकारों को विषय—वस्तु के चुनाव सम्बन्धी सलाहें भी देते दीख पड़ते हैं, निश्चित रूप से इसे स्त्रियों पर लगायी जाने वाली 'सेंसरशिप' के रूप में देखा जाना चाहिए। मसलन

रामेश्वरीदेवी मिश्र 'चकोरी' की चुनिन्दा कविताओं पर आलोचनात्मक टिप्पणी करते हुए सम्पादक द्वय लिखते हैं–"अभी चकोरीजी का अल्प वय ही है, फिर भी उन्होंने अपनी सहृदयता से काव्य–रसिकों को आनन्द प्रदान करने की चेष्टा की है। आशा है, उनकी लेखनी, प्रौढ़ता प्राप्त होने पर, इस क्षेत्र में अपूर्व रस की वृष्टि करेगी। एक विनम्र प्रार्थना के साथ हम अपने इस निवेदन को समाप्त करते हैं और वह यह कि वे काव्य साधना में अपने हृद्गत उद्गारों की अभिव्यक्ति में किंचित संयत होने का उद्योग करें।"

स्पष्ट है कि यह पुरुष दृष्टि से स्त्री लेखन पर की गयी टिप्पणी है जो इस बात की ओर भी संकेत करती है कि स्त्रियाँ लिख कर अपने आपको बतौर अभिकर्ता (एजेंसी) कैसे स्थापित करती हैं, पूरी सामाजिक संरचना को कैसे चुनौती देती हैं और इस तरह साहित्य और विशिष्ट ज्ञानधारा में दख़लन्दाज़ी करती है–यह जानने के लिए विभिन्न जीवन्त संरचनाओं के प्रतीकों से स्त्रियों को जोड़ कर देखने की ज़रूरत पड़ती है। हिन्दी साहित्य के सन्दर्भ में विचार करें तो स्त्री की रचनाशीलता के अधिकतर ज्ञात प्रसंग मुख्यतः मध्यवर्गीय हिन्दू स्त्रियों के ही मिलते हैं। इससे इतिहास की जानकारी एकपक्षीय और एकरेखीय बन जाती है। यहीं पर इतिहास के पुनःपाठ और आलोचनात्मक प्रतिमानों के पुनर्नवीकरण की ज़रूरत महसूस होती है। नामवर सिंह ने साहित्येतिहास की पुनर्व्याख्या के सन्दर्भ में सही ही कहा है, "नवीन व्याख्याओं का उपयोग भर इतिहास नहीं है, इतिहास स्वयं में एक नयी व्याख्या है।"[3] इतिहास की समस्या से सम्बद्ध है रचना की आलोचना, उसके मूल्यांकन की समस्या, क्योंकि रचना के अभाव में इतिहास का लेखन असम्भव है। लेकिन ऐसी पूरी परम्परा जिसकी उपेक्षा कर दी गयी हो उसके बारे में रामचन्द्र शुक्ल, नामवर सिंह या रामविलास शर्मा जैसे आलोचक मौन हैं।[4]

अक्सर यह शिकायत इतिहास लेखकों को रहती है कि इनमें से कई स्त्रियाँ ऐसी हैं जिन्होंने या तो छद्म नामों से लिखा या फिर इनके लिए किसी और ने लिखा और प्रसिद्धि इन्हें मिली। यह भी कि यदि कोई स्त्री उत्कृष्ट रचना करने में सक्षम हो भी गयी तो उसके मूल्यांकन का मापदण्ड पुरुष ही रहे। इस बात को मैं शेख़ रंगरेजन के प्रसंग में स्पष्ट करना चाहूँगी। शेख़ रंगरेजन संवत् 1712 में जन्मे आलम नामक ब्राह्मण

कवि की पत्नी थी। आलम ने धर्म परिवर्तन करके उससे विवाह किया था क्योंकि वे शेख़ की रचनात्मकता के कायल थे। उन दोनों का सम्मिलित काव्य संग्रह 'आलम केलि' शीर्षक से प्रकाशित हुआ, जिसमें कवित्त और सवैया छन्द में 400 पद संकलित हैं। लाला भगवानदीन ने शेख़ रंगरेजन की कविताई की प्रशंसा करते हुए कहा है–"शेख़ यदि आलम से बढ़कर नहीं हैं तो कम भी नहीं। प्रेम की जिस धारा का प्रवाह आलम में है वही शेख़ में। दोनों की रचनाएँ ऐसी मिलती–जुलती हैं कि उनका एक–दूसरे से पृथक् करना कठिन हो जाता है। नायिका भेद और कलापूर्ण काव्य की दृष्टि से शेख़ को पुरुष कवियों की श्रेणी में रखा जा सकता है। उनकी सबसे बड़ी विशेषता उसकी शुद्ध भाषा, सरल पद्धति और सुव्यवस्थित भाव–व्यंजना है। शेख़ के पहले और बाद में भी बहुत दिनों तक शेख़ जैसी ब्रजभाषा किसी भी कवयित्री ने नहीं कही।"[5] अब यह भी देख लीजिए कि 'स्त्री कवि कौमुदी' की भूमिका लिखने वाले श्री रामशंकर शुक्ल 'रसाल' का उसी शेख़ रंगरेजन की रचनात्मकता के बारे में क्या कहना है, वे लिखते हैं..."हो सकता है कदाचित शेख़ के स्नेहासव पान से मदोन्मत्त भावुक प्रेमी ने ही प्रेम–प्रवाद में आकर शेख़ के नाम से रचना की हो, जो शेख़ के नाम से प्रसिद्ध हो गयी हो।"[6] स्पष्ट है कि स्त्री के लिखे के प्रति पुरुष आलोचकों और इतिहास लेखकों की दृष्टि पूर्वग्रह मुक्त कभी नहीं रही। वे यह समझ ही नहीं पाये कि रचनात्मक अभिव्यक्तियों के पीछे मनोसामाजिकी की प्रमुख भूमिका होती है। ऐसे किसी भी समाज में जहाँ आत्म को व्यक्ति से संवाद की छूट नहीं होती, पर्दा और चारदीवारी के भीतर जो भी, जैसे भी उपलब्ध हो सका–चाहे वह राससुन्दरी देवी की तरह चैतन्य चरित के चुराकर फाड़े गये पन्ने हों या चूल्हे की राख में छिपाकर रखी गयी खड़िया हो, उसी को पढ़–गुन कर साहित्य लेखन में प्रवृत्त हुईं, जिन्हें व्यवस्थित औपचारिक शिक्षा कभी नसीब ही नहीं हुई, जिन्होंने सदियों से श्रोता और अधीनस्थ की ही भूमिका निभाई। भाषिक संस्कारों के नाम पर, शासक वर्ग के पितृसत्तात्मक मुहावरे और अभिव्यक्तियाँ मिलीं, या कामगार जन की भाषा जिनसे उनका रोज़मर्रा का सम्पर्क रहा करता। ऐसे में, उनकी भाषा और मुहावरे पितृसत्तात्मक हों यही स्वाभाविक था, फिर जिन विषयों का चयन उन्होंने लिखने के लिए किया, वे पितृसत्तात्मक प्रभावों से मुक्त कैसे हो सकते थे!

नवजागरण के दौर की जिन रचनाकारों ने काव्य रचनाएँ कीं, उनके योगदान को आलोचकों द्वारा कभी खुले मन से स्वीकारा भी नहीं गया। रामशंकर शुक्ल 'रसाल' जिन्होंने कवयित्रियों के संग्रह की भूमिका लिखी, वे साहित्येतिहास में स्त्री रचनात्मकता की अवहेलना की बात स्वीकार करते हुए भी, उन्हें दोयम दर्जे की रचनाकार मानते हैं, लिखते हैं–"बोध–वृत्ति साधारणतया स्त्रियों में उतने अच्छे रूप में नहीं मिलती जितनी वह पुरुषों में मिलती है...इसलिए स्त्रियाँ भक्ति रचनाओं में ज़्यादा रमती हैं अन्य विषयों की तरफ़ उतना आकर्षित नहीं होतीं...गार्हस्थ्य सम्बन्धी विषयों में दक्षता प्राप्त करना स्त्रियों का एक परमोच्च कर्तव्य है।"[7] स्त्रियों को मर्यादा सम्बन्धी दिशा–निर्देश देने से आलोचक नहीं चूके, आज भी नहीं चूकते, ऐसे में स्त्रियों की बोध–वृत्ति सीमित नहीं होगी तो क्या होगा? सहज–स्वाभाविक मानवीय संवेदनाओं की अभिव्यक्ति की छूट उन्हें थी नहीं, शिक्षा और बाहरी समाज से सम्पर्क के अवसर या तो रुद्ध थे या थे तो बहुत कम। सामाजिक, पारिवारिक, सांस्कृतिक और निजी, ये चार तरह की सेंसरशिप उन पर हावी थी। ऐसे में वे या तो पुरुषों के पैटर्न पर समस्या–पूर्ति कर रही थीं, जिनमें बूँदी की चन्द्रकला बाई, तोरन देवी सुकुल, रमा देवी, बुन्देला बाला की रचनाओं को देखा जा सकता है या शृंगार और नीतिपरक कविताओं की तर्ज़ पर लिखने वाली साईं, छत्रकुँवरी बाई जो कृष्णप्रेम की अभिव्यक्ति कर रही थीं। लेकिन ये किसी भी विषय पर लिखें, उनका लिखना अपने–आप में ही, चली आ रही सामाजिक व्यवस्था में एक प्रकार का हस्तक्षेप है। गृहस्थी और दैनन्दिन जीवन–चर्या में आकण्ठ डूबकर भी आत्माभिव्यक्ति के लिए व्याकुल सरस्वती देवी लिखती हैं–

जब लग मैं मैके रही लिखत पढ़त रहि नित
अब घर पर परबस परी रहि नहिं सकति सुचित।।

गृहकारज व्यवहार बहु परे सँभारन मोहिं
लिखत पढ़न इक संग ही यह सब कैसे होहि।।

समाचार के पत्र जे आवत हैं मम पास
तिनके देखन के लिए मिलत न मोहिं सुपास।।

स्त्रियाँ किस तरह चुपचाप तत्कालीन राजनीतिक परिवर्तनों को सुन–गुन रही थीं, इसके प्रमाणस्वरूप रानी गुणवती को देखा जा सकता है। ये वही रानी गुणवती थीं, जिनकी लिखी तीन पुस्तकों की चर्चा श्री रामनरेश त्रिपाठी ने 'राजमाता दियरा जीवन चरित्र' में की थी। सूपशास्त्र, वनिता बुद्धि विलास और भगिनी मिलन की रचना करने वाली गुणवती ने 11 जून 1922 को कस्तूरबा गांधी को लिखे एक पत्र में यह छन्द लिखा : 'सिन्धु तीर एक टिटहरी, तेहिको पहुँची पीर–सो प्रन ठानी अगम अति, विचलत न मन धीर। तेहि प्रन राखन के लिए अड़ गये मुनि बीर, परम पिता को सुमिरि कै सोखेऊ जलधि गम्भीर।' इस छन्द से रानी गुणवती के काव्य कौशल के साथ–साथ उनकी राजनीतिक सोच और पकड़ परिलक्षित होती है।

इस तरह प्रतिरोध के स्वर हमें पूरे नवजागरण के दौरान सुनाई देते हैं, लेकिन उनको सुनने और देखने में नज़रिये का भेद होने से कवयित्रियाँ, पुरुष रचनाकारों जैसी मेधावी नहीं जान पड़तीं। जिस तरह की अमूर्त भाषा का प्रयोग ये स्त्रियाँ करती हैं, उसका विश्लेषण विशिष्ट संवेदना की माँग करता है। इसे महादेवी की कविता के माध्यम से भली–भाँति समझा जा सकता है–

शलभ मैं शापमय वर हूँ!
किसी का दीप निष्ठुर हूँ!
ताज है जलती शिखा
चिनगारियाँ शृंगारमाला
ज्वाल अक्षय कोष–सी
अंगार मेरी रंगशाला
नाश में जीवित किसी की साध सुन्दर हूँ!

नन्ददुलारे वाजपेयी ने इसकी व्याख्या कवयित्री के आध्यात्मिक उत्थान के लिए व्याकुल आत्मा के सन्दर्भ में की है, जबकि इसे निजी अनुभूतियों की अमूर्त अभिव्यक्ति के तौर पर समझा जाना ज़रूरी है। ऐसा समय और समाज जहाँ स्त्री को नितान्त निजी कोना उपलब्ध नहीं, वहाँ उसकी चुप्पी के भी मायने हैं और मितकथन के भी। स्त्रियों के लिखे हुए ये 'टेक्स्ट' हमें चेतावनी देते हैं कि मौन और मितकथन का अर्थ रिक्ति नहीं है, जो अपनी बात को कहने के लिए प्रकृति और आत्मा–परमात्मा के

रूपक का सहारा ले रही है, वह इसलिए नहीं कि ईश भक्ति में मुब्तिला उसका मन सांसारिक रह ही नहीं गया है या उसके पास कहने को और कुछ नहीं है, बल्कि इसकी ज़्यादा सम्भावना है कि उसके पास कहने को इतना ज़्यादा है कि योग्य श्रोता (लैंगिक विभेद से मुक्त मस्तिष्क वाला श्रोता) मिलना मुश्किल है। ये हमारे ज्ञान और संवेदना की सीमा है, जो हमें उसकी चुप्पी के पीछे छिपे अर्थ–सन्दर्भों को खोलने नहीं देती। कुछेक चुने हुए विषयों पर ही लिखना, लौकिक प्रेम की प्रच्छन्न अभिव्यक्ति के लिए भक्ति, अध्यात्म और राष्ट्रप्रेम का सहारा लेना, ऐसे ही सीमाबद्ध आलोचकों को ध्यान में रखकर की गयी 'सेल्फ सेंसरशिप' है। अमृत राय ने महादेवी पर टिप्पणी करते हुए लिखा है–"महादेवी के काव्य को मूलतः आत्मकेन्द्रिक, आत्मलीन कहना ठीक है। अपनी ही पीड़ा के वृत्त में उसकी परिसमाप्ति है। संसार की पीड़ा का स्वतः उसके लिए अधिक मूल्य नहीं है, मूल्य यदि है तो कवि की पीड़ा के रंग को गहराई देने वाले उपादान के रूप में।"[8]

स्त्री मात्र को ही भावना और अश्रु से जोड़कर उसे कम बौद्धिक या अबौद्धिक मानने में परम्परा से सुविधा रही है। महादेवी समेत अधिकांश कवयित्रियों को भावना और संवेदना की कवयित्रियाँ कहा गया है। स्त्रियाँ भी बड़ी ही विनम्रता से स्वयं को निचले दर्जे का रचनाकार स्वीकारती रही हैं। इसे अपने लेखकीय अस्तित्व को बचाये रखने की रणनीति के रूप में देखा जाना चाहिए। मुक्तिबोध ने सुभद्राकुमारी चौहान के सन्दर्भ में उनकी बौद्धिकता को रेखांकित करते हुए लिखा है–"सुभद्रा जी की भावुकता कोरी भावुकता नहीं है, बाह्य जीवन पर संवेदनात्मक मानसिक प्रतिक्रियाएँ हैं। यही कारण है कि उनकी कविताओं में भाव मानव–सम्बन्ध से, मानव–सम्बन्ध विशेष परिस्थिति से, विशेष परिस्थिति सामाजिक–राष्ट्रीय परिस्थिति से एक अटूट सम्बन्ध–शृंखला में बँधी हुई है। भाव के सारे सन्दर्भों का निर्वाह उनके काव्य में हो जाता है। इससे उनकी वास्तविक भाव–सम्पन्नता का, संवेदनशीलता का चित्र हमारे सामने खिंच जाता है।"[9]

स्त्रियों के लिखे हुए को भावुकता का उच्छलन कहकर उन्हें द्वितीय श्रेणी की रचनाकार ही माना गया। सुभद्राकुमारी चौहान और महादेवी वर्मा की अनेक कविताएँ, भावुक कविताओं की पुनर्व्याख्या करने के लिए हमें

विवश करती हैं। कई स्थानों पर भावुकता का इस्तेमाल वे एक स्ट्रेटज़ी के रूप में करती हैं, मसलन सुभद्राकुमारी चौहान की कविता को लें–

बहुत दिनों तक हुई प्रतीक्षा
अब रूखा व्यवहार न हो
अजी, बोल तो लिया करो तुम
चाहे मुझ पर प्यार न हो।
ज़रा–ज़रा सी बातों पर
मत रूठो मेरे अभिमानी
लो, प्रसन्न हो जाओ, ग़लती
मैंने अपनी ही मानी।
मैं भूलों की भरी पिटारी
और दया के तुम आगार,
सदा दिखाई दो तुम हँसते
चाहे मुझसे करो न प्यार।

ध्यान देने की बात है कि परिवार के अनुशासन से राष्ट्र सेवा के नाम पर मुक्ति–भले वह कुछ ही समय के लिए हो, इन कवयित्रियों के लिए कितना महत्त्व रखती है! क़लम पकड़ना उसने सीख लिया है, कवयित्री के रूप में वह स्थापित भी हो रही है लेकिन जहाँ गृहस्थी और पति की बात आती है, वह किसी से मुठभेड़ करने के पक्ष में नहीं है। झुक कर, विनम्रता से स्वयं को भूलों भरी पिटारी बताते हुए समझौते के पक्ष में है, ज्यों वह किसी रूठे बच्चे को मना रही हो। भावुकता और विनम्रता यहाँ पर प्रतिरोध के औज़ार के रूप में समझे जाने चाहिए। जिस स्त्री के भावुक पद्य को पढ़कर हम बारम्बार द्रवित हो उठते हैं, उसका मौन और अश्रु हमें रुला–रुला जाते हैं। दरअसल यह पितृसत्ता और तयशुदा व्यवस्था के भीतर अपनी निज की पायी हुई स्वाधीनता की रक्षा करने की बौद्धिक रणनीति है। यदि हम इस भावुक साहित्य की तरफ़ ग़ौर फरमायें तो इन कवयित्रियों का रुदन, करुणा ये सब हमें भावुक पाठक बनाती हैं और हमारा ध्यान हमारे बहते हुए अश्रुओं पर चला जाता है; और यहीं पर रचनाकार सफल हो जाती हैं। सवाल यह है कि क्या इस भावुक कविता को हम एक साहित्यिक उपविधा के रूप में देख सकते हैं, जो प्रत्येक युग के साहित्य में अनिवार्यतः विद्यमान है, जिसे भारतेन्दु की कविता में भी सुना जा सकता है–

कहाँ करुणानिधि केशव सोये,
जागत नेक न जदपि बहुबिधि भारतवासी रोये।

जिसमें निजी मुक्ति की कामना का उदात्तीकरण करके उसे राष्ट्रमुक्ति से जोड़ दिया गया, इसी तरह महादेवी, जहाँ वे कहती हैं–'कीर का प्रिय आज पिंजर खोल दो' जिनकी निजी मुक्ति की आकांक्षा राष्ट्र मुक्ति और उससे भी आगे स्त्रीमात्र की मुक्ति से जुड़ जाती है। भावुकता के इस उदात्तीकरण को क्या हम बतौर साहित्यिक मूल्य देख सकते हैं? अब तक के सौन्दर्यशास्त्रीय चिन्तन के जो प्रतिमान रहे हैं, उनमें स्त्री को तुच्छ मानवी के रूप में चित्रित किया गया या उसमें देवत्व के सभी काल्पनिक गुणों की प्रतिष्ठा कर दी गयी है। सामाजिक धरातल पर उसे तुच्छ समझने का भाव ही प्रमुख है, जिसमें यह निहित है कि स्त्री का लिखना हाशिये का लेखन है, उसके लिखे का अर्थ ही है कि उसमें घरेलू अर्थ–छवियाँ और दैनन्दिन के खटराग के वर्णन प्रमुख होंगे, जिसे मुख्यधारा के स्तर तक पहुँचने के लिए अभी लम्बी क़वायद की ज़रूरत होगी। उसकी कविता में गलदश्रु भावुकता होगी, यदि वह श्रेष्ठ रचना लिख भी ले तो उसके पुरुष प्रेरणास्रोत ढूँढ़े जायेंगे। शायद इसीलिए उस पर हमेशा आदर्श भारतीय नारी बनने का दबाव तारी रहता है, सुभद्राकुमारी चौहान लिखती हैं–

पूजा और पुजापा प्रभुवर
इसी पुजारिन को समझो
दान–दक्षिणा और निछावर,
इसी भिखारिन को समझो।

अकादमिक दृष्टि से भावुकता को देखना बहुत दूर तक सही नहीं हो सकता, इसके बावजूद नवजागरण की स्त्री कविता और आज की स्त्री–कविता को अन्तर्ग्रथित करने का काम यह भावुकता ही करती है। सुजान क्लार्क ने 'सेंटीमेंटल मॉडर्निज़म' शीर्षक पुस्तक में भावुकता और आधुनिकता का पारस्परिक सम्बन्ध विश्लेषित करते हुए लिखा है–"स्त्रीवाद को एक उत्तर आधुनिक पहचान की आवश्यकता है।"[10] रचनाकार भावुकता को एक रणनीति के तौर पर लेती हैं, इसलिए उन्नीसवीं शताब्दी की भावुक रचनाकारों और बीसवीं–इक्कीसवीं सदी की

आधुनिक स्त्रियों में आपस में एक गहरा सम्बन्ध है। ये दोनों ही लिखकर अपने–आप को विविध विषयों के माध्यम से अभिव्यक्त करती हैं, लिंग और जेंडर के परे अपने–आप को स्वतन्त्र एजेंसी के रूप में पहचनवाने की कोशिश करती हैं। उन्नीसवीं सदी और इस सदी की रचनाकारों को 'नैतिक ऊर्जा' के सन्दर्भ में समान धरातल पर विश्लेषित किया जा सकता है। इस नैतिक ऊर्जा के कारण ही पाठक को सीधे–सीधे सम्बोधित करने का साहस आता है, जो भक्तिकाल से लेकर नवजागरण की कविताओं में दीखता है। सच है कि दृष्टिकोण को बदलकर इतिहास की बहुत सारी दरारें भरी जा सकती हैं।

यह तय है कि शोध और आलोचना की भी अपनी सीमाएँ होती हैं और यह बात रामविलास शर्मा जैसे आलोचकों पर भी लागू होती है जिन्होंने पूरे साहित्येतिहास में एक भी स्त्री रचनाकार को उल्लेखनीय नहीं माना, जबकि भक्ति और रीतिकाल में हमें स्त्रियों की पूरी परम्परा मिलती है जो रचनारत थीं। लेकिन क्या कारण है कि बरसों तक मीरां, सहजोबाई और ताज सरीखी दो–चार के अलावा इतिहास की किताबों में स्त्रियों का ज़िक्र नहीं किया गया? जिन स्त्रियों ने लिखा भी वे अक्सर दूसरों के नाम से या छद्म नामों से छपीं। क्या हम इसके मनोसामाजिक कारणों को बतौर पाठक और आलोचक देख पाने में सक्षम होते हैं, जबकि हर युग की आवश्यकतानुसार इतिहास भी पुनर्व्याख्या की माँग करता है। ऐसे में नवजागरण ही नहीं प्रत्येक दौर की स्त्री रचनाशीलता की पुनर्व्याख्या होनी चाहिए। समाज और सत्ता से स्त्री के बदलते सम्बन्ध, उसके लेखन के भीतर छिपी हुई दुविधाएँ, जो दरअसल उसकी ईमानदारी का परिचय देती हैं, सर्वोच्च सत्ता को लौकिक रूप में पहचानने की कोशिश, अपने नाम की जगह 'अबला पतिप्राणा' जैसे पदों का प्रयोग, वर्तमान सन्दर्भों में विवेचन करके ही स्त्री साहित्येतिहास की मुकम्मल समझ विकसित की जा सकती है। आचार्य रामचन्द्र शुक्ल ने रीतिकाल के सन्दर्भ में कहा था कि इसमें मौलिकता का अभाव है। नवजागरण के दौर में कई आन्दोलनों के सामने आने से मौलिकता एक आलोचनात्मक पद के रूप में विकसित हुई। इतिहास को देखने और इतिहास में शामिल होने योग्य विषयों की सारवस्तु बदली। हमने मौलिकता की सामाजिक भूमिका को देखना शुरू किया, साथ ही समाज को एक आलोचनात्मक दलील (क्रिटिकल

आर्ग्युमेंट) के रूप में देखने की कोशिश भी। भक्तिकाल की तरह इस दौर के रचनाकारों में भी लोक–चिन्ता अपनी पूरी अकादमिक ईमानदारी के साथ दिखाई पड़ती है। इस लोक–चिन्ता के स्वरूप को दलील के रूप में देखे जाने की ज़रूरत है। आज की आलोचना इतिहास का सन्दर्भ (रेफरेंस) तो देती है लेकिन आज के लिए उसे 'प्रसंग' के रूप में इस्तेमाल नहीं करती। इतिहास आज कितने स्तरों पर संघर्ष करता है, उससे प्रसंग का निर्माण होता है।[11] स्त्रियों के लिखे हुए को इतिहास से, अपने मूल्यांकन के लिए किन–किन स्तरों पर जूझना–टकराना पड़ता है, कैसे वे लिखकर प्रतिरोध की संस्कृति का निर्माण करती हैं, इससे ही 'प्रसंग' पैदा होता है। आज के युग का इतिहास जो एजेंडा देता है, रचनाकार उससे टकराकर ही 'प्रसंग' का निर्माण कर सकता है। इतिहास ही नहीं, इतिहास–लेखन की पूरी परम्परा से टकराती, उपेक्षित ये स्त्रियाँ क्या अपने लिखे हुए के पुनर्विश्लेषण की माँग नहीं करती हैं?

स्त्री साहित्येतिहास के सन्दर्भ में इतिहास में स्त्री लेखन की जगह और काल निर्धारण का प्रश्न महत्त्वपूर्ण है। यदि स्त्री–मुक्ति की दृष्टि से विचार किया जाये तो सामाजिक, सांस्कृतिक या वैचारिक बिन्दुओं पर पुरुषों को मिली छूट और स्वतन्त्रताएँ बिल्कुल भिन्न तरीके की रहीं और लगभग स्त्रियों के नितान्त विपरीत। यूरोपीय पुनर्जागरण को देखने से यह बात और भी स्पष्ट हो जाती है। शेष यूरोप की अपेक्षा इटली में 1350 से 1530 के बीच ज़्यादा तेज़ी से आधुनिकता का प्रवेश हुआ। वस्त्र उद्योग और कपड़ा मिलों ने उत्तर सामन्ती सामाजिक सम्बन्धों को नये सिरे से निर्मित किया। उद्योग–धन्धों के विकास और श्रम–रोज़गार के अवसरों ने नये ढंग की सामाजिक–सांस्कृतिक अभिव्यक्तियों के दरवाज़े खोले, जिसके लिए यह पूरा युग जाना जाता है। बावजूद इसके, स्त्रियों के लिए इस पुनर्जागरण का कोई अर्थ नहीं था। औद्योगिक विकास और श्रम के अवसरों ने स्त्रियों पर नकारात्मक प्रभाव ही डाला। प्राक्–पूँजीवादी व्यवस्था, राज्य और उनके द्वारा बनाये हुए सामाजिक सम्बन्धों ने पुनर्जागरण के दौर की स्त्रियों की स्थिति को उनकी सामाजिक हैसियत के अनुरूप अलग–अलग ढंग से प्रभावित किया। आभिजात्य और बुर्जुवा वर्ग की स्त्रियों के लिए नवजागरण (रेनेसा) का अर्थ वही नहीं था जो साधनहीन, धनहीन स्त्री के लिए था। इसके अतिरिक्त जब भी हम पुनर्जागरण काल में स्त्री–पुरुष समानता या उनको मिले समानाधिकारों

की बात करते हैं, हमें स्त्रियों के मुद्दे पर उनको मिली स्वतन्त्रता के सन्दर्भ में अवश्य सोचना चाहिए। इस दृष्टि से जान केली[12] के अनुसार चार बिन्दुओं पर सोचा जा सकता है:

1. पुरुष यौनिकता की तुलना में स्त्री यौनिकता पर नियन्त्रण
2. स्त्रियों की आर्थिक और राजनीतिक क्षेत्रों में भूमिकाएँ (स्त्री–पुरुष के बीच श्रम–विभाजन, स्त्रियों का सम्पत्ति पर अधिकार, राजनीतिक अधिकार, श्रम के लिए मिलने वाले पारिश्रमिक की दर–पुरुषों की तुलना में, शिक्षा और रोज़गार के अवसर आदि)
3. समाज की सामूहिक सोच के निर्माण में स्त्रियों की सांस्कृतिक भूमिका पर विचार, साथ ही इस कार्य के लिए उन्हें शिक्षा की कैसी सुविधाएँ मुहैया करायी गयी हैं।
4. समाज में स्त्रियों के बारे में किस तरह की विचारधारात्मक निर्मितियाँ कार्य करती हैं? तथा कला, साहित्य और दर्शन के अन्तर्गत किस तरह की स्त्री–छवि का अंकन किया जाता है?

वैचारिक मानदण्ड के अन्तर्गत हमें दो बातों पर ध्यान देना चाहिए, पहला तो अनुमान के आधार पर ये अन्दाज़ा लगाना कि किसी समाज में स्त्री की वास्तविक स्थिति क्या है और स्त्रियाँ अपने बारे में क्या और कैसे सोचती हैं? पुरुषों द्वारा लिखे हुए साहित्य में स्त्री–यौनिकता का प्रश्न था ही नहीं, यहाँ तक कि पश्चिम के पुनर्जागरण में भी स्त्री–यौनिकता की भूमिका पर नज़र डालने से कुछ दिलचस्प बातें सामने आती हैं। ध्यान रहे कि यह वही पश्चिम है जहाँ स्त्री–शिक्षा पर सबसे ज़्यादा बल दिया गया। यौनिकता के सम्बन्ध में पुनर्जागरण के दौर में स्त्री मुद्दों मसलन प्रेम, विवाह, शिक्षा, परिवार के सम्बन्ध में पितृसत्ताक समाज का नज़रिया क्या भारतीय समाज से अलग था या उनकी यौनिकता के बारे में वहाँ भी अवकाश का उतना ही और वैसा ही अभाव था जैसा कि भारत में। इसके अतिरिक्त निजी सम्पत्ति पर आधिपत्य के सन्दर्भ में पश्चिम में स्त्रियों की तुलनात्मक रूप से क्या स्थिति थी, यह जानना ज़रूरी है।

पुनर्जागरणकालीन स्त्री ने मध्यकालीन सामन्ती समाज से प्राक्–आधुनिक राष्ट्र–राज्य तक जो रास्ता तय किया उससे परिवार और राजनीति की संरचना में आमूल बदलाव देखे गये। इस दौर में स्त्री नैतिकता के नये प्रतिमान गढ़े गये, बोकाशियो और अरस्तू जैसे

विचारकों ने स्त्रियों के लिए दैहिक शुचिता, मानसिक पवित्रता को अनिवार्य जीवन–मूल्यों के रूप में घोषित कर दिया। साथ ही पब्लिक स्फियर में पुरुष की श्रेष्ठता को बारम्बार स्थापित करने का प्रयास किया गया और ऐसे सब मामले जिनमें नीति–निर्धारण या नेतृत्व की ज़रूरत नहीं होती, उनमें स्त्रियों को स्थान दिया गया। रेनेसाँ के सम्पूर्ण विचार में स्त्री के लिए घरेलू देवदूती की भूमिका तजवीज़ की गयी, एथेंस को इसके उदाहरण के तौर पर देखा जा सकता है जहाँ कला और बौद्धिकता के उत्कृष्ट माहौल में भी स्त्रियों के लिए घर की चारदीवारी को ही सबसे उपयुक्त स्थान माना जाता था। समूचे दरबारी साहित्य में स्त्रियों के प्रति रूढ़िग्रस्त मानसिकता के दर्शन होते हैं, जिसके पीछे सामाजिक–सांस्कृतिक कारणों को देखा जा सकता है। 11वीं और 12वीं शताब्दी में दरबारों में जो प्रेम सम्बन्धी काव्य दान्ते जैसे कवियों ने लिखा उससे एक नयी तरह की साहित्यिक परम्परा की शुरुआत हुई, जिसने मध्यकालीन प्रेम–सम्बन्धी अवधारणाओं और वर्जनाओं की जगह प्रेम और नैतिकता का एक नया ही आदर्श सामने रखा।[13] इससें पहले की दरबारी कविता सामन्तशाही मूल्यों से संत्रस्त कविता थी, जिसमें किसी अधीन या किसान स्त्री की कामना करने वाले सामन्त को प्रेरित करने वाले स्रोत थे, इस सन्दर्भ में कुलीन या सामन्त के लिए कोई नैतिक बन्धन नहीं था, दूसरी तरफ़ स्त्री के लिए प्रेम का अर्थ था कि वह प्रेमपात्री बनकर ही ख़ुश रहे और प्रेमी की प्रत्येक इच्छा का सम्मान करे, उसे प्रसन्न रखे–दरबारी प्रेम दरअसल प्रेमियों के बीच पारस्परिक स्वच्छन्दता की वकालत करता था। लेकिन दूसरे ढंग से देखें तो इस तरह का प्रेम आभिजात्य और कुलीन स्त्रियों को ही प्रेम करने करने का अधिकार देता था, जबकि अधीनस्थ और ग़रीब स्त्रियाँ प्रेमपात्र बनकर और ज़्यादा अधीनस्थ बन जाती थीं। दरअसल दरबारी क़िस्म के प्रेम में अधीनता के कई आयाम थे–सबसे पहले तो स्त्री को घरेलू और पालतू बनाना, जिसके लिए भले ही स्त्री के आगे घुटने टेककर प्रेम की भिक्षा माँगनी पड़े, या विनम्रतापूर्वक प्रेम–निवेदन करना। दूसरे स्त्री को ऐसे भावात्मक नियन्त्रण में रखना कि वह स्वतन्त्रता की कल्पना भी न कर सके और प्रेम का यथोचित प्रतिदान देने के लिए निरन्तर प्रस्तुत रहे। तीसरे, उसे इस योग्य बनाना कि वह पति/प्रेमी के प्रति कर्तव्यशील, पवित्र और ईमानदार रहे, जबकि

सामन्त या ज़मींदार और स्त्री के सम्बन्ध एकरेखीय नहीं हो सकते थे। पितृसत्तात्मक व्यवस्था की आवश्यकताओं के अनुरूप ये सम्बन्ध बदलते रहते थे, और इस तरह दरबारी–प्रेम दाम्पत्य सम्बन्धों से बिल्कुल अलग और स्वतन्त्र हुआ करते थे। पारिवारिक सम्बन्ध अपनी गति और सीमा में चलते रहते थे, उनका सामन्त की अन्यान्य प्रेमिकाओं से कोई लेना–देना नहीं होता था। एक सामन्त की एकाधिक प्रेमिकाएँ हो सकती थीं और वह पत्नी से यौन शुचिता की अपेक्षा रखता था, वहीं प्रेमिका से इस तरह की माँग करना सम्भव नहीं था क्योंकि विवाहेतर प्रेम अलग था और वह विवाह–संस्था को कहीं से भी ध्वस्त नहीं करता था। लेकिन कलात्मक सृजन के लिए विवाहेतर सम्बन्ध ही महत्त्वपूर्ण विषय बना। ऐसा नहीं था कि इससे विवाह संस्था नितान्त अप्रभावित ही रही, लेकिन उसकी चरमराहट और टूटन सामन्तशाही के अन्तर्गत अति सामान्य प्रवृत्ति के रूप में पहचानी गयी। सवाल यह है कि ऐसे सम्बन्ध आख़िर 'अवैध' माने जाने के बावजूद समाज में चलते कैसे रहे? इसके उत्तर में यह कहा जा सकता है कि विवाह एक ऐसा सम्बन्ध था जो दूसरों के द्वारा स्थिर किया हुआ होता था, सामाजिक जीवन के निर्वहन के लिए विवाह को ज़रूरी माना गया। चर्च द्वारा भी विवाहेतर सम्बन्धों को हीन माना जाता था लेकिन इस तरह के दरबारी प्रेम (Courtly love) या विवाहेतर सम्बन्ध को वैधता भी प्रदान की। ईसाइयत में प्रचलित प्रेम की अवधारणा ने इसे परिपुष्ट भी किया। ईसाइयत में प्रेम को सर्वोपरि माना गया और प्रेम की उद्दात्तता में यौनेच्छा का विरेचन करने पर बल दिया गया। धीरे–धीरे विवाहेतर सम्बन्धों में प्रेम और सेक्स का मिश्रण हो गया और ईसाइयत के उपदेश किसी काम न आ सके और ऐसे सम्बन्धों पर सामन्ती समाज की खलबलियाँ मन्द पड़ने लगीं। धन और साधन सम्पन्न लोग चर्च के उपदेशों को उसी सीमा तक ग्रहण करते थे, जिस सीमा तक वह उनके निहित हितों के साधन में सहायक था।[14]

जान केली के अनुसार दरबारी प्रेम के स्वरूप में निरन्तर बदलाव आते रहे। बारहवीं शताब्दी के दौरान इस तरह का प्रेम और आकर्षण दरबारों में हास्य और मज़ाक़ का विषय भी बना और बहुत सारा साहित्य विवाहेतर प्रेम सम्बन्धों और प्रसंगों को लेकर मनोरंजक साहित्य भी लिखा गया। Adultey या अवैध प्रेम सम्बन्धों को लेकर चर्चाएँ भी ख़ूब हुआ

करती थीं। इन सबके बीच स्त्री की चतुराई, मूर्खता, सौन्दर्य और धोखों के क़िस्से और चर्चे दरबारों में चर्चा का आम विषय थे। उधर स्त्री से यह अपेक्षित था कि एक ओर वह विवाह में पति को भी प्रसन्न रखे, दावतों का आयोजन करे और दूसरी ओर प्रेमी के प्रति भी समर्पित रहे। शुचिता और नैतिकता के मिश्रण और द्वन्द्व में 'प्रेम' एक आकस्मिक घटना के रूप में सामने आया करता। अवैधता बहुत तरह की सावधानी की माँग करती थी लेकिन ऐसे सम्बन्धों में भी विशुद्ध प्रेम की 'इरोटिक प्रकृति' से इन्कार नहीं किया जा सकता। इसकी अपेक्षा पुनर्जागरण के दौर की स्त्री अपेक्षाकृत ज़्यादा स्वतन्त्र हुई। वह प्रेम सम्बन्ध रखने या न रखने के लिए स्वाधीन थी। स्पष्टतः यह वैचारिक मुक्ति की ओर संकेत करता है, जिसमें स्त्री अपनी इच्छा से सम्बन्ध रखने की दिशा में क़दम बढ़ाती दीखती है। ऐसे बहुत से साहित्यिक साक्ष्य मिलते हैं, जिनमें स्त्री विवाहेतर सम्बन्ध रख रही थी–जिसमें वह स्वेच्छा से आवाजाही भी कर रही थी। आदान–प्रदान के सम्बन्ध के बावजूद। क्या ये प्रसंग सिर्फ़ साहित्य का विषय थे या सामाजिक परिस्थितियाँ भी स्त्री के प्रति मानसिक अनुकूलन को बदल रही थीं? लेकिन स्त्री की पवित्रता की पारम्परिक अवधारणा और पुरुष पर उसकी निर्भरता के बावजूद प्रेम सम्बन्धों में स्वच्छन्द आवाजाही आश्चर्य पैदा करती है। विवाहेतर और दरबारी प्रेम सम्बन्ध एक तरह का स्टेटस सिम्बल भी था, और बहुत प्रचलित था। समूचे मध्यकालीन यूरोपीय साहित्य में परस्त्री प्रेम की कविताएँ और शृंगार प्रसंग भरे पड़े हैं, यह तभी सम्भव था जब पितृसत्ता इसे प्रश्रय और सहयोग देती क्योंकि चर्च की तयशुदा नैतिकता इसके ख़िलाफ़ पड़ती थी। हालाँकि शुरुआती दौर में चर्च और पुरुष प्रधान समाज को इस तरह के सम्बन्धों से कोई दिक़्क़त नहीं थी, क्योंकि इसमें पुरुष के लिए ढेर स्वतन्त्रता थी। दिक्कत तब शुरू हुई जब स्त्रियाँ भी अपनी यौनिकता को लिये सामने आने लगीं। जहाँ ईसाइयत का मूलाधार परदुःखकातरता, करुणा और प्रेम था, वहीं साहित्य में ऐसे प्रेमी का करुण चित्रण होने लगा, जो अपने मालिक की पत्नी से प्रेम करता है, निवेदन करता है और उसके लिए प्राण न्योछावर करने को तैयार रहता है। वह स्वामी को धोखा देता है पर स्वामिनी की सेवा करने के लिए, उसकी प्रसन्नता के लिए हरदम तैयार रहता है। इस तरह का प्रेम वैधता की श्रेणी में नहीं आता था, जो इस बात की

तरफ़ भी संकेत करता है कि अधिकतर आभिजात्य विवाह–सम्बन्ध किसी राजनीतिक लाभ या धन के लिए स्थिर होते थे, जिनमें प्रेम और भावात्मक लगाव का अभाव होता था। दरबारी प्रेम को विषय बनाकर लिखे गये साहित्य से ऐसी भावनाएँ विरेचित भी होने लगीं और पारम्परिक साहित्य से उसकी टकराहट भी बढ़ी। सामन्ती माहौल में स्त्री की यौनिक और अन्य आवश्यकताओं में कोई फ़र्क़ नहीं किया जाता था और परिवारों की आन्तरिक संरचना में धर्म और चर्च का भय भी अन्तर्गुम्फित था। दूसरी तरफ़ ऐसे सामन्ती परिवार जहाँ सम्पत्ति का उत्तराधिकार स्त्री को मिलता था वहाँ पति उसकी पूरी खानदानी सम्पत्ति की देखभाल और प्रबन्धन किया करता था, ऐसी स्त्री से विवाह सम्बन्ध बनाने के लिए अच्छे–अच्छे परिवारों के व्यक्ति आतुर रहते थे। पति या प्रेमी से सुने हुए अनुभवों और कभी–कभी स्वयं उपस्थित रहकर भी स्त्रियाँ राजदरबार में कविताएँ और गीत लिखती थीं–जिनका मूल स्वर रोमांटिक होता था, रनिवासों और अन्तःपुरों में ऐसे नाटक भी खेले जाते थे जो मुख्यतः प्रेम पर आधारित होते थे। प्राक्–आधुनिक युग आते–आते दरबार सिर्फ़ दिखावे की चीज़ रह गये थे लेकिन अब भी साधारण स्त्रियों के लिए राजनीतिक सत्ता या नेतृत्वकारी भूमिका प्राप्त करना दूर की बात थी, बावजूद इसके कि कुछ स्त्रियाँ सफल शासक भी हुईं। लेकिन आम तौर पर स्त्री के प्रति समाज का जो रवैया था उसे नोबेलिटी पर लिखी पुस्तक में देखा जा सकता है जिसमें स्त्रियों से शिक्षित होने के साथ–साथ अच्छी नृत्यांगना, गायिका, चित्रकार, सुन्दरी और आकर्षक व्यक्तित्वशाली बनने की अपेक्षा की गयी है।[15] इन दिनों स्त्री से अपने–आप को ऐसा बनाने की अपेक्षा की गयी जो दूसरे को प्रसन्नता और जीवन्तता से भर दे। लेकिन आकर्षक दीखना और आकर्षित करना, ये दो बातें थीं–जो सबसे अधिक महत्त्वपूर्ण थीं, जबकि दरबारों में चर्चा का विषय था राजनीति और युद्ध। वह स्त्री जो दरबार में आती–जाती थी उससे यह अपेक्षा की जाती थी कि वह आकर्षित करे, लुभाये लेकिन नीति–निर्धारण या राजनीतिक मसलों पर कोई राय न रखे। उसका युवा और आकर्षक दीखना, हाव–भाव संचालन में सावधानी बरतना ही ज़रूरी था, दरबारों में अक्सर पुरुष ही वक्ता की भूमिका में होते थे और स्त्रियाँ श्रोता। स्त्रियों को कैसा दीखना, कैसा होना चाहिए, इसके बारे में भी पुरुष ही सोचते थे।

रेनेसाँ के दौर की स्त्रियों की रचनाओं के कथ्य और परिवेश पर बीसवीं शताब्दी में ही ध्यान दिया गया, जब उनकी रचनाओं के संग्रह प्रकाश में लाने की कोशिशें हुईं। इससे पहले माना जाता था कि दरबार से सम्बद्ध एवं दरबारी साहित्य से प्रभावित स्त्रियाँ पुरुषों की तर्ज़ पर कुछ कविताएँ रच रही थीं और शिक्षित होने का अधिकार और सुविधा उन्हीं के पास थी, इसलिए साहित्येतिहास में उन्हीं का ज़िक्र भी आया और विभिन्न भाषाओं में उन्हीं के अनुवाद भी प्रस्तुत किये गये। इनसे आगे के दौर में रेनेसाँ ने कई छन्दबद्ध रचनाकार, स्त्री नाटककार उत्पन्न किये, जिनकी रचनाओं की उपेक्षा की गयी, जबकि यदि सिर्फ़ इंग्लैंड की कवयित्रियों की रचनाओं को उदाहरणस्वरूप देखा जाये तो रेनेसाँ के दौर की स्त्री रचनात्मकता के विभिन्न आयाम सामने आ सकते हैं, जो इतिहास की विस्मृत–उपेक्षित कड़ियों को शृंखलाबद्ध करने और पुरुष–दृष्टि से लिखे साहित्येतिहास को चुनौती देते हैं। इन स्त्रियों की रचनात्मकता का क्षेत्र बहुआयामी है–मातृत्व, प्रेम, आध्यात्मिकता, सांसारिक, भौतिक समस्याएँ, उनके सामाजिक रुझान, स्वयं को स्थापित करने का प्रयास और पितृसत्ता को चुनौती देती रचनाकारों को संज्ञान में लेना ज़रूरी है। इस दौर की पहली कवयित्री इज़ाबेला व्हिटनी की पहली कविता 1573 में छपी थी। वह शहर से गुज़ारिश करती है कि उसे गुमशुदगी में ही दफ़न कर दिया जाये–

"मुझे गुमशुदगी में दफ़न कर दो
और कभी मेरा नाम भी मत लो"[16]

इज़ाबेला व्हिटनी, एलिज़ाबेथ फर्स्ट, एनी सेसिल–दे–वेरे, मैरी सिडनी, मैरी रोथ जेन, एलिज़ाबेथ कवेंडिश, एनी ड्रोविस, एमिलिया लान्येर, राचेल स्पेघट, एलिस सटक्लिफ़, एनी ब्रोड्स्ट्रीट जैसी स्त्रियाँ इस दौर के प्रारम्भ में लिख रही थीं। इनको मोटे तौर पर तीन श्रेणियों में बाँटा जा सकता है–पहली तो वे जो बुर्जुआ परिवारों से जुड़ी हुई थीं, जिन्हें शैक्षिक, आर्थिक मदद के लिए किसी के सामने हाथ फैलाने की ज़रूरत नहीं थी। दूसरी वे जिन पर सेंसरशिप इतनी हावी थी कि प्रारम्भ में इन्होंने सृजन की जगह अनुवाद को ही अपनाया जिनमें एलिज़ाबेथ फर्स्ट, एनी सेसिल दे वेरे और मेरी सिडनी थीं। तीसरी श्रेणी में वे रचनाकार थीं जो साधारण परिवारों

से सम्बद्ध थीं, लेकिन दरबारों से भी किसी न किसी रूप में जुड़ी हुई थीं। एनी द्रोविस, एमिलिया लान्येर, डायना प्रिमरोज इसी श्रेणी में आती हैं लेकिन वे अक्सर हाशिये पर ही रहा करती थीं, उन्हें हमेशा संरक्षण की आवश्यकता का अहसास होता रहा। इज़ाबेला व्हिटनी, राचेल स्पेघट, एलिस सटक्लिफ़ और एनी ब्रोड्स्ट्रीट की रचनाओं से ज़ाहिर होता है कि उन्हें आर्थिक संरक्षण की ज़रूरत थी, यद्यपि वे बुर्जुआ वर्ग से सम्बद्ध थीं और कोई–न–कोई घरेलू रोज़गार करती थीं। व्हिटनी ने लिखा कि मैं शरीर और मस्तिष्क से परिपूर्ण हूँ पर धन से कमज़ोर हूँ। लान्येर[17] ने लिखा कि उसे पुरानी व्यवस्था के बीत जाने का अफ़सोस है। ये दोनों ही अपनी कमज़ोर आर्थिक स्थिति की चर्चा करती हैं। व्हिटनी कविताओं के लिए मिलने वाले पारिश्रमिक से असन्तुष्ट है और लान्येर को उम्मीद है कि कम्बरलैंड की काउंटेस मार्गरिट क्लिफ्फोर्ड उसके सेवा–कार्यकाल को बढ़ा देगी। इनकी कविताओं को पढ़कर ऐसा लगता है कि वे अपनी आर्थिक स्थिति को लेकर चिन्तित थीं और अपने समकालीन पुरुष रचनाकारों की तरह ही रचनाओं के लिए पारिश्रमिक की अपेक्षा करने लगी थीं, जबकि उन्हें पुरुषों की तुलना में व्यक्तित्व–विकास के बहुत कम अवसर प्राप्त थे। इन्होंने लैंगिक आधार पर नहीं बल्कि आर्थिक आधार पर समूह बनाये हुए थे। यह ठीक पुरुष रचनाकारों की तर्ज़ पर था, धनी और समृद्ध रचनाकारों का समूह ग़रीब रचनाकारों से अपने–आप को अलगा लेता था। दरबार और सत्ता से निकटता, उच्चपदस्थ अधिकारियों से सम्पर्क के आधार पर समूह बना करते थे। इसके बावजूद ऐसी रचनाकार भी सामने आयीं जिनका दरबारों से कोई सम्बन्ध नहीं था, दूसरे रचनाकारों में जेंडर के आधार पर विशेष भेदभाव नहीं था, स्त्री और पुरुष दोनों समान सामाजिक और आर्थिक व्यवस्था के अविभाज्य अंग थे। स्त्री और पुरुष दोनों के लिए बतौर लेखक स्थापित होने में धन और पद महत्त्वपूर्ण भूमिका निभाते थे, किसी कवि के सम्बन्धी कहाँ–कहाँ स्थापित हैं उसके निजी और सामाजिक सम्पर्क किन लोगों से हैं, यह उसकी रचनाओं की चर्चा के लिए महत्त्वपूर्ण था। लान्येर जैसी कवयित्री कविता में इसी तरह का संसार रचती है जिसमें वह कम्बरलैंड की काउंटेस की मदद के प्रति आभार व्यक्त करती है, वह अपने गाँव से निर्वासन की तकलीफ़ व्यक्त करती है और ऐसा संसार रचती है जहाँ कवि और संरक्षक आपस में

अत्यन्त सौहार्दपूर्ण वातावरण में रहते हैं। लान्येर पहली कवयित्री है जो गाँव पर कविता लिखती है। मेरी सिडनी और मैरी रोथ ने भी बाढ़ से उफनती नदी का चित्रण कविताओं में किया है। मैरी सिडनी उफ़नती नदी को मानव अस्तित्व को हिला देने वाला मानती हैं–*नदियाँ, हाँ नदियाँ जो चिंघाड़ती हैं सागर की उफ़नती लहरों सी नदियाँ चिंघाड़ती हैं तोड़ती हुई कगारों को, सीमाओं को पार करती/नदियाँ चिंघाड़ती हैं। कहीं वह आसमान के राजा को सम्बोधित करती हुई लिखती है : आकाश के देवता दृढ़ और सत्य तुम्हारे वचन झूठे हैं।*

रेनेसाँ की कवयित्रियों में स्वर–वैविध्य है, कभी उनमें आध्यात्मिकता का स्वर है तो कभी व्यंग्य का कभी वे नॉस्टेल्जिक हैं तो कभी आत्माभिव्यक्ति के लिए व्याकुल दीखती हैं। मसलन व्हिटनी व्यंग्य का अत्यन्त प्रभावी प्रयोग करती है। वर्जीनिया वुल्फ़ ने 'रूम ऑफ़ वंस ओन' में लिखा था कि स्त्रियाँ स्थायित्व और सुरक्षा चाहती हैं। प्राक्–आधुनिक कवयित्रियाँ घर और घर के अभाव को सामान्य रूप से कविता का विषय बनाती हैं। जेन और एलिज़ाबेथ कवेंडिश अपने घर की स्मृति में कविताएँ लिखती हैं। उधर एनी ब्रोड्स्ट्रीट घर छूटने की यातना को अभिव्यक्त करती है। घर के अलावा परिवारजनों की मदद, उनके भावनात्मक सहयोग और उनके न रहने पर उपजे अभाव को भी कविताएँ अभिव्यक्त करती हैं। मैरी सिडनी, फिलिप और राबर्ट सिडनी एक परिवार के थे वैसे ही मैरी रोथ के साथ विलियम हर्बर्ट जुड़े थे, कवेंडिश परिवार में ज़ेन, एलिज़ाबेथ विलियम और मार्गरेट कवेंडिश और एनी सेसिल मशहूर साहित्यिक परिवार से सम्बद्ध थीं। साहित्यिक पृष्ठभूमि से आयी हुई ये रचनाकार साहित्य की दुनिया से सुपरिचित होती थीं। सबसे दिलचस्प यह है कि कवयित्रियाँ साधारण या बुर्जुआ वे चाहे किसी भी पृष्ठभूमि–साधारण या बुर्जुआ से सम्बद्ध हों–आत्म से संवाद की प्रक्रिया सभी में लक्षित होती है। 1970 के दशक तक आते–आते पश्चिमी स्त्रीवादी आलोचना ने स्त्री रचनाकारों और उनकी आत्मकथाओं के अन्तःसम्बन्ध को पूरी तरह उजागर कर दिया, इसलिए इसमें कोई आश्चर्य नहीं है कि शुरुआती दौर में वे किसी वैचारिक चेतना पर केन्द्रित न रहकर निजी अनुभूतियों को वाणी देने में मुब्तिला थीं। एलिज़ाबेथ प्रथम की कविताएँ क़ैद के दिनों की तकलीफ़ का बयान करती हैं। व्हिटनी भी आर्थिक अभाव के दिनों, लान्येर विगत यौवनानुभवों, कवेंडिश बहनों ने सिविलवार के अनुभवों के

आत्मपरक सन्दर्भ कविताओं में दिये हैं। प्रेम और शोकगीत–ये दो सन्दर्भ कथ्य के तौर पर इनकी कविताओं में सामान्यतः पाये जाते हैं। उदाहरण के तौर पर मैरी सिडनी ने अपने मृत भाई फिलिप की स्मृति से ही पाम अनुवाद की शुरुआत की।[18] जेन कवेंडिश ने भी अपनी बहन एलिज़ाबेथ को याद करते हुए लिखा।[19] एनी सेसिल–दे–वेरे ने अपने दिवंगत पुत्र की स्मृति में लिखा।[20] एनी ब्रोड्स्ट्रीट भी अपने पौत्र की स्मृति को कविता का विषय बनाती है।[21]

पारिवारिक सम्बन्ध, जीवन की भावुक प्रतिक्रियाएँ इन सबको कविता का विषय बनाना इस बात को दर्शाता है कि ये रचनाकार बौद्धिकता के ऊपर भावुकता को प्रधानता दे रही थीं, निकट परिजनों की मृत्यु और अभाव शोकगीतियों में अभिव्यक्त हो रहा था। जहाँ दरबारी कविता में निजी दुःख–सुख को गोपन रखने की प्रवृत्ति थी वहीं इस दौर की स्त्रियाँ खुलकर अपनी संवेदनाएँ व्यक्त कर रही थीं। आश्चर्य नहीं कि इस दौर में स्त्रियों ने लौकिक प्रेम को काव्य की वस्तु के रूप में सहजता से स्वीकार किया। हिन्दी में तो स्त्रियों द्वारा लौकिक प्रेम की प्रकट अभिव्यक्ति के ख़तरे बीसवीं शताब्दी के उत्तरार्द्ध में ही उठाये जाने शुरू हुए, जबकि इंग्लैंड में मैरी रोथ के सानेटों में उनके चचेरे भाई और प्रेमी विलियम के प्रति अकुण्ठित प्रेम अभिव्यक्त हो चुका था। रोथ का प्रेम विलियम के प्रति दुखान्त ही रहा। दरबारी समीकरण, रिश्ते–नाते, परिवार और उत्कट प्रेम के बावजूद दोनों का न मिल पाना तत्कालीन सामाजिक–पारिवारिक सम्बन्धों के विश्लेषण का नज़रिया भी प्रदान करता है। इसी सन्दर्भ में एलिज़ाबेथ प्रथम की कविता An Answer को देखा जा सकता है, जो वाल्टर रेले के प्रति प्रेम की अभिव्यक्ति है। एलिज़ाबेथ कवेंडिश भी प्रेम की अभिव्यक्ति की राह में किसी वर्जना को नहीं मानतीं।[22] एनी ब्रोड्स्ट्रीट अपने अनुपस्थित पति के बारे में लिखती है–My head, my heart, mine eyes, my life, nay, more[23] यह वही भाषा और वही रूपक हैं जो दरबारी कविताई में प्रयुक्त होते थे। यद्यपि अधिकांश शोकगीत नितान्त निजी हैं, लेकिन प्रेम कविताएँ सहज और उत्कट हैं, जिनसे सामान्य पाठक का साधारणीकरण हो जाता है। ये कविताएँ आत्मपरक अधिक हैं, जिनमें आधुनिक कविता के बीज परिलक्षित होते हैं। सामान्य श्रेणी की कविताएँ भी ये स्त्रियाँ लिख रही थीं, जिनमें राजनीतिक, धार्मिक–विश्वास और आस्थाएँ अभिव्यक्त हो रही थीं।

इनकी रचनाएँ इस बात का प्रमाण हैं कि स्त्रियाँ व्यक्तिगत मसलों से सामाजिक–सार्वजनिक मसलों की तरफ़ जा रही थीं। रचनाओं में आत्मविश्लेषण का पैनापन और विषय का चुनाव इसका प्रमाण है। अधिकांश रचनाकार राजनीतिक विषय के रूप में शासक एलिज़ाबेथ के जीवन को ग्रहण करती दीखती हैं। साम्राज्ञी एलिज़ाबेथ की लोकप्रियता, उनकी सरकार,राष्ट्रीय नीतियाँ आम जनता की रुचि और चर्चा का विषय थीं। स्त्रियाँ उन्हें सत्ता और स्त्री नेतृत्व के अद्भुत समन्वय के प्रतीक के तौर पर देखती थीं। एलिज़ाबेथ के बारे में ब्रोड्स्ट्रीट लिखती है–"Now say, have women worth? or have they non?/ or had they some, but with our Queen it's gone? Nay masculines, you have thus taxed us long,/But she, though dead, will vindicate our wrong;/Let such as say our sex is void of reason /Know 'tis a slander now, but once was reason."

कवयित्रियों में ऐसी कोई नहीं है जिसने रानी एलिज़ाबेथ की चर्चा किसी न किसी रूप में न की हो। ड्रोविच, सिडनी, स्पेघट, प्रिमरोज़ और ब्रोड्स्ट्रीट ने रानी को धर्म–संस्थापिका के रूप में चित्रित किया, उधर इज़ाबेला व्हिटनी, एलिज़ाबेथ प्रथम, एनी सेसिल, लान्येर, रोथ और कवेंडिश बहनों ने सीधे–सीधे धर्म के प्रति निष्ठा तो नहीं दिखाई पर जीवनी और अन्तःसाक्ष्यों में उनके प्रोटेस्टेंट धर्म के प्रति रुझान स्पष्ट दिखाई पड़ते हैं। इनमें से सिर्फ़ एलिस सट्क्लिफ़ ही ऐसी है जो कैथोलिक धर्म के प्रति अपने रुझान को स्पष्ट शब्दों में अभिव्यक्त करने का साहस करती है, जबकि सन् 1634 में जब वह लिख रही है तब इस तरह की काव्यात्मक अभिव्यक्ति करना ख़तरे से ख़ाली नहीं था। यह इस बात को पुष्ट करता है कि प्राक–आधुनिक काल की कवयित्रियाँ अपने विश्वासों के सन्दर्भ में खतरे उठाने का साहस कर रही थीं और अपनी कविताओं में बार–बार ईश्वरीय सत्ता का ज़िक्र भी करती थीं, जो उन्हें भौतिक जगत में बाधाओं से टकराने की हिम्मत देती है। यह भी ग़ौरतलब है कि इन स्त्रियों को पितृसत्ता द्वारा निर्धारित मॉरल पुलिसिंग से भी टकराना पड़ता था, जो कमोबेश आज के सन्दर्भ में भी सही है। स्त्री का आज्ञाकारिणी, मौन रहना आदर्श माना गया, वहीं वह भौतिक शब्द लिखकर पुरुषप्रधान क्षेत्र में सेंध लगाती है। प्रकाशन से उसका लिखा हुआ भी अन्य रचनाकारों की तरह ही पाठकों के व्यापक संसार तक पहुँचने लगा। ऐसा नहीं कि पाठकों ने

बड़ी उदारता से ग्रहण किया हो या इनकी प्रतिभा को सराहा हो, उलटे लेखिकाओं की चारित्रिक शुचिता पर प्रश्नचिह्न लगाये जाने लगे और उन्हें जुगाड़ू, लाभ–लोभ के लिए सम्बन्ध स्थिर करने वाली 'असती' का खिताब मिला। बहुत सम्भव है कि कई रचनाकार सेंसरशिप और लोकापवाद की वजह से अपना लिखा छपवाने को राजी नहीं हुईं। उनकी रचनाएँ–नाटक, प्रहसन, कविताएँ बन्द कमरों के भीतर ही प्रदर्शित हुईं, कही–सुनी गयीं या यों कह लें पारिवारिक हदबन्दी में रहीं और आम जनता तक पहुँच ही नहीं पायीं। लिखने और प्रकाशित होने के सन्दर्भ में स्त्रियों को बहुत हीन दृष्टि से देखा जाता था, इसीलिए आधुनिक काल तक भी रेनेसाँ काल की कई नाट्य–रचनाएँ पाठकों–दर्शकों तक नहीं पहुँचीं, जिनकी रचना स्त्रियों द्वारा की गयी थी। प्राप्त पाण्डुलिपियाँ इस तथ्य को पुष्ट करती हैं कि स्त्रियाँ सिर्फ़ प्रेम और क्षोभ की कविताओं की रचना तक ही सीमित नहीं थीं बल्कि जनविधा के रूप में नाटक को भी अपना रही थीं। मैरी सिडनी के The Tragedy of Antonie and Jane तथा एलिज़ाबेथ कवेंडिश के लिखे नाटक The Concealed Fancies को उदाहरणस्वरूप देखा जाना चाहिए। सिडनी के संवादों का गठन, एलिज़ाबेथ के पात्रों के चरित्र–गठन पर शेक्सपियर और मरलोव का प्रभाव दीखता है, साथ ही यह भी कि वे लगभग सभी विधाओं पर हाथ आजमा रही थीं। डोरीच द्वारा कविता में ही नाटकीय संवादों का आयोजन किया जाना हमें बताता है कि वह संवाद द्वारा जनता तक अपनी बात पहुँचाने का प्रयास कर रही थी, क्योंकि नाटक सर्वाधिक लोकप्रिय विधा के रूप में स्थापित थी।

यह तथ्य रेखांकित करने योग्य है कि ये स्त्रियाँ अपनी यौनिकता को लेकर बहुत सचेत हैं और यही, सचेतनता इन्हें आधुनिक बनाती है। मसलन लान्येर ने *Slave Deus Rex Judaeorum* में चर्च की धार्मिक और दकियानूसी सोच को चुनौती देते हुए लिखा कि मर्यादा का पतन पुरुष के द्वारा होता है, स्त्री द्वारा नहीं–*"Her fault, though great, yet he was Most to blame"* इसी तरह राशेल और एनी ब्रोड्स्ट्रीट स्त्रियों को अमर्यादित कहने वालों को कोसती हैं और कहती हैं कि पुरुष ही स्त्री को पथ भ्रष्ट करता है, उसकी उपलब्धियों में बाधक बनता है। *Joseph Swetnam* जिसने *The Arraignment of women* में स्त्रियों को अविश्वस्त और रहस्यमयी कहा था, स्त्री–निन्दा के उसके एजेंडे पर टिप्पणी करते

हुए *'Mortality Memorandum* में स्पीघट ने जोसेफ के बारे में लिखा– *"As a Monster or a devil (who) on Eve's sex...foamed filthy froth"* प्रिमरोज़, रोथ और कवेंडिश ने रचनाओं में सदियों से प्रचलित स्त्री के कुमारीत्व की रक्षा या उसके न होने की स्थिति में उसे चरित्रहीन मानने को उलट दिया और कहा कि प्रत्येक बार पुरुष ही इतना मासूम नहीं होता कि वह स्त्री के बनाये जाल में उलझ जाये, या अपना जीवन नष्ट कर दे। डायना प्रिमरोज़ ने *'A chain of Pearl'* में इस बारे में लिखा–*"Siren Blandishments/ which are attended with no foul eventst"* (Temperance, lines 5-6) अपने सानेट *'Pamphilia to Amphilanthus'* में मैरी रोथ ने स्त्री को स्थिर मति और पुरुष को अस्थिर मति कहा है। एलिज़ाबेथ प्रथम की कविताएँ, एनी सेसिल की शोकगीतियाँ, मैरी सिडनी की प्रारम्भिक कविताएँ स्त्री की यौनिकता का सम्मान करने का भाव व्यक्त करती हैं। इनमें से सिर्फ़ व्हिटनी 'A Communication' की सातवीं पंक्ति में स्त्री को मूर्खा कहती है, लेकिन यह तय है कि ये सभी रचनाकार समाज में स्त्रियों के प्रति परम्परागत सोच को बदलने के लिए प्रयासरत थीं।

प्राक्–आधुनिक और आधुनिक स्त्री रचनाकारों के विषय में जानकारी एकत्र करना, उनके लिखे हुए को सम्पादित करके प्रकाशित करना इतिहास में स्त्री–रचनात्मकता की अप्राप्य और उपेक्षित धारा की विलुप्त कड़ियों को जोड़ना है। भारत और पश्चिम में स्त्री के लिखे हुए की उपेक्षा के सन्दर्भ में आश्चर्यजनक समानता लक्षित होती है। यूरोप के पुनर्जागरण और भारत के नवजागरण में स्त्री के मुद्दों पर ढेर सारी समानताओं के बिन्दु मिलते हैं। स्त्रियों के लिखे के विषय में जानकारी हो या उनकी रचनाओं के संकलन हों, तब इनकी खोज और विश्लेषण इतिहास और शोध की दिशा में नयी सम्भावनाओं के द्वार खोलने में मददगार हो सकता है। यद्यपि पिछले बीस वर्षों में स्त्री–अध्ययन और लैंगिक अध्ययन केन्द्रों द्वारा ऐसी बहुत–सी पुस्तकों और पाण्डुलिपियों की खोज की गयी है जिससे इतिहास की दरारों को भरने में मदद मिली है और विशेषकर स्त्री रचनात्मकता का मुकम्मल इतिहास लिखने की दिशा में प्रयास हुए हैं, फिर भी स्त्री रचनात्मकता के बहुत से पहलू अभी भी उपेक्षित और अनछुए ही रह गये हैं। इस तकलीफ और आकांक्षा की अभिव्यक्ति *'sight'* शीर्षक कविता में एनी ब्रोड्स्ट्रीट ने की है–

'And if chance to thire eyes shall
bring this vouse
With some sad sighs honourmy
Absent hearer' (*Before the Birth of one of her Children, lines 25-6*)

रेनेसाँ ने बहुत–सी गीतकारों, कवयित्रियों और संवेदनशील कलाप्रेमियों को रचनात्मकता की अनुकूल मनोभूमि और प्रेरणा प्रदान की। यह समय स्पेंसर और शेक्सपियर जैसे प्रतिभाशालियों का था, लेकिन इन्हीं के समानान्तर स्त्रियाँ छन्दबद्ध काव्य भी रच रही थीं, ठीक भारत की तरह जहाँ ब्रजभाषा समेत कई लोकभाषाओं में स्त्रियाँ पुरुषों की तर्ज़ पर छन्दबद्ध रचनाएँ लिख रही थीं।

आज भी हिन्दी नवजागरण के दौर के स्त्री–साहित्य के प्रकाशन और मूल्यांकन का अभाव ही है। मुंशी देवीप्रसाद द्वारा सम्पादित 'महिला मृदुवाणी' (1904), गिरिजादत्त शुक्ल और ब्रजभूषण शुक्ल द्वारा सम्पादित 'हिन्दी काव्य की कोकिलाएँ' (1933), ज्योतिप्रसाद निर्मल द्वारा सम्पादित 'स्त्री कवि कौमुदी' (1931) और 'स्त्री कवि संग्रह' (1928), व्यथित हृदय द्वारा सम्पादित हिन्दी काव्य की कलामयी तारिकाएँ (1941), सत्यप्रकाश मिलिन्द द्वारा सम्पादित 'हिन्दी की महिला साहित्यकार (1960), कुछ ऐसे संग्रह हैं जो नवजागरण के दौर में स्त्री रचनात्मकता के वैविध्य का प्रमाण देते हैं, जो सिर्फ़ स्त्रियों के रचनात्मक अवदान को प्रमाणित ही नहीं करते बल्कि साहित्येतिहास में उनकी उपेक्षा की रणनीतियों का खुलासा करते हैं।

जहाँ पश्चिम में पुनर्जागरण के दौर में स्त्री रचनाकारों के कई संकलन और रचनाएँ हमें देखने को मिलती हैं वहीं हिन्दी नवजागरण के दौर की स्त्री–कविता हाल के वर्षों तक सिर्फ़ और सिर्फ़ मीराबाई और महादेवी के प्रतिनिधित्व की चर्चा से सन्तुष्ट हो जाती थी और इसमें हिन्दी साहित्य का इतिहास लिखने वाले आलोचकों की अहम भूमिका रही है, जिन्होंने इतिहास में स्त्री रचनाकारों को ढूँढ़ने के बजाय उन्हें गुम करने का काम किया है। आलोचक का यह प्रश्न बेहद प्रासंगिक है कि "अगर हम हिन्दी साहित्येतिहास में स्त्री रचनाकारों को ढूँढ़ें तो क्या पाते हैं? क्या यह महज़ संयोग है कि 'शिवसिंह सरोज' (1878) में कवयित्री ताज और शेख़ का उल्लेख भी पुरुष के रूप में किया गया है और हिन्दी के

सर्वमान्य इतिहास–रामचन्द्र शुक्ल के 'हिन्दी साहित्य का इतिहास' (1929) में शेख़ का उल्लेख स्वतन्त्र रूप से न करके कवि आलम के प्रसंग में ही किया गया है और 'महिला मृदुवाणी' (1904) के प्रकाशन के पच्चीस वर्ष बाद लिखे जाने के बाद भी इस बहुप्रशंसित इतिहास–ग्रन्थ में आधुनिक काल के पहले स्त्री–रचनाकारों में सिर्फ़ एक कवयित्री मीरां का नाम दर्ज हुआ है। यह तथ्य और भी आश्चर्यजनक तब लगता है जब हम देखते हैं कि इसी नागरी प्रचारिणी सभा से जहाँ से यह इतिहास ग्रन्थ पहले 'हिन्दी शब्द–सागर' की भूमिका के रूप में प्रकाशित हुआ और फिर स्वतन्त्र पुस्तकाकार, वहीं से 'महिला मृदुवाणी' का भी प्रकाशन हुआ था और वहीं से हस्तलिखित ग्रन्थों की खोज भी हो रही थी, जिसके आधार पर 'मिश्रबन्धु–विनोद' (1913) में पचास से अधिक कवयित्रियों का उल्लेख हुआ। आचार्य रामचन्द्र शुक्ल अपने इतिहास के 'तथ्य' के लिए अधिकांशतः मिश्रबन्धु–विनोद पर आश्रित रहे लेकिन स्त्री रचनाकारों के मामलों में उनकी दृष्टि परम स्वतन्त्र कही जा सकती है।"[24]

भारत में नवजागरण के दौर अलग–अलग प्रदेशों और भाषाओं में अलग–अलग समय में घटित होते दीखते हैं। यहाँ बंगाल और महाराष्ट्र में जो मुद्दे उन्नीसवीं शती के पूर्वार्द्ध में चिन्ता के केन्द्र में रहे, वे मुद्दे थोड़े–बहुत बदलाव के साथ हिन्दी पट्टी में भी चिन्तना के केन्द्र में आये पर पचास–साठ वर्षों के अन्तराल के बाद यानी समाज सुधार, शिक्षा, मध्यवर्ग के प्रसार में हिन्दी भाषी क्षेत्र पिछड़े हुए दिखाई देते हैं। 1885 तक पश्चिमोत्तर प्रान्त और अवध की 92 प्रतिशत जनसंख्या अशिक्षित थी और प्रति 35 स्त्रियों में एक को ही किसी प्रकार की शिक्षा नसीब हो रही थी।[25]

सन्दर्भ

1. हिन्दी साहित्य के इतिहास पर पुनर्विचार, इतिहास और आलोचना, राजकमल प्रकाशन, दिल्ली, तीसरा संस्करण 1978, पृ. 154
2. स्त्री कवि कौमुदी–प्रस्तुति बलवन्त कौर, भूमिका, अनन्य प्रकाशन, 2014, पृ. 8
3. हिन्दी साहित्य के इतिहास पर पुनर्विचार, इतिहास और आलोचना, राजकमल प्रकाशन, दिल्ली, तीसरा संस्करण, 1978, पृ. 154
4. प्राक्कथन, हिन्दी काव्य की कोकिलाएँ, साहित्य मन्दिर, प्रयाग, 1933, पृ. 2
5. हिन्दी भाषा और साहित्य का इतिहास, चतुरसेन शास्त्री, पृ. 231 पर उद्धृत
6. वक़्तव्य, स्त्री कवि कौमुदी।

7. वही।
8. अमृत राय।
9. सुभद्राजी की सफलता का रहस्य, मुक्तिबोध रचनावली, खण्ड 5, राजकमल प्रकाशन, दिल्ली।
10. Suzane Clark, Sentimental Modernism : Women writers and the Revolution of the word, Indiana University Press, 1991
11. नित्यानन्द तिवारी, प्रसंग और आलोचना, स्वराज प्रकाशन, दिल्ली, 2013
12. Did Women Have Renaissance?, in Women, History and Theory : The Essays of Joan Kelly, University of Chicago Press, Chicago&London, Paperback Edition] 1986, p. 20
13. वही।
14. वही।
15. The Book of the Courtier, Baldesar Castiglione, a new translation by Charles S singleton, New York : Doubleday, 1959, P. 20
16. The Manner of Her will...to London, line 267-68
17. The Description of Cooke Ham.
18. To which these dearest offerings of my heart (Dissolved to Ink, while pen's impression move. The bleeding veins of never dying love) I render here : these wounding lines of smart, sad characters indeed of simple love (Not art not skill which ables wits do prove) of my full Soul receive the meanest Part . (To the Angel Spirit lines 79-85)
19. And When Death's heavy hand Had closed her eyes Me-thoght the world gave up its ghost in cries. (On the Death of my dear sister, lines 7-8)
20. "With my son, mygold, my nightingale and rose/is gone (Epitaph 2 nd line, 5-6)
21. No sooner Came, butgone, and fall 'n asleep' (on ...Simon bradstreet-1st line)
22. I love thee, ever have and still shall do (Spoken Upon Receiving…a heart, Line 5)
23. A letter to her husband, line 1
24. रमण सिन्हा, प्रस्तावना, हिन्दी काव्य की कोकिलाएँ, अनन्य प्रकाशन, 2018, पृ. 5
25. विडोज़, एजुकेशन एंड सोशल चेंज इन ट्वेंटिएथ सेंचुरी बनारस, इकॉनोमिक एंड पोलिटिकल वीकली, अप्रैल, 27, 1991, पृ. 19

7

नवजागरण और स्त्री पत्रकारिता

हमारा इतिहास अभिलेखागारों, शोधपत्रों और इधर–उधर बिखरे आख्यानों के टुकड़े जोड़–जोड़ कर हमारे सामने आता है। औपनिवेशिक भारत में स्त्री चेतना और जागरण के लिए निरन्तर श्रमरत रही पत्रिकाओं की वैचारिक निष्ठाओं का मूल्यांकन स्त्री–लेखन के विश्रृंखलित इतिहास को मुकम्मल रूप प्रदान कर सकता है। यह कार्य चुनौतीपूर्ण है क्योंकि पुस्तकालयों और अभिलेखागारों में संकलित सामग्री बिखरी हुई है। पुराने पत्र और पत्रिकाएँ उद्धारक की राह तकते–तकते दम तोड़ रहे हैं। पुराने–फटे धूमिल पन्ने धूल की तहों में खोते चले जा रहे हैं। पुराने साहित्य को संकलित और विश्लेषित–पुनर्व्याख्यायित करना साहित्येतिहास को समृद्धकरने का काम है, जो लैंगिक शोध अध्ययन–केद्रों के लिए अनिवार्य है। इस दृष्टि से हिन्दी में स्त्री पत्रकारिता के क्षेत्र में 'स्त्री दर्पण' पत्रिका की भूमिका ऐतिहासिक और महत्त्वपूर्ण है, जो भारत में स्त्री पत्रकारिता के इतिहास के तीन चरणों में मुकम्मल फ़र्क़ को दिखाने और स्त्री साहित्येतिहास की भूली कड़ियों को जोड़ने के लिए पढ़ी जानी ज़रूरी है। वीर भारत तलवार ने प्रथम विश्व युद्ध के आसपास भारत में स्त्री संगठनों के उद्भव और विकास को संज्ञान में लिया है। यह वही समय है जब बहुत–सी स्त्रियाँ सामाजिक–राजनीतिक और व्यक्तिगत सरोकारों के साथ सम्पादन के क्षेत्र में आयीं। औपनिवेशिक भारत में स्त्री पत्रकारिता के तीन चरण दिखाई पड़ते हैं–

1. उन्नीसवीं सदी का समाज सुधार चरण–जिसमें गोपालदेवी के सम्पादन में 'गृहलक्ष्मी' जैसी पत्रिकाएँ छपती थीं, जो आचरण या 'कंडक्ट' पत्रिकाएँ भी कही जा सकती हैं, जिनकी मूल

चिन्ता थी स्त्रियों का आचरण–सुधार और उन्हें आदर्श गृहणी बनाना।

2. बीसवीं सदी का पूर्वार्द्ध–जब अधिकांश पत्र–पत्रिकाएँ राजनीतिक एजेंडे और भारतीय समाज के पुनर्निर्माण और आदर्श से परिचालित थीं–जिसमें रामेश्वरी देवी नेहरू के सम्पादन में छपने वाली 'स्त्री दर्पण' जैसी पत्रिकाएँ थीं जिनका उद्देश्य था स्त्रियों के राजनीतिक–सामाजिक हितों की चिन्ता, उनके बौद्धिक क्षितिज का विस्तार, लैंगिक समानता और विश्व के अन्य देशों में चल रहे स्त्री आन्दोलन की परख।
3. तीसरे चरण में 'चाँद' जैसी पत्रिकाएँ देखी जा सकती हैं जो सामाजिक जीवन में स्त्रियों की भागीदारी सुनिश्चित करने का प्रयास कर रही थीं।

स्वतन्त्रतापूर्व प्रकाशित होने वाली ये पत्रिकाएँ स्त्रियों के आधुनिकीकरण का प्रयास कर रही थीं, वे पढ़ी–लिखी स्त्रियों को उन्मुक्त वैचारिक और रचनात्मक अभिव्यक्ति का व्यापक फलक प्रदान कर रही थीं। लेकिन इनमें उच्च और मध्यवर्ग की स्त्रियों की भागीदारी ही थी। कहीं भी ये पत्रिकाएँ हाशिये की स्त्रियों के अधिकारों और उनकी अन्तश्चेतना के बारे में विस्तार से चर्चा करती नहीं दीखतीं। पहले दौर की पत्रिकाओं में स्त्रियों के आचरण, घर–गृहस्थी की सार–सँभाल, यौन शुचिता और स्त्री–शिक्षा सम्बन्धित लेख छपते थे, तो दूसरे दौर में 'स्त्री दर्पण' सरीखी पत्रिकाओं के लेखों और सम्पादकीयों में स्त्रियों को स्त्रियोचित भूमिकाओं तक ही सीमित रखने का विरोध किया गया। तीसरे दौर में 'स्त्रीधर्म' और 'चाँद' सरीखी पत्रिकाओं में स्वाधीनता आन्दोलन में स्त्रियों को भागीदारी के लिए प्रेरित किया गया और 'चाँद' में तो स्त्री को बौद्धिक चेतना सम्पन्न व्यक्ति मानकर पुरुषों के समकक्ष रखकर देखने की वकालत भी की गयी। इस वजह से इन पत्रिकाओं को व्यापक आलोचना का शिकार भी होना पड़ा। इनमें से 'स्त्री दर्पण' को नवजागरण के अध्येताओं ने सबसे महत्त्वपूर्ण पत्रिका माना। 'प्रयाग महिला समिति' के प्रारम्भ के साथ ही यह पत्रिका अस्तित्व में आयी। रूपकुमारी नेहरू ने इसी की तर्ज़ पर 'कुमारी दर्पण' भी निकाली लेकिन 'स्त्री दर्पण' ही हिन्दी पट्टी में स्त्री आन्दोलन का सबसे सशक्त माध्यम बनी। इसके अलावा हिन्दी में ऐसी कोई पत्रिका नहीं थी जो इतनी गम्भीरता से स्त्री–मुद्दों पर विचार–विमर्श कर सकती।[1]

'स्त्री दर्पण' का प्रकाशन जून 1909 में प्रयाग से प्रारम्भ हुआ, सम्पादक थीं रामेश्वरी देवी नेहरू और प्रबन्धन था कमला देवी नेहरू का। 'कश्मीर दर्पण' के असमय बन्द होने के कारण यह पत्रिका अस्तित्व में आयी। चूँकि हिन्दी साहित्य सम्मेलन, जिसकी स्थापना 1910 में बनारस में हुई थी और जो अगले ही वर्ष इलाहाबाद स्थानान्तरित हो गया, जहाँ लेखक, सम्पादक और पाठक एक मंच पर संवाद करते थे। हिन्दी साहित्य सम्मेलन ने बहुत से पत्रों को फलने–फूलने का अवसर दिया। यहाँ 'स्त्री पत्रकारिता' के कई महत्त्वपूर्ण साक्ष्य आज भी उपलब्ध हैं, जिनमें ऐसी कई पत्र-–पत्रिकाएँ थीं जो एकल या किसी सहयोगी सम्पादन में छपती थीं। कई पत्रिकाओं के अंक अधूरे और जीर्ण–शीर्ण अवस्था में हैं। देखने की बात है कि जिस तरह ब्रिटिश भारत के सरकारी आँकड़े, मसलन संसदीय कार्यवाहियाँ, न्यायालय के रिकॉर्ड्स सम्बन्धी काग़ज़ जितने सँभाल कर रखे गये हैं उनकी तुलना में वर्नाकुलर काग़ज़ात, विशेषकर स्त्री लेखन से सम्बन्धित पत्र–पत्रिकाओं के संरक्षण की कोई विशेष व्यवस्था या रुचि दिखाई नहीं पड़ती। 'स्त्री दर्पण' पत्रिका पर शोध करने वाली प्रज्ञा पाठक को जुलाई 1910 से जनवरी 1928 के अंक ही मिल पाये। 1929 का अंक अन्तिम नहीं था। इस सन्दर्भ में प्रज्ञा पाठक का कहना है कि–''जनवरी 1929 तक पत्रिका के स्वरूप और उसकी दशा को देखते हुए मेरे लिए यह अनुमान लगाना बहुत मुश्किल नहीं है कि यह पत्रिका अधिक समय तक प्रकाशित नहीं हुई होगी।''[2]

प्रयाग से यह पत्रिका 1923 तक निकलती रही, उसके बाद अक्टूबर 1923 का अंक कानपुर से छपा। बाद में चलकर पत्रिका के सम्पादक भी कई बार बदले। 1910 में ही छपे पाँच अंक पत्रिका के स्त्री–रुझान और प्रतिश्रुति के ज्वलन्त साक्ष्य के तौर पर देखे जा सकते हैं प्रज्ञा पाठक ने 'स्त्री दर्पण' के सम्पादकीय स्वरूप और पत्रिका की अन्तर्वस्तु पर टिप्पणी करते हुए दर्ज किया है–''अप्रैल 1925 का स्त्री दर्पण का अंक उपलब्ध है और इसे देखने से ऐसा प्रतीत होता है जैसे स्त्री दर्पण की धार अचानक भोथरी हो गयी हो। सजावट और विज्ञापनों पर ध्यान अधिक है। सम्पादकीय विचार अचानक सिकुड़ कर छोटे हो गये हैं...कानपुर जाने के बाद से धीरे–धीरे इस पत्रिका का विचारोत्तेजक, आक्रामक और आन्दोलनकारी स्वरूप शिथिल पड़ता जाता है। साल–छह महीने

में बदलते हुए सम्पादकों के व्यक्तित्व और उनकी विचारधारा के साथ सामंजस्य बिठाने की कोशिश करती हुई यह पत्रिका अन्ततः अपनी धार खोने लगती है।''[3]

'स्त्री दर्पण' का प्रारम्भ स्त्रियों के हित में एक बृहत्तर उद्देश्य को ध्यान में रखकर किया गया था। सम्पादिका रामेश्वरी देवी नेहरू (जन्म–1. दिसम्बर 1886) के परिचय में लिखा गया–"इनका विवाह पण्डित बृजलाल नेहरू से हुआ था जो पण्डित मोतीलाल नेहरू के भतीजे हैं। रामेश्वरी देवी ने 1930 में लन्दन जाकर भारतीय महिलाओं का प्रतिनिधित्व किया, 1931 में लीग ऑफ़ नैशंस के बुलावे पर जिनेवा गयीं, 1934 में ठक्कर बापा के साथ मध्य भारत की प्रमुख 14 रियासतों में हरिजन सेवा के निमित्त प्रयास किया। सामाजिक कार्यों में इनकी बड़ी रुचि थी, नारी–निकेतन, बाल–आश्रम, विधवा–आश्रम इन्होंने खोले। 1950 में दिल्ली में स्त्रियों के उद्धार के लिए 'नारी निकेतन' नाम की संस्था खोली। सामाजिक कार्यों के अतिरिक्त वे 'स्त्री दर्पण' जैसी हिन्दी की सर्वप्रथम पत्रिका की जन्मदात्री हैं। उनकी 'स्त्री दर्पण' नामक पत्रिका में देश की बहिनों के संगठन, राष्ट्रीयता, आर्थिक और सामाजिक समस्याओं पर काफ़ी प्रकाश डाला गया। यही पत्रिका उत्तर भारत में इलाहाबाद में अखिल भारतीय महिला परिषद् की नींव डालने में सहायक हुई जो आज समस्त भारत में व्याप्त है।''[4]

इस परिचय से यह स्पष्ट है कि सम्पादिका राजनीतिक और सामाजिक दृष्टि से चेतना सम्पन्न थीं और स्त्री सम्बन्धी मुद्दों को गम्भीरता से मुख्यधारा में लाने के लिए उन्होंने 'स्त्री दर्पण' की शुरुआत की। वे अपने लक्ष्य के बारे में लिखती हैं–''भारतीय स्त्री को मनुष्योचित पद दिलाना ही शुरू दिन से इस पत्रिका का लक्ष्य रहा है...इस लक्ष्य की प्राप्ति दो प्रकार से हो सकती है, एक तो स्त्रियों के प्रति पुरुषों के विचारों में परिवर्तन से और दूसरे स्वयं स्त्री जाति की जागृति से। 'दर्पण' अपनी लघु चेष्टाओं द्वारा बराबर इन दोनों बातों का प्रयत्न कर रहा है। इस पत्र में जहाँ स्त्रियों के प्रति पुरुषों के कर्तव्य दिखाये जाते हैं वहाँ स्त्रियों का ध्यान उनके असीम उत्तरदायित्व पर भी दिलाया जाता है।" (सम्पादकीय, स्त्री दर्पण, जुलाई 1915)

'स्त्री दर्पण' पत्रिका का महत्त्व इस बात में है कि इसके माध्यम से हिन्दी पट्टी की स्त्रियों ने बृहत्तर विश्व से जुड़ने और अपनी दशा और

दिशा के बारे में बताने का प्रयास किया। इसमें राजनीतिक चेतनासम्पन्न लेख छपते थे, साथ ही महत्त्वपूर्ण उपलब्धि प्राप्त स्त्रियों के परिचय भी बड़े ही प्रेरणास्पद ढंग से इसमें लगातार स्थान पाते थे। लघु कथाएँ, नाटक, पुस्तक चर्चा, कविताएँ, आलोचनात्मक लेख, राजनीतिक घटनाओं की रिपोर्टिंग और टिप्पणियों के साथ–साथ विश्व की प्रमुख घटनाओं पर विचारपूर्ण लेख भी छपते थे। किसी भी महत्त्वपूर्ण घटना मसलन यूरोप में विश्वयुद्ध के दौरान पत्रिका के जनवरी 1919 अंक में जो लेख छपे उनके शीर्षक देखने योग्य हैं–युद्ध–समाचार, इन्फ्लुएंजा, हवाई–यात्रा, जबरन विधवा–जीवन, स्वास्थ्य के लिए हानिकारक–गंगा का पानी, स्त्री मताधिकार, किसान और कांग्रेस, इसी अंक में दो कहानियाँ–'जल देव का पुनर्जागरण' (सोमेश्वरी देवी नेहरू), 'कन्नौज सुन्दरी' (गिरिजाकुमार घोष), नाटक 'दया का ख़ून' कविता 'भारत गीत' (श्रीधर पाठक) 'स्वदेशाभिमान' (विश्वेश्वरी देवी) तथा पुस्तक–आलोचना के कॉलम में 'स्त्री धर्म का वैदिक आदर्श' तथा दो स्त्री–पत्रिकाओं–'कायस्थ महिला–हितैषी' तथा 'महिला सर्वोच्च' की समीक्षा छपी। इस पत्रिका में अधिकांश रचनाकार स्त्रियाँ होती थीं, लेकिन पुरुष रचनाकारों का भी पर्याप्त योगदान देखने को मिलता है। 'स्त्री दर्पण' में समकालीन ज्वलन्त मुद्दों पर लेख और चर्चाएँ आमंत्रित की जाती थीं, जो पत्रिका के लोकतान्त्रिक स्वरूप का पता देती हैं। मसलन अगस्त 1918 के अंक में 'स्त्रियाँ और पर्दा'–शीर्षक लेख में सत्यवती ने लिखा कि पर्दा कोई आदिम प्रथा नहीं है–इस मुद्दे' पर सम्पादक की ओर से विचारोत्तेजक बहस का आमन्त्रण भी दिया गया। पत्रिका में अक्सर लेखों का विषय वे समस्याएँ होती थीं जो बौद्धिक स्त्रियों की चिन्ता का विषय थीं जैसे मृत स्त्री–पुरुषों का विवाह यानी विधुर–विवाह। हुकमा देवी ने 'स्त्री उन्नति कैसे हो' (अगस्त 1917, स्त्री दर्पण) शीर्षक लेख में लिखा था कि पुरुष अपने घर के जीव–जन्तुओं से भी ज़्यादा उपेक्षा पत्नी की करता है। एक पत्नी के बीमार होते या मरते ही दूसरी स्त्री से विवाह करने के लिए उत्सुक हो जाता है। पुरुष की पत्नी कितनी भी सुन्दर और पतिव्रता क्यों न हो, बीमार पड़ते ही वह उपेक्षणीय हो जाती है, मृतस्त्रीकपुरुष के मुद्दे पर सबसे ज़्यादा संख्या में लेख 'स्त्री दर्पण' में ही लिखे गये।

'स्त्री दर्पण' में स्वराज की अवधारणा, स्वदेशी का महत्त्व, असहयोग व बहिष्कार की नीति, मतदान के अधिकार जैसे मुद्दों पर भी ख़ूब लेख

लिखे गये। लेकिन फ़रवरी 1922 के सम्पादकीय में अनुरोध छपा–'हम अपने लेखक–लेखिकाओं से प्रार्थना करती हैं कि वे कृपा कर आइन्दा सामाजिक विषयों पर ही लेख लिखा करें, राजनीतिक विषयों पर नहीं क्योंकि हमारी पत्रिका का यही उद्देश्य है कि हमारे समाज का सुधार हो।' इसका तात्पर्य यह है कि पत्रिका पर राजनीतिक विषयों के लेखों को न छापने का दबाव था और समाज सुधार के एजेंडे को महत्त्व देने का दबाव था, जबकि इससे पहले स्थानीय और राष्ट्रीय राजनीतिक लेख और टिप्पणियाँ ख़ूब छपा करती थीं। मसलन जनवरी 1916 के अंक में कांग्रेस की राष्ट्रीय महासभा के 30 वें वार्षिक अधिवेशन की रिपोर्ट इसमें प्रमुखता से छपी। इसी तरह जनवरी 1917 के अंक में मिस आर.पी. पाल के भाषण 'स्त्रियों को होमरूल पहले दीजिए' का सारांश सत्यवती देवी और लक्ष्मीदेवी वाजपेयी ने प्रस्तुत किया–"यदि आप लोग देश की सच्ची उन्नति करना चाहते हैं तो स्त्रियों को होमरूल पहले दीजिए...तात्पर्य यह है कि मनुष्य जाति का जन्मसिद्ध अधिकार जो स्वतन्त्रता है वह स्वतन्त्रता परिमिति के अन्दर स्वतन्त्रता, उनको भी देना चाहिए। अपने समाज का कल्याण करने का धैर्य उनमें आना चाहिए। जिस प्रकार पुरुष स्वतन्त्रतापूर्वक देशहित में भाग ले सकता है उसी प्रकार स्त्री भी तो ले सके, इतनी स्वतन्त्रता उसे देनी चाहिए। कम–से–कम स्त्री जाति में स्वदेश प्रेम और स्वदेशाभिमान जाग्रत करने वाली देवियाँ हममें तैयार होनी चाहिए, परन्तु वर्तमान स्त्रियों की पराधीनता बड़ी भयंकर है, जिसके कारण यह कहना पड़ता है कि भारतीय मनुष्य समाज का आधा अंग निकम्मा हो रहा है।"

हिन्दी पट्टी की स्त्री पत्रकारिता का इतिहास 'स्त्री दर्पण' के बिना अधूरा है। भारतेन्दु हरिश्चन्द्र ने 1974 में 'बालाबोधिनी' पत्रिका निकाली, इसके बाद 'स्त्री दर्पण' और 'गृहलक्ष्मी', 'आर्य महिला' जैसी पत्रिकाएँ निकलीं जिन्होंने पश्चिम और पूर्व के बौद्धिक आदान–प्रदान की प्रक्रिया को गति प्रदान की। इन सबमें 'स्त्री दर्पण' ही ऐसी पत्रिका थी जिसमें स्त्री आन्दोलन के वैचारिक विमर्श से जुड़े सभी मुद्दे चर्चा का विषय बने। स्त्री पराधीनता के कारणों और भविष्य की भारतीय स्त्री की छवि 'स्त्री दर्पण' में सर्वाधिक स्पष्ट दीख पड़ती है। यह भी महत्त्वपूर्ण है कि इस पत्रिका से प्रेरणा लेकर अन्य भारतीय भाषाओं में स्त्री

सम्बन्धी पत्रिकाओं के प्रकाशन और सम्पादन में तेज़ी आयी। हालाँकि बंगाल में स्वर्ण कुमारी देवी द्वारा सम्पादित 'बामाबोधिनी' (1863) और 'भारती' के प्रकाशन से स्त्री पत्रकारिता का प्रारम्भ माना जाता है। और 'वृत्तान्तिनी' तेलुगू में छपने वाली पहली स्त्री सुधार सम्बन्धी पत्रिका थी, जो मद्रास (1832) से निकली। औपनिवेशिक आन्ध्र से 'हितवादी' (1862), 'इनाव्रतमनी', 'श्री अक्षिणी' (1863), 'तत्त्वबोधिनी' (1864), 'सुजानरंजनी' (1864), 'पुरुषार्थप्रदायिनी' जैसी पत्रिकाएँ निकलती थीं जिनमें स्त्री सम्बन्धी मुद्दे भी उठाये जाते थे, अधिकतर पत्रिकाओं में स्त्री शिक्षा का मुद्दा महत्त्वपूर्ण था। 'तेलुगू जनाना' स्त्री मुक्ति के मुद्दे को गम्भीरता से उठाने वाली पहली पत्रिका थी, लेकिन किसी स्त्री द्वारा सम्पादित पहली पत्रिका 'हिन्दू सुन्दरी' आयी जिसका सम्पादन मोसल्कान्ति रमाबाई ने किया, इसके अलावा 'विवेकवती' (1908) और 'Intimation to Women' (1912) ये दो पत्रिकाएँ थीं जो ईसाई मिशनरियों के सहयोग से निकलीं जिनकी सम्पादक स्त्रियाँ थीं। 1883 से 1919 तक यानी 'सतीहितबोधिनी' से 'सौन्दर्यवल्लरी' तक तेलुगू में स्त्री पत्रकारिता ने स्वर्णिम दौर देखा। इसके बाद भी कई पत्रिकाएँ आयीं जिनके सम्पादकों के तौर पर स्त्री और पुरुष दोनों ही होते थे। लेकिन स्त्री–सम्पादक और पुरुष–सम्पादक के एजेंडे में जो फ़र्क़ दीखता है वह यह कि पुरुष–सम्पादकों ने जो लेख लिखे उनमें स्त्री शुचिता, पवित्रता, घरेलू ज्ञान, कामकाज और आदर्श स्त्री का गुणगान प्रमुख था, जबकि स्त्री सम्पादकों के एजेंडे में बाल–विवाह, विधवाओं की स्थिति, स्त्री शिक्षक की आवश्यकता, बच्चों के लालन–पालन से जुड़े मुद्दे प्रमुख थे। इनका मानना था कि स्त्री कमज़ोर और शोषित है, इसलिए उसे स्वाधीनता की ज़रूरत है और इसलिए उसे अपने अधिकार लड़ कर लेने होंगे, जबकि पुरुष–सम्पादकों का कहना था कि स्त्रियाँ अज्ञानी और अन्धविश्वासी हैं, इसलिए उनमें शिक्षा द्वारा सुधार की आवश्यकता है। इस तरह ये पत्रिकाएँ जहाँ स्त्रियों को अभिव्यक्ति का मंच प्रदान कर रही थीं, वहीं स्त्री की दोयम दर्जे की स्थिति और उसके सुधार के मुद्दे पर लैंगिक विभेद सम्पन्न विचारोत्तेजक बहस को भी आगे बढ़ा रही थीं, जहाँ शुरुआती दौर की पत्रिकाओं में अशिक्षा को स्त्री की दुर्दशा का मूल कारण बताया गया वहीं पुरुष–सम्पादकों के नेतृत्व वाली स्त्री–पत्रिकाओं में स्त्रियों को परिवार के दायरे में रहकर समझौते करने एवं अपना आचरण बेहतर करने, पति–परिवार को प्रसन्न रखने में उसकी

उन्नति का मूल देखा गया। स्त्री–सम्पादकों ने स्त्रियों को एक विशिष्ट वर्ग के अन्तर्गत रखा और शोषण का प्रतिरोध करने का आह्वान करते हुए कहा कि वे शिक्षा को अपनी मुक्ति के औज़ार के रूप में इस्तेमाल करें, साथ ही ये अपने सम्पादकीय में स्त्रियों की घरेलू भूमिका को भी न्यायोचित ठहराती थीं। दोनों के सम्पादकत्व में कढ़ाई–बुनाई, खाना पकाने, बच्चों की देखभाल सम्बन्धी लेख होते थे और पत्रिकाओं का बल इस पर रहता था कि कैसे स्त्रियाँ अपना अधिकाधिक समय रचनात्मक कार्यों में लगायें। अधिकांश पत्रिकाएँ स्वाधीनता आन्दोलन में स्त्रियों की भागीदारी को प्रोत्साहन देती थीं। स्पष्ट है कि स्त्रियों की पत्रिकाओं को आन्दोलनधर्मी होने से बचाने के प्रयास किये जाते रहे क्योंकि सामाजिक संरचना में बेहद जागरूक स्त्रियों के फिट होने में कठिनाई थी। यहाँ तक कि 'स्त्री दर्पण' जैसी पत्रिका के उत्तरार्द्ध के अंक भी पैने और मारक नहीं रहने दिये गये, उसमें तरह–तरह के घरेलू क़िस्म के लेख छपने लगे और अन्ततः वह काल–कवलित हो गयी।

सन्दर्भ

1. वीर भारत तलवार, Women's journals in Hindi 191-192, Recasting women, Edited by Kumkum Sangari, Sudesh Vaid, Published By Kali for women, 1989; p. 2-7
2. हिन्दी क्षेत्र में स्त्री चेतना का विकास और स्त्री दर्पण पत्रिका, http://shodhganga.inflibnet.ac.in./handl/1-6-3/21--1)
3. http://shodhganga.inflibnet.ac.in/handle/1-6-3/21-1 भूमिका, प्रज्ञा पाठक, पृ. 9, http://shodhganga.inflibnet.ac.in/handle/1-6-3/21-1
4. हिन्दी की महिला साहित्यकार–सम्पादक–सत्यप्रकाश मिलिंद, रूपकमल प्रकाशन, दिल्ली, प्रथम संस्करण, 1960, पृ. 153

8

नवजागरण और यात्रा वृत्तान्त : श्रीमती हरदेवी

श्रीमती हरदेवी उत्तर भारत से शिक्षण–यात्रा पर लन्दन जाने वाली पहली स्त्री हैं। वे 1887 में लन्दन गयीं और उन्होंने लन्दन–यात्रा और लन्दन जुबली शीर्षक वृत्तान्त लिखे। इन पुस्तकों के अतिरिक्त उन्होंने भारत–भगिनी के सम्पादन की भूमिका भी निभायी। उन्होंने सरलादेवी चौधरानी के साथ मित्रवत कार्य किया। बौद्धिक दृष्टि सम्पन्न स्त्री हरदेवी ने उस ज़माने में बाल–विधवा होते हुए बैरिस्टर रोशनलाल सक्सेना से प्रेमविवाह किया। उनके यात्रा–वृत्तान्त समय की धूल में खो गये। जो ब्रिटिश लाइब्रेरी में अन्ततः लम्बी प्रतीक्षा के बाद मिले।

अनुमान है कि उच्च शिक्षा के लिए लन्दन जाने वाली पहली हिन्दीभाषी स्त्री हरदेवी थीं। यद्यपि वे एक बहुत प्रगतिशील परिवार से ताल्लुक रखती थीं फिर भी एक स्त्री का पढ़ाई के लिए उत्तर भारत से लन्दन जाना उन दिनों एक बड़ी ख़बर थी। इसका अन्दाज़ा इस बात से लगाया जा सकता है कि कई अंग्रेज़ी और हिन्दी पत्रों ने इस ख़बर को सुर्ख़ियों में रखा। सन 1886 की 'द इंडियन मैगजीन' ने दादाभाई नौरोजी, रतन जी।[1] बनर्जी, लक्ष्मीनारायण तथा अपने भाई सेवाराम के परिवार के साथ श्रीमती हरदेवी के लन्दन जाने की ख़बर प्रकाशित की थी। श्रीमती हरदेवी की लन्दन यात्रा अकारण और निरुद्देश्य नहीं थी, बल्कि शिक्षा प्राप्त करने के लिए वे लन्दन गयी थीं। वे लन्दन रहकर पढ़ीं वहाँ की संस्कृति को नज़दीक से देखा और पहले की अपेक्षा तीक्ष्ण दृष्टि सम्पन्न होकर भारत लौटीं। इस बात के प्रमाण मिलते हैं कि उनके लन्दन जाने और पढ़ने की व्यवस्था 'नेशनल इंडियन एसोसिएशन' ने की थी। श्रीमती हरदेवी से सम्बद्ध सूचनाएँ 'नेशनल इंडियन असोसिएशन' की पत्रिका 'इंडियन इंटेलिजेंस' स्तम्भ के तहत छापी जाती थीं। श्रीमती हरदेवी ने पुरुषों की

दुनिया में अपनी उच्च शिक्षा के लिए कैसे स्पेस बनाया होगा, यह वास्तव में विचारणीय और श्लाघनीय है।

हरदेवी को अपने पिता से शिक्षा के संस्कार मिले थे। वे बहुत परिश्रमी और दृष्टि–सम्पन्न थीं। उन्होंने कई पुस्तकों की रचना की और आगे चलकर वे नेशनल सोशल कांग्रेस की सदस्य और हिन्दी की पहली स्त्री–सम्पादक के रूप में जानी गयीं। हरदेवी क्रान्तिकारियों की सहायता करती थीं। 8 अक्टूबर, 1888 के 'द टाइम्स आफ़ इंडिया' में यह ख़बर छपी थी कि श्रीमती हरदेवी ने लाहौर में 150 पर्दानशीन स्त्रियों की सभा आयोजित की थी जिसमें लेडी डफ़रिन को धन्यवाद ज्ञापित करने के साथ–साथ कई अन्य प्रस्ताव भी पास किये गये। हरदेवी के बारे में डॉ. चारु सिंह ने एक विस्तृत शोध आलेख में उनके रचनात्मक योगदान की विस्तृत चर्चा करते हुए लिखा है–"इसके अलावा 1881 में प्रकाशित 'स्त्री विलाप' जो कि हरदेवी की ही रचना मालूम होती है, उसमें उनके विवाह की आयु 14 वर्ष बताई गयी है...बहरहाल, हरदेवी एक युवा विधवा थीं और लन्दन जाने के पहले एक सुशिक्षित महिला थीं। इसका पता 'लन्दन यात्रा' को पढ़कर चल जाता है। लेखन तथा जीवन की दूसरी घटनाएँ तथा तथ्य इस निष्कर्ष पर पहुंचाते हैं कि वे ही 'स्त्री विलाप '(1881), सीमन्तनी उपदेश', (1882) तथा एक विधवा युवती द्वारा 1881 में लिखे हुए लेख 'हिन्दू विडोज़' की लेखिका थीं। 'स्त्री विलाप' 1881 में शाहजहाँपुर के आर्य दर्पण प्रेस से छपी 'एक विधवा स्त्री' की रचना है। जिसकी भाषा शैली तथा विचारधारा पूर्ण रूप से 'सीमन्तनी उपदेश' से मेल खाती है। (चारू सिंह, अज्ञात हिन्दू स्त्री कैसे बनती है? आलोचना पत्रिका, अंक 56, अप्रैल–जून 2016) अभी हाल में प्रो. रमण सिन्हा ने गोविन्दवल्लभ पन्त संस्थान में अमृत महोत्सव के उपलक्ष्य में आयोजित एक राष्ट्रीय संगोष्ठी (27–28 दिसम्बर 2022) में प्रस्तुत अपने पर्चे में एक दुर्लभ दस्तावेज़ के हवाले से यह सिद्ध कर दिया कि हरदेवी ही 'सीमन्तनी उपदेश' की लेखिका थीं और उन्होंने ही 'सीमन्तनी संगीत' की भी रचना की थी, जो अनुपलब्ध है।

हरदेवी ने आत्मकथा भी लिखी थी जो उर्दू में थी, लेकिन उसकी कोई प्रति अभी तक हमें उपलब्ध नहीं हो सकी है। इस बात के प्रमाण मिलते हैं कि हरदेवी ने पुनर्विवाह किया था–"लन्दन से लौटकर हरदेवी ने एक और

दुस्साहसी क़दम उठाया। यह था उच्च जाति की एक हिन्दू विधवा का प्रेम विवाह। बरेली निवासी रोशनलाल लन्दन से 1887 में बैरिस्टरी की पढ़ाई कर लौटे। यह इलाहाबाद हाईकोर्ट में वकालत कर रहे थे। रोशनलाल सक्सेना कायस्थ थे और अपने स्कूल के दिनों से ही आर्यसमाजी थे। लन्दन में पढ़ाई करने वाली हरदेवी से उनका परिचय उसी दौरान हुआ था। लूसी कैरोल ने 'द हिन्दुस्तानी कायस्थ 'में हरदेवी तथा रोशनलाल की लन्दन से चली आती मित्रता का ज़िक्र किया है। उन्होंने यह भी बताया है कि एडवोकेट रोशनलाल ने समुद्रयात्रा से लौटकर प्रायश्चित्त करने से इनकार कर दिया था। कायस्थ समाज ने उन्हें स्वीकार भी कर लिया था। (द सी वॉयेज कंट्रोवर्सी एंड द कायस्थ्स आफ़ नार्थ इंडिया–मॉडर्न एशियन स्टडीज़, 1979, वॉल्यूम 13, नम्बर 2. PP 265–299)

हरदेवी के नाम से जो रचनाएँ मिलती हैं उनमें दो यात्रा–वृत्तान्तों के अतिरिक्त 'स्त्री विलाप', हुक्मदेवी, 'स्त्रियों पै सामाजिक अन्याय' शीर्षक विनिबन्ध हैं। हरदेवी के पिता का नाम रायबहादुर कन्हैयालाल था। उनकी ख्याति इतिहासकार और भवन निर्माता के रूप में थी। उन्होंने अपनी पुत्री हरदेवी और पुत्र सेवालाल को अच्छी शिक्षा दी। 'तारीख़–ए–लाहौर' की भूमिका में अपना परिचय देते हुए रायबहादुर कन्हैयालाल ख़ुद को लाला हरनारायण कायस्थ जलेसरी हाल–ए–मुवत्तिन शहरे लाहौरी'[2] बताया है। लार्ड नार्थब्रुक ने उन्हें 'राय बहादुर' की उपाधि प्रदान की थी। हरदेवी अनुमानतः 1859 में जन्मी होंगी क्योंकि 1901 में छपे एक दस्तावेज़ में उन्हें 42 वर्ष का बताया गया है[3] हरदेवी बाल विधवा थीं और बैरिस्टर रोशनलाल से उनका दूसरा विवाह हुआ था।[4] हरदेवी अपनी रचनाओं में अपने विषय में लगभग मौन हैं अर्थात वे अपना आत्मवृत्त नहीं बतातीं, सम्भवतः यह उस दौर का अघोषित कायदा रहा होगा कि स्त्री रचनाकार अपने बारे में कम ही बोलती रही होंगी। लेकिन वे सार्वजनिक स्थलों पर अपनी तकरीरों में धैर्य, बेबाकपन और स्त्री पक्षधरता के लिए जानी जाती थीं, जिनमें स्त्री शिक्षा, विधवा–पुनर्विवाह, मृतस्त्रीक विवाह और सहवास की सम्मति की उम्र के मुद्दे प्रमुख थे। हरदेवी ने अपनी पहली पुस्तक 'स्त्री विलाप' के पाठकों को सम्बोधित करते हुए लिखा है : "पाठक गण! यहाँ मैं कुछ अपने विवाह का हाल लिखती हूँ–मेरी सगाई प्रोहित (पुरोहित)

नाई ने रुपये के लालच में एक ऐसे घर में की कि जहाँ न तो वर ही अच्छा था और न घर में ही कुछ था, करा दी। उस वक़्त मेरी उम्र चौदह साल की थी, वर और विवाह का अर्थ अच्छी तरह समझती थी। जब कोई कह देता कि अच्छा वर है तब जी में ख़ुश हो जाती, जब कोई कहता कि वर अच्छा नहीं तब जी में कुढ़कर चुप रहती। जब विवाह का समय आया और बरात निकट पहुँची तो देखने वालों की जुबानी सूना कि वर बिल्कुल कन्या के लायक नहीं है, पस उस वक़्त मेरे दिल में वर के देखने की जैसी बेकरारी हुई मेरा ही जी जानता है, मगर कलियुग के भाइयों की जानों को रोकर सिवा रोने के कोई चारा न देखा, हमारी कौम में एक दस्तूर है कि बरात दरवाजे पर आती है तो एक नायन कन्या को गोद में लेकर मुख में चावल भरवा के सात दफ़ा वर के ऊपर फेंकवाती है, ज्यों ही नायन ने चावल थूकने को मेरा मुख खोला मैंने वक़्त को गनीमत जान कर अच्छी तरह वर को देखा।

मगर उस वक़्त मुझे इतनी पहचान की अकिल न थी, पर खूबसूरती बदसूरती को ख़ूब पहचानती थी, देखते ही गम के दरिया में डूब गयी मगर सिवाय सबर के कोई किनारा न पाया। लोग खुशियाँ मनाते थे, मेरे दिल की हालत कोई नहीं जानता था। खान–पान और वस्त्र भूषण कुछ अच्छा नहीं लगता था, माता–पिता बाँधव लोग जानते थे कि हमारी जुदाई से इसकी यह दशा हो रही है...। कुछ दिन बाद दैव योग से मुझमें स्वामी से प्रीती हो गयी तब मैंने यह तमाम हाल अपने स्वामी के आगे कहा। मेरे स्वामी ने इस रस्म के निकालने वालों और करने वालों और कलियुग का बहाना कर कन्याओं के अधिकार छीनने वालों की अकिल पर बड़ा ही अफ़सोस किया और क़सम खायी कि यदि हमारे कन्या होगी तो बगैर उसकी सम्पति के लिए हम उसका हरगिज दो विवाह न करेंगे।' (हरदेवी, स्त्री विलाप, आर्य दर्पण प्रेस शाहजहाँनपुर, संवत 1938, पृ. 13–15)

हरदेवी के यात्रा–वृत्तान्त पर विचार करने से पहले उनकी समकालीन यात्रा वृत्तान्तकारों पर एक दृष्टि डाल लेना समीचीन होगा। ब्रिटिश औपनिवेशिक शासन के दौरान समाज में आर्थिक और राजनीतिक पुनर्संरचना की प्रक्रिया देखी जा रही थी। भारतीय मध्यवर्ग और ब्रिटिश नागरिकों के आपसी सम्बन्धों के समीकरण बदल रहे थे, आपस में

आदान–प्रदान की प्रक्रिया में पहले की अपेक्षा तेज़ी आ रही थी , विभिन्न जातियाँ और सामाजिक वर्णों के आचार–व्यवहार में भी परिवर्तन आ रहा था। सुमित सरकार ने बंगाली समाज के सन्दर्भ में लिखा है कि बंगाल में भद्रलोक वे थे जो पढ़े–लिखे मध्यवित्त परिवारों से सम्बद्ध थे, जबकि आभिजात्य श्रेणी महाजन, व्यवसायी, दलाल, वणिक, दीवान बैंक कर्मियों, साहूकारों और ज़मींदारों से मिलकर बनी थी।[5]

बंगाल में स्त्रियों की विदेश यात्रा के समाचार और वृत्तान्त हमें उन्नीसवीं शती के प्रारम्भ से ही मिलते हैं। इसके पीछे बंगाल के भद्रलोक का खुलापन था जिसके बारे में पार्थ चटर्जी का मानना है कि भद्रलोक के उदारवादी खेमे में स्त्री के प्रति उदार रवैये की वकालत की गयी। स्त्री के प्रति इस बदले हुए रवैये में स्त्री शिक्षा से आगे बढ़कर घर और बाहर के दायरे में स्त्री की भूमिका को नये सिरे से पारिभाषित किया जाना था।[6] ये स्त्रियाँ वे थीं जिनपर सुधार–कार्यक्रमों का असर पड़ चुका था और वे नयी सामाजिक–सांस्कृतिक व्यवस्था में शामिल होने को तैयार थीं। लेकिन पारिवारिक दायरे में ये स्त्रियाँ अपने पिता–भाइयों के साथ विभिन्न स्तरों पर बँटे समाज से सम्बद्ध थीं, जिनकी जीवन–शैली आपस में भिन्न थी और वे रुढ़िवादी या ग़ैर–रुढ़िवादी परिवारों से आती थीं–उन परिवारों से उन्हें अलग–अलग तरह के अवसर और स्वाधीनता मिली। गाँव और शहर से आने वाली स्त्रियों का संसार और अनुभव परस्पर जुदा थे। इन सबके बावजूद उनसे अपेक्षा रखी गयी कि वे न सिर्फ भद्रलोक का सम्मान करें बल्कि अपनी सांस्कृतिक पहचान और विरासत को भी बनाये रखें। उन्हें यह समझाया गया था कि ब्रिटिश लोग उनकी अपेक्षा ज्यादा परिष्कृत और सभ्य हैं, उनके समक्ष स्वयं को सभ्य और सुशिक्षित दिखाने का एक नैतिक दबाव इन स्त्रियों के ऊपर अवश्य था।[7] उन्नीसवीं शती के बंगाल में हिन्दू स्त्री की वैधानिक स्थिति, विवाह–व्यवस्था और ऐसे रीति–रिवाज़ जो उसके शरीर से सम्बद्ध थे–एकमात्र ऐसा क्षेत्र था जो अविजित था। वे स्त्रियाँ जिन्होंने अपने तथाकथित पिंजरों से बाहर निकलकर अपने मुक्ति के अनुभव लिखे, उनकी संख्या बहुत कम थी। समुद्र पार कर विदेश की यात्रा उनके लिए टैबू थी, क्योंकि जैसाकि सीमन्ती सेन ने लिखा–"यात्रा का अर्थ है अनजान लोगों और उनके प्रभाव में रहना, गन्दा पानी पीना,

गलत जगह भोजन करना और कई तरह के असामाजिक तत्त्वों की नज़र में आना।"

यात्रा–अनुभवों और यात्रा–वृत्तान्तों के लिखे जाने से एक नयी जेंडर सम्बन्धी ताक़त का उदय हुआ। स्त्रियों ने यात्रा कर अपना स्पेस लिया और उन्हें जो भी भाषा परम्परा और समाज ने दी थी उस भाषा में (जिस पर पहले पुरुषों का अधिकार था) वृत्तान्त लिखकर उसे नवीन अर्थ–सन्दर्भ दिये। इन यात्रा करती स्त्रियों से समाज को जो अपेक्षाएँ थीं उनमें सतीत्व प्रमुख था,लेकिन साथ ही वे मुक्ति के आश्वासन के बीच दुनिया को अपनी नज़र से देखने के द्वन्द्व के बीच फँसी दीखती हैं। यह द्वन्द्व यात्रा करने और यात्रा–वृत्तान्तों की अन्तर्वस्तु में भी दिखाई पड़ता है। उन्हें यात्रा करने और यात्रा–वृत्तान्त लिखते समय भी अपने स्त्रीत्व को भी बनाये रखना था। उन्हें भय था कि उनके लिखे हुए का ठीक से विवेचन–विश्लेषण नहीं हो पायेगा,साथ ही उनके द्वारा रचित यात्रा–वृत्तान्तों की तुलना पुरुषों द्वारा रचित यात्रा–संस्मरणों से की जायेगी। यदि वे इस वृत्तान्त में मर्दानापन लायेंगी तो उनकी आलोचना होगी। इसके अलावा यदि वे रोमांचक आख्यान की शैली अपनाती हैं तो उनके कार्य की प्रमाणिकता और सत्य पर भी संदेह किया जायेगा। इन सभी चुनौतियों को इन स्त्रियों को अपने–अपने ढंग से सुलझाना था।

सामान्य तौर पर यात्रा–वृत्तान्त वही प्रामाणिक माना जाता है, जहाँ विवरण प्रस्तुत करने वाली आँखों को दृश्य देखने वाली आँखें सम्प्रेषित करती है। अंगरेज़ स्त्रियाँ, जिन्होंने अपनी भारत यात्रा के अनुभवों को लिखा–जिनमें स्त्री यात्रियों ने यात्रा के अनन्तर 'स्वयं' की खोज की। नये दृश्य, अब तक के अनजान दृश्य, नये लोग और अब तक अपनी स्थिति, संस्कृति के बारे में उन्होंने बताया, लेकिन आश्चर्यजनक रूप से इन अंग्रेज़ स्त्रियों ने अन्य व्यक्तियों, विशेषकर पुरुषों से अपने मिलने–जुलने का ज्यादा अंकन नहीं किया। रोज़मर्रा का जीवन और घर के भीतर की स्थितियों का जायजा इनके आख्यानों से गायब है, या उसे जानबूझकर जगह नहीं दी गयी। आश्चर्य की बात है कि अपने यात्रा–आख्यानों में वे पुरुष सहयोगी या साथी के बारे में चुप रहीं–सम्भवतः वे पुरुष सहयोगियों का ज़िक्र इसलिए नहीं करतीं क्योंकि उन्हें लगता था कि इस तरह के ज़िक्र को उनका कोई लगाव न समझ ले। संस्कृति को लेकर उनके

दृष्टिकोण, पूर्वग्रह, अनुमान और प्राथमिकताएँ उनके आख्यान में भीतर से झाँकती हैं। उन्नीसवीं सदी एक बड़े बदलाव की भूमिका लेकर उपस्थित है। ये यात्रा–आख्यान न सिर्फ़ स्त्रियों के जीवन के प्रति दृष्टिकोण और रुझानों को बताती हैं–जिनमें विवरणात्मक और उपदेशात्मक आख्यान दोनों हैं। जिनका उद्देश्य है अपनी बहनों की दशा में सुधार करना।

औपनिवेशिक शासन के दौरान यात्रा की सुविधाएँ बढ़ीं। मसलन 1869 में स्वेज़ नहर खुल गयी थी। इससे एक तरह के सेकुलर तीर्थयात्रा के रास्ते खुले। बंगाली स्त्रियों ने विदेश और देश में ख़ूब यात्राएँ कीं। कृष्णभामिनी दास (1864–1919) ने 'इंग्लैडे बंगमहिला' शीर्षक यात्रा वृत्तान्त लिखा और प्रसन्नमयी देवी (1857–1939) ने 'आर्यावर्त : जनैका बंगमहिलार भ्रमण वृत्त' (1888) लिखा। इन यात्रावृत्तों को पढ़कर पता चलता है कि स्त्रियाँ अपने रहवास की स्थितियों, संस्कृति, संसार को बदली हुई परिस्थितियों में कैसे देख रही थीं। राजकुमारी बनर्जी वे पहली हिन्दू स्त्री थीं जो अपने पति शशिपद बनर्जी के साथ बंगाल से भाप इंजन वाले जहाज़ से सन 1871 में ओल्गा से इग्लैंड में गयीं थीं। इग्लैंड की एक महिला मैरी कारपेंटर जो शशिपद बनर्जी द्वारा स्थापित लड़कियों के स्कूल (स्कूल 1865 में स्थापित हुआ था) से इतनी प्रभावित हुई थीं कि शशिपद को पत्नी समेत इंग्लैंड आमन्त्रित किया। मैरी कारपेंटर चाहती थीं कि भारत में स्त्री–शिक्षा के प्रयासों के बारे में ये लोग इंग्लैंड में बतायें। शशिपद ने अपनी पत्नी की ओर तरफ से यह आमन्त्रण स्वीकार कर लिया और कुछ हिचक के साथ लिखा था–*"मेरी पत्नी इंग्लिश नहीं जानती। आपके मित्रों को उसके आगमन से बहुत उम्मीद नहीं लगानी चाहिए। आपको मालूम नहीं है कि एक हिन्दू स्त्री के लिए ये कितना कठिन है कि वह अपनी मूर्खताओं और दकियानूसी संस्कारों को छोड़ दे। मैं आपका निमन्त्रण स्वीकार करता हूँ उसे साथ लेकर आने के लिए। मैं उसे लाऊँगा, लेकिन ऐसा नहीं है कि वह आपके मित्रों को सन्तुष्ट करने के लिए कुछ कर सकेगी, वरन इसलिए कि मैं यहाँ अपने देश में औरतों को यह बता सकूँगा कि उन्हें समाज में अपेक्षित सम्मान और आदर मिल सकता है। वहाँ आने पर हमें अंग्रेज़ी जीवन, अंग्रेज़ी संस्थाएँ देखने को मिलेंगी। इस तरह हम यहाँ लौटकर अपने यहाँ के कामगारों के लिए कुछ अच्छा कर सकेंगे।"*

कृष्णभामिनी दास का यात्रा–वृत्तान्त 1885 में जे.एन. बनर्जी

द्वारा प्रकाशित किया गया। सत्यप्रकाश सर्वाधिकारी ने 309 पृष्ठों में फैली सामग्री का मूल्य एक रुपया चार आना रखा। ऐसा नहीं है कि कृष्णभामिनी दास के पहले कोई स्त्री विदेश यात्रा पर नहीं गयी। खेत्र मोहिनी दत्त 1870–73 के बीच इग्लैंड में रहीं उनकी दोनों बेटियाँ, अरु दत्त और तोरू दत्त उनके साथ ही थीं। कमलमणि ठाकुर उनसे पहले ही विदेश जा चुकी थीं, वे ज्ञानेंद्र मोहन टैगोर की पत्नी थीं और रेवरेंड कृष्णमोहन बनर्जी की पुत्री थीं, उन्होंने 1859 में इंग्लैड की यात्रा की और सन् 64 में भारत लौटीं। लेकिन उन्होंने अपने यात्रा–अनुभव नहीं लिखे। 1894 में जगत्मोहिनी चौधुरी, जिन्होंने ईसाई धर्म अपना लिया था, ने 1902 में 'इंग्लैंडे सात मास' शीर्षक से यात्रा–वृत्तान्त लिखा, जिसमें अपने ईसाई धर्म में दीक्षित होने और ईसाइयों के ढर्रे पर अपने पालन–पोषण को रेखांकित क़िया और इस सबके लिए अपनी माँ के प्रति कृतज्ञता अर्पित की। वे ईसाई संकृति को हिन्दू सभ्यता से श्रेष्ठ मानते हुए और उसके आडम्बर और अन्धविश्वासों से मुक्त होने की कामना करती हैं।

भारतीय स्त्रियाँ अपने भय और आकांक्षाओं के साथ समन्दर पार की यात्राएँ करती रहीं। इन यात्राओं में उनके साथ अक्सर पति या भाई अथवा पिता होते थे। एक अर्थ में ये यात्राएँ आधुनिकता और स्वतन्त्रता से सम्बद्ध और दैनन्दिन जीवन की एकरसता से मुक्ति का पर्याय थीं। जहाँ समाज के बने–बनाये नियम टूटने वाले थे, परम्परा पर प्रश्नचिह्न लगने वाले थे, सोच–विचार के नये वातायन खुलने वाले थे और स्वयं को एक नयी वैकल्पिक स्थिति में देखने का अवसर मिलने वाला था। स्त्रियों की सामाजिक मुक्ति की दिशा में उठाये क़दम के तौर पर स्त्रियों द्वारा की गयी इन यात्राओं को देखा जाना चाहिए।

1887 में महारानी सुनीति देवी अपने पति महाराजा नृपेन्द्र नारायण भूप बहादुर के साथ कूचबिहार से लन्दन गयीं। अवसर था महारानी विक्टोरिया के ग्रांड जुबली आयोजन में भागीदारी। उन्होंने आत्मकथ्य 'ऑटोबायोग्राफी ऑफ़ एन इंडियन प्रिंसेस' में उन्होंने दर्ज़ किया–*"मुझे अपनी यात्रा के बारे में कुछ भी पता नहीं था। मैं अजनबी ज़मीन पर अजनबी रहने वाली थी। मुझे इस बात की भी चिन्ता थी कि लोग मुझे घूर कर देखेंगे, पर मैंने खुद को समझा लिया था कि लन्दन में शायद यही मेरा भाग्य होने*

वाला है।" (ऑटोबायोग्राफी ऑफ़ एन इंडियन प्रिंसेस,प्रकाशक–जान मुर्रे, एल्बेर्माले स्ट्रीट लन्दन, 1921)

उधर पश्चिमोत्तर प्रान्त और पंजाब में स्त्रियाँ बाल–विवाह और स्त्री का मुद्दा अपने लेखन में बड़ी शिद्दत के साथ उठा रही थीं। औपनिवेशिक शासन व्यवस्था में महारानी विक्टोरिया के हाथ में सत्ता की बागडोर आते ही तमाम स्कूलों में स्त्री शिक्षा और विदेश में शिक्षा प्राप्त करने के अवसर मिले। पण्डिता रमाबाई, रख्माबाई और हरदेवी का नाम इन स्त्रियों में अग्रगण्य है। इन स्त्रियों ने भारत में विक्टोरिया शासन को उगते हुए सूरज के समान देखा था। विक्टोरिया शासन ने भारतीयों को यह भी आश्वासन दिया कि वे भारतीयों के धार्मिक और क़ानूनी मामलों में हस्तक्षेप नहीं करेगा। 1877 में दिल्ली दरबार के अवसर पर तमाम विद्वानों और राजा–महाराजाओं के साथ उनकी पत्नियों को भी आमन्त्रित किया गया। 'दिल्ली दरबार दर्पण (Delhi Assemblage memorandum) शीर्षक से सन् 1877 में पुस्तिका रूप में छपी, जिसमें भारतेन्दु हरिश्चन्द्र ने इस दरबार का आँखों देखा हाल बयान किया। सन् 1901 में महारानी विक्टोरिया की मृत्यु पर भारत की पढ़ी–लिखी स्त्रियों ने विभिन्न पत्र–पत्रिकाओं में भारत से 'स्त्रीराज' के उठ जाने पर दुःख और चिन्ता व्यक्त की।

हरदेवी अपने समय में बेहद प्रगतिशील विचारों और रचनात्मक प्रतिभा–सम्पन्न स्त्री थीं। स्त्री–पुरुष समानता पर बहुत गम्भीरता से उन्होंने विचार किया, उनके समूचे लेखन में जेंडर सम्बन्धी प्रश्न बिखरे हुए हैं, जो उनके समय से बहुत आगे की बात है। स्त्री–पुरुष में समता की माँग करते हुए 'स्त्रियों पै सामाजिक अन्याय' शीर्षक लेख में उन्होंने लिखा– *"हमें उन मनु आदिक महात्माओं से कभी ऐसे निर्दय शास्त्र की आशा नहीं है। यह किसी स्वार्थप्रिय स्त्रीकुल के शत्रु का रचा हुआ धर्मशास्त्र जिसे अधर्मशास्त्र कहना चाहिए मालूम होता है। अज्ञानी और मूर्ख विचारहीन पुरुष इसी की आज्ञाओं को प्राचीन मत समझ स्त्रियों के साथ अनेक प्रकार के अन्याय कर रहे हैं। इनकी संख्या करने से एक पुस्तक बन सकती है, इनमें से जो बड़े–बड़े अन्याय हैं यहाँ वर्णन करती हूँ।*

1. पुत्र कन्या के पालन में भेद करना
2. विद्या से वंचित रखना

3. अज्ञानावस्था में विवाह कर देना
4. अयोग्य वर से विवाह कर देना
5. पुनर्विवाह से रोकना
6. स्वामीधन और पिता के धन से भाग न देना
7. सहधर्मिणी स्त्री के जीवित रहते दूसरा विवाह कर लेना...

बिना स्त्री पुरुषों की सहायता के संसार का कोई काम ठीक तरह से नहीं चल सकता। पर जब तक उन्हें उत्तम विद्याशिक्षा से अपने बराबर नहीं समझा जायेगा तब तक देशोन्नति जैसी होनी चाहिए, नहीं होगी। यही कारण है कि लोगों के उत्साह उद्योग का जैसा फल होना चाहिए देखने में नहीं आता...वह रोक क्या है स्त्रियों की अविद्या, मूर्खता जो अनेक रूपों में देशोन्नति का मार्ग रोके खड़ी है। परमोत्साही देश हितैषी पुरुषों को इसी के भय से अनेक बार बड़ी–बड़ी कठिनाइयों से होकर चलना पड़ता है उनके उत्तम देशहितकारी विचारों को बहुत चोटें प्रहार खाने पड़ते हैं। इसका यही कारण है कि मूर्ख स्त्रियों उन के शुभ विचार से सहमति होती हैं और जब तक उनकी सम्मत ले उन्हें शरीक न किया जायेगा तब तक कुसंस्कार कुरीतियों से पीछा छुड़ाने की आशा करना सर्वथा झूठ है...भद्रगणों! यदि देश की सच्ची उन्नति चाहते हो और अपने भविष्यत् सन्तान की भलाई तुमको अभीष्ट है और दूसरों की दृष्टि में गौरवता का कुछ ख़याल है तो सबसे प्रथम अपनी स्त्रियों की दशा को सुधारों और उनके अधिकारों पर पूरा ध्यान दो। नहीं तो भविष्यत् सन्तान के लिए इसका परिणाम इस समय में भी कहीं बढ़कर भयानक होगा। पहले मूल को सुधारों उसके फल शाखा पत्ते आपसे आप बिना यत्न के अच्छे हो जायेंगे।

हरदेवी ने 'हुक्मदेवी' उपन्यास लिखा जिसके मुखपृष्ठ पर लिखा था–'HUKUM DEVI OR A TRUE TALE OF A VIRTUOUS HINDU LADY BY SRIMATI HARDEVI' अर्थात 'हुक्मदेवी : हिन्दूधर्म की उच्चता में एक सच्ची कहानी जिसको श्रीमती हरदेवी ने स्त्रियों के उपकार के निमित्त लिखा है। डॉ. नैया ने हरदेवी के उपन्यास 'हुक्मदेवी' का सम्पादन और पुनर्प्रकाशन किया है। सम्पादकीय वक्तव्य में उन्होंने लिखा है–"*इलाहाबाद के क्वीन प्रेस में पण्डित स्वामीदयाल के प्रबन्ध से मुद्रित इस पुस्तक पर*

इसका कोई प्रकाशन वर्ष प्रकाशित नहीं है। हाँ, इसमें लाहौर के मदनलाल पेशावरी नाम के एक व्यक्ति के 15 जून, 1892 (पृष्ठ 53 मूल पुस्तक) के एक पत्र का उल्लेख है, जिससे यह कहा जा सकता है कि इस पुस्तक का प्रकाशन 1895 के आसपास हुआ होगा। इस पुस्तक की लेखिका श्रीमती हरदेवी, वही हरदेवी है जिनकी लिखी बहुत मशहूर पुस्तक लन्दन यात्रा के अलावा स्त्रियों पर सामाजिक अन्याय जोकि नागरी, उर्दू और अंग्रेज़ी तीनों भाषाओं में प्रकाशित हुई। इनका प्रकाशन मुंशी शादीलाल वर्मा मैनेजर भारतभगिनी, इलाहाबाद के प्रबन्ध से हुआ था...इस पुस्तक के माध्यम से इसकी लेखिका श्रीमती हरदेवी अपने पाठकों, विशेषकर स्त्रियों को यह सन्देश देने का प्रयास करती हैं कि पुरुषों से अपनी अस्मत इसकी मुख्य पात्र हुक्मदेवी की तरह, किस तरह बचाना चाहिए। हालाँकि इसके माध्यम से हमें उस समय के पुरुष प्रधान समाज और उसकी सोच का पता चलता है। इतना ही नहीं यह पुस्तक हमें यह भी बताती है कि उस समय विधवाओं का जो दैहिक शोषण होता था, उसमें कहीं न कहीं स्वयं स्त्रियों की भी भूमिका होती थी।"

हरदेवी ने हिन्दी पत्रिका 'भारत भगिनी'का सम्पादन भी किया, उन्होंने सभाओं के आयोजन किये, फ़ंड एकत्र करने के लिए, समाज–सुधार व राजनैतिक क़ैदियों की मदद के लिए अभियान ज़ारी रखे। उन्होंने नारी शिल्पालय की स्थापना की, 1885 में हेमन्तकुमारी देवी के सहयोग से लाहौर में वनिता बुद्धि–विकासिनी सभा का गठन किया और लाचार वृद्धों के लिए सुन्दरी आश्रम की स्थापना की। (लाहौर में भारत भगिनी की सुसंस्कृत सम्पादिका ने दो–दो काम एक साथ करने का बीड़ा उठाया जिसके लिए उन्हें लोक सहानुभूति की ज़रूरत है। सुन्दरी आश्रम तो स्मृतिस्वरूप अपनी माँ (स्वर्गीय रायबहादुर कन्हैया लाल की विधवा) के छोड़े गये बीस हज़ार रुपये से उन्होंने शुरुआत की जिसमें साथ से ऊपर के ऐसे तीस अनाथ स्त्री पुरुष के रहने की व्यवस्था की गयी है जिनके पास कोई साधन नहीं है और लज्जावश सार्वजनिक रूप से भीख भी नहीं मांग सकते। दूसरा काम नारी शिल्पायन तो अपने समय का आन्दोलन, जिसका उद्देश्य हमारे देश के स्त्रियों–हिन्दू और मुसलमान दोनों को उपयोगी शिल्प सिखलाना है। हम लोग भारत के सभी सच्चे हितैषियों की दिली इच्छा है कि इन उदात्त कामों के लिए श्रीमती हरदेवी

रोशनलाल को सभी सहूलियतें हासिल हों'–प्रबुद्ध भारत, नम्बर 70, मई 1902, मायावती, कुमाऊँ, पृष्ठ 92)

'सुगृहिणी पत्रिका' के जुलाई अंक में श्रीमती हरदेवी के लन्दन से लौटने का समाचार छपा। सुगृहिणी के समालोचना शीर्षक के अन्तर्गत 'भारत भगिनी' का परिचय दिया गया–"इस मासिक पत्रिका की सम्पादिका हमारी परम मान्या श्रीमती हरदेवी जी हैं, इस साल की पहली जून (1889) से इस अवलोकित मनोरंजिनी पत्रिका का प्रकाशन लाहौर नगर से आरम्भ हुआ है। "भारत भगिनी' 1906 तक प्रकाशित हुई। स्त्री जागरण और स्त्रियों में साहित्यानुराग उत्पन्न करने में इस पत्रिका ने महत्त्वपूर्ण योगदान दिया।

सच्चिदानन्द सिन्हा ने अपनी पत्रिका 'कायस्थ समाचार' के अप्रैल, 1902 के अंक में, स्त्रियों के लिए गये इस तकनीकी विद्यालय 'नारी शिल्पालय' की सूचना देते हुए यह विवरण लिखा–*"इन स्तम्भों में हम पहले भी किसी अवसर पर एक सुशिक्षित और अत्यन्त प्रतिभाशाली स्त्री के रूप में ख्यात श्रीमती हरदेवी रोशनलाल के उन उत्कृष्ट और अत्यधिक उपयोगी कार्यों की ओर ध्यान खींच चुके हैं, जो उन्होंने अपनी पत्रिका 'भारत भगिनी' के जरिये 'स्त्री शिक्षा' के लिए किया है, जो हर माह देवनागरी लिपि में प्रकाशित होती है। इस देश के उद्धार और स्त्री शिक्षा के उद्देश्यों के प्रति उनके महान समर्पण और सच्ची सहानुभूति के एक अगले उदाहरण के रूप में हमारे सामने अब लाहौर का 'नारी शिल्पायन' (स्त्रियों का टेक्निकल स्कूल) उपस्थित है। यह शिल्पायन बसन्त पंचमी के दिन शुरू किया गया और इस संस्था के नियम–कायदे, जिन्हें हम नीचे प्रकाशित कर रहे हैं, हमारे पाठकों को इस विद्यालय की उपयोगिता के बारे में कुछ जानकारी दे सकेंगे। यह विषय निम्नलिखित है–*

1. विद्यालय में स्त्रियों को पढ़ाया जायेगा–

(अ) नागरी, गुरुमुखी और उर्दू लिखना तथा पढ़ना, साथ ही अंकगणित;
(ब) हाथ तथा मशीन दोनों से सिलाई करना, हर तरह के वस्त्रों को हर शैली में मापना तथा काटना;
(स) लेस वर्क, चाँदी के तारों से कसीदाकारी करना और हर तरह के रिबन का काम

(द) फुलकारी का काम, साटिन ब्रॉडक्लाथ आदि रेशमी तथा सूती धागों से कसीदाकारी;

(य) बुनाई, गलीचा बनाने का काम, ऊन से कसीदाकारी और इस काम की सभी शाखाएँ।

2. प्रवेश हिन्दू तथा मुसलमान दोनों विद्यार्थियों के लिए समान रूप से खुला है।

3. विद्यार्थियों से कोई भी ट्यूशन फ़ीस नहीं ली जायेगी, लेकिन लोकहितैषी और सम्पन्न महिलाओं द्वारा दिये गये दान और सब्सक्रिप्शन को धन्यवाद पूर्वक स्वीकार किया जायेगा।

4. यह विद्यालय भले घर की उन स्त्रियों के लिए है जो किसी दूसरे स्कूल में नहीं जा सकती हैं; परदे का सख़्ती से पालन होगा; किसी पुरुष को विद्यालय में आने की अनुमति नहीं है।

5. विद्यालय का प्रबन्धन पूरी तरह से स्त्रियों के हाथ में रहेगा।

6. काम (शिल्पायन)के लिए सभी आवश्यक सामग्री विद्यालय के द्वारा दी जायेगी; विद्यार्थियों को उन्हें घर ले जाने की अनुमति नहीं होगी, न ही वे उन्हें अपने घर से कोई शिल्पकार्य विद्यालय लाकर करने की अनुमति दी जायेगी; जितनी देर तक वे विद्यालय प्रांगण में हैं, उन्हें ख़ुद को उन्हीं कार्यों में लगाये रखना होगा जो उन्हें विद्यालय की तरफ से दिये जायें।

7. यह विद्यालय ख़ासतौर पर बढ़िया आचरण वाली उन विधवाओं को शिक्षण और प्रशिक्षण देने के लिए समर्पित रहेगा जिनके पास जीविकोपार्जन का कोई जरिया नहीं है। जैसे ही हमारे मित्र इसकी अनुमति देते हैं, ऐसी विधवाओं को हर महीने वज़ीफ़ा भी दिया जायेगा।

8. फिलहाल, यह विद्यालय 11AM से खुलेगा और 3 PM पर बन्द होगा।

उपरोक्त योजना को कार्यान्वित करते हुए 12 रुपये प्रतिमाह पर एक स्त्री शिक्षिका की नियुक्ति की गयी है जिसे पढ़ने, लिखने तथा अंकगणित सम्बन्धी निर्देशन देना है, एक अन्य (शिक्षिका) 15 रुपये प्रतिमाह पर सिलाई के लिए, 4 रुपये प्रतिमाह पर एक स्त्री–सहायिका–छात्राओं को उनके

घर से लाने–ले जाने हेतु, इसी तरह विद्यालय के कमरों और उपकरणों की सफाई और झाड़–पोंछ के लिए ;एक पुरुष चपरासी और चौकीदार को सात रुपये प्रतिमाह पर विद्यालय से बाहर के काम करने के लिए।

हम इस शिल्पायन की ऑनरेरी सेक्रेटरी श्रीमती रोशनलाल को शुभकामनाएँ देते हैं, जो अपने सुपरिचित जोश और ईमानदारी के साथ हर दिन विद्यालय के घण्टों में इस विद्यालय की देखभाल करने और यहाँ अध्यापन का कार्य करने के लिए भी राज़ी हुई हैं–"समान रूप से हर यूरोपीय और भारतीय स्त्री–पुरुष से सहानुभूति और सहायता की अपील के साथ। और हमें इसमें कोई सन्देह नहीं है कि इस अपील का जवाब उसी तरह दिल खोलकर दिया जायेगा, जिसकी यह हक़दार है।[8]

जैसाकि पहले कहा जा चुका है हरदेवी सम्भवतः टीचर्स ट्रेनिंग के लिए लन्दन गयी थीं। वहीं पर उनकी मुलाक़ात रोशनलाल से हुई थी। हरदेवी के पिता का नाम रायबहादुर कन्हैयालाल (1820–1888) था जिनकी ख्याति लाहौर के प्रमुख अभियन्ता, इतिहासकार और फ़ारसी और उर्दू के कवि के रूप में थी। रायबहादुर कन्हैयालाल आगरे जिले के एक प्रमुख अभियन्ता, इतिहासकार और फारसी और उर्दू के कवि के रूप में थी। में हरदेवी ने 'लन्दन यात्रा' शीर्षक वृत्तान्त 1888 में छपवाया। 'लन्दन यात्रा' के प्रारंभ में ही वे यह स्पष्ट कर देती हैं कि यह वृत्तान्त उन्होंने अपनी भारतीय भगिनियों के लिए छपवाया है। भूमिका में ही हरदेवी कहती हैं–*"प्यारी पाठिकाओं आज मैं अपनी यात्रा का वृत्तान्त लेकर तुम्हारी सेवा में उपस्थित हुई हूँ।"*

उन्नीसवीं सदी के उत्तरार्द्ध तक आते आते 'नयी स्त्री' के निर्माण की चिन्ता पूरे राष्ट्रवादी विमर्श के केन्द्र में आ गयी थी। यह वही समय था जब भारतीय समाज में स्त्री की स्थिति एक राजनीतिक मुद्दा और विवादों का केन्द्र बन गयी थी। ब्रिटिश प्रभुओं की दृष्टि में स्त्री की स्थिति 'आधुनिकता' का पैमाना थी। स्वशासन के लिए उत्सुक भारतीयों के सामने वे स्त्रियों की गर्हित स्थिति दिखाकर उन्हें बताने में कामयाब हो गये थे कि भारतीय इतने पिछड़े हुए हैं कि वे अपने समाज, अपने सामाजिकों को स्वयं नहीं संभाल सकते। सती प्रथा, बहुविवाह, कन्या भ्रूणहत्या, पर्दा और बाल–विवाह अंगरेज़ों की आलोचना का मुद्दा था, जबकि भारतीय समाज सुधारकों में

से अधिकांश की दृष्टि में पाश्चात्य संस्कृति की अपेक्षा भारतीय संस्कृति उत्कृष्ट थी, लेकिन इसके साथ ही इस बात की भी ज़रूरत महसूस की गयी कि पश्चिमी प्रभुओं की आलोचना से बचने के लिए हिन्दू संस्कृति में कुछ सुधार और बदलाव किये जायें। पश्चिमी उदारवाद और मानववाद को इस ढंग से प्रतिस्थापित किया जाये कि अंग्रेज़ भारत को हेय दृष्टि से देखना छोड़ दें। पश्चिमी सभ्यता में नयी तकनीक, विज्ञान और तर्क का प्राधान्य था तो उसकी तुलना में भारतीयों के पास आध्यात्मिक उच्चता थी। आध्यात्मिकता को भारतीयों की वास्तविक पहचान के तौर पर देखा गया। (चटर्जी, 1989 : 23) स्त्रियाँ इसी 'आध्यात्मिक स्पेस' की पहरेदार थीं। अब समाजसुधारकों और नेतृत्व करने वालों के सामने इस आध्यात्मिक स्पेस को बचाने की ज़िम्मेदारी थी। राष्ट्रवादी नेताओं ने यह महसूस किया कि आध्यात्मिक स्पेस को बाहरी संसार से जोड़ना पड़ेगा और समानता और लोकतान्त्रिकता के नये मूल्यों को भारतीयता से जोड़ कर प्रस्तुत करना पड़ेगा। इस स्थिति में 'नयी स्त्री' की संकल्पना की गयी। नयी स्त्री की यह संकल्पना मध्यवर्गीय स्त्री के सन्दर्भ में ही व्याख्यायित की गयी। इस अवधारणा की सफलता स्त्री की औपचारिक शिक्षा पर निर्भर थी। शिक्षा को भारतीय स्त्री के उत्कर्ष से जोड़कर देखना और शिक्षा के माध्यम से स्त्री द्वारा नयी बाह्य स्थिति के साथ तारतम्यता बिठाने में मदद के रूप में देखा गया। शिक्षा को नयी भारतीय स्त्री को घर की ज़िम्मेदारियों को बेहतर ढंग से निभाने में मददगार के रूप में भी देखा गया।

उन्नीसवीं शती बहुत से परिवर्तनों की शती थी। भारत विशेषकर उत्तर भारत की ओर से बहुत कम स्त्रियाँ ऐसी थीं, जिन्होंने अपनी आँख से दुनिया देखने की ठानी और अपने उद्देश्य में सफल भी हुईं क्योंकि इससे पहले स्त्रियाँ आर्थिक, राजनैतिक, बौद्धिक क्षेत्रों से दूर रखी जाती थीं। इनमें से जिन्होंने इस स्थिति को बदलने की कोशिश की, उनमें से एक नाम हरदेवी का है। साहित्य की जितनी विधाएँ हैं उनमें स्त्रियों ने अपनी उपस्थिति दर्ज की, यह बात और है कि आलोचकों ने उनकी उपेक्षा हरसंभव की। साम्राज्यवादी नीतियों के प्रसार के साथ–साथ उन्नीसवीं सदी के बौद्धिक जनों का दृढ़ विश्वास था कि ज्ञान प्राप्ति सभी दोषों का रामबाण उपचार है। वे भारतीय समाज के सभी दोषों का–धार्मिक अन्धविश्वास और सामाजिक रूढ़िवादिता का भी–मूल कारण लोगों के

सामान्य अज्ञान को मानते थे। इसलिए उनके सुधार के कार्यक्रम में ज्ञान के प्रसार का स्थान सर्वप्रमुख था। अंग्रेज़ी राज की शिक्षा नीति के उद्देश्य इन बौद्धिकों से बिल्कुल भिन्न थे।[9] भारतीय समाज सुधारक और बौद्धिक शिक्षा द्वारा भारतीय समाज में नवजीवन का संचार करना चाहते थे। वहीं औपनिवेशिक शिक्षा ऐसे भारतीय जन का निर्माण करना चाहती थी तो उनका पहला सरोकार तो यह होता था कि शिक्षा नीति किस प्रकार से प्रशासनिक आवश्यकताओं की पूर्ति सबसे अच्छे ढंग से कर सकती है।'[10] (जैसा डेविड काफ कहते हैं उसके विपरीत भारतीय क्लासिकी कृतियों के अध्ययन और अनुवाद की ईस्ट इंडिया की प्रारम्भिक नीति किसी सांस्कृतिक नीति का हिस्सा नहीं थी, बल्कि प्रशासनिक नीति का ही विस्तार थी।)

जिन स्त्रियों ने यात्रा वृत्तान्त लिखे उनके सामने पुरुषों के यात्रा वृत्तान्त पथ–प्रदर्शक के रूप में उपस्थित थे। इन स्त्रियों ने औपनिवेशिक भारत में जेंडर के प्रतिबन्धों के साये में रहकर ही यात्राएँ भी कीं और वृत्तान्त भी लिखे। ये वृत्तान्त जेंडर की दृष्टि से एक विमर्श की प्रस्तावना भी करते हैं। इनके लिखे वृत्तान्त औपनिवेशिक शासन के अभ्यासों के आलोक में जेंडर की अवधारणाओं को समझने में सहयोगी साबित हो सकते हैं। ये स्त्रियाँ लिखकर, पश्चिम की स्त्री की तर्ज़ पर अपनी मुक्ति का स्वप्न देखती हैं।

हरदेवी के यात्रा–वृत्तान्त को उनके लेख 'स्त्रियों की दशा' से जोड़कर देखना चाहिए। यद्यपि वे विदेशी भूमि पर अपने अनुभवों को लिखती हैं, 'लन्दन यात्रा' की शुरुआत में ही वे कहती हैं–"सन 1886 के शुरू फरवरी महीने की नौ तारीख़ को हम सब लन्दन के लिए बाम्बे को रवाना हुए। इस दिन बसन्त पंचमी थी–प्रात काल नौ बजे बहुत से मित्र रिश्तेदारों सहित स्टेशन पर पहुँचे। यहाँ बहुत से स्त्री पुरुषों की भीड़ इधर–उधर दौड़ रही थी जिन के आपस में एक दूसरे को बुलाने रेल में चढ़ने के लिए अकुलाये कर बालकों के चिल्लाने से बड़ा शोर–सा मच रहा था स्टेशन पर भी गाड़ी के पास प्लेटफॉर्म पर सब लोग चढ़ने के लिए इधर–उधर भाग रहे थे चपरासी मज़दूर सब दौड़–धूप में थे। गाड़ी के अन्दर जो लोग लोग जल्दी से अस्थान न पाने न पाने के भय से पहले ही बैठ जाया करते हैं...बहुत कोई धमकाये या किसी अंगरेज़ की आवाज़ सुन रो देते जिन के सुन्दर आँसुओं से धुले हुए मुख बहुत प्यारे मालूम देते थे, पानी फल मेवा मिठाई पूरी बेचने वालों की आवाज़ और भी कमरे

अर्थात हाल को गुँजा रही थी..."[11] (लन्दन यात्रा, पृष्ठ 5) परन्तु साथ ही साथ प्रभावी सामाजिक–सांस्कृतिक भूमिकाओं और उनकी परिभाषाओं पर भी टिप्पणी करती चलती हैं, उनकी इन टिप्पणियों को भारतीय स्त्री की भूमिका के परिप्रेक्ष्य में समझा जा सकता है। उनका यात्रा वृत्तान्त इस बात की तस्दीक करता है कि स्त्री अपनी उड़ान भरने के लिए तैयार है। वर्जीनिया वूल्फ ने विक्टोरियन स्त्री के बारे में लिखा है कि उससे उम्मीद की जाती है कि वह पितृसत्ता को पोषण दे, कभी निजी मत न रखे यानी उसकी अपनी कोई सोच–समझ न हो।

स्त्रियों के यात्रा करने को घरेलू दायरे से हटकर सार्वजनिक दायरे में प्रवेश करने के रूप में देखा जाना चाहिए। ब्रिटेन में उन्नीसवीं शताब्दी के दूसरे दशक में स्त्रियों द्वारा लिखे यात्रा–वृत्तान्तों की बाढ़ आ गयी। ब्रिटेन द्वारा उपनिवेश बनाये गये देशों के पर्यटन में स्त्रियों ने बड़े पैमाने पर दिलचस्पी ली, इनमें मैरी किंग्सले, इज़ाबेला बर्ड. इलेम एम रोज़र्स के यात्रा संस्मरण प्रमुख हैं। लेकिन इस विक्टोरियन युग में स्त्रियों द्वारा अन्य कई विधाओं में लिखे हुए साहित्य की तर्ज़ पर इन यात्रा संस्मरण ों की भी उपेक्षा की गयी, उन्हें पुरुष पाठक न के बराबर मिले। लेकिन इस दौर के यात्रा वृत्तान्तों को पढ़कर कुछ बिन्दु हमारे ध्यान में आते हैं, जिनमें साम्राज्यवादी नीतियों और विचारों के पक्ष–प्रतिपक्ष पर चर्चा मिलती है। दूसरी बात यह कि जेंडर के मुद्दे भी इन वृत्तान्तों में अनुस्यूत हैं। मसलन यदि हरदेवी के यात्रा–वृत्तान्त को ही देखें तो यह वृत्तान्त महज एक यात्रा संस्मरण नहीं है, बल्कि एक औपनिवेशिक व्यवस्था के यथास्थितिवाद से निकलकर अनजाने प्रदेश की यात्रा की चुनौती स्वीकार करना, साथ ही अपने खान–पान, रहन सहन के साथ बग़ैर किसी विशेष समझौते के लम्बी समुद्र यात्रा करना, स्वास्थ्य सम्बन्धी चुनौतियों, निरामिष भोजन और भाषा तथा सम्प्रेषण की चुनौतियों से रू–ब–रू होना दरअसल इतना सहज नहीं रहा होगा, जितना दीखता है। हरदेवी विदेश यात्रा पर जाने से पहले स्त्रियों के समूहों में अपनी सम्भावित यात्रा के बारे में बताती हैं। पर्दानशीन औरतों के समूह के लिए किसी स्त्री का विदेश गमन एक आश्चर्य की घटना थी। वे स्त्रियों से की गयी बातचीत को भी ज्यों–का–त्यों वृत्तान्त में लिख देती हैं। 'लन्दन यात्रा' में उन्हीं स्त्रियों के हवाले से लिखती हैं–"*दूसरे दिन बहुत–सी बिरादरी की स्त्रियों मिलने*

आयीं हमारा विलायत जाना तो इन लोगों पर आगे से विदत था। इसलिए यह एक बड़े अचरज से हम को देखतीं और बहुत असभ्य विचारहीन प्रश्न भी करती थीं...यह विचारी जिन को कठिन परदे के कारण सिवाय मौत के कोई घर से बाहर निकाल नहीं विचार सकती कि एक हमारी जैसी परदे में रहने वाली स्त्री इतनी दूर विदेश में जाने का साहस कर सकती है, जो कभी किसी अंगरेज़ की आवाज सुन कर रेल में गाड़ी के अन्दर ही घभरा जाती हैं और सूरत देख रंग फ़क हो जाता है उन के निकट जहाज़ में अंगरेज़ों के साथ बैठकर जाना एक स्त्री का असम्भव बात थी वे यह कहती थीं।"

***प्रश्न**–क्या तुमने विलायत जाने के लिए और रास्ते की तकलीफ़ें समुन्दर से डर पानी में जाने को अपना दिल मज़बूत बना लिया है। अंगरेज़ों में मुँह खोलकर तुम से कैसे बैठा जायेगा। उन से बातचीत करते हुए तुम्हें डर नहीं लगेगा।*

***उत्तर**–दूर देशों में जाने में कोई डर की बात नहीं है किन्तु एक प्रकार की ख़ुशी जो विदेश में नयी चीज़ों के देखने से हुआ करती है। होगी और जो लोग रात–दिन उनमें जाते–आते हैं वे भी हमारे तुम्हारे समान मनुष्य हैं। भेद केवल इतना ही है कि वे पूर्ण स्वाधीनता से पृथ्वी में भ्रमण कर अनेक विद्या लाभ कर स्वेच्छा से सुखी होते हैं। हम तुम जन्म से एक ही घर में रहने के कारण उससे दूर हैं और विचार भी नहिं सकतीं अंगरेज़ जाती के स्त्री–पुरुष भी हमारे समान ही मनुष्य हैं। उन से बातचीत करने में कोई डर की बात नहीं और रहा परदा जिसे आज तुम अपनी पुरानी चाल कहती हो यह हमारे प्राचीन आर्यों की रीत नहिं है...इस वक़्त न्याय शील अंगरेज़ों के राज में उस पुरानी दुखदाई रसम में अपनी बहू–बेटियों को क़ैद रखना जिस से सिवाये उन को शिक्षा के बहुत–सा उनका अपना भी नुकसान होता है जारी रखना अच्छा नहिं है।"[12]*

सार्वजनिक क्षेत्र में स्त्री की सीमित भूमिका को वह भ्रमण कर चुनौती ही नहीं देती, बल्कि कई अन्य के लिए सीमित संसार के बाहर बृहत्तर संसार के दरवाज़े भी खोलती है। वह सार्वजनिक क्षेत्र में स्त्री को शामिल किये जाने के पक्ष में आवाज़ भी उठाती है। यात्रा के दौरान अपने कष्टों का भी वर्णन खुल कर करती है–*"...सुबह के नौ बजे अहमदाबाद पहुँचे यहाँ पर कोई अच्छा स्थान न मिलने से सराय में उतरना पड़ा। दिनभर*

तो शहर के प्रसिद्ध अस्थान बाज़ार देखते बीता। रात को बड़ा कष्ट सहना पड़ा मालूम होता है मानो किसी नरक में डाल दिये गये हों। मच्छर और खटमल एक पल भर को चैन नहिं लेने देते थे। उधर दुर्गन्ध के मारे सिर फटा जाता था। गरमी का ज़ोर भी तिस पर ज़्यादा खाये लेता था। हवा कहीं नाम को न थी सब के हाथों में पंखे कभी अन्दर कभी बाहर बहुतेरा झलते पर वह ख़ून के पियासे मच्छर मेह की तरहाँ गर्ज़–गर्ज़ कर बरस रहे थे। आखर तड़प कर रात कटी सवेरे उठकर देखे तो सबका शरीर सूज गिया है। मुँह पर मानो सीतला–सी निकल आयी हो।"[13]

हरदेवी अपने यात्रा–संस्मरण में सिर्फ़ अपने यात्रा अनुभवों को ही नहीं बतातीं, बल्कि एक तरह का विमर्श भी तैयार करती है। वह दरअसल एक तरह का प्रतिरोधी विमर्श है, जो स्त्री की भूमिका 'घरेलू देवदूती' से हटकर सत्ता और बौद्धिक व्यक्तित्व की भूमिका में देखने की कोशिश है। वह स्त्रियों के अपेक्षाकृत 'कमज़ोर' होने की सैद्धान्तिक बहस से टकराती हैं और अपने को ज्ञान के दरवाज़े खटखटाती हुए देखती है–ये क्षमता उन्होंने जीवन को अपनी आँख से देखने के फलस्वरूप अर्जित की है, यात्रा के अनुभव से ग्रहण की है। इसके साथ ही वह पूर्व और पश्चिम की स्त्रियों, उनके ज्ञान, चरित्र, स्वभाव की तुलना भी करती चलती है–।"*...कहाँ तक कहैं इस सौभाग्य देश की स्त्रियाँ पूरी स्वाधीनता के साथ जीवन सुख का लाभ लै रही हैं, जिन्हें देख आजन्म पराधी न दुरभाग्य भार्त वासनी भगनीयों का चित्र नेत्रों के आगे आये मन में अनेक कष्टों को उपजाता है, और धियान आता है कि हे जगदीश यदि पृथ्वी पर तुमने समान वस्तुएँ रची हैं और मनुष तो उनकी प्रारब्ध समान क्यूँ नहीं बनायी। हम अभागनी भार्त अबलाओं ने क्या तुम्हारा अपराध किया है, जिन की स्वाधीनता को तुम ने उन के भाग्य से एक दम जुदा कर दिया, हाय वह पराधीन पशु जीवन कब भोगेंगी, कब और किस युग के अन्त में उन का उद्धार होगा वह कब मनुष्य योनि में आये जीवन को सफल जानेगी।"*[14] यात्रा के दौरान वे निरन्तर अपनी देश–भगिनियों की दशा के बारे में चिन्तित हैं, इसे आत्म के परिविस्तार के तौर पर देखा जाना चाहिए। तत्कालीन समाज के यथार्थ चित्र उनके यात्रा–वृत्तान्त में हमें मिलते हैं। अपनी भगिनियों की दशा का चित्रण कर वे वस्तुतः भारतीय समाज में अशिक्षा और परदे को

स्त्री की दुर्दशा के मूल कारणों के रूप में पहचानती हैं। जहाँ तत्कालीन समाज सुधारक कहीं भी स्त्री–पुरुष समानता की बात नहीं कर रहे थे वहीं हरदेवी बताती हैं कि स्त्रियों के शिक्षित होने से, अज्ञान से ज्ञान की ओर बढ़ने के लिए स्त्रियों को निजी प्रयास करने होंगे। पितृसत्तात्मक समाज–व्यवस्था में पुरुष वर्चस्व को कमज़ोर करने का काम वे लिखकर कर रहीं हैं, जबकि उन्नीसवीं सदी के समाजसुधारक कहीं भी स्त्री पुरुष समानता की बात नहीं करते थे, क्योंकि उन्हें मालूम था कि स्त्री शिक्षा के बगैर स्त्री समानता की बात व्यर्थ है। स्त्री शिक्षा वस्तुतः स्त्री के विकास की धुरी है, स्त्री की पहचान एवं आत्मनिर्भर छवि भी स्त्री शिक्षा के बिना संभव नहीं थी। लेकिन हरदेवी इससे आगे बढ़कर धर्मोपदेशों और ग्रन्थों में अभिव्यक्त स्त्री विरोधी वक्तव्यों और विचारों की पड़ताल करती हैं और पितृसत्तात्मक मानसिकता (जो स्त्री और पुरुष दोनों की हो सकती है) को स्त्री की दुर्दशा और उसके अधोपतन के लिए उत्तरदायी कारक के रूप में चिह्नित करती हैं। यही नहीं बल्कि वे भारतीय स्त्रियों को उनकी मानसिकता में बदलाव के लिए चैतन्य भी करती हैं देश–दुनिया की खोज–ख़बर रखने और आत्मनिर्भर बनने के लिए प्रेरित करती हैं, इस दौरान वे स्त्रियों के भीतर पसरी जड़ता, आलस्य और पिछड़ेपन की कटु आलोचना भी करती हैं।

'लन्दन यात्रा' पढ़कर यह पता चलता है कि हरदेवी निश्चित रूप से शाकाहारी रही होंगी। एक शुद्धतावादी भारतीय विधवा स्त्री के लिए विदेशी संस्कृति में रचे–पगे लोगों के साथ यात्रा करना बहुत सुखद नहीं रहा होगा। उन्होंने बताया है कि पानी के जहाज़ में स्त्रियों और पुरुषों के लिए अलग–अलग केबिन बने हुए थे। हरदेवी इससे पहले पानी के जहाज़ से अपरिचित ही थीं। जहाज़ में यात्रियों के लिए नौकरों द्वारा भोजन परोसने का ज़िक्र वे करती हैं। इसका तात्पर्य यह है कि वे लन्दन यात्रा के दौरान द्वितीय श्रेणी के केबिन में यात्रा कर रही थीं। वे यात्रा के दौरान श्वेत स्त्री के दुर्व्यवहार का भी ज़िक्र करती हैं, नस्लभेद और औपनिवेशिक श्रेष्ठता के भाव से आपूरित अंगरेज़ स्त्री, जो सम्भवतः हरदेवी के केबिन में ही यात्रा कर रही थी, वह हरदेवी को मानसिक तौर पर परेशान कर रही थी। बिना प्रातःकालीन क्रियाओं के बिस्तर पर चाय–काफ़ी पीने के

संस्कार उन्हें आहत करते हैं। वे दर्ज़ करती हैं– "...चाह काफ़ी सब बिस्तरे पर ही मिल रही थी जो हम विदेशियों के लिए बड़ा अचम्भा था यानी अंगरेज़ स्त्री पुरुष बिना हाथ मुँह धोये पड़े–पड़े ही माखन रोटी चाय काफ़ी पी रहे थे। उपरान्त इस के ब्रेकफास्ट की तियारी होई और उसी कमरे में मांस लाया गया जिसकी दुर्गन्धी तमाम जहाज़ में फैल गयी पर किसी को उसमें तनक भी घृणा मालूम न देती थी। हम विदेशियों का यह पहला ही दिन मांस गन्ध सूँघने को मिला था इसलिए मारे बदबू के मगज फटा जाता था बहुतेरा खिड़की से बाहर मुँह निकाल कर बैठने पर उसकी सर्वत्र लपटें उठ रही थीं। जी घबराता इस वक़्त यह जहाज़ बड़ा दुखदायी मालूम दिया, आखिर लाचार हो मुँह लिपटे बिस्तरे पर पड़े रहे। खाने की घण्टी बजी। सब स्त्री, पुरुष मुँह–हाथ धोये कपड़े पहन अपने–अपने केबिनों से निकल कुरसियों पर आ बैठे खाना शुरू हुआ, सब प्रसन्न होकर आपस में हँसी–ख़ुशी बातें करते जाते थे और उसी दुर्गन्ध मय मांस को बड़ी इच्छा के साथ भोजन कर रहे थे। इस भाँति खा–पीकर सब ऊपर चढ़ गये पर यह दुर्गन्ध दूर ना हुई। हमारे साथ कुछ अतर भी था जिसे निकाल रुमाल में लगाये सूँघा, ज़रा उस सुगन्ध ने अपना असर किया, हाथ–मुँह धोये कपड़े पहने ऊपर जाये। देखा जहाँ तक दृष्टि जाती पानी ही पानी नज़र आता, पहाड़ वृक्ष, ज़मीन का कहीं निशान तक दिखाई ना देता सब स्त्री–पुरुष बालिका–बालक इधर–उधर खेल रहे थे। कुछ कुरसियों बेंचों पर बैठे समुद्र को देख रहे थे, इस वक़्त स्वच्छ वायु बड़ी धीमी और मन्द गति से चल रही, जिससे तनिक भी हाल नामालूम देती। ऐसा जान पड़ता मानो हम जमीन पर चल रहे हैं जहाज़ की छत सुन्दर सफा पानी से धोई हुई कहीं तृण तक दिखाई ना देता था। सब वस्तु मनुष्य सफा स्वच्छ दिखाई देते मलीनता का कहीं चिह्न तक ना था। इस समय बड़ी कठिनता हमारे लिए यह थी कि उन की भाषा यानी अंग्रेज़ी की ज़रा–सी समझ हमें ना आती बहुत–सी स्त्रियाँ विदेशी जान बड़ी। दया और प्रसन्नता से बातचीत करना चाहतीं पर एक दूसरे के निकट जड़ के समान थे। इससे और भी दम घुटता कोई–कोई उन में जरा हिन्दुस्तानी जानता तो कुछ एक दो बात हो जातीं नहिं तो चुपचाप बैठे तमासा देखा करते या सब हिन्दुस्तानी आपस में बातचीत करते तो

इस जहाज़ में यानी लन्दन के यात्रियों में सब मिला का बारह थे। जिन में दो मुसलमान बाक़ी सब हिन्दू अब दुपहर के खाने की तैयारी होने लगी और उसी प्रकार खाना मेज पर लगाये घण्टी बजायी गयी सब प्रसन्न होये भोजन कर फिर ऊपर अपने–अपने अस्थानों में आन बैठे इसी भाँति पाँच बजे चाह पीने की घण्टी बजी और रात को सात बजे फेर खाना, उसी भाँति मेज़ पर लाया गया इसके साथ बहुत प्रकार मांस था। इसलिए अब दुर्गन्ध का हाल कुछ और ही हुआ। मालूम होता समुद्र में आकाश में वायु में चारों तरफ़ भर गयी है कहीं निस्तारा ना था। क्रमशः रात होये अन्धकार हो गया अब कुछ दिखाई ना देता..." (लन्दन यात्रा, पृष्ठ 31)

लन्दन पहुँचकर होटल में ठहरने के अनुभव को उन्होंने ख़ूब रुचिकर ढंग से लिखा है। स्पष्ट है 'लिफ्ट' की सुविधा हरदेवी के लिए नयी रही होगी, जो कि स्वाभाविक ही है। वे लिखती हैं–*"सारा शहर लाँघ कर रात के ग्यारह बजे नियत अस्थान अर्थात होटल में पहुँचे, यह शहर के दूसरे कोने और उसके ऊपर बड़ा भारी मकान है इस के नौकर बड़ी खातिर से पेश बड़ा भारी मकान है। इस के नौकर बड़ी खातिर से पेश आये असबाब सहित हम सब को एक छोटे से कमरे में ले गये जो मखमल की गद्दी और शीशा गिलास से ख़ूब सजा हुआ था। उस में बैठते ही दरवाज़ा बन्द कर दिया। इससे बहुत शंकाएँ मन में उठने लगीं। इतने में मालूम हुआ कि वह कमरा ऊपर को उठ चला और एक मिनट में छठी मंजिल में पहुँचे, दरवाज़ा खोल दिया गया, इस उड़ने वाले कमरे ने और भी आश्चर्य में डाला बहुतेरा सोचा कुछ समझ ना आयी। सोने के कमरे जिन की सजावट का वर्णन लेख बढ़ने के भय से नहीं करते पर इतना कहना ज़रूर है कि शायद हमारे देश में किसी राजा–महाराजा को जैसे नसीब होते होंगे।"* (पृष्ठ 81)

पानी के जहाज़ से यात्रा के बाद वे इटली, स्विट्जरलैंड होते हुए लन्दन पहुँची थीं, यह यात्रा उन्होंने रेल से की थी, हालाँकि वे इस दौरान एक बार भी किसी निजी प्रसंग का ज़िक्र नहीं करतीं लेकिन रेल मार्ग की प्राकृतिक सुन्दरता की चर्चा–बार–बार करती हैं–*"रेल भी यहाँ निराली गति से चलती है पहाड़ों में ऊपर नीचे चढ़ने के भय से छै सात गाड़ी से ज्यादा इसमें नहीं लगाते और इस पर भी आगे पीछे दो इंजन जोते*

जाते हैं कहीं पर्वत के नीचे नीचे उनकी प्रदक्षिणा करती हुई दूसरे पर्वत पर जाकर निकलती है कहीं दूर लौं साँप और जोंक की तरहाँ बल खाती हुई चली जाती है जब पर्बत शिखर पर चढ़ जाती हैं तो नीचे तरफ़ देखकर बड़ा भय लगता है मालूम होता है अभी उलट–पुलट होकर चूर हो जायेगी पर धन्य मनुष बुधि को, कि चोटियों को भी चीर मार्ग निकाला है, इनको यहाँ की भाषा में टनल कहते हैं अर्थात सुरंग, दूर से देखने में यह एक छोटा–सा रन्ध्र दिखाई देता है जिस के अन्दर सूर्य का प्रकाश तो कभी गया ही नहीं। अन्धकार छिन्न साँप की सी बाम्बी मालूम देती हैं जिसमें हमारी धूम्र वाहिनी बड़ी मन्दर गम्भीर गति से निर्भय होकर घुस जाती हैं और एक मुहूर्त में उसे लाँघ दूसरे पर्बत पर पदार्पण करती हैं तब पीछे देखने से सुरंग मुँह से धुएँ के गुबार–के–गुबार निकलते दिखाई देते हैं, मानो पर्वत के उदर में अग्नी लग गयी हो, फेर कहीं–कहीं वह टनल पर्बत गर्भ विदीर्ण कर निकाली गयी है जिनके अन्दर प्रवेश करने से जान पड़ता था कि हम पृथ्वी तल से उठाये पाताल में ले जाये जा रहे हैं, किसी में पाँच मिनट किसी में दस गति करती हैं ऊपर असंख्य मनों की शिलाओं का भार है जिसकी एक नोक का झड़ पड़ना हमारे जैसी दस गाड़ियों के चूर्ण कर डालने को काफ़ी है पर उसी के नीचे हम मनुष बुधि के बल से निरभय जा रहे हैं... ।"[15] हरदेवी अपनी यात्रा के बारे में, रास्ते के प्राकृतिक सौन्दर्य के विषय में वर्णन करती हैं। ऐसा करते हुए उनकी भाषा काव्यात्मक हो जाती है। मसलन लन्दन की ओर रेल से जाते हुए स्विट्ज़रलैंड के मार्ग का वर्णन लिखती हैं–*"बीच–बीच में कहीं–कहीं अँधेरी गहरी गुफा है जिनमें शेर और रीछादियों का वास अस्थान मुँह फैलाये मानों दाढ़ें निकाल भक्षण करना चाहती हैं। ज़रा भी रौनक नहीं, चारों तरफ सुनसान, न जाने प्रकृति अथवा विधाता को क्यूँ इस सुरम्य–सुन्दर देश बनाते–बनाते कोप आ गया अथवा थक गये होंगे, जो बीच में ऐसी भयानक रचना कर डाली।"*[16]

शिक्षा को लेकर भारतीयों और औपनिवेशिक शासन के उद्देश्यों में परस्पर भिन्नता होने के बावजूद संचार–साधनों और आवागमन के साधनों, अख़बारों ने शिक्षा के विस्तार–विकास में तेज़ी लाने में बहुत बड़ी भूमिका निभायी। के.एन. पन्निकर ने भारतीय मध्य वर्ग के सांस्कृतिक संसार की

रचना में भारत में उपनिवेशवाद द्वारा दाख़िल की गयी नयी शिक्षा की भूमिका को रेखांकित करते हुए लिखा कि "नयी शिक्षा ने राज्य तथा उसके अभिकरणों के सांस्कृतिक हस्तक्षेप के लिए बड़े–बड़े क्षेत्रों के द्वार खोल दिये...सांस्कृतिक अभियन्तन तथा संस्थागत आचार--व्यवहारों के सहारे औपनिवेशिक शासन द्वारा किये गये इस नीति के परिष्कार तथा पल्लवन के फलस्वरूप समाज में शिक्षा कि एक ऐसी अवधारणा घर कर गयी जिसमें अंग्रेज़ी में पढ़ाई को ख़ास महत्त्व दिया जाने लगा...औपनिवेशिक काल में छपाई के विकास ने नयी शिक्षा की सांस्कृतिक अन्तर्वस्तु के प्रचार में महत्त्वपूर्ण भूमिका निभायी। नयी शिक्षा की सम्भावनाओं को छपे हुए शब्दों द्वारा, 'संचार के नये ताने–बाने स्थापित कर, लोगों के लिए नये विकल्पों के द्वार खोलकर, और साथ ही जनता पर नियन्त्रण स्थापित करने के नये साधन सुलभ कराकर भी साकार किया गया।'[17] हरदेवी विदेश की धरती से अपने देश, समाज विशेषकर स्त्रियों की पतनशील दशा को देखने की दृष्टि पाती हैं–"*...कहाँ तक कहैं इस सौभाग्य देश की स्त्रीयें पूरी स्वाधीनता के साथ जीवन सुख का लाभ लै रही हैं, जिन्हें देख आजन्म पराधी ना दुरभाग्य भार्त वासनी भगनीयों का चित्र नेत्रों के आगे आये मन में अनेक कष्टों को उपजाता है, और धियान आता है कि हे जगदीश यदि पृथ्वी पर तुमने समान वस्तुएँ रची हैं और मनुष तो उनकी प्रारब्ध समान क्यूँ नहीं बनायी। हम अभागनी भार्त अबलायों ने क्या तुम्हारा अपराध किया है जिन की स्वाधीनता को तुम ने उन के भाग्य से एक दम जुदा कर दिया, हाय वह पराधीन पशु जीवन कब भोगेंगी, कब और किस युग के अन्त में उन का उद्धार होगा वह कब मनुष्य योनि में आये जीवन को सफल जानेगी।*"[18] स्पष्ट है विदेशी धरती जहाँ पढ़ी–लिखी कामकाजी स्त्रियाँ हैं, जो आत्मनिर्भर स्वाभिमानी हैं, कहें तो 'एनलाइटेंड' हैं, उनका सम्पर्क हरदेवी को अपने देश की स्त्रियों की दशा से तुलना करने का अवसर देता है और अवसर ही नहीं वह दृष्टि भी देता है जिसके सहारे वे अपने देश की स्त्रियों की दुर्दशा के कारणों की पड़ताल बहुत कड़े शब्दों में कर पाती हैं–"*हमारे देश की बहुत–सी ऐसी स्त्री होंगी जिन के माता पिता वा स्वामी धनी हैं, वे स्त्री धन के गर्व से घर का काम और* पतिसेवा *सन्तानपालन उन को शिक्षा देनी इन सब मुख्य कामों को दास–दासियों*

के अर्पन कर एक बड़े आलसी दारिद्री के समान पेटभर खाट पर लेट इस अमूल्य जीवनरत्न और उत्तम समय को निज हाथ से गँवाती हैं देखो अति शोक स्थान है...हे भारतवासिनी प्यारी भैनों तुम्हारी सेवा में प्रार्थना करती हूँ विचारना चाहिए कि (उदरपरायणता) पेट भर के खाट पर लेट दिनरात गँवाना अमूल्य जीवनरत्न को वृथा हाथ से खोना स्त्रीजन्म का कर्तव्य नहिं कहा देखो तुम्हारे ही बड़े कहते हैं (धर्म्म हीन नर पशु सम जानो) मनुष्यमात्र का मुख्य उद्देश्य तो धर्म्म ही है सो धर्म्म ग्रन्थों से प्रकट है पर स्त्रियों को यह नियम अवश्य ही करने चाहिए बालपन में माता पिता से सुशिक्षा विद्या पड़नी सीना परोना (गृहचर्या) घर के काम सीखने उपरान्त पतिसेवा में पहुँच पतिसेवा तथा आज्ञा अनुकूलता नम्रता आवभाव भक्ति आलस कपट छल का त्यागना घर के सारे काम घर का प्रबन्ध सन्तानपालन उनका शिक्षा प्रबन्ध कुटुम्बपा लन सम्बन्धियों का सत्कार करना सच और मीठा बोलना सत उपदेश सुनने सतशास्त्रों द्वारा आत्मा की शुद्धि और उन्नति करनी तथा ईश्वर आदेशों को यथा समय पालन करने में सावधान रहना, जैसे कि इस साध्वी धर्म्मरूपा के जीवनांश में पाये जाते हैं और इसी का उदाहरण तुम को उत्तम उदाहरण जानना चाहिए तुम ने यह सुना होगा...देखो हमारे देश की स्त्रियों को गृहकार्य वा सन्तान पालन से बिना और कोई काम नहिं तिस पर भी हम ऐसी हैं कि खाना और सोना दो ही काम जानती हैं अब सावधानी से मेरी प्रार्थना सफल करें और धर्मोन्नति की ओर दृष्टि देकर भारतवर्ष की उन्नति करनी भी हमारा परम धर्म्म है तुमको वही नियम धारण करने चाहिए जो देशोन्नति के मूल कारण हैं जब ऐसे सुराज्य में उन्नति न हुई तो कब होगी जिस में अनेक भाषाओं से शिक्षा हो सकती है और उस का प्रबन्ध भी राज्य की ओर से उत्तम रीति द्वारा किया जाता है केवल हमारा ही आलस प्रतिबन्धक हो रहा है इस का त्याग ही करना उचित है।"[19]

अपने टेक्स्ट में बतौर स्त्री वह ऐसे पूर्वग्रह–जिनमें परिवार के सुरक्षित दायरे से निकलने पर बाहरी संसार की चुनौतियाँ शामिल हैं–उन्हें अपनी बहादुरी और स्वतन्त्रचेता व्यक्तित्व का अहसास कराती हैं। इसके साथ ही वह सिर्फ़ स्थानीय स्त्रियों की स्थिति और उनकी प्रकृति के बारे में नहीं बताती, बल्कि भारतीय स्त्री से तुलना भी करती हैं। इस तरह वह स्त्री

की एक आधुनिक छवि गढ़ती चलती है। ध्यान देने की बात है कि यह छवि उन्नीसवीं शताब्दी के उत्तरार्द्ध के वर्षों में राष्ट्रवाद और समाजसुधार के अलगाव शुरू होने के दौर की छवि है, भारत में उन्नीसवीं शती के उत्तरार्द्ध में निरन्तर इस पर बहस हो रही थी, जिसमें समाजसुधार तथा राजनीति को पुनर्परिभाषित किया जा रहा था। समाजसुधारकों का एक वर्ग यह मानता था कि राजनीति का परित्याग कर दिया जाना चाहिए, वहीं दूसरी ओर अनेक लोगों का यह भी मानना था कि सुधार के बावजूद सामाजिक तथा राजनीतिक–दोनों क्षेत्र महत्त्वपूर्ण हैं तथा इन्हें एक दूसरे से अलग नहीं किया जा सकता।"[20]

श्रीमती हरदेवी राजनीति से समाजसुधार को अलग कर देखने के पक्ष में नहीं थीं। राधा कुमार ने अपनी पुस्तक में यह दर्ज़ किया है कि 'सन् 1892 में सम्पन्न हुए छठे राष्ट्रीय सामाजिक सम्मलेन में 'भारत–भगिनी' की सम्पादक श्रीमती हरदेवी रोशनलाल ने दृढ़तापूर्वक कहा कि राष्ट्रीय, सामाजिक, सम्मलेन कांग्रेस से अधिक महत्त्वपूर्ण संगठन है, क्योंकि यह इस बात पर ज़ोर देता है कि–

–स्त्रियों का सरोकार पुरुषों के समान ही है

–साथ–साथ दोनों उठते या गिरते हैं

–वामन या ईश्वर की तरह

–बन्धनमुक्त या उन्मुक्त[21]

आम धारणा है कि स्त्रियाँ कमज़ोर होती हैं। वे संवेदनात्मक और शारीरिक दृष्टि से इसलिए यात्रा के कष्टों को सहने लायक नहीं होतीं। लोगों के अवचेतन में उनकी कमतरी का भाव विद्यमान रहता है। हरदेवी सत्ता में स्त्री की भागीदारी की ज़रूरत महसूस करती हैं। वे दर्ज़ करती हैं कि अधिकांश स्त्रियों को उनके जीवन का उद्देश्य ही मालूम नहीं है। इसलिए अक्सर परिवारों में वे मूलभूत अधिकारों से वंचित रहती हैं। हरदेवी स्त्रियों को अपने भीतर से अहसास–ए–कमतरी की भावना को ख़ारिज करने के लिए प्रेरित करती हैं और कहती हैं कि वे पढ़ी–लिखी हैं और अपने ज्ञान को दूसरों के साथ बाँटने को तत्पर रहती हैं, जिसे एडवर्ड सईद 'सेकेंड–आर्डर नॉलेज[22] कहते हैं, वह इस तरह वह शिक्षा और ज्ञान की परम्परा में आदान–प्रदान की प्रवृत्ति को आगे बढ़ाती हैं और उनके

लिखने का ढंग ऐसा है, ज्यों वे सम्बोधित करती हों यात्रा–वृत्तान्त की शुरुआत करते हुए वे लिखती हैं–"*प्यारी पाठिकाओं आज मैं अपनी यात्रा का ब्रतान्त लेकर तुमहारी सेवा में उपस्थित हुई हूँ, परदेश में फिरने और वहाँ की नयी–नयी चीज़ों के देखने से जो कुछ भला और बुरा विचार उन के प्रति मेरे मन में उपजा है और दूसरी जात के आचार बिवहार धर्म मरयादा रीतियें जो कुछ देखी और सुनी उन सब ने मुझको उद्धित किया है कि तुमहारी खुशी के लिये उन सब को तुमहारी सेवा में निवेदन करूँ, और विद्वानों ने भी विदेश भ्रमण का यही फल कहा है कि जो कुछ वहाँ देख सुने उसे ज़रूर अपने मित्रों के समाज में वर्णन कर दे और इसी में दोनों पक्षों को खुशी भी होती है तथा आज कल लोगों में भी यही रीत है कि जब कोई मनुष्य परदेश से हो कर आता है तो उस के मित्र और सामाजिक लोग उस का यथोचित आदर मान कर बड़ी श्रधा के साथ उस की यात्रा का हाल सुनते हैं और सिर्फ प्रसन्न ही नहिं होते कभी कभी इस्से बड़ी–बड़ी शिक्षा और ज्ञान भी लाभ करते हैं परन्तु बड़े ही शोक का दिन है कि पहले तो हमारी पंजाब देशीय भगनी समाज में किसी को दूर देश में जाना ही कम मिलता है और जो कोई तीर्थ यात्रा के नाम से कहीं जाती भी हैं तो कठन परदे या और कारणों से एक दूसरी के निकट वह खुशी नहीं पहुँचा सकतीं कियों कि अभी तक न उनका कोई समाज ही बना है और न सोसाइटी जहाँ भद्र घरों की स्त्रियें एकत्र होकर अपनी प्रत्यागत बैहन के मुह से दूर देश का हाल सुनकर खुश हों तो पस लाचार घर ही घर में घुट कर रह जाती है बहुतेरा जी चाहता है पर एक दूसरी के दर्शन तक नहि कर सकतीं। बताओ अब किस्से ईस की फरियाद की जाय और कोन इस बड़े भारी अभाव को दूर करे सब कोई अपने अपने सुख में सुखी हैं इसलिए इस बकत उस का कोई उपाय ना देख अपनी यात्रा ब्रतांत को पुस्तक और सरल भाषा में बनाय आज तुम्हारी सेवा में अरपन करती हूँ, यदिपि मैं तुम से बहुत दूर और अपर्चित हूँ, पर आशा है कि इस के पाठ से तुम को वही सुख मिलेगा, जैसा एक भगनी के मुख से सुन कर मिला करता है, अब विशेष यही प्रार्थना है कि दया मय ईश्वर तुमहारे चित्त को प्रसन्न कर मेरे इस परिश्रम को सफल करें।*"[21]

अपनी यात्रा के दौरान वे जिन लोगों से मिलती हैं उनके बारे में विस्तार से लिखती हैं। यद्यपि पूरे यात्रा वृत्तान्त में वे विस्तार से अपने परिवारजनों के नाम नहीं लेतीं जो उनके साथ यात्रा कर रहे थे। वे अक्सर 'हम' का प्रयोग करती हैं जिससे पता चलता है कि उन्होंने अकेले यात्रा नहीं की थी। उनकी लन्दन यात्रा में उनके भाई सेवाराम और उनकी पत्नी साथ थे। बम्बई में वे दादा भाई नौरोजी के घर ठहरी थीं। लन्दन यात्रा के एक महीने पहले यात्रा–पूर्व ज़रूरी तैयारी के लिए उनके भाई सेवाराम बम्बई पहुंचे थे। इस बारे में कहती हैं– *"सन् 1886 के शुरू फ़रवरी महीने की नौ तारीख की हम सब लन्दन के लिए बम्बै को रवाना हुए। इस दिन बसन्त पंचमी थी–प्रात काल नौ बजे बहुत से मित्र रिश्तेदारों सहित स्टेशन पर पहुँचे। यहाँ बहुत से स्त्री पुर्षों की भीड़ इधर–उधर दौड़ रही थी।...हमारे साथ इस विदेश की अन्त विदा के वकत जो लोग यहाँ तक आये थे उन सब के नेत्रों से जल बैह रहा था और हमारा मन भी प्यारी जन्म भूमी को चिर काल के लिये बिछोड़ने से अनेक तरंगों उछल–उछल कर बाहर आ रहा था यह पहला ही दिन था जब लाहौर से इतने दिनों की बिदा ली गर्ज़ इसी भान्त सब से मिलकर घंटी बजने पर जल्दी से गाड़ी में सवार हुए। इतने में सीटी बजी जिसकी आवाज़ से मित्रों का मन और भी व्याकुल होय हमारे दर्शनों के लिए निराश हो गया...अब हम पंजाब देश की सीमा में जा रहे हैं। हमारे साथ में खाने पीने की ज़रा किसी को रुची नहीं थी। सब के मन मलीन उदास होये रहे थे इसलिए यह दिन ब्रत अर्थात उपवास में कटा क्रमश बियास सुतलज के पुल भी लाँघ गये यहाँ रेल बड़ी धीमी गती से चलती है शेहर ग्राम पुल बन बाग़ देखते हुए जो दृष्टि में चक्कर के समान घुम रहे थे दिन बीत कर रात हो गयी चारों तर्फ अँधेरा हो गया अब कुछ दिखाई न देता था इस वकत सब ने आराम कीया सुना कि कल प्राता काल साडे आठ बजे गाड़ी देहली पहुँचेगी इसलिए सब बड़े तड़के तीन बजे से ही उठ कर तयार हो गये..."*[24]

...बहुत से पारसी मित्र जिनमें भाई सेवाराम भी थे प्लेटफार्म पर हमारी प्रतीक्षा कर रहे थे। यह हमसे एक महीना पहले यहाँ आ गये। देखते ही दौड़ कर पिता के चरण पकड़ लिए और सब खुशी खुशी बाहर गाड़ीयों पर सवार होये नियत अस्थान तक हमें छोड़ गये (दादा भाई नौरोजी) एक

पारसी मित्र की बड़ी सजी सजाई कोठी...(लन्दन यात्रा, पृष्ठ 13) आखर वह दिन भी आन पहुंचा जब हम विलायत के लिए यहाँ से जहाज़ पर सवार होए बारह मार्च की शाम पांच बजे रसोई पकाने के बर्तन गर्म मसाला, बड़ी पापड़...यह सब असबाब प्राता दस बजे जहाज़ पर भेज दिया गया अब सिर्फ हमारे साथ केबिन में रखने के छोटे छोटे तीन चार सिंदूक थे। इस दिन किसी ने अन्न जल ग्रहण नहीं किया सब एक दूसरे के बिछड़ने के वियोग में ही आतुर होये रोते रहे पियारे पिता तो स्वभावक ही संतान को बालक जान नित्त उन के राह में तत्पर रहते हैं...(पृष्ठ 24) प्रिय पाठिका यह पैहला ही दिन था जब हमें मुँह खुले अंगरेजी स्त्री पुर्षो में खड़ा होना पड़ा। सब लोग आश्चर्य होय हमारी तर्फ देखते थे और हम उन की गर्ज सब कतार बाँध कर खड़े होये और डाक्टर मुसकुराता होआ सब के मुँह की तर्फ देखता होआ बीच से निकल गया। इसलिए कि यात्रीयों में से कोई रोगी जिसे समुद्र में मृत्यु का भय हो तो डाक्टर देखकर लोटा देता है याने रुग्न मनुष्य को जहाज़ में नहि चड़ाते। (पृष्ठ 26)

अपनी लन्दन यात्रा के अनुभवों की अगली कड़ी के रूप में हरदेवी 'लन्दन जुबिली' (प्रकाशन 1888) लिखती हैं जिसकी सूचना 'लन्दन यात्रा' के अंतिम पृष्ठ पर दे दी गयी थी। उन्होंने बताया था कि वे अपने लन्दन प्रवास का ब्यौरा अगली पुस्तक में देंगी। लन्दन यात्रा के अंतिम अंश में हरदेवी लिखती हैं–*"प्रिय पाठिकाओं धीर्य और सन्तोषवती रहो कुछ दिन बाद लन्दन के विषय में भी अपना अनुभव तुमहारी सेवा में निवेदन करूँगी अभी तो इस देश में हम नवागत विदेशी यहाँ की हर वस्तु से अपर्चित हैं कुछ नहिं जानते नव जात बालक की तरहां हमारे लिए यह नयी श्रृष्टि है पास इस लिए अब मैं प्रणाम कर कुछ दिनों के लिए तुम से विदा होती हूँ।" (लन्दन यात्रा पृष्ठ 131)*

'लन्दन जुबिली' के मुखपृष्ठ पर लिखा है–*"यह पुस्तक श्री हरदेवी ने देशीभाषा में रचकर भारतवासियों के लिए लन्दन से भेजा जिसको पंडित बंसीधर ड्राइंग मास्टर ओरिएंटल कालेज लाहौर ने शोधकर छपाया। न्यू इम्पीरियल प्रेस से सैयद रज्जब अली शाह के प्रबन्ध से छापा संवत 1945।"* इस पुस्तक की 300 प्रतियाँ पहले संस्करण में छापी गयीं। पुस्तक के अगले पृष्ठ पर महारानी विक्टोरिया का चित्र प्रकाशित किया

गया है। प्रारंभ में ही उपहार शीर्षक से हरदेवी लिखती हैं–"*जो वस्तुयें अत्योतम और नबीन नबीन रचना से लन्दन वासियों ने जुबली उत्सव पर जुबली नामक चिह्न से बनाई थीं, सो वस्तुयें जुबली उत्सव की प्रसन्नता में अपने प्रिय वर्ग को परसपर उपहारार्थ दी हैं, जिसका किंचित अनुकर्ण यह जुबली नामक पुस्तक, जिसमें इस उत्सव का सम्पूर्ण वर्णन तथा श्री मती महाराणी राजराजेश्वरी श्री विक्टोरिया के निज रचित पुस्तकों और उनके जीवनचरित्र में से भी किंचित लिख कर यह पुस्तक, उसी प्रकार अपने भारत निबासि पृयवर्ग को उपहार रूप अर्पन कीया जाता है, अर्थात जुबली भेट की जाती है, बिश्वास है, कि यदि पृयवर्ग अपने कर कमल में ले कर कृपावलोकर्न से एक वार पुस्तक, के देखन से किंचित भी आनंदित होंगे तो यह श्रम सफल होगा, और मैं भी कृतकृत्य हूँगी।*"

'लन्दन जुबली' में हरदेवी ने महारानी विक्टोरिया के जीवन– वृत्त का विस्तार से वर्णन किया है। विक्टोरिया के शासनकाल और उनके जुबली महोत्सव के अवसर पर लन्दन में होने वाले कार्यक्रमों की आँखों देखी रपट यात्रा–वृत्तान्त के इस खण्ड में है। जहाँ 'लन्दन यात्रा' कुल 131 पृष्ठों में है, वहीं 'लन्दन जुबली' 62 पृष्ठों में सिमट गया है। हरदेवी विक्टोरिया के शासन काल को आदर्श मानती हैं तथा स्त्रियों का डेपुटेशन जो जुबली के अवसर पर विक्टोरिया से मिलने गया उसके बारे में लिखती हैं–"*हमारे विचार में यह उपहार सर्ब रत्नों से अधिक प्रिय हो कर चिरकाल स्पर्धनीय होगा, यदि स्त्री समाज की ओर से इससे बढ़कर अपनी राज भक्ति दिखाने का और कौनसा श्रेष्ठ अवसर उभय देश की स्त्रियों को मिलना था।*" साथ ही हरदेवी अपने भारतवासियों के अशिक्षित होने का सन्ताप भी व्यक्त करती हैं कि इस अवसर पर भारतीय स्त्रियों की ओर से कोई उपहार महारानी की सेवा में नहीं भेजा गया। हरदेवी को कम से कम बंगाल की स्वचेतन स्त्रियों से इस उपेक्षा की आशा न थी वे आगे लिखती हैं–"*शोक है कि हिन्दुस्तान की स्त्रियों पर, जिनोंने थोरी भी श्रद्धा प्रकट न की और इस समय के प्रसाद से वंचित रहीं। हम को पूर्ण आशा थी कलकता ब्राम्हसमाज की सुशिक्षित स्त्रियें पुनः बम्बई आदिक से आवश्य कोई इस समय के उपयुक्त चिन्हित वस्तु श्रीमती की सेवा में भेजेंगी। सो आशा निष्फल रही। परन्तु निश्चय है कि किसी दिन अशिक्षित समाज*

सुशिक्षित होकर इस राज्य को स्मरण करने योग्य होगा।" वे जुबली उत्सव के विषय में लिखती हैं–*"परंच यह उत्सव इंग्लैंड के पूर्व तीन ही राजाओं ने देखा है, सो इतिहासों से प्रकट है, किन्तु आजतक किसी राणी महाराणी को प्राप्त नहिं हुआ सो बड़ी प्रसन्नता तथा आनंद का समय है, कि ईश्वर कृपा से हमारी राजराजेश्वरी महारानी श्री विक्टोरिया को न्याय पूर्वक राज्य करते जिसमें कोई विघ्न नहिं हुआ आज पचास वर्ष पूर्ण हुए और इक्यावन वर्ष के प्रथम दिन का प्रारंभ, जिसका उत्सव उभय देशों की प्रजा के मध्य बड़ी प्रसन्नता के साथ हो रहा है इस आनंद दायक शुभ समय पर प्रजाने अनेक रूपों में उदारता के साथ राज्य भक्ति प्रकट की और बहुत से परोपकारार्थ काम किये इसी के नाम से चिकित्सालय, विद्यालय, अनाथालय और देवालय, बनवाये गये जिन का फल यह है कि अनेक विद्यार्थी, अनाथ, अपाहिज, रोगी तथा निर्धन इत्यादिक का पालन होकर देश की चौगुणी उन्नति होगी और इसका नाम चिरकाल लोकों के ह्रदय में एक चन्द्रमा की भांति सदैव प्रकाशित रहेगा और बहुत से दीन–दारिद्रियों जिनके कुटुंब सहित पालन होने की पूर्वोक्त स्थानों से संभावना है, वह लोग पूर्ण ह्रदय से श्रीमती की परिवार सहित पूर्ण कृपा दृष्टि से रक्षा कर, और मंगलपूर्वक दिनरात्रि इसका यश प्रताप बढ़ता रहै, इस राजकुल में नित जुबली उत्सव रहे।"*[27]

जुबली के अवसर पर लन्दन की रौनक, राज्य की तैयारी, सुरक्षा व्यवस्था, महारानी विक्टोरिया की शाही सवारी के गुज़रने का मार्ग सब कुछ, हरदेवी ने इस पुस्तक में लिखा है। जिसका यह अर्थ है कि जुबली उत्सव की सभी सूचनाओं पर अख़बारों के माध्यम से हरदेवी पैनी नज़र रख रही थीं। इसी वर्णन के दौरान वे भारत और लन्दन की तुलना भी करती हैं और आयोजन के सौन्दर्य का वर्णन खुले दिल से काफ़ी काव्यात्मक भाषा में करती हैं–

"बाज़ार के कोनों, रेल के स्टेशनों, तथा बड़े बड़े राज भवनों अर्थात बैग, पिकचर, गैलरी, हास्पिटल, मियोजियम, लन्दन टावर, पारलेमिंट, आदिक और बहुत से चर्चों तथा कालिज, स्कूलों पर बड़े–बड़े ऊँचे रेशमी झण्डे जिन पर पूर्वोक्त प्रकार के स्वर्णाक्षरों में श्रीमती की तस्वीर सहित जुबली लिखा हुआ था। पवन से फहराई रहे थे, मानो श्रीमती के जुबली

उत्सव पर हर्षित हो आकाश में नाचते थे, और सबको सूचन कराते थे कि शीघ्र आओ इस जुबली उत्सव को देखो ऐसा मंगल दायक समय फिर कब मिलेगा...और यह पूर्बोक्त रचना केवल पूर्वोक्त स्थानों पर नहिं समझनी चाहिए, किन्तु लन्दन के प्रत्येक गली कूचे बाज़ार तथा प्रत्येक घर वाटिका सहन राजभवन, पुल, इत्यादिक, इसी प्रकार इन पर भी यथासाध्य रचना की गयीं और प्रतिघर जुबली मंगलाचरण था कहीं जुबली गीत कहीं विविध प्रकार के बाजे मधुर स्वरों सें बज रहे थे, किसी गली वा बजार में जाओ दरिद्री से दरिद्री का घर व दुकान इस शुभ चिह्न से रहित न थी। "(लन्दन जुबली, पृष्ठ 13)

हरदेवी के टेक्स्ट में उस समय की खड़ीबोली के स्वरूप का पता चलता है। पंजाब में आर्यसमाज के प्रभावस्वरूप उनकी भाषा में संस्कृत के तत्सम शब्दों के साथ साथ पंजाबी के शब्द हैं। 'भारत–भगिनी' के सम्पादकीयों में उर्दू के शब्दों का ख़ासा प्रयोग देखने में आता है। लन्दन में देखी इमारतों, पार्कों, सड़कों का चित्रण वे विस्तार से करती हैं, उनके स्थापत्य आदि के विषय में भी बताती चलती हैं, रास्ते में पड़ने वाले पुल, प्राकृतिक दृश्य–सबका चित्रण करती हैं जिससे पता चलता है कि वे अपने अनुभवों को दूसरों तक पहुँचाने की जल्दी में हैं। हरदेवी स्वयं शिक्षा ग्रहण करने गयी हैं, शिक्षा ग्रहण के दौरान वे प्रेम में भी पड़ती हैं, जिन बैरिस्टर रोशनलाल से वे भारत लौटने पर विवाह भी करती हैं, लेकिन यहाँ ग़ौरतलब है कि उज्ज्वल भविष्य का स्वप्न और रोमांस वो भी लन्दन जैसी जगह में, जो अपने आसपास के प्राकृतिक सौन्दर्य के लिए जानी जाती है–हरदेवी अपनी ज़िन्दगी का मक़सद नहीं भूलतीं। वे अपने वृत्तान्त में अपने पीछे छूट गयी बहनों, जिन्हें शिक्षा का अवसर नहीं मिला, जिनके लिए विदेश यात्रा भी एक दूर का स्वप्न ही है–उन्हें सम्बोधित करती हैं। हरदेवी के विषय में उपलब्ध सूचनाएँ बताती हैं कि विदेश जाकर उन्होंने अच्छी अंग्रेज़ी सीखी यहाँ तक कि लन्दन से लौटने के बाद उन्होंने कई अच्छे लेख अंग्रेज़ी में लिखे। लेकिन जहाँ तक स्वदेशी स्त्रियों से सम्प्रेषण का सवाल है वे अपने अनुभवों के सम्प्रेषण के लिए हिन्दी का सहारा लेती हैं। हिन्दी का मानकीकरण तब तक हुआ ही नहीं था–"यह वह समय था जब हिन्दी एक राजनीतिक लड़ाई लड़ रही थी जिसका सिर्फ़ एक छोर

उस मोर्चे से जुड़ता था जिस पर उसे 1900 ईस्वी में अदालती कामकाज में देवनागरी अक्षरों में लिखी जाने वाली हिन्दी को मान्यता मिलने के रूप में मिली...तब हिन्दी पश्चावर्ती 'स्वदेशी' और खादी की तरह ही एक राजनीतिक संकल्प की ध्वज वाहिका थी।" इसलिए आज के पाठक को उनकी भाषा में व्याकरणिक भूलें दिखाई दे सकती हैं, विराम चिह्नों के प्रति भी उनका रवैया स्पष्ट नहीं है। यहाँ तक कि अश्वमुद्रण में कई जगह वर्तनी की समस्या उनके प्रकाशक भी ठीक नहीं कर सके हैं। ध्यातव्य यह भी है कि वे अपने भारतीय स्त्रियोचित पहनावे को लेकर कहीं–कहीं असुविधा का सामना तो करती हैं परन्तु कहीं भी कुंठित नहीं होतीं, वरन भारतीय परिधान उन्हें जब आकर्षण का केंद्र बनाते हैं तो वे गौरवान्वित भी अनुभव करती हैं। वे अपने संस्मरण में पूर्व और पश्चिम की तुलना भी करती चलती हैं। वे लिखती हैं कि पश्चिम में बहुत लोग इकट्ठे हों तो भी शोर नहीं करते–मेले–ठेले में भी वे अनुशासन नहीं छोड़ते। वे पश्चिम की अच्छी आदतों और व्यवहार के प्रति प्रशंसा का भाव रखती हैं, उसकी सापेक्षता में भारत का पिछड़ापन उन्हें सालता है। मसलन वे लिखती हैं–*"...यद्यपि करोड़ों मनुष्यों की भीड़ लन्दन में सब स्थानों पर थी परन्तु हमारे देश की भांति कहीं चिल्लाने वा ऊँचे बोलने की आवाज़ सुनाई न देती सब अपने अपने काम और ध्यान में चुपचाप शान्ति भाव से विचर रहे थे, यदि कोई मित्र परस्पर बातें भी करते तो उतने ही शब्द से जिस से दूसरा उसका आशय समझ सके, परंच जूतों की आवाज प्रायः कुछ अधिक थी, सो हमारे असभ्य पुरुषों के मेलों के आगे हजारवां हिस्सा भी न थी, किराए के निमित बस गाड़ी को हाथ उठा देने से आजायगी जिस से किराए की तकरार क्या नाम तक पूछने की आवश्यकता नहीं सब मोटे अक्षरों में दोनों ओर लिखा है, बस चुपचाप बैठ जाओ जहाँ उतरना हो नियत किराया ले उतार दिये जाओगे, और न बाजारों में लोगों के हटाने को पोश–पोश करना पड़ता है, अर्थात यहाँ के मनुष्य चिल्लाना, शोर मचाना नहिं जानते ना आज तक कहीं देखा सुना गया।"*[28] (पृष्ठ 31, लन्दन जुबली)

हरदेवी कृत 'स्त्रियों पै सामाजिक अन्याय' शीर्षक विनिबंध का प्रकाशन 1892 में हुआ। यह विनिबन्ध 16 पृष्ठों का है जिसके प्रथम पृष्ठ पर लिखा

है–*'श्रीमती हरदेवी लिखित इलाहाबाद के क्वीन प्रेस में पण्डित स्वामीदयाल के प्रबंध से छपी। 27 दिसंबर सन 1892 ईस्वी।"* यह विनिबन्ध स्त्रियों को रसातल की ओर ले जाने वाले कारणों पर विचार करता है, इसमें हरदेवी का समाजसुधारक रूप सामने आता है जिसका प्रतिबिम्ब हमें 'लन्दन यात्रा' और 'लन्दन जुबली' में पहले देखने को मिल चुका है। विनिबंध में वे हिन्दू धर्म शास्त्रों की आलोचना करती दिखाई देती हैं, जैसे मनुस्मृति के सन्दर्भ में वे लिखती हैं–*"यह किसी स्वार्थप्रिय स्त्रीकुल के शत्रु का रचा हुआ धर्म्म शास्त्र जिसे अधर्म्मशास्त्र कहना चाहिए मालूम होता है अज्ञानी और मूर्ख विचारहीन पुरुष इसी की आज्ञाओं को प्राचीन मत समझ स्त्रियों के साथ अनेक प्रकार के अन्याय कर रहे हैं। इनकी संख्या करने से एक पुस्तक बन सक्ती है, इनमें से जो बड़े बड़े अन्याय यहाँ वर्णन करती हूँ।*

1.) पुत्र कन्या के पालन में भेद रखना

2.) विद्या से बन्चित रखना

3.) अज्ञानावस्था में बिबाह देना

4.) अयोग्य वर से बिबाह कर देना

5.) पुनर्विवाह से रोकना।

6.) स्वामीनाथन और पिता के धन से भाग न देना

7.) सहधर्मिणी स्त्री के जीवित दूसरा बिबाह कर लेना।

हरदेवी ने इस निबंध में हमारे समाज में स्त्रियों के प्रति हो रहे सामाजिक अन्याय के कार्य–कारणों पर विचार किया है। वे अशिक्षा और पर्दा प्रथा को स्त्रियों के पतन के मूल कारण मानती हैं। इसके अतिरिक्त समाज में व्याप्त लैंगिक विभेद पर वे विमर्श रचने की दिशा में उद्धत हैं। वे 'भारत भगिनी' के सम्पादकीयों में भी लिंगभेद के मुद्दों पर विमर्श शुरू करती हैं। इस अर्थ में वे अपने समकालीन पुरुष लेखकों से कहीं आगे हैं। जहाँ उनके समकालीन लेखक अपने लेखों में स्त्री शुचिता, पवित्रता, घरेलू ज्ञान, कामकाज और आदर्श स्त्री का गुणगान करते हैं, अपनी रचनाओं में अच्छी स्त्री और बुरी स्त्री का द्वित्व विलोम रचते हैं ('मिरातुल उरुस', 'देवरानी–जेठानी की कहानी', 'वामा शिक्षक', 'भाग्यवती')। वहीं हरदेवी अपने लेखों में बाल–विवाह, स्त्री की सामाजिक स्थिति, स्त्री शिक्षा की ज़रूरत, पर्दा–प्रथा पर विस्तार से चर्चा करती दीखती हैं। उनका मानना

था कि स्त्री कमज़ोर और शोषित है और इस कमज़ोरी से वह जब तक स्वयं परिचित नहीं होगी, उसका उद्धार असम्भव है, अपने अधिकारों के लिए उसे स्वाधीनता की ज़रूरत है। यह स्वाधीनता दिमाग़ी खुलेपन से आयेगी, शायद इसीलिए वे बार–बार अपनी बहनों को सम्बोधित कर उन्हें विदेशी स्त्री की स्वाधीनता, उनके परिश्रम के बारे में बताती हैं। हरदेवी अपने समय की महत्त्वपूर्ण स्त्री–सम्पादक थीं और स्त्रियों को अपने शोषण के विरोध में चैतन्य होने के लिए आह्वान करती दीखती हैं, लेकिन साथ ही वे स्त्री की घरेलू भूमिका को भी उचित ठहराती हैं। यह भी ध्यातव्य है कि वे बारम्बार समाजसुधारकों, स्त्री हितैषियों को इस बात के लिए कुरेदती हैं कि वे स्त्रियों को शिक्षित करने, समाज में समानता देने की दिशा में निरन्तर प्रयास करें, यहाँ उनकी भाषा कुछ–कुछ उपदेशक की हो जाती है। मसलन वे लिखती हैं–*"जैसा कि बर्तमान समय की स्त्री दशा पुकार पुकार कर रही है इस अन्याय और पक्षपात से उन्हीं की अधोगति नहीं हुई, पुरुषों में भी हजारों कुसंस्कार भर गये हैं जिनका संशोधन करना कुछ आसान बात नहीं है।*

पीछे कह आयी हैं कि बिना स्त्री पुरुषों की सहायता के संसार का कोई काम ठीक तरह से नहीं चल सकता। पास जब तक उन्हें उत्तम विद्याशिक्षा से अपनी बराबर नहीं समझा जायेगा तब तक देशोन्नति जैसी होनी चाहिए नहीं होगी। यही कारण है लोगों के उत्साह उद्योग का जैसा फल होना चाहिए देखने में नहीं होता। जब तक ज़बानी काम रहा लेकचरों की घोसना रही तब तक बुद्धि विचार ज्ञान में लोग बराबर उन्नति करते चले गये। पर जब अमल का समय आया तो बहुत पीछे रुक गये। वह रोक क्या है स्त्रियों की अविद्या, मूर्खता जो अनेक रूपों में देशोन्नति का मार्ग रोके खड़ी है। परमोत्साही देशहितैषी पुरुषों को इसी के भय से अनेक बार बड़ी बड़ी कठिनाइयों से होकर चलना पड़ता है उनके उत्तम देश हितकारी विचारों को बहुत चोटें प्रहार खाने पड़ते हैं। इसका यही कारण है कि मूर्ख स्त्रियें उनके शुभ विचार से सहमत नहीं होतीं और जब तक उनको सहमत करके उन्हें शरीक न किया जायेगा तब तक कुसंस्कार कुरीतियों से पीछा छुड़ाने की आशा करना सर्वथा झूठ है। सुधार और सभ्यता प्रथम अपने आचरण और घरों की होनी चाहिए।

कोई बुद्धिमान मनुष्य अपना घर कूड़े करकट से भरा देख पहिले उसे न सफा कर राजमार्ग को नहीं झाड़ता फिरता। या घर के लोगों को उपवास कराय गली कूचे में भिखारियों को धन लुटावे। ऐसा करने वाले को कोई भी अकलमन्द नहीं कहता। स्त्रियों के कुसंस्कार किससे छिपे हैं। यदि इस समय स्त्री पुरुषों की दशा में पृथ्वी आकाश का सा भेद कहें तो झूठ न होगा। बर्तमान समय में स्त्री पुरुष की शिक्षा को तोला जाए तो स्त्रियों का पलरा रसातल में भी नीचे बैठ जायेगा...ए देश हितैषी सभ्यगणों एक क्षण के लिए ज़रा परदे के भीतर उस सातवीं कोठरी में अपनी स्त्रियों की दशा चलकर देखो और फिर सोचो कि तुम दूसरों की दृष्टि में कहाँ तक सभ्यता, योग्यता कहलाने के अधिकारी हो...यदि देश की सच्ची उन्नति चाहते हो और अपने भविष्यत् संतान की भलाई तुमको अभीष्ट है और दूसरों की दृष्टि में गौरवता का कुछ ख्याल है तो सबसे पहले अपनी स्त्रियों की दशा सुधारो और उनके अधिकारों पै पूरा ध्यान दो। नहीं तो भविष्यत् सन्तान के लिए इसका परिणाम इस समय से भी कहीं बढ़कर भयानक होगा। पहिले मूल को सुधारो उसके फल शाखा पत्ते आपसे आप बिना यत्न के अच्छे हो जायेंगे।" (स्त्रियों पै सामाजिक अन्याय पृष्ठ 15–16)

स्त्री साहित्येतिहास के सन्दर्भ में इतिहास में स्त्री–लेखन की जगह और काल निर्धारण का प्रश्न महत्त्वपूर्ण है। यदि स्त्री–मुक्ति की दृष्टि से विचार किया जाये तो सामाजिक, सांस्कृतिक या वैचारिक बिन्दुओं पर पुरुषों को मिली छूट और स्वतन्त्रताएँ बिल्कुल भिन्न तरीक़े की रहीं और लगभग स्त्रियों के नितान्त विपरीत। यूरोपीय पुनर्जागरण को देखने से यह बात और भी स्पष्ट हो जाती है। शेष यूरोप की अपेक्षा इटली में 1350 से 1530 के बीच ज़्यादा तेज़ी से आधुनिकता का प्रवेश हुआ। वस्त्र उद्योग और कपड़ा मिलों ने उत्तर सामन्ती सामाजिक सन्बन्धों को नये सिरे से निर्मित किया। उद्योग धन्धों के विकास और श्रम–रोजगार के अवसरों ने नये ढंग की सामाजिक–सांस्कृतिक अभिव्यक्तियों के दरवाज़े खोले, जिसके लिए यह पूरा युग जाना जाता है। बावजूद इसके, स्त्रियों के लिए इस पुनर्जागरण का कोई अर्थ नहीं था। औद्योगिक विकास और श्रम के अवसरों ने स्त्रियों पर नकारात्मक प्रभाव ही डाला। प्राक–पूँजीवादी व्यवस्था, राज्य और उनके द्वारा बनाये हुए सामाजिक सम्बन्धों ने पुनर्जागरण के दौर की

स्त्रियों की स्थिति को उनकी सामाजिक हैसियत के अनुरूप अलग–अलग ढंग से प्रभावित किया। आभिजात्य और बुर्जुवा वर्ग की स्त्रियों के लिए नवजागरण (रेनेंसा) का अर्थ वही नहीं था जो साधनहीन, धनहीन स्त्री के लिए था। इसके अतिरिक्त जब भी हम पुनर्जागरण काल में स्त्री–पुरुष समानता या उनको मिले समानाधिकारों की बात करते हैं,हमें स्त्रियों के मुद्दे पर उनको मिली स्वतन्त्रता के सन्दर्भ में अवश्य सोचना चाहिए। इस दृष्टि से जान केली के अनुसार चार बिन्दुओं पर सोचा जा सकता है–

1. पुरुष यौनिकता की तुलना में स्त्री यौनिकता पर नियन्त्रण
2. स्त्रियों की आर्थिक और राजनीतिक क्षेत्रों में भूमिकाएँ (स्त्री–पुरुष के बीच श्रम–विभाजन, स्त्रियों का सम्पत्ति पर अधिकार, राजनीतिक अधिकार, श्रम के लिए मिलने वाले पारिश्रमिक की दर–पुरुषों की तुलना में, शिक्षा और रोज़गार के अवसर आदि)
3. समाज की सामूहिक सोच के निर्माण में स्त्रियों की सांस्कृतिक भूमिका पर विचार साथ ही इस कार्य के लिए उन्हें शिक्षा की कैसी सुविधाएँ मुहैया करायी गयी हैं
4. समाज में स्त्रियों के बारे में किस तरह की विचारधारात्मक निर्मितियां कार्य करती हैं? तथा कला, साहित्य और दर्शन के अन्तर्गत किस तरह की स्त्री–छवि का अंकन किया जाता है?

वैचारिक मानदण्ड के अन्तर्गत हमें दो बातों पर ध्यान देना चाहिए, पहला तो अनुमान के आधार पर ये अन्दाज़ा लगाना कि किसी समाज में स्त्री की वास्तविक स्थिति क्या है और स्त्रियाँ अपनेबारे में क्या और कैसे सोचती हैं?पुरुषों द्वारा लिखे हुए साहित्य में स्त्री–यौनिकता का प्रश्न था ही नहीं, यहाँ तक कि पश्चिम के पुनर्जागरण में भी स्त्री–यौनिकता की भूमिका पर नज़र डालने से कुछ दिलचस्प बातें सामने आती हैं।ध्यान रहे कि यह वही पश्चिम है जहाँ स्त्री–शिक्षा पर सबसे ज्यादा बल दिया गया। यौनिकता के सम्बन्ध में पुनर्जागरण के दौर में स्त्री मुद्दों मसलन प्रेम, विवाह, शिक्षा, परिवार के सम्बन्ध में पितृसत्ताक समाज का नजरिया क्या भारतीय समाज से अलग था या उनकी यौनिकता के बारे में वहाँ भी अवकाश का उतना ही और वैसा ही अभाव था जैसा कि भारत में।इसके अतिरिक्त निजी सम्पत्ति पर आधिपत्य के सन्दर्भ में पश्चिम में स्त्रियों की तुलनात्मक रूप से क्या स्थिति थी, यह जानना ज़रूरी है।

प्राक्–आधुनिक और आधुनिक स्त्री रचनाकारों के विषय में जानकारी एकत्र करना, उनके लिखे हुए को सम्पादित कर प्रकाशित करना इतिहास में स्त्री–रचनात्मकता की अप्राप्य और उपेक्षित धारा की विलुप्त कड़ियों को जोड़ना है। भारत और पश्चिम में स्त्री के लिखे हुए की उपेक्षा के सन्दर्भ में आश्चर्यजनक समानता लक्षित होती है। यूरोप के पुनर्जागरण और भारत के नवजागरण में स्त्री के मुद्दों पर ढेर सारी समानताओं के बिन्दु मिलते हैं। स्त्रियों के लिखे के विषय में जानकारी हो या उनकी रचनाओं के संकलन हों, तब इनकी खोज और विश्लेषण इतिहास और शोध की दिशा में नयी सम्भावनाओं के द्वार खोलने में मददगार हो सकता है। यद्यपि पिछले बीस वर्षों में स्त्री–अध्ययन और लैंगिक अध्ययन केन्द्रों द्वारा ऐसी बहुत सी पुस्तकों और पाण्डुलिपियों की खोज की गयी है जिससे इतिहास की दरारों को भरने में मदद मिली है और विशेषकर स्त्री रचनात्मकता का मुकम्मल इतिहास लिखने की दिशा में प्रयास हुए हैं, फिर भी स्त्री रचनात्मकता के बहुत से पहलू अभी भी उपेक्षित और अनछुए ही रह गये हैं। हरदेवी सत्ता में स्त्री की भागीदारी की ज़रूरत महसूस करती हैं, वे दर्ज़ करती हैं कि अधिकांश स्त्रियों को उनके जीवन का उद्देश्य ही मालूम नहीं है, अक्सर परिवारों में वे मूलभूत अधिकारों से वंचित रहती हैं। नवजागरण के दौर में कई आन्दोलनों के सामने आने से मौलिकता एक आलोचनात्मक पद के रूप में विकसित हुई। इतिहास को देखने और इतिहास में शामिल होने योग्य विषयों की सारवस्तु बदली। हमने मौलिकता की सामाजिक भूमिका को देखना शुरू किया,साथ ही समाज को एक आलोचनात्मक दलील (क्रिटिकल आर्गुमेंट) के रूप में देखने की कोशिश भी। इस दौर के रचनाकारों में लोकचिन्ता अपनी पूरी अकादमिक ईमानदारी के साथ दिखाई पड़ती है। इस लोक–चिन्ता के स्वरूप को दलील के रूप में देखे जाने की ज़रूरत है। आज की आलोचना इतिहास का सन्दर्भ (रेफ़रेंस) तो देती है लेकिन आज के लिए उसे 'प्रसंग'के रूप में इस्तेमाल नहीं करती। इतिहास आज कितने स्तरों पर संघर्ष करता है, उससे प्रसंग का निर्माण होता है। स्त्रियों के लिखे हुए को इतिहास से, अपने मूल्यांकन के लिए किन–किन स्तरों पर जूझना–टकराना पड़ता है, कैसे वे लिखकर प्रतिरोध की संस्कृति का निर्माण करती हैं, इससे ही 'प्रसंग' पैदा होता है। आज के युग का इतिहास जो एजेंडा देता है,

रचनाकार उससे टकरा कर ही 'प्रसंग' का निर्माण कर सकता है। इतिहास ही नहीं, इतिहास लेखन की पूरी परंपरा से टकराती ये उपेक्षित स्त्रियाँ क्या अपने लिखे हुए के पुनर्विश्लेषण की मांग नहीं करती हैं? हरदेवी के यात्रा वृत्तान्तों को इतिहास की धारा में अपने हिस्से की किश्ती तलाशती स्त्री के प्रयास के रूप में देखा जाना चाहिए।

सन्दर्भ

1. 'हिन्दू लेडीज' श्रीमती हरदेवी और श्रीमती सेवाराम के लन्दन पहुँचने तथा स्वागत की सूचना 'द इंडियन मैगजीन' के अंक 181–182, नेशनल इंडियन असोसिएशन, लन्दन, 1886 में भी प्रकाशित हुई थी
2. Minutes of proceedings of the Institution of civil Engineers, 1888, सम्पादक जेम्स फारेस्ट, लन्दन, खण्ड XCIV, पृ. 313–317
3. 'भारत–भगिनी' के सर्कुलेशन का ब्यौरा देते हुए लिखा गया है "प्रोपराइटर : श्रीमती हरदेवी, कायस्थ, एज–42, डॉटर ऑफ़ द लेट राय बहादुर कन्हैयालाल, एग्जीक्यूटिव इंजिनियर, लाहौर एंड वाइफ़ आफ़ रोशनलाल, बी.ए. बैरिस्टर एट लॉ (01) पब्लिशर इज़ हेमराज खत्री, एज 34, द पंजाब प्रेस, 1880–1905, नार्मन जेरल्ड बैरियर, पॉल वेल्ज, अंक 14 ऑफ़ ओकेजनल पेपर्स : साउथ एशिया सीरीज, मिशिगन स्टेट यूनिवर्सिटी एशियन स्टडीज़ सेंटर, प्रकाशक रिसर्च कमेटी ऑफ़ पंजाब, 1970
4. हिन्दू विडोज बाई वन ऑफ़ देम, रिटन बाय अ यंग विडो, एंड ट्रांसलेटेड बाय एन इंग्लिश लेडी यजर्नल ऑफ़ द नॅशनल इंडियन एसोसिएशन इन एड ऑफ़ सोशल प्रोग्रेस इन इंडिया, नवम्बर 1881, लन्दन, सी. केगन पॉल एंड कंपनी, पृ. 624–630
5. एस.एन. मुखर्जी, 'क्लास कास्ट एंड पॉलिटिक्स इन कलकत्ता', 1815 –38, इन हिज कलकत्ता : मिथ्स एंड हिस्ट्री, कलकत्ता 1977, पृ. 59
6. पार्थ चटर्जी, 'द नेशनलिस्ट रेसोल्युशन ऑफ़ वुमन क्वेएश्चन इन री–कास्टिंग वुमन : एसेज इन कोलोनियल हिस्ट्री', सम्पादित कुमकुम सांगरी और सुरेश वैद, नयी दिल्ली, 1989, पृ. 233–53
7. मेर्डिथब्रोथविक, 'द चेंजिंग रोल ऑफ़ वूमन इन बंगाल' : 1849–1905, प्रिंसटन, 1984, पृ. 83
8. सच्चिदानन्द सिन्हा, 'द कायस्थ समाचार', अप्रैल, 1902, पृष्ठ 436–437
9. राममोहन राय, 'मॉडर्न एनक्रोचमेंटस ऑन द एंशियेंट राइट्स ऑफ़ फीमेल्स', नाग और बर्मन, इंग्लिश वर्क्स ऑफ़ राममोहन राय, 1 कोलकाता, 1945, पृ. 9.
10. डेविड काफ, 'ब्रिटिश ओरिएंटलिस्म एंड इंडियन रेनेसां', बर्कले, 1969, पृ. 13–21,

11. लन्दन यात्रा, पृ. 5
12. वही पृ. 9
13. वही पृ. 11
14. लन्दन यात्रा, पृ. 120
15. लन्दन यात्रा, पृ. 113
16. लन्दन यात्रा पृष्ठ 113
17. नेटाली जेमन डेविस, 'सोसायटी एंड कल्चर इन अर्ली मॉडर्न फ्रांस', लन्दन 1965, पृ. 190
18. लन्दन यात्रा, पृ. 120
19. लन्दन यात्रा, पृ. 62
20. राधा कुमार, 'स्त्री संघर्ष का इतिहास', पृ. 119
21. राधाकुमार की पुस्तक में उद्धृत, जहाँ श्रीमती रोशनलाल टेनीसन का उल्लेख कर रही थीं, सन्दर्भ सीताराम सिंह, 'नेशनलिज़्म एंड सोशल रिफोर्म्स इन इंडिया', 1885–1920, दिल्ली, रंजीत प्रिंटर्स एंड पब्लिशर्स, पृ. 87
22. ओरिएंटलिज़्म, पृ. 52
23. हरदेवी, लन्दन यात्रा, भूमिका, पृ. 1–3
24. लन्दन यात्रा, पृ. 4–7
25. लन्दन जुबली, पृ. 8
26. लन्दन जुबली, पृ. 8
27. वही, पृ. 6
28. लन्दन जुबली, पृ. 31

❑❑❑